釣魚島歸屬尋源之一

琉球沖繩交替考

甲午
黃天自署

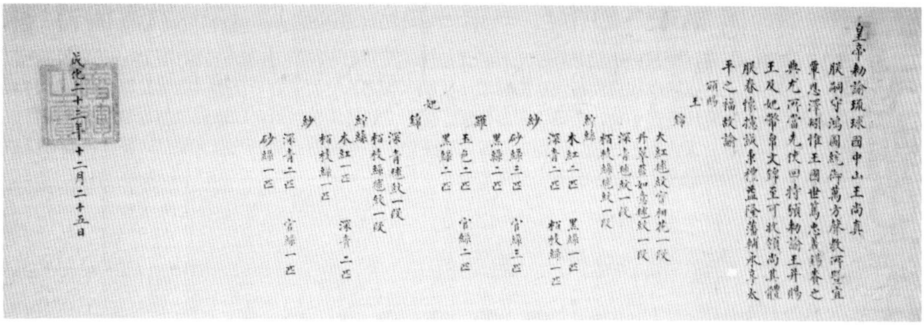

01　明孝宗成化二十三年（一四八七）勅諭琉球國中山王。（日本沖繩縣立博物館・美術館所藏）

03　康熙元年冊封琉球王時所賜的王印。印文為「琉球國王之印」，用九疊篆鐫刻，左方是滿文。

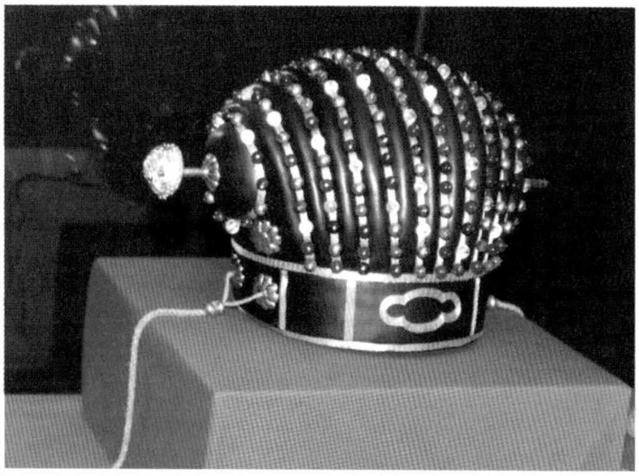

02　明清皇帝冊封琉球新王時所頒賜的玉冠。早期作皮弁，後改用黑緬，並繡上十二行金線，再綴以五色水晶、珊瑚、碧玉、琉璃，橫插金簪，左右延引出棕色的顎紐。（日本那霸市博物館藏，首里城有複製品陳列）

04 清朱鶴年（一七六〇至一八三〇年）繪《奉使琉球圖卷》，描繪由福州至琉球的往返圖景，共二十題，此為〈福州登舟〉。（日本沖繩縣立博物館．美術館所藏）

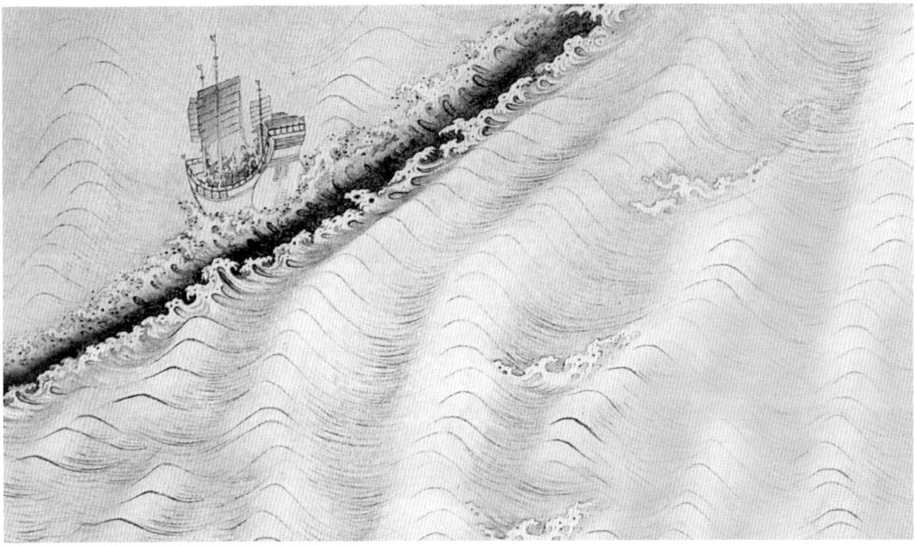

05《奉使琉球圖卷》之〈午夜過溝〉。畫面翻起黑浪，即《使琉球錄》所述的「黑水溝」。（日本沖繩縣立博物館．美術館所藏）

06《奉使琉球圖卷》之〈姑米開帆〉。冊封使船渡過「黑水溝」後，即可見久米島，有據天氣情況，或會靠泊該島避風，然後開帆往那霸。（日本沖繩縣立博物館．美術館所藏）

07《奉使琉球圖卷》之〈入境登岸〉。「入境」是進入那霸港。（日本沖繩縣立博物館．美術館所藏）

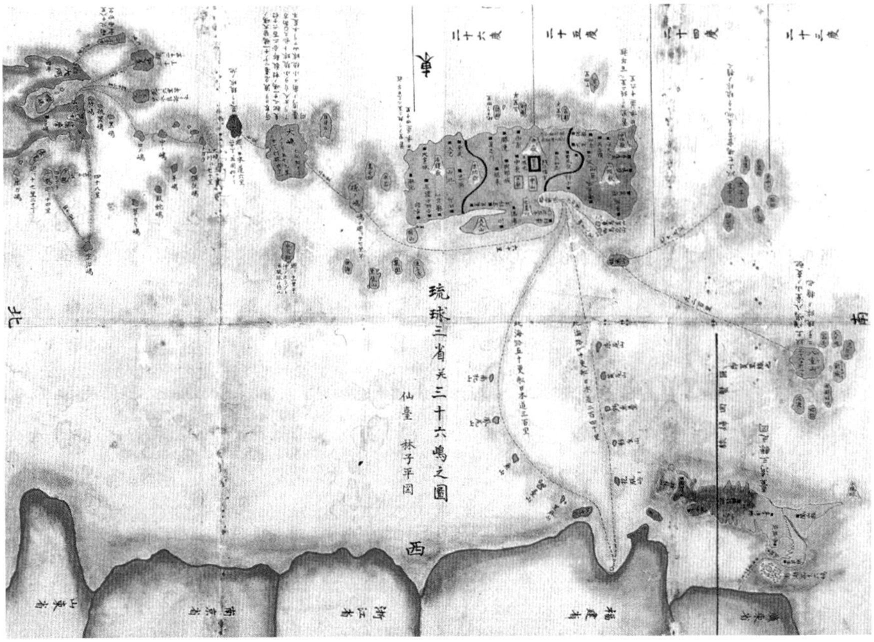

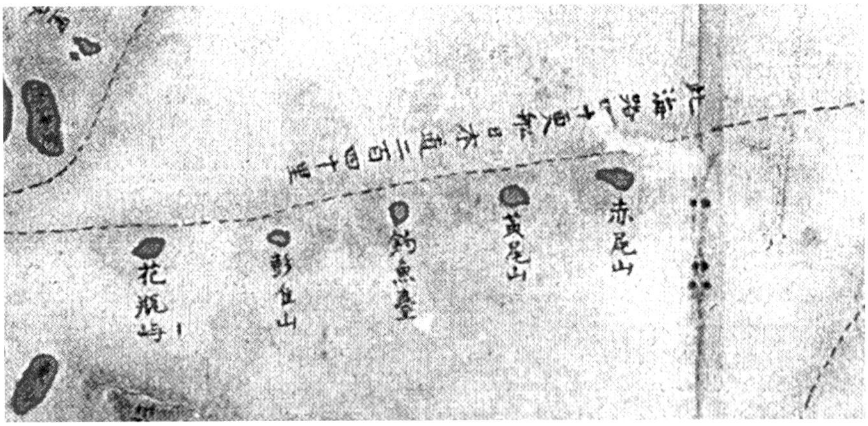

08 日本江戶時代仙台林子平繪製的《琉球三省並三十六島之圖》。圖中標示航往琉球國所經過的「花瓶嶼、彭佳山、釣魚台、黃尾山、赤尾山」，皆着紅色，別於琉球三十六島的褐黃色。（詳見本書第一章）

09《冊封使行列繪卷》(作者不詳)描繪冊封正、副使乘坐肩輿前往首里城冊封琉球王。(日本沖繩縣立博物館·美術館所藏)

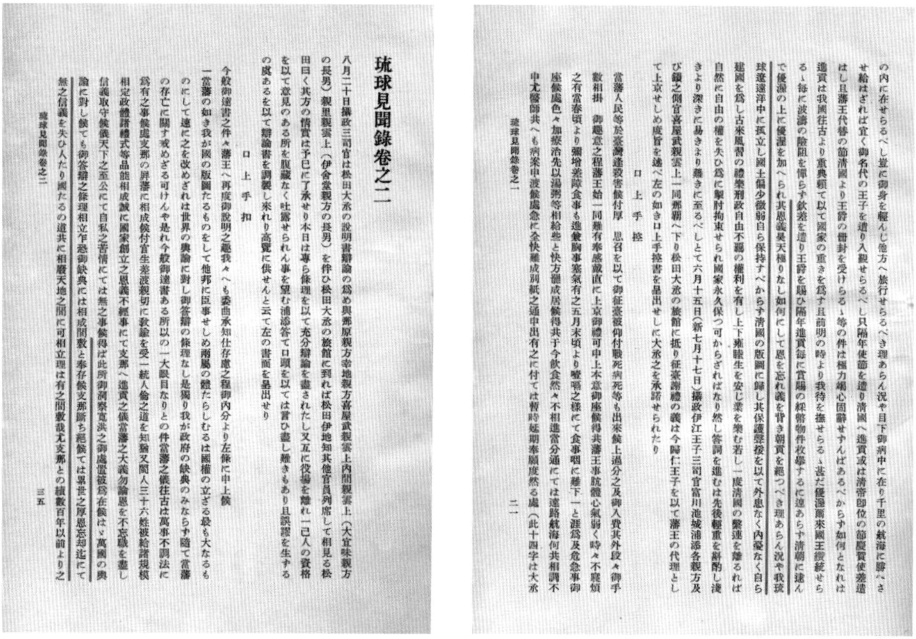

の內に在せらるべし豈に御身を輕んじ他方へ旅行せらるべき理あらん況や目下御病中に在り千里の航海に勝へさせ給はざれば宜く御名代の王子を遣り入覲せらるべし只隔年使節を遣り清國へ進貢或は清帝即位の節慶賀使差遣はし且藩王代替の節清國より王爵の冊封を受けらるゝ等の件は極力竭心固辭せずんばあるべからず如何となれは進貢は我國往古より重典頓て以て國家の重きを爲す且前明の時より我待を撫せらるゝ甚だ優渥爾來國王纘統せらるゝ毎に波濤の險阻を憚らず欽差を遣り王爵を賜ひ隔年進貢毎に賞賜の綵幣物件枚擧するに遑あらず清朝に逮んで優渥の上に優渥を加へられ其恩義昊天極りなし如何にして恩を忘れ義を背き朝貢を絕つべき理あらん況や我琉球蓬遠洋中に孤立し國土偏少微弱自ら保持すべからず清國の版圖に歸し其保護聲援を以て外患なく內憂なく自ら建國を爲し古來風習の禮樂刑政自由不羈の權利を有し上下雍睦生を安じ業を樂む若し一度清國の繫連を離るれば自然に自由の權を失ひ爲に掣肘拘束せられ國家永久保つ可からざればなり然し答詞を進むは先後輕重を斟酌し淺きより深きに易きより難きに至るべしとて六月十五日(新七月十七日)攝政伊江王子三司官富川池城浦添各親方及び鎖之側官喜屋武親雲上一同那覇へ下り松田大丞の旅館に抵り征臺謝禮の義は今歸仁王子を以て藩王の代理として上京せしめ度旨を述べ左の如き口上手控書を呈出せしに大丞之を承諾せられたり

口上手控

當藩人民等於臺灣遂殺害候付厚　思召を以て御征臺被仰付戰死病死等も出來候上過分之及御入費其外段々御手數相掛　御趣意之程藩王始一同難有奉感載直に上京御禮可申上本意御座候得共藩王事肮體心氣弱く時々不寢煩之有當春頃より彌增差障食事も進兼胸事塞氣有之五月末頃より噯嗝之樣にて食事咽に難下一と涯爲及危急事御座候處色々加療治先以湯粥等相給些と快方罷成居候得共于今飲食然々不相進當分通にては遠路航海何共相調不中尤醫師共へも病案中渡候處急に全快難成別紙之通中出有之に付ては暫時延期奉願度然る處(此十四字は大丞

琉球見聞錄卷之一　二一

琉球見聞錄卷之二

八月二十日攝政三司官は松田大丞の說明書辯論の爲め與那原親方幸地親方喜屋武親雲上內間親雲上(大宜味親方の長男)親里親雲上(伊舍堂親方の長男)を伴ひ松田大丞の旅館に到れば松田伊地知其他官員列席して相見る松田曰く其方の情實は予已に了承せり本日は專ら條理を以て充分辯論を盡されたし又互に役場を離れ一己人の資格を以て意見のある所を腹藏なく吐露せられん事を望む浦添答て口頭を以ては言ひ盡し難きもあり且誤謬を生するの虞あるを以て辯論書を調製し來れり高覽に供せんと云て左の書面を呈出せり

口上手扣

今般御達書之件々藩王へ再度御說明之趣我々へも委曲承知仕存慮之程御內分より左條に申上候

一當藩の如き我が國の版圖たるものをして他邦に臣事せしめ兩屬の體たらしむるは國權の立ざる最も大なるものにして速に之を改めざれは世界の輿論に對し御答辯の條理なし是獨り我が政府の缺典のみならず隨て當藩の存亡に關す戒めざる可けんや是れ今般御達書ある所以の一大眼目なりとの件當藩之儀往古は萬事不調法に爲有之事候處支那の屏藩に相成候付官生差渡親切に致諭を受一統人倫之道を知貉又閩人三十六姓被給諸規模相定政體諸禮式等品能相成誠に國家創立之恩義不輕事にて支那へ進貢之儀當藩之大義勿論恩を不忘職を盡し信義取守候儀天下之至公にて自私之苦情にては無之事候得は此所御洞察寬洪之御處置被爲在候はゞ萬國の輿論に對し候ても御答辯之條理相立乍恐御缺典には相成間敷と奉存候支那斷ち絕候ては累世之厚恩忘却迄にて無之信義を失ひ人たり國たるの道共に相廢天地之間に可相立理は有之間敷哉尤支那との積數百年以前より之

琉球見聞錄卷之二　三五

10　末代琉球王尚泰的侍從秘書喜舍場朝賢在其著書中描述:「自歸入清國版圖後,獲得保護聲援」(右圖);又談到一旦絕貢中國,便是「忘卻累世厚恩,無信無義」(左圖)。(詳見本書第六章)

11　首里城的「守禮之邦」門，仿中國三間牌樓式。原門毀於戰火，圖為第二次世界大戰後復原的大門。（筆者攝）

12　穿過「守禮之邦」門，便可來到「歡會門」，這也是戰後復原。（筆者攝）

13　首里城正殿，當年建造時參考了北京紫禁城太和殿的式樣。上世紀九十年代復原。（筆者攝）

14　首里城牆，按原樣復原。（筆者攝）

15　筆者於二〇一四年一月二十一日由那霸乘船往久米島，體驗冊封使當年飄洋渡海的情景，印證了《使錄》所記的「海水滄黑色」。（筆者攝）

16　從久米島遠眺黑海溝，小圖為筆者在久米島考察留影。

釣魚島歸屬尋源之一

琉球沖繩交替考

黃天——著

目錄

第三章 薩藩擄王殺宰相　琉球兩屬變鷺鷥 071

第四章 吞滅琉球第一步　日廢尚泰王為藩 109

第五章 藉詞保護琉球民　日本出兵侵台灣 133

第六章 不忘中國累世恩 國亡猶願當貢臣 165

第七章 何公使外交角力 日本趁勢吞琉球 185

第十一章　甲午戰敗絕琉球　沖繩血戰成煉獄——327

第十二章　聯國託美管琉球　戰略部署球交日——359

代序——釣魚島之爭還看琉球

中日釣魚島之爭四十餘年，時而波平，時而浪捲，近年更加波濤洶湧，激蕩人心！倘不能妥善處理，釣魚島會否變為火藥島？不無憂慮。正因為如此，釣魚島問題，牽動着億萬人心，亟盼早日得見波平浪止。

常說釣魚島自古以來就是中國固有的領土，何以日本也堅稱釣魚島是他們的呢？並取名為「尖閣諸島」，他們所持理據何在？為求真確，縱然是日本的持論，也要客觀對待，使用學術的研究方法來論證其理據是否站得住腳，以昭公允，取信世人。

日本爭奪釣魚島，所持理據有源於琉球國（沖繩縣）的遠島之說；更大的論據就是釣魚島是無主地、無人島，是日本「首先實力管轄，因而領有之」。

誠然，釣魚島與琉球王國在歷史上確有非比尋常的關係，因為現存世上最早記載釣魚嶼（釣魚台）的文獻是《順風相送》和《明陳侃使琉球錄》，這是日本也承認的。此兩書詳記由福建航往琉球國必經釣魚嶼。其後，由明入清的冊封琉球使歸而撰著《使錄》不下十種，每每述及釣魚台及其島嶼。這些島嶼究竟是否琉球國的遠島呢？如果不隸屬於琉球，則日本在爭奪釣魚島時，其中源於琉球國遠島之說便不能成立。實情是否如此？所以釣魚島之爭還看琉球是有其因由，也是十分切要的！

翻開明清兩朝的《使琉球錄》和中琉兩國有關史書的記載，可以驚見中琉兩國五百多年的和睦善鄰關係，是值得謳歌的人類國交史的動人篇章！

中國歷朝的君主，尤其是漢族的皇帝，在取得天下之後，建立起封建王朝，對待周邊鄰國以儒學教化，不求武力征服，懷柔通好，捨霸道而取王道，以德服「夷」。只要來朝接受中華帝國冊封，便成為華夷體制之一員。而中華帝國的天子，對前來朝貢的藩屬，賞賜倍於貢物，甚至多達十倍，以顯示天朝大國的懷遠施仁，既優且渥，更免徵往來貨物稅收，令每次來朝均能得益。因此各藩皆樂於來朝，既可蒙受天朝庇護，又可以從封貢貿易中獲取巨利。而最令周邊鄰國放心的是「華夷分治」。也就是說，天朝除了冊封之外，不會掠奪土地資源，不干涉關與國的內政，由藩屬王國自治。而眾多朝貢國之中，數琉球國最為恭順。

雖云琉球最恭順，也要說明、清兩朝歷代皇帝對琉球國是特別眷顧而遠優於其他藩國。如明洪武帝為助琉球擺脫貧困落後，詔令閩三十六姓二百多口移民琉球，落戶安家助其發展，教以造船、航海之術，使琉球國於短時間內躍升為海商小王國，經濟大為改善。此舉跟後來西方殖民主義者的所作所為，有着雲泥之別。在採購琉球的舶來品方面，其價每優於各藩。清朝對遇上海難的琉球船民，撫恤極為仁厚：船破或修或重造，皆由官款撥支，及歸國回航，更付每人一月口糧，其仁道精神，可謂高於當世。

兩國和睦相交，謹守宗藩之禮，琉球王薨逝，世子不敢僭稱，奏請天朝，待冊封使渡海來琉，宣旨襲封，始膺王爵。康熙五十八年（一七一九），冊封副使徐葆光為撰著《中山傳信錄》，繪製〈琉球三十六島圖〉，向尚敬王求助，尚敬王命紫金大夫程順則繪出三十六島大圖，然徐葆光仍嫌地圖不夠詳盡，續向琉人、舟師查詢，再與琉官反覆審定，繪製成〈琉球三十六島圖〉。此〈三十六島圖〉無疑是中琉官員共同審定的劃界圖，具一定權威性，也有其國際法效力。在這幅標示琉球王國版圖的〈三十六島圖〉中，完全看不到釣魚島及其列嶼黃尾嶼、赤尾嶼等的海島名。據此可證琉球王國並不領有釣魚島。

後來，日本仙台的兵學者林子平，參據徐葆光的〈琉球三十六島圖〉，於一七八五年繪成

〈琉球三省並三十六島之圖〉，亦間接承認釣魚島並非由琉球所持有。日本歷史學家井上清教授亦認同此觀點。

上述徐葆光和林子平的輿圖，早為史家所熟知。另一方面，在日本吞滅琉球之際，從琉球官員的陳述中，又可以看到重要的證言。

光緒五年（一八七九），琉球國的國戚兼特使向德宏在天津乞師求援，向李鴻章提到「敝國所轄三十六島」中亦無釣魚島之名。同時，駐日公使何如璋奉李鴻章命，訪查琉球王後嗣，獲回覆詳答宮古、八重兩諸島的情勢，也無片言隻字提及釣魚島。

根據以上史料，足證琉球國從未領有釣魚島，此亦無可爭辯之事實。

眾所周知，琉球本是西太平洋上一獨立王國，至一八七九年才被日本吞滅，強編為沖繩縣，歸入日本版圖。其後，清廷屢接琉球乞援，懇請出師助琉球復國。惜大清已今非昔比，無力跨海遠征，惟有從外交途徑跟日本交涉，寧讓出開放貿易市場，換取日本放過琉球，釋王復國。但日本堅拒，提出「二分琉球案」，願以宮古、八重諸島分讓給中國，以阻清廷干涉。李鴻章則聲言並無分佔琉球領土野心，所得宮古、八重也會歸還琉球，助其復國，以遂興滅繼絕之旨。當時「二分琉球案」外，還有「三分琉球案」，是將琉球北五島交日本，琉球本島（沖繩島）還琉球復國，宮古、八重割交中國（李鴻章仍表明送還琉球）。日本拒認有「三分案」，硬指是駐日公使何如璋捏造，何有口難辯，蒙上不白之冤逾百載。筆者幾經考證，終將此冤案破解（見本書第九章）。

清與日的琉球談判，終因「二分案」與「三分案」之異而告破裂，但中國作為琉球的宗主國，始終不認同日本吞併琉球，只因甲午戰爭中國戰敗再無力向日本交涉，爭取琉球復國。

亡國後的琉球，成為日本的沖繩縣，其國民也要跟隨日本軍國主義者的指揮棒出戰，捲入戰火，平白犧牲。迨二次大戰末期，盟軍反擊，美軍狂攻搶佔沖繩島，令全島遭受炮火洗禮，慘成煉獄。僅此一役，琉球人（沖繩縣民）已是四死其一，死亡人數高達十二萬二千多人。

戰後，美國代表盟軍進駐沖繩，但組成的政府不名「沖繩」，而是用上「琉球政府」之名。其實，二次大戰後，很多曾亡國或受殖民統治的國家、地區，紛紛起而獨立，琉球也有獨立的機會，但主要是美國為應付冷戰的防共需要，沒有協助琉球獨立，更將沖繩變為他們在亞洲的一大軍事基地。美國首先通過他們一手主導的舊金山和會來規定聯合國將沖繩島交託他們來管治。後來，因為遇上沖繩的激烈反美運動，加上美國又在策略上加強與日本結盟，便擅自將沖繩交回日本，甚至不顧中國的反對，把釣魚島列嶼也一併送了給日本，別有用心地製造中日矛盾。

琉球再回到日本手中，日本又恢復沖繩縣的編制。但沖繩縣的美軍基地問題並沒有因此而解決。長期以來，美軍演練帶來的安全問題；軍紀不良帶來性犯罪問題，加上日美的秘密協議在非常時期，美軍可在島上部署核彈，使沖繩縣人不勝煩擾，活在驚懼而沒有安全感的土地上。所以反美軍基地的抗爭從沒停止過，成為日本歷任政府施政上的一大難題。

一八七九年，日本吞併琉球後，野心加大，手也伸得更遠，一度要劍指台灣，但先作試探，以釣魚島作踏腳石，自話自說那是無人島，擬以「首先實力管轄因而領有之」。其後，他們在甲午戰爭中得勝，清廷被迫割讓台灣，於是日本便可以不必偷偷摸摸的竊取釣魚島，乾脆一穿三的奪取了琉球、釣魚島、台灣。

《琉球沖繩交替考》就是論證琉球並無領有釣魚島，否定日本所謂釣魚島源於琉球國遠島之說，而在論證過程中，重溫中琉兩國五百年的仁與義，其中不乏感人事跡。至於日本爭奪釣魚島的另一理據，是以殖民主義者慣用的「首先實力管轄因而領有之」的說法，是否公允？能否站得住腳？稍後出版的姊妹篇——《釣魚島主權論考》，再作詳細辨析。

第一章

明清冊封使琉球著錄頻談釣魚嶼

琉球國，今天已不復存在！它已於一八七九年被日本吞滅，改編為日本最南端的一個縣——沖繩。

中國有琉球的記敘，最早見於《隋書》的〈東夷列傳流求國〉：「流求國，居海島之中，當建安郡東，水行五日而至。」[1]

建安郡，即現在福建省建甌市。若從福建沿海順風向東北開航，五天可至，頗合里程。時隋煬帝亦思入海尋訪異俗，於大業三年（六〇七），令羽騎尉朱寬出洋，在海師何蠻的引領下，得抵流求國，掠一人而還。翌年，再令朱寬前去撫慰，流求未允。其後，派陳稜率兵往征，虜男女數千人而回。[2]

《隋書》著錄的「流求國」，是否就是「琉球」？爭論頗多，史學界分成琉球說和台灣說。近年，加入出土文物作佐證，似已傾向於琉球說。

一　由「流求」至「流虬」再至「琉球」

《隋書》作「流求國」，唐、宋以後的史書皆以此名記之。但明萬曆年的冊封使夏子陽，在其《使琉球錄》中則加入了陳稜和何蠻出海，遙看波濤間有陸地如虬在海中蟠旋蜿蜒，因以「流虬」名之。夏子陽是想解釋「流求」名之由來，但祖本《隋書》無此記載，差不多一千年之後，夏子陽加此記述，令人有蛇足之感。後來，琉球的史書《中山世鑑》和《球陽》，均據夏子陽的著述，補入「流虬」之說。

「流求」之名，自隋以後雖一直沿用，但也有一些史誌寫成「琉球」，如唐杜佑的《通典》、元馬端臨的《文獻通考》和元汪大淵的《島夷誌略》。迨元世祖招諭，將「流求」書作「瑠求」。但元亡後，朱元璋遣使播諭，以「琉球」稱之，復於洪武十六年（一三八三），賜察度王「琉球國王之印」。從此，「琉球」此漢字名便由明洪武帝欽定。[3]

琉球國亦有稱為「大琉球」。有大當有小，「小琉球」即今天的台灣。眾必奇之，因台灣面積三萬六千平方公里，琉球的沖繩本島才一千二百平方公里不到，何以會稱大。首先是洪武年間，琉球已為進貢國，當時常會在國名之前加「大」字，如「大明」、「大日本」，於是琉球也有「大琉球」之稱。而近處福建外洋的台灣，反以「小琉球」稱之，完全與面積大小無關。

二　明太祖遣使招諭琉球

公元一三六八年，朱元璋經過東縛張士誠，西平陳友諒，南服閩越，北清幽燕，滅元建明，定都南京，即向四鄰諭告，改新朝之號曰明。

琉球遠處東海之外，故遲至洪武五年（一三七二），才遣行人楊載，齎詔出海，諭告琉球王國。當時，琉球有三王據立，分稱中山、山南、山北。中山王察度，樂於歸順，即遣弟泰期，奉表隨楊載入朝，貢方物。太祖大喜，即賜《大統曆》及文綺等。其後，中山王頻頻遣使來朝。山南王承察度也不敢怠慢，亦遣使朝貢。洪武十六年（一三八三），中山王與山南王派使同來貢，帝賜二王鍍金銀印。其後，山北王怕尼芝也遣使入朝。太祖禮賜如二王。此後，三王屢遣使奉貢，而以中山王最勤[4]。其後王死，即稟請天朝賜封，從而展開中琉的封貢關係。

這封貢關係，就是琉球國向明朝歸順，按時來朝，貢方物，成為藩屬，並請天朝遣使來冊封，以增加認受性。如琉球王薨逝，世子不能馬上即位，蓋因「侯服有度，不能僭稱」，須派使到中國，請天朝冊封。在天使（天朝欽派的冊封使）還未抵琉舉行冊封大典前，世子不能稱王，只能以監國身份來施政。[5]

這樣的冊封使，自一三七二年楊載開始[6]，歷明入清，直至同治五年（一八六六）趙新出使止，共二十四任（參見表一）。這些冊封使完成使命歸國，須向皇帝述職覆命，他們往往為此而撰寫《使流球錄》之類的報告書。現存《使錄》，當以明嘉靖十三年（一五三四）陳侃寫的《使琉球錄》為最早。在他之前的十一任冊封使，可能也有《使錄》等的著述，但因為禮部曾遭回祿，檔案化為灰燼，一切湮滅無存。

陳侃和副使高澄受命後，擬於出使前查找文獻資料來作參考，才獲悉禮部舊案已遭火毀。同時，又是事隔五十多年後的冊封，問詢無人，於是下決心將此次冊封的經過，寫成《使錄》，以助後來者。陳侃的《使錄》，在當時來說無疑是琉球的新國情資料，故大受好評。後來的冊封使回國後，也不敢交白卷，均有撰刊《使錄》（僅林鴻年、高人鑑有缺），似已形成一種傳統。現存的《使錄》專著，繼武陳侃的有：

郭汝霖、李際春《重編使琉球錄》
蕭崇業、謝杰《使琉球錄》
夏子陽、王士禎《使琉球錄》
胡靖（從客）《杜天使冊封琉球真記奇觀》
張學禮《使琉球紀．中山紀略》
汪楫《使琉球雜錄．中山沿革志》
徐葆光《中山傳信錄》
周煌《琉球國志略》
李鼎元《使琉球記》

齊鯤、費錫章《續琉球國志略》

趙新《續琉球國志略》

這些《使錄》，記述了揚帆出航的情況，有很多更描述到釣魚嶼和中外方界，值得珍視注意。而且在崇禎以前，琉球本國的第一本史書《中山世鑑》還未刊刻，陳侃、郭李、蕭謝、夏王而至胡靖之等的《使錄》，便成為琉球國史補白之作，極具參考價值而為琉球學者引用。

三　陳侃《使錄》記釣魚嶼及琉球界地古米山

陳侃生於弘治二年（一四八九），浙江鄞縣人。嘉靖五年（一五二六）中進士，後任給事中。嘉靖十一年（一五三二），被欽命為冊封琉球正使，與副使高澄持節，為尚清王冊封。及還，尚清王饋金，陳侃郤贈。嘉靖十四年（一五三五），琉球貢使來朝，仍持所贈黃金四十兩拜謝，帝乃敕令陳侃等受贈[7]。其廉潔可知耳。後來，琉球國為表陳侃的廉潔，特於那霸建「郤金亭」。[8]

嘉靖十四年，陳侃撰成《使琉球錄》。這是現存最早的《使錄》，其內因記敘了使船出海，經過釣魚島入琉球界地古米山而至琉球國，極具文獻價值，茲引錄如下：

（五月）至八日，出海口，方一望汪洋矣。風順而微，波濤亦不洶湧，舟不動而移，與夷舟相為先後……九日，隱隱見一小山，乃小琉球也。十日，南風甚迅，舟行如飛，然順流而下，亦不甚動。過平嘉山，過釣魚嶼，過黃毛嶼，過赤嶼，目不暇接，一晝夜兼三日之程，夷舟帆小，不能及，相失在後。十一日夕，見古米山，乃屬琉球者，夷人鼓舞于舟，喜達于家。

明清的冊封琉球使，皆由福建出發。開洋不久，即見「小琉球」（即台灣，考證已見上文）。「平嘉山」雖未見於其他《使錄》，但學者都明白是「彭佳山」，亦即「彭佳嶼」，是基隆以北的一個小島。當過了彭佳嶼，接着就過釣魚嶼，再過黃毛嶼（即黃尾嶼）、赤嶼（即赤尾嶼）。這些島嶼的先後排列和今天無異，可證近五百年前記錄之準確。「十一日夕，見古米山，乃屬琉球者。」也就是說，十一日晚上，看到古米山。這古米山，又寫作「姑米山」（今日本稱為「久米島」），是屬於琉球國的，同船的夷人（琉球人），「鼓舞于舟，喜達于家」。這段記敘，清楚說明琉球人見到古米山（久米島），知已抵家門，因為這裏是隸屬琉球境，所以高興得在舟上手舞足蹈。同時，可以理解到在見到古米山之前：「過釣魚嶼，再過黃毛嶼、赤嶼」這一系列的島嶼，都不是琉球國的島嶼，而是冊封使往來琉球國的航標地，也是中國的捕魚場和停泊所。

陳侃的《使琉球錄》起着兩項重大的意義：一是作為向皇帝覆命的報告書，等同政府的文案，標示出釣魚島的地名；二是十分清楚描述出古米山（久米島）是琉球的邊界島。

四　向達校註的《兩種海道針經》和有力的〈註釋〉

其實釣魚嶼（島）不單是冊封使往來琉球的航標地，也是漁船、商貿船往來琉球、日本的重要航標島嶼，有助於辨認航向，不致偏離航道。為免在大洋中迷失方向，明代的舟子、航船皆有鍼譜和羅經針簿一類的指南書，甚至有一些是不作外傳的秘本。

前輩學者向達先生在英國牛津大學的鮑德林圖書館（Bodleian Library），看到舊鈔本的海道針經《順風相送》，是書於一六三九年由坎德伯里主教贈給牛津大學校長勞德主教（Arch. Laud）。一六三九年為明崇禎十二年。向達先生據此考訂此書可能成於十六世紀[9]。但荷蘭的學者戴文達（J. L. Duyvendak）和英國李若瑟博士（Dr. Joseph Needham）則考為一四三〇年；近年，有更多的學者將成書時間推前至永樂年間（一四〇三至一四二三年），亦即中國航海的黃金時期——鄭和年代。

《順風相送》的〈福建往琉球〉條中，詳述所取針路和沿途所經之島嶼，茲引如下：

> 太武（金門島上的太武山）放洋，用甲寅針七更船取烏坵（福建湄州島東）。用甲寅並甲卯針正南東牆（在烏坵及南日島北）開洋。用乙辰取小琉球頭（台灣南部西海岸之琉球嶼）。又用乙辰取木山（福建海上東引附近）。北風東湧（馬祖島東北海上，今作東引）開洋，用甲卯取彭家山（基隆東北，又名彭佳山）。用甲卯及單卯取釣魚嶼。南風東湧放洋，用乙辰針取小琉球頭，至彭家、花瓶嶼在內。正南風梅花（在閩江口之長樂）開洋，用乙辰取小琉球。用單乙取釣魚嶼南邊。用卯針取赤坎嶼（即釣魚島東部之赤尾嶼）。用艮針取枯美山（即今之久米島）。南風用單辰四更，看好風單甲十一更取古巴山、即馬齒山（即那霸對面的慶良間群島），是麻山赤嶼。用甲卯針取琉球國為妙。[10]

這裏提及的「釣魚嶼」，在書後的地名索引中，向達先生加解釋：「釣魚嶼在台灣基隆東北海中，為我台灣省附屬島嶼，今名魚釣島，亦名釣魚島。」

《順風相送》倘是永樂年間撰成，便是世界上最早記述「釣魚嶼」的文字資料，而且有針路可據，方位明確。釣魚嶼作為航標的連點，起着指示交通航向的作用，是很多國家都會作為航標來使用的海島，所以不存在後來有「新發現」之說；更不能說「沒有領有過」、「無人居住而沒有使用過」，這一點在本書姊妹編《釣魚島主權論考》中會有更詳細的分析。

在大帆船年代，從南洋、福建前往琉球、日本，取道釣魚島列嶼是所有舟師船家皆知之事。向達先生又從牛津大學的鮑德林圖書館找到另一本成書於康熙末年（即十八世紀初）的《指南正法》，其〈福州往琉球針〉的記述是這樣的：

> 梅花開船，用乙辰七更取圭籠長（即基隆）。用辰巽三更取花矸嶼（即花瓶嶼）。單卯六更取釣魚台北邊過。用單卯四更取黃尾嶼北邊。甲卯十更取枯美山（今久米島）。看風沉南北用甲寅，臨時機變。用乙卯七更取馬齒北邊過。用甲卯寅取濠霸（今那霸）港，即琉球也。[11]

向達先生在此引文後加上〈註釋〉，極具參考作用，謹錄如下：

> 據此書及《順風相送》所紀自福建至琉球針路，由閩江口長樂之梅花所放洋，取西偏南以及正西、西微偏北方向至琉球之沖繩群島，入那霸即濠霸、豪霸。黃尾嶼為我國台灣省所屬島嶼，枯美即今久米島，馬齒即慶良間列島，俱在那霸西，船至此距琉球國都不過五十海里矣。

向達先生是我國研究中外交通史的大家，他校註《兩種海道針經》和執筆寫成以上的〈釣魚嶼地名索引〉和〈註釋〉，是上世紀的一九五九年，當時中日還沒有發生釣魚島的爭議，向達先生在〈註釋〉中已指出「黃尾嶼為我國台灣省所屬島嶼」。黃尾嶼在釣魚島的東北方，更靠近久米島、沖繩島。既然黃尾嶼已是中國台灣省所屬島嶼，更靠近台灣省的釣魚島當然也是台灣省的屬島，至於沒有談到更東的赤尾嶼，原因是原文沒有提到赤尾嶼。同時，〈註釋〉中所說的枯美山和馬齒，其方位和里程都十分確實。而〈釣魚嶼地名索引〉就更加明確指出釣魚嶼「在台灣基隆東北海中，為我台灣省附屬島嶼。」一

這是向達先生對釣魚島列嶼主權的宣示，其時是一九六一年，足以粉碎日本常常說自從一九六八年在釣魚島附近海域發現了蘊藏大量石油，中國才開始宣示釣魚島列嶼的主權。只可惜在兩年前的一九六六年，向達先生已告病逝，否則他定能有更深邃的研究成果。

五　《使錄》頻談釣魚嶼、過溝問界

繼陳侃之後，嘉靖四十年（一五六一），又有郭汝霖和李際春出任正副冊封使，他們亦撰了《重編使琉球錄》，中有：

越嘉靖四十年……閏五月初一日，過釣魚嶼。初三日，至赤嶼焉。赤嶼者，界琉球地方山也。再一日之風，即可望古米山矣。

赤嶼（赤尾嶼）和古米山（久米島）之間，水深達到二、三千米，正是這條海洋深溝，令釣魚列嶼和琉球列嶼分隔開來，可說是以溝為界，亦天然之國界。赤嶼和琉球隔溝相望，故有：「赤嶼者，界琉球地方山也」之句。古人常將高出海面的島稱作山，故會山、島混稱，如三神山又呼作三島。

萬曆七年（一五七九），出任正、副使的蕭崇業、謝杰，回國後亦著有《使琉球錄》，並在卷首繪出《琉球過海圖》，描畫出由福建梅花頭至琉球那霸沿途所經島嶼。又詳附針路和更數，錄如下：

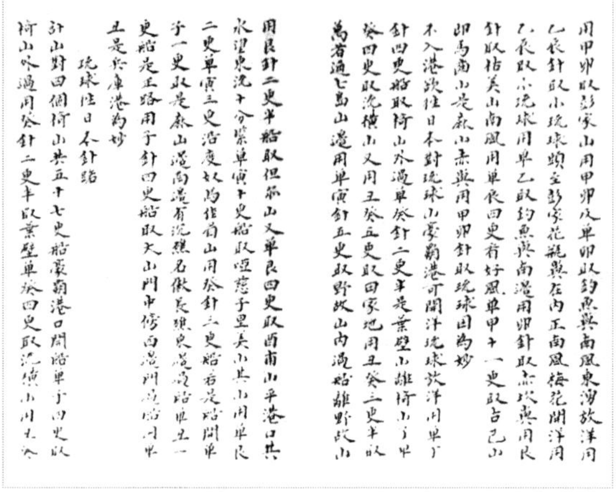

用甲卯取彭家山用甲卯及單卯取釣魚嶼南風東湧放洋用
乙辰針取小琉球頭至彭家花瓶嶼在內正南風梅花開洋用
乙辰取小琉球用單乙取釣魚嶼南邊用卯針取赤坎嶼用艮
針取枯美山南風用單辰四更看好風單甲十一更取古巴山
即馬齒山是麻山赤嶼用甲卯針取琉球國為妙
不入港欲往日本對琉球山那霸港可開洋琉球放洋用單丁
針四更船取椅山外過單癸針二更半是葉壁山離椅山了用
癸四更取沈櫝山又用丑癸五更取田家地用丑癸三更半取
為若通七島山邊用單寅針五更取野故山內過船離野故山
用艮針二更半船取但那山又單艮四更取酉甫山平港口其
水望東流十分緊單寅十更船取啞慈子里美山其山用單艮
二更單寅三更沿度奴為佳前山用癸針三更船若是船開單
子一更取是麻山邊南邊有流礁名傲岳礁東邊過船單丑一
更船是正路用子針四更船取大山門中傍西邊門過船用單
丑是兵庫港為妙
琉球往日本針路
針山對四個椅山共五十七更船那霸港口開船單子四更取
椅山外過用癸針二更半取葉壁單癸四更取沈櫝小川大癸

02

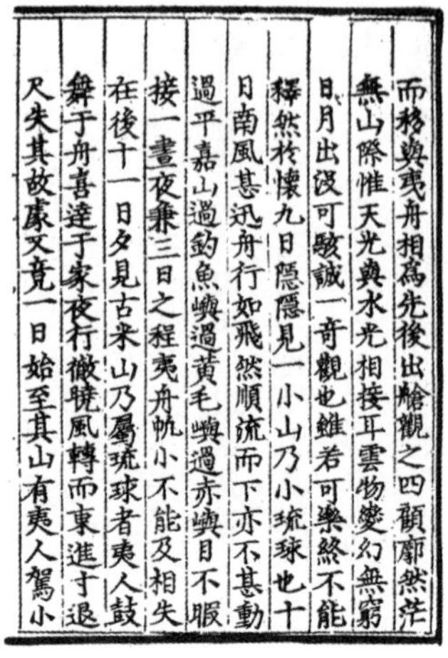

而移與夷舟相爲先後出艙觀之四顧廓然茫
無山際惟天光與水光相接耳雲物變幻無窮
日月出沒可駭誠一奇觀也雖若可樂終不能
釋然於懷九日隱隱見一小山乃小琉球也十
日南風甚迅舟行如飛然順流而下亦不甚動
過平嘉山過釣魚嶼過黃毛嶼過赤嶼目不暇
接一晝夜兼三日之程夷舟帆小不能及相失
在後十一日夕見古米山乃屬琉球者夷人鼓
舞于舟喜達于家夜行徹曉風轉而東進寸退
尺失其故處又竟一日始至其山有夷人駕小

01

03

01 明陳侃《使琉球錄》是最早述及釣魚嶼的《使錄》。

02 成書於明永樂年間的《順風相送》，其中〈福建往琉球〉條中述及釣魚嶼，是現存世上最早談及「釣魚島」的文獻。（現藏英國牛津大學鮑德林圖書館）

03 明蕭崇業《使琉球錄》內附刊的〈琉球航海圖〉。

梅花頭，正南風，東沙山，用單辰針六更船；又用辰巽針二更，取小琉球頭；乙卯針四更船，彭家山；甲卯針十一更船，取釣魚嶼；又用乙卯針四更船，取黃尾嶼；又用卯針五更船，取赤嶼；用甲卯五更船，取姑米山；又乙卯針六更船，取馬齒山，直到琉球，大吉。

萬曆三十四年（一六〇六），夏子陽和王士禎的航船稍遇風浪，幸仍能順利抵境。他們的著作《使琉球錄》也有提及釣魚嶼：

二十四日黎明，開洋……二十六日，過平佳山，花瓶嶼。二十七日午後，過釣魚嶼。次日，過黃尾嶼。是夜，風急浪狂，舵牙連折。連日所過水皆深黑色，宛如濁溝積水，或又如靛色。憶前《使錄補遺》稱：去由滄水入黑水，信哉言矣……三十日，過土那奇山，復有一小夷舟來迓……午後，望見琉球山，殊為欣慰。次日，始達那霸港。

崇禎六年（一六三三），杜三策和楊掄出任明朝最後的冊封使，歸來後，由從客胡靖著成《杜天使冊封琉球真記奇觀》，記述簡略，遠遜於其他《使錄》。及至清康熙二十二年（一六八三），冊封使汪楫和林麟焻歸而作《使琉球雜錄》，內述釣魚嶼和中外之界：

及二十四日天明，見山，則彭佳山也，不知諸山何時飛越。辰刻過彭佳山，酉刻遂過釣魚嶼，船如凌空而行時復欹側……二十五日見山，應先黃尾而後赤嶼，不知何以遂至赤嶼，未見黃尾嶼也。薄暮過郊或作溝，風濤大作，投生豬、羊各一，潑五斗米粥，焚紙船，鳴鉦擊鼓，諸軍皆甲露刃，俯舷作禦敵狀，久之始息。問郊之義何取？曰中外之界也！界於何辨（辨）？曰懸揣耳。然頃者恰當其處，非臆度也。[12]

汪楫等的使船，遇好風相送，僅三晝夜，即抵琉球，連嚮導也驚嘆：「無論其他，即舟入港口，尋常亦須數日，安有神速至此者？」所以飛快得連一些島嶼也不知何時越過，也未見黃尾嶼，就來到赤嶼，便即過溝。這裏的「過溝」，又作「過郊」，一度被日本質疑「郊」何以通「溝」。前輩吳天穎作考證，請教了中國社會科學院語言研究所方言研究室主任張振興研究員，解釋閩南方言「郊」和「溝」均讀「kan」。而汪楫使船的船工，大抵都是福建人，在場的人記錄船工的對話時，書「溝」或作「郊」，蓋同音之故也。[13]

正是「溝、郊」同音，把「溝」寫作「郊」，才會令汪楫等不明所以，乃追問「郊之義何取？」倘若沒有同音錯字這回事，翰林院出身的汪楫，難道看不懂「過溝」之義嗎？也因為他「問郊之義何取？」才有「中外之界也」的回答。汪楫開始省悟，但對着汪洋大海，又如何辨別中外之界（「界於何辨」）？回答是一種揣測，但剛才過溝（郊），「風濤大作」，就是界之所在，（用這樣去理解），就不算是臆度了。

這裏說的「過溝」，以下的《使錄》還會有更多關於「過黑海溝」、「過溝祭海神」等的描述，所以有需要將釣魚島列嶼和琉球群島之間的海溝地形稍作介紹。

釣魚島列嶼位於中國東海大陸架上。從地質構造研究，廣東、福建兩省的海底陸架，向東延伸，至巴士海峽以北，其中高聳露出水面的大島，便是我們熟悉的台灣，它與福建之間相隔的海面，也就是台灣海峽。台灣北面的海底陸架再向東北迤展，接連高出水面的有：花瓶嶼、彭佳嶼、釣魚島列嶼（包括北小島、南小島、黃尾嶼、赤尾嶼等）。經過勘測，台灣海峽以至東海沿岸一帶的水深，都不超過二百公尺；同樣釣魚島列嶼，直至最末端的赤尾嶼，水深也在兩百公尺以內，足以支持台灣本島和釣魚島列嶼是處於同一個東海大陸架之說，同屬一個地質單元。反過來，赤尾嶼和姑米山（久米島）之間，卻陡深下陷，橫亘着一條深達一千至二千七百公尺的海溝。由於水極淵深，故呈黑色，古人便稱之為黑水溝，今或稱為「琉球海溝」。中國東海的大陸架延伸至釣魚島列嶼的赤尾嶼，便是邊緣之地，與屬於琉球的久米島遙隔海溝相對。這條海溝，從地質構造而言，是斷層分隔，不屬相連；從中琉海疆的分界來說，無疑是天然分界線。而隸屬琉球極西南之地的與那國、石垣、宮古等島，分佈在釣魚島的南面、台灣基隆的東南海面，但相連的大洋，水深並非如台灣與釣魚島列嶼般的兩百公尺，而是深陷至一千公尺以下，同樣出現一條深海溝，又是天公所給的海界。

太平洋在東亞有一股北赤道海流，同呈深黑色，所以更多人稱之為「黑潮」。它從菲律賓東岸北上至巴士海峽，過台灣島而分流，右方的主流續北上，穿過台灣和與那國島之間的海域，然後向東北流過釣魚島列嶼，再北上至琉球海溝。至於左方的支流，經由台灣的西面，穿越台澎海峽，然後挨着釣魚島嶼的北側向北流。古代的海船，由福建揚帆出洋，就是借助黑潮的支流北上，但當航至黑水溝（琉球海溝），遇上強大的黑潮主流，流速高達每小時四海里，而且水深自然浪高，波濤洶湧，海船如要前往琉球，便要橫渡此凶險的黑水溝。當年的航海技術仍未能克服這些自然現象，惟有向海拜祭，求神庇佑，以保平安。可能過溝深刻難忘，明清的《使錄》，便多有記述。

六　徐葆光的《中山傳信錄》及〈三十六島圖〉

汪楫使琉球之後三十年，琉球世子尚敬又來請封。其時，勤政好學的康熙帝尚在其位。早年，康熙已有《大清一統志》。其後，他接觸到由傳教士傳來的西學，特別對西方的天文、數學、測繪大感興趣，更破格任用傳教士參加測量大清帝國疆域，繪製成《皇輿全覽圖》，將朝鮮半島也收納其中。康熙帝是很想瞭解東海之外的琉球國，所以在欽點海寶為正使、徐葆光為副使之餘，更加派在蒙養齋受過西方測繪訓練的八品官平安和監生豐盛額，同赴琉球，主持測繪之事。[14]

康熙五十八年（一七一九），冊封琉球正、副使海寶和徐葆光率團啟航。此行由五月二十二日至翌年二月二十六日，居琉約八個月，徐葆光在冊封典禮完畢後，熱情地蒐訪資料，考察典章制度、踏查山川地貌，問詢民俗風習。復蒙琉球王出示《中山世鑑》，並得到紫金大夫等的協助，徐葆光在歸國兩年後，終於編撰成六卷本的《中山傳信錄》，堪稱最早而又最完備的琉球史誌，成為清代研究琉球史貢獻最大的一本著作，影響深遠。連日本江戶時期的著名學者林子平，也參考了徐著而繪成《三國通覽圖說》。下面摘引徐葆光在自序中述說編纂此書的經過：

計在中山凡八閱月。封宴之暇，先致語國王求示《中山世鑑》及山川圖籍，又時與其大夫之通文字譯詞者遍遊山海間，遠近形勢，皆在目中。考其制度禮儀，觀風問俗，下至一物異狀，必詢名以得其實，見聞互證，與之往復，去疑存信，因並海行針道、封宴諸儀圖狀，並列編為六卷。雖未敢自謂一無舛漏，以云《傳信》，或庶及焉。

《中山傳信錄》卷一繪有〈針路圖〉，是中琉航海針路的指南。書中又繪有〈琉球三十六島圖〉和〈琉球地圖〉，前所未有地詳細描繪了琉球國的屬島和國界與及山川地理。其中繪畫〈三十六島圖〉是經過反覆審定的。徐葆光為該圖作了說明：

今從國王所請示地圖。王命紫金大夫程順則為圖，徑丈有奇，東西南北方位略定，然但注三十六島土名而已。其水程之遠近，土產之磽瘠，有司受事之定判，則俱未詳焉。葆光周咨博采，繪聯黍合；又與中山人士反覆互定。今雖略見眉準，恐舛漏尚多，加詳審定，請俟後之君子。

這是中山國王尚敬應徐葆光之請，令紫金大夫、大學者程順則親自繪了一丈見方的琉球圖，供徐參考。但徐葆光嫌地圖不夠詳盡，所以再向琉人、甚至舟師查詢，反覆審定，再由他帶去的測繪員協助，繪出〈三十六島圖〉。這無疑是中琉雙方官員共同審定的劃界圖，具國際法律效力。徐葆光的〈三十六島之歌〉是最好的詮釋：

琉球屬島三十六，畫海為界如分疆；
眾星羅列皆內拱，中山大宅居中央。
今來三月遍咨訪，海濱踏盡猶彷徨。
……
州嶼雖能舉一二，更船遠近猶迷方。
主人輸誠出圖籍，題為六六何周詳。[15]

〈琉球三十六島圖〉將琉球洋分為東四島、正西三島、西北五島、東北八島、南七島、西南九島。現將三十六島名列如下：

東四島：姑達佳、津奇奴、巴麻、伊計；
正西三島：馬齒二山（東馬齒山、西馬齒山）、姑米山；
西北五島：度那奇山、安根岻山、椅山、葉壁山、硫黃山；

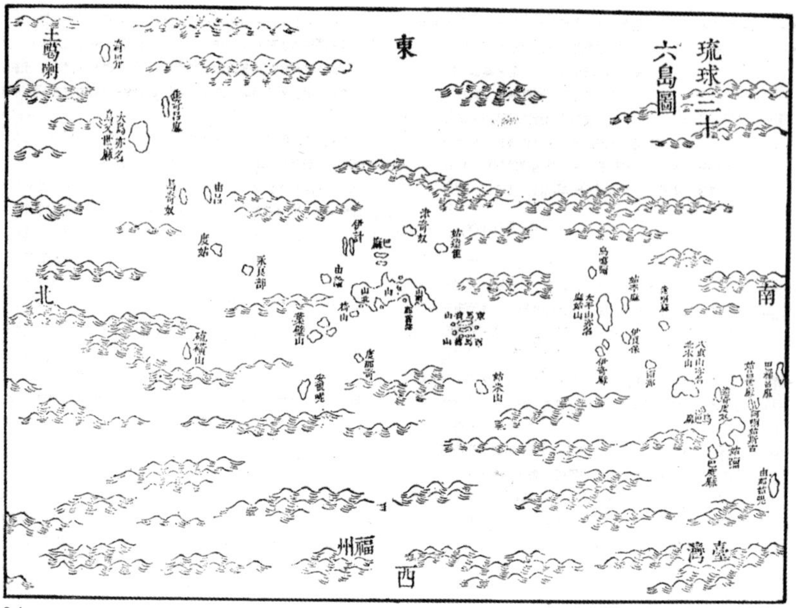

04

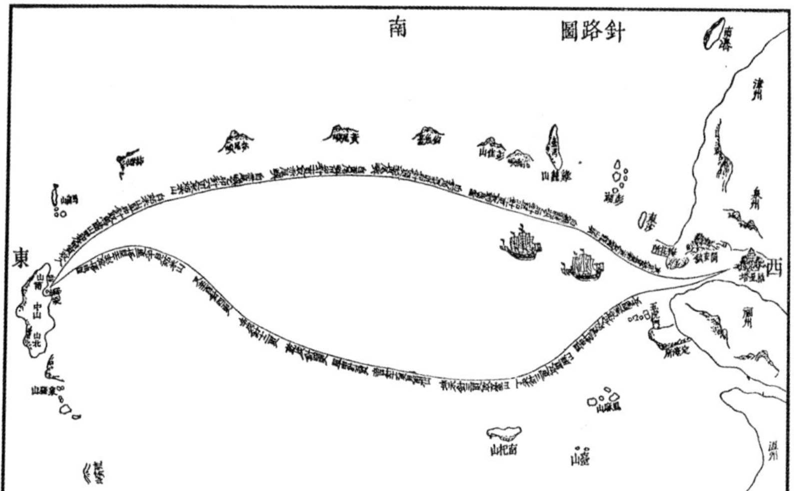

05

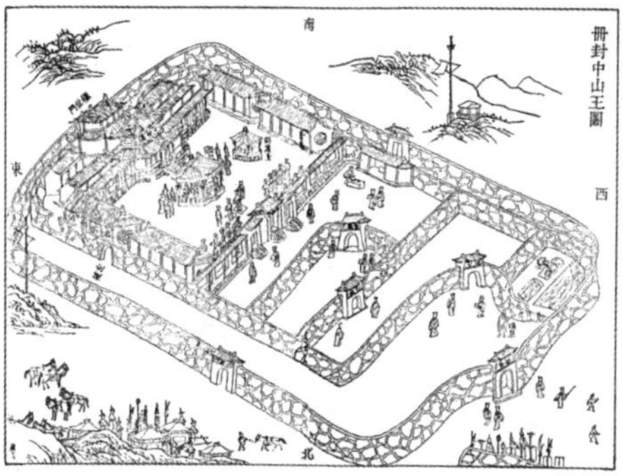

07

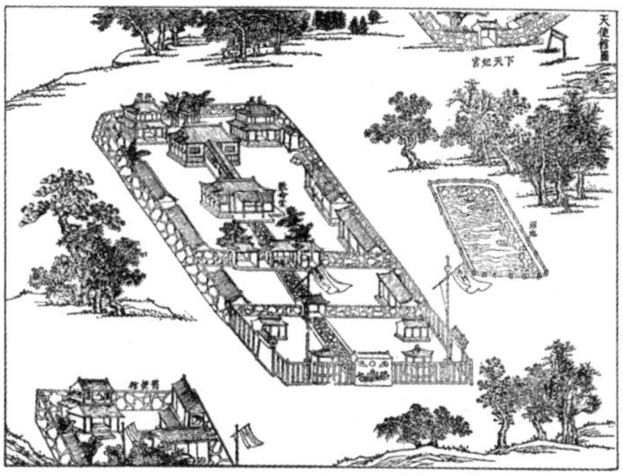

06

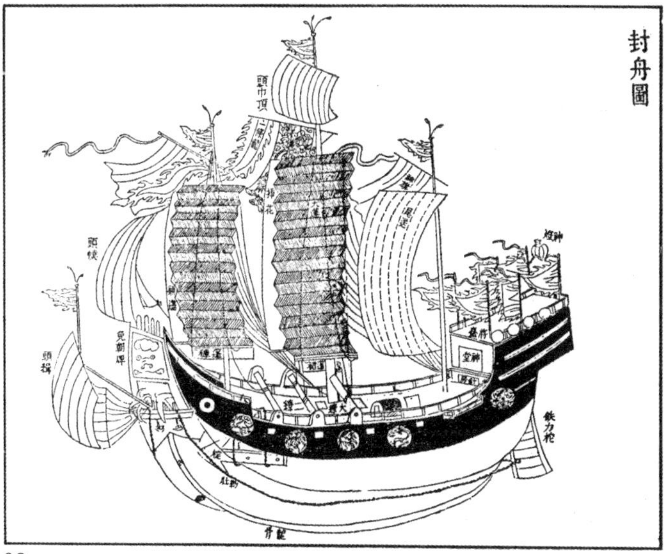

08

04　清徐葆光《中山傳信錄》的〈琉球三十六島圖〉。（引自《中山傳信錄》）

05　清徐葆光《中山傳信錄》的〈針路圖〉，亦有標示釣魚台。（引自《中山傳信錄》）

06　清徐葆光《中山傳信錄》的〈天使館圖〉。（引自《中山傳信錄》）

07　清徐葆光《中山傳信錄》的〈冊封中山王圖〉。（引自《中山傳信錄》）

08　清徐葆光《中山傳信錄》的〈封舟圖〉。（引自《中山傳信錄》）

東北八島：由論、永良部、度姑、由呂、烏奇奴、佳奇呂麻、大島、奇界；

南七島：太平山、伊奇麻、伊良保、姑李麻、達喇麻、面那、烏噶彌；（以上皆屬太平山，國人稱之皆曰太平山。）

西南九島：八重山、烏巴麻、巴度麻、由那姑呢、姑彌、達奇度奴、姑呂世麻、阿喇姑斯古、巴梯呂麻。（以上八島，俱屬八重山，國人稱之皆曰八重山，此琉球極西南屬界也。）

徐葆光在西南九島的圖說中列出八重山的島名，然後下結語，確定此八重山是琉球的極西南界地。「八重山」，日本今天稱作「八重山諸島」，包括西表島、與那國島，接近台灣。而徐葆光繪製的〈琉球三十六島圖〉，並列上島名，但不見釣魚島列嶼（黃尾嶼、赤尾嶼的島名也不見），來到接近台灣的「八重山」，更明確標明「此琉球極西南屬界」，「極」是最盡之意，即到此為止。可證釣魚島列嶼並不屬於琉球國。同時，「此琉球極西南屬界也」句，意即極西南之海界，完全切合「畫海為界如分疆」的詩句。

徐葆光在《中山傳信錄》中，描述他們出使往琉球，費七晝八夜始進那霸港。好尋根究柢的徐葆光，向船工夥長和琉球的接封陪臣查詢，得出針路的指引「用卯針太多」，令使船偏離了航線，靠向琉球國的西北，往往去了葉壁山。徐葆光重看陳侃、郭汝霖、蕭崇業、張學禮、汪楫等的記述，都有此誤，乃指出琉球人所用的針路，「皆本於《指南廣義》」，但此書的錯失在「用卯針太多，每有落北之患」。[16]

《指南廣義》是琉球著名學者程順則所撰，雖有「用卯針太多」之失，但仍然是一本很好的針經，所以徐葆光也摘錄了《指南廣義》中由福州至那霸這一段針路。他在「取姑米山用單卯針」這一句語中，在「取姑米山」下面作了雙行夾註：「琉球西南方界上鎮山」[17]。這句夾註，曾引起爭議，認為不是原著者程順則的夾註，似是徐葆光所加居多。但儘管是徐葆光所加，也絲毫沒有影響到這句夾註的權威性。因為徐葆光趁出使琉球，即立志撰寫一部超越前人的中山王國史書，所以連測繪員也帶上（測繪員的派出，可能是康熙帝的旨意，但徐葆光的執行和投入研究，令成效更加顯著。而這項任務，正使海寶未見熱衷。）經過考核踏查，見聞互證，復與中山國的士大夫「反覆互定」，著成可資信實的《中山傳信錄》。正是此書有「世之所傳，信而有證」的價值。後來，耶穌會士宋君榮（Antonius Gaubil）來到北京，將此書譯成法文，在巴黎刊出，時距中文版面世僅三十年，成為法國對東方認識的早期參考讀物。另一方面，日本從長崎進口了《中山傳信錄》，廣獲好評，日本紛紛翻刻刊行，因而也成為江戶時代日本學者研究琉球的必讀史書[18]。因此，徐葆光的夾註「琉球西南方界上鎮山」，不是隨意所加，而是經過與琉球國的大夫互定，確認出「姑米山」就是「琉球西南方界上鎮山」，是中琉雙方官員劃界的又一項明證，其權威性可知。徐葆光在〈琉球三十六島圖〉已提示八重山是琉球「極西南屬界」，又有「畫海為界如分疆」的詩句，更加上這裏點出「姑米山」是西南方界上鎮山，在在顯示出徐葆光是要通過撰寫加描繪來顯示琉球國的疆域，否則何以再三標示以甚麼為界？

夾註中「琉球西南方界上鎮山」的「鎮山」作何解？最直接的解釋是：一地方的主山稱為鎮山。楊仲揆先生註釋是：「所謂鎮山，在我國內地亦稱關山……寓有鎮邪標界兩層意義。」[19]

吳天穎前輩先引日本井上清教授的話：「所謂鎮，是國境和村境之鎮，是鎮守的鎮……進入琉球的邊境，就是久米島（姑米山）。它是鎮琉球國境的島嶼，所以用『界上鎮山』之語來說明之。」接着吳天穎考出永樂年間，滿剌加國王、日本源道義、印尼加里曼丹國王，均曾先後請明朝封其山為「鎮國之山」。所以推想徐葆光是經過諮問查訪，得知姑米山也受封為琉球「西南方界上」的鎮山[20]。據此可知姑米山同時亦是中琉海疆上的分水嶺。

徐葆光在回程的〈後海行日記〉亦有記述「過溝」的情形：

二月十六日癸丑巳刻，封舟自琉球那霸開洋……過馬齒、安根岎、度那奇等山，海水滄黑色。日入，見姑米山二點……二十日丁巳，日出，轉艮寅東北順風……船共行二十六更半。是日海水見綠色，夜過溝，祭海神，轉巽巳風……。

回程時，先經姑米山，過黑水溝，所以「海水滄黑色」。在晚上「過溝，祭海神」，和汪楫「過郊（溝）」，「投生豬、羊」等祭海神，已成為福建至琉球這段海程的重要祭祀儀式。過了溝，海水便見綠色，可望中土而還。

七　過溝祭海求平安

乾隆二十一年（一七五六），應琉球請封，派全魁、周煌為正副使，前往琉球。歸國後，周煌作《琉球國志略》，內容和針路圖大多取材自徐葆光的《中山傳信錄》。其最大特點，是以志書體裁來表述，同時，以琉球再不是三國分立，且康熙元年，已賜「琉球國王之印」，因此書名不作「中山」來續，而以《琉球國志略》名之。書內也有觸及釣魚島，特別是黑水溝：

（六月）初十日早潮，出五虎門……十一日上午，坤未風……至日入，行船四更，見釣魚台……十二日……是夜過溝祭海；十三日，丁卯風，甲卯針，行船二更，見姑米山。

「過溝祭海」，祈求平安，已成為各使船（其他船隻相信也無例外）都遵奉的祭典。周煌並有對黑水溝更詳細的描述：

> （琉球）環島皆海也。海面西距黑水溝，與閩海界。福建開洋至琉球，必經滄水過黑水，古稱滄溟，（溟與冥通，幽元之意），又曰東溟。

這裏更加清楚道明琉球西距黑水溝，與福建海域（中國東海）分界。黑水（溝）古稱滄溟，有幽深黑暗之意，又因位處東面，故有東溟之說。

嘉慶五年（一八〇〇），趙文楷、李鼎元被委為冊封琉球的正、副使。李鼎元歸而作《使琉球記》，其內記述云：

> （五月）初七日……午刻，開洋……初九日庚寅，晴。卯刻，見彭家山，山列三峰，東高而西下。計自開洋，行船十六更矣。由山北過船。辰刻，轉丁未風，用單乙鍼，行十更船。申正，見釣魚台，三峰離立如筆架，皆石骨……入夜，星影橫斜，月色破碎，海面盡作火燄，浮沉出沒，木華《海賦》所謂「陰火潛然」者也。舟人稟祭黑水。按汪舟次《雜錄》：「過黑水溝，殺生羊、豕以祭，且威以兵。」今開洋已三日，莫知溝所。琉球夥長云：伊等往來不知有黑溝，但望見釣魚台，即酬神以祭海。隨令投生羊、豕，焚帛，奠酒以祭，無所用兵。

趙、李二使，誤聽毫無識見的琉球夥長，見釣魚台即祭海。也不知是否因提前了拜祭，致後來過了赤尾嶼後，雷雨齊來，乃慌忙「跪禱於天后」，懇請「神能轉風，當籲請於皇上加封神之父母」。不久，果能轉風，化險為夷。

齊鯤和費錫章於嘉慶十五年（一八一〇）出使琉球，再沒有像趙文楷、李鼎元等人那麼疏失，於過溝時祭神。齊鯤在其《續琉球國志略》憶述：「（閏五月）十三日午刻，見赤嶼，又行船四更五，過溝祭海。」

道光十八年（一八三八）和同治五年（一八六六），是最後兩任冊封使的東航。他們的著述也有提及釣魚島。如道光十八年的冊封使林鴻年、高人鑑的著述稱：「初六未刻取釣魚山，申刻取久場島……初七黎明取久米赤島。」這是首次將黃尾嶼寫成琉球名（有說是日本名）久場島。後來也是最後一任冊封使趙新，在其《續琉球國志略》中，也沿襲了林鴻年所使用的一些琉球島名。但另一方面，趙新在回朝奏報時，十分明確地指出姑米山就在琉球外洋的邊界：

> 臣等奉命差往琉球，於到閩日遵照舊章，迎天后、尚書、拿公各形象在船保護詔敕，於五年六月十九日，舟抵球界之姑米山外洋。[21]

上述林鴻年和趙新等儘管偶然用上了琉球的島名，也不等於就會改變它們的歸屬。若有人據此以為理據，則未免太簡單、孤陋了。

八　趙李二使與琉球王尚溫的真摯情誼

被稱為天使的冊封使，齎旨渡海宣詔，威嚴十足，琉球舉國上下，接待惟恐不恭，三日一小宴、七日一大宴地款客，敬為國賓。冊封使雖貴為天朝欽差大臣，但都沒有頤指氣使，或以大國之威，來欺壓

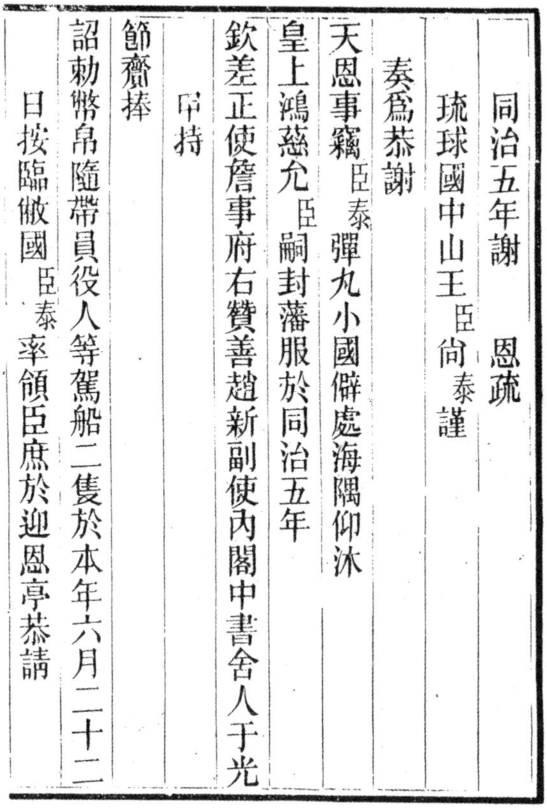
同治五年謝　恩疏
琉球國中山王臣尚泰謹
奏為恭謝
天恩事竊臣泰彈丸小國僻處海隅仰沐
皇上鴻慈允臣嗣封藩服於同治五年
欽差正使詹事府右贊善趙新副使內閣中書舍人于光
甲持
節齎捧
詔勅幣帛隨帶員役人等駕船二隻於本年六月二十二
日按臨敝國臣泰率領臣庶於迎恩亭恭請

09

09　清趙新《續琉球國志略》記末代琉球王尚泰獲冊封後上謝恩疏。

小國臣民，反而能夠體恤其國小艱困，給予關愛之情。如嘉慶十三年（一八〇八），齊鯤以立冬後有順風相送，決定提早回棹，不待冬至始歸，以減省琉球國接待之開支。回國後，齊鯤呈上奏章：

> 臣等仰體皇上懷柔至意，恪遵聖訓，一切概從減損。因思隨行員弁兵丁匠役人數較多，少住一日，即該國省一日供應……本年立冬後東北風大盛，臣等商議定於十月初起身……。[22]

當時，隨行的匠役多為福州人，與琉球館的人有欠賬未清，因隨封舟到琉球，急欲追討。齊鯤即明令禁止，回奏云：「平日交易，多有舊賬未清，臨回時，私向夷人索討舊欠。經臣等出示曉諭，以隨封索欠，有失天朝體恤之意，一概不許取討。球人感頌皇仁，歡聲載道。」[23]

而在嘉慶五年（一八〇〇），趙文楷和李鼎元在啟航前，深知封舟不應載貨，但船戶帶貨售賣，亦琉球所冀，乃順從之。但趙文楷與李鼎元通曉人情世故，以「琉球窮國，盡買則財不足，不買又恐得罪」[24]，便令船戶禁帶貴貨，出結定價。抵琉球後，冊封事畢，趙、李二使與從客訪風問俗，以文會友，甚得國王尚溫敬重。及李鼎元母壽辰，「惟恐人知，故不舉祝禮」，但國王得悉，親書大紅緞壽屏序文十二幅申賀。李鼎元驚問，「長史跪稟曰：『國王感激兩位天使諸物不受，故密遣小底輩問於內使，得知壽期；又密問家世，得其詳。國王因令楊文鳳撰文，親筆楷書，以致誠敬。』……余初猶不懌，然既已書之於屏，勢無卻禮，固再拜受之。」[25]

二使告歸，江干話別，國王躬送，袖出一札。原來國王不通漢語，故以書札代言。遂令通事誦之。詞曰：

> （尚）溫啟：竊溫僻處海隅，全無知識，荷蒙皇上天恩，准襲世職，感激難名！又蒙天使遠

來……於福州登州（舟）時，即將貴貨裁減，並令出結定價，惟恐累及貧國。並承捐除七宴……惟是小邦別無可敬，端賴七宴，稍盡微情。今既捐除，更無盡情之處。屢具宴金，又皆卻還，心益滋愧……副使大人（李鼎元）更為小邦廣聲教，輯《球雅》，國之略曉文字者，皆得就教尊前，執經問業，父師之恩，尤深感戴……又再卻金不受。在天使潔忠自矢，不愧名臣……凡此，皆天使仰體皇上之心為心，事事先為體恤，不特溫感入肺腑，即通國臣民亦謂天使體恤下情，從未有如兩位大人者。無奈言語不通，通事傳詞又不能備述，故特具柬代言，稍舒積悃，幸恕不恭。讀畢，國王依依若欲下淚。因遣通事謝曰：「凡所言皆使者分內事，過蒙獎譽，轉滋愧悚！惟願國王勵精圖治，福祚綿長！」復行一跪三叩對拜禮。國王率百官跪送節。再與國王揖別。登輿，由浮梁登舟，國王歸於卻金亭前，候安節畢。余與介山拱而揖岸曰：「節安，公歸矣！」國王起，率眾官惆悵而去。[26]

明清兩朝天子，對琉球國懷遠施仁，冊封使忠誠執節，不假天威欺壓小國，事事體恤，令國王與臣民感激萬千！因而對中國誓死追隨，不忍離棄。詳見下文。

九　小結

有關釣魚島列嶼的地名和方位，通過細閱明、清二朝冊封琉球使臣的著述和向達校註的《兩種海道針經》，可以得出如下確證：

一、釣魚嶼、黃尾嶼、赤尾嶼等釣魚島列嶼是由中國所發現、所命名、所記錄，而且到目前為止，還沒有其他國家能提出更早的文獻來。

二、古米山（又名姑米山，今名久米島）屬琉球，隔着黑水溝（琉球海溝）與赤尾嶼相望；一五三四年陳侃著的《使琉球錄》是現存最早記錄釣魚島的官方文獻，其重要程度早為琉球國所珍視，連琉球的親日派大學者羽地朝秀（向象賢）於一六五〇年撰寫的第一部琉球史書《中山世鑑》，在〈嘉靖甲午使事紀曰〉條下，也全文照錄了陳侃《使琉球錄》有關沿途航程的記事，對黑水溝彼岸的「古米山乃屬琉球者」，並沒有提出異議。[27]

三、徐葆光著《中山傳信錄》，書內繪製的〈琉球三十六島圖〉，是與琉球國王指派的紫金大夫程順則一同勘查審定的，地圖和說明都確認「八重山是琉球極西南界屬」。而釣魚島列嶼並不包括在三十六島內，絕不屬於琉球國的海島。

《中山傳信錄》刊出六十五年後的乾隆五十年、日本天明五年（一七八五），日本江戶學者林子平繪出《三國通覽圖說》，其中琉球國部分，是參照徐葆光的〈琉球三十六島圖〉繪製的。他在宮古及八重山兩群島旁加註：「以上七島乃宮古島，支配權由琉球持有」;「以上八島乃八重山，支配權由琉球持有」。但在釣魚島列嶼則順序寫出「釣魚台、黃尾山、赤尾山」，並未加註，更兼所着顏色，與中國領土同。可見宮古、八重山屬琉球，釣魚島列嶼屬中國，絕不含糊，這些中日史書，皆可為證。

四、釣魚島（釣魚嶼）和彭佳嶼、黃尾嶼、赤尾嶼等記錄的列嶼一樣，是作為中國的海島，在明、清兩朝起着海上航標的作用，同時，也是中國歷代漁民的捕漁場、避風港，並非所謂的無主地。（本書姊妹篇《釣魚島主權論考》再作詳細論證）

五、日本常藉故說中國是在一九六八年釣魚島海域發現蘊藏石油才提出主權歸屬，是試圖藉此推翻中國的主權地位。

筆者再三細閱向達先生校注的《兩種海道針經》，發現在其〈釣魚嶼地名索引〉及其〈註釋〉中所作的說明，無疑是對釣魚島宣示主權的有力證言（見上文）。該書出版於一九六一年九月，從其〈序言〉

的年款來看，可知向達先生完稿於一九五九年二月前，絕對是在一九六八年發現石油之前發表的，所以再不能說是因為發現石油之後，中國才提出擁有釣魚島的主權。

十　增補：渡滄溟登姑米山親歷記

初稿書成，筆者取假數天，飛赴沖繩，踏訪史蹟，蒐尋資料，得悉那霸港有客商船開往久米島（即姑米山）。因思《使錄》常說「過姑米山」，且為琉球外洋之邊界，具訪遊價值，況從海路渡滄溟，正可體驗當年封舟破浪航行的情景。其時正大寒後一天，是當年封舟歸帆常用之季風時節。

那霸港距久米島（姑米山）約九十公里。也許商貿平淡，所以每日僅得兩班船開往久米島，且是六百五十噸搭載貨物的客商船，航程約四小時。

二〇一四年一月二十一日清晨八時在陰雨下登船。是日氣溫約攝氏十三度，但船上的廣播已說天氣欠佳，海面有約五米浪，所以取消中途停靠的兩個島，改為直航往久米島。我想：直航更好，可不用四個小時。結果八時半起錨，抵久米島是十二時四十分。

船甫離港口，迎來的是汪洋大海。放眼前方，但見千波萬浪。甲板上的露天座椅，雖兩側繃扯着膠幕，但難敵寒風刺骨，二十多位乘客，全部躲入艙內，或瑟縮椅上打瞌睡；或睇着眼睛看電視，大抵都是往來的常客。我則只顧打開照相機，向窗外「卡嚓卡嚓」的拍。此時，船已進大洋，海水玄黑深溟，正如徐葆光從那霸開洋，「過馬齒、安根岷、度那奇等山，海水滄黑色。」此際，狂風怒號，浪濤拍舟，雖不至於「浪從船上過」[28]，但船舷甲板已是海水漫流。窗外颼颼風聲，船底咯咯作響，船在怒濤中艱苦前進。左搖右顛四個小時，終可看到一個大島，橫亙大洋之上，這就是陳侃所述的「見古米山，乃屬琉球者。夷人鼓舞于舟，喜達于家。」我雖未如夷人般鼓舞，但內心也是相當興奮的。近岸處，海的顏色轉呈碧藍，但淺灘暗藏礁石，乾隆帝的冊封使周煌過溝祭海，來到姑米山觸了礁，「龍骨觸礁而折，底穿入水……一礁石透入船腹，不動，亦不沉」，結果捧着詔敕、節、印棄船，轉乘小船登上姑米山，然後由姑米山的地方官通知那霸，王世子「撥國中海舶迎載」。[29]

久米島面積約六十三平方公里，比香港島略小，惟人口僅得八千左右。船靠碼頭，是一塊起卸地，但見兩台計程車在候客，即登車往博物館。館在山上，展品不多，筆者主要是想探知可有烽火台遺址。

據博物館的資料所示，可知原有四個烽火台，皆已毀，僅得SONAMI烽火台殘存一些遺蹟。該烽火台原高四十米，用土石堆成，二十多年前毀爛，只存高二點五米、直徑七米的土石台。昔日這些烽火台主要是瞭望中國往還的船隻，尤其是冊封使的封舟（又名冠船）。當看到封舟進境時，即點燃烽火，通知渡名喜島，渡名喜島又以烽火向座間味島、渡嘉敷島通報，直至沖繩本島，以準備迎接封舟上的天使。

筆者選擇前往北面的具志川烽火台，雖然烽火台已不存，但不遠處有「具志川城蹟」，在該處可眺望黑水溝。該處遺蹟尚存城牆及石階，背城面海，頗為險要。是日寒風勁猛，登高遠望，真如李鼎元在《使琉球記》中所言：「視海面深黑，天水遙接，豈即所謂『黑溝』邪？[30]」而黑浪翻滾，拍打崖岸，捲起雪白浪花，隆隆有聲，好不壯觀。但封舟過此，便要劏豬殺羊祭海矣！

因風高浪急，渡輪常會停航，回程遂改乘小型客機，三十分鐘便返回那霸。

表一　明清派遣冊封琉球使一覽表

編次	出使年	冊封使	官職	著作	冊封國王
一	洪武五年（一三七二）	（楊載）	行人	-	察度
二	永樂二年（一四〇四）	時中	行人	-	武寧
三	永樂十四年（一四一六）	陳季若	行人	-	他魯每
四	洪熙一年（一四二五）	柴山 阮漸	內官	-	尚巴志
五	正統八年（一四四三）	俞忭 劉遜	給事中 行人	-	尚忠
六	正統十二年（一四四七）	陳傅 萬祥	給事中 行人	-	尚思達
七	景泰三年（一四五二）	陳謨 董守宏	左給事中 行人	-	尚金福
八	景泰七年（一四五六）	李秉彝 劉儉	給事中 行人	-	尚泰久
九	天順七年（一四六三）	潘榮 蔡哲	吏科右給事中 行人司行人	-	尚德
一〇	成化八年（一四七二）	官榮 韓文	兵科給事中 行人司行人	-	尚圓

編次	出使年	冊封使	官職	著作	冊封國王
一一	成化十五年（一四七九）	董旻 張祥	兵科給事中 行人司右司副		尚真
一二	嘉靖十三年（一五三四）	陳侃 高澄	吏科左給事中 行人司行人	使琉球錄 操舟記	尚清
一三	嘉靖四十一年（一五六二）	郭汝霖 李際春	刑科右給事中 行人司行人	重編使琉球錄	尚元
一四	萬曆七年（一五七九）	蕭崇業 謝杰	戶科左給事中 行人司行人	使琉球錄 日東交市記、撮要補遺、虔台倭纂	尚永
一五	萬曆三十四年（一六〇六）	夏子陽 王士禎	兵科右給事中 行人司行人	使琉球錄	尚寧
一六	崇禎六年（一六三三）	杜三策 楊掄	戶科左給事中 行人司行人	（從客胡靖著）杜天使冊封琉球真記奇觀	尚豐
一七	康熙二年（一六六三）	張學禮 王垓	兵科副理官 行人司行人	使琉球記、中山紀略	尚質
一八	康熙二十二年（一六八三）	汪楫 林麟焻	翰林院檢討 內閣中書舍人	使琉球雜錄、中山沿革志	尚貞
一九	康熙五十八年（一七一九）	海寶 徐葆光	翰林院檢討 翰林院編修	中山傳信錄、海舶集	尚敬

編次	出使年	冊封使	官職	著作	冊封國王
二〇	乾隆二十一年（一七五六）	全魁 周煌	翰林院侍講 翰林院編修	從客王夢樓詩集 琉球國志略	尚穆
二一	嘉慶五年（一八〇〇）	趙文楷 李鼎元	翰林院修撰 內閣中書舍人	槎上存稿、石柏山房詩存 使琉球記、師竹齋集	尚溫
二二	嘉慶十三年（一八〇八）	齊鯤 費錫章	翰林院編修 工科給事中	續琉球國志略 琉球記事一百韻	尚灝
二三	道光十八年（一八三八）	林鴻年 高人鑑	翰林院修撰 翰林院編修		尚育
二四	同治五年（一八六六）	趙新 于光甲	翰林院檢討 內閣中書舍人	續琉球國志略	尚泰

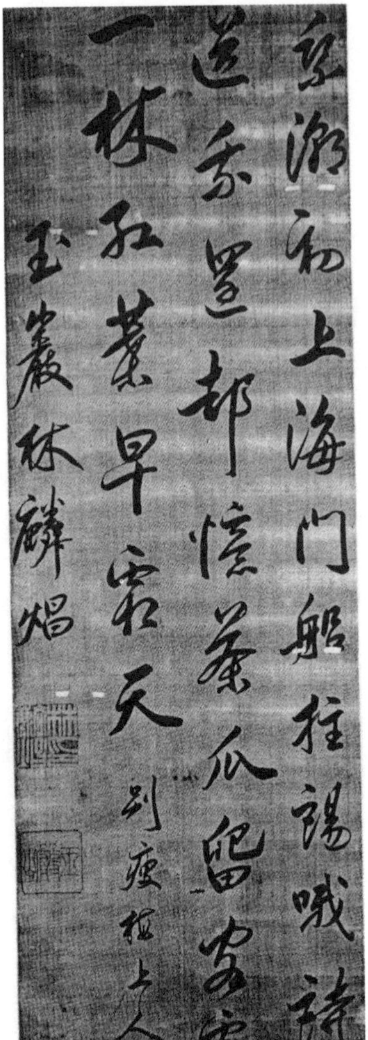

11

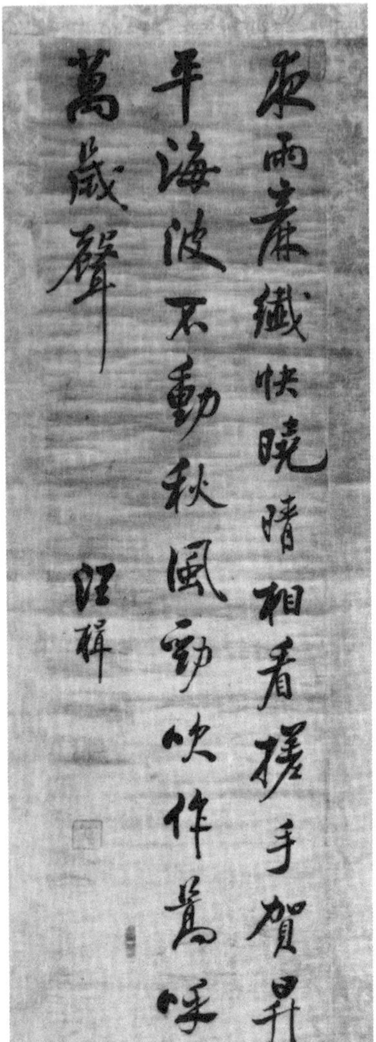

10

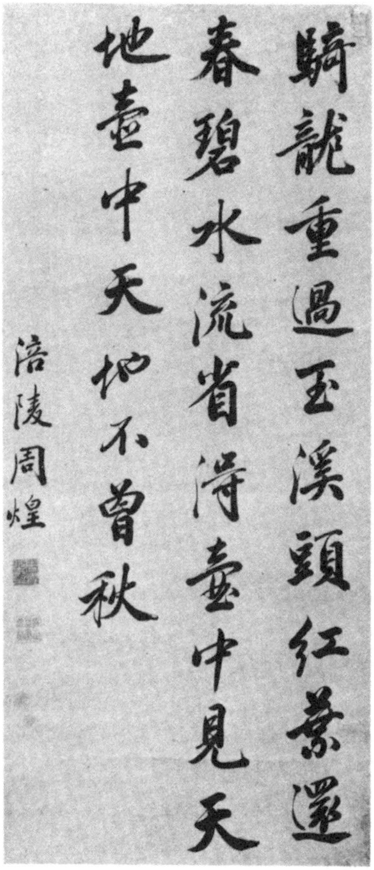
騎龍重過玉溪頭紅葉還
春碧水流省得壺中見天
地壺中天地不曾秋
涪陵周煌

13

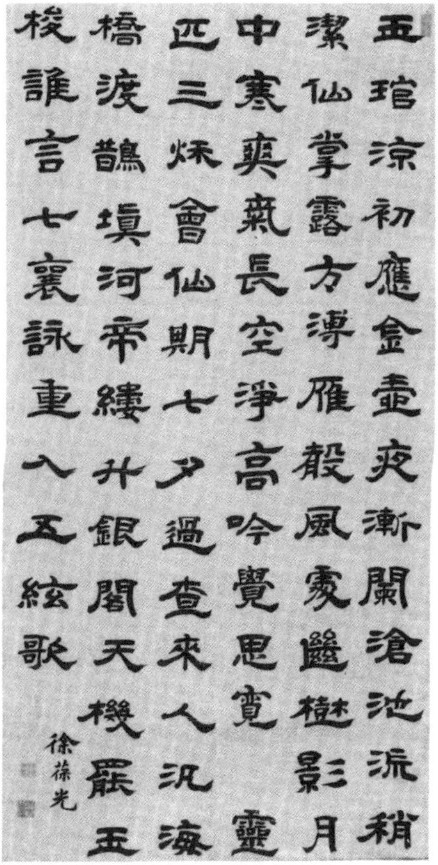
玉琯涼初應金壺夜漸闌滄池流稍
潔仙掌露方漙雁殿風處鑑樹影月
中寒爽氣長空淨高吟覺思寬靈
匹三秋會仙期七夕過查來人汎海
橋渡鵲填河帝縷升銀閣天機罷玉
梭誰言七襄詠重入五絃歌
徐葆光

12

清代冊封使在琉球留下的墨跡：

10　汪楫

11　林麟焻

12　徐葆光

13　周煌

14

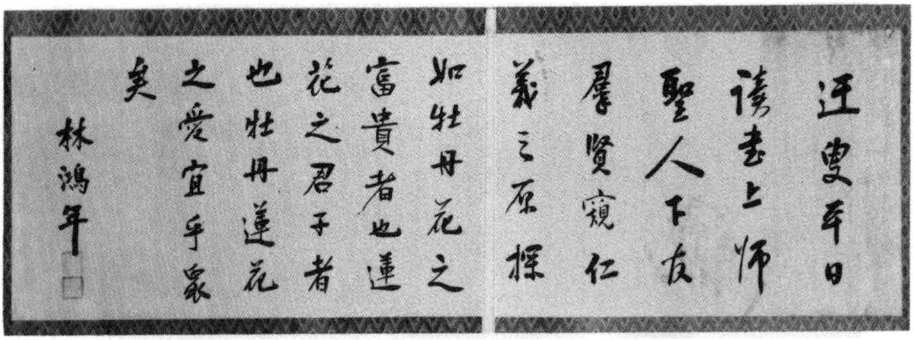

15

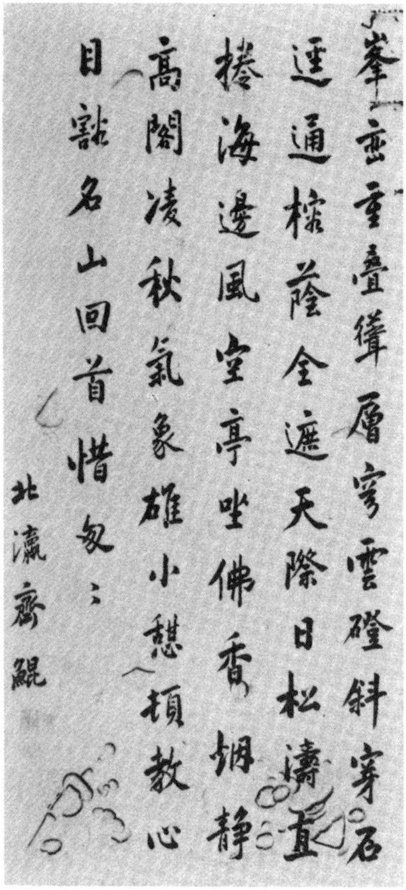

17

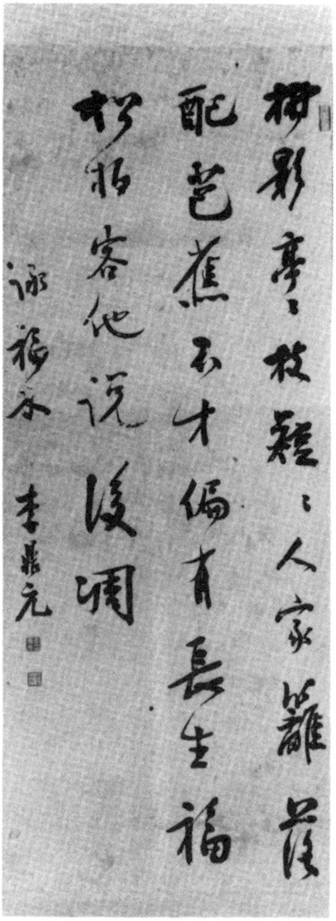

16

清代冊封使在琉球留下的墨跡：

14　趙文楷

15　林鴻年

16　李鼎元

17　齊鯤

19

18

22

21

20

清代冊封使在琉球留下的墨跡：

18　趙新

19　于光甲

20　周煌

21　徐葆光

22　齊鯤

23

24

25

26

清代冊封使在琉球留下的墨跡：

23　全魁

24　趙文楷

25　林鴻年

26　高人鑑

註釋

1 參見《二十四史》七《隋書》卷八十一〈東夷列傳・流求國〉，北京中華書局，一九九七年，頁四六五。

2 同註1。《隋書》說：「虜男女數千人」，應是誇大之詞。

3 參見沖繩大百科事典刊行事務局編《沖繩大百科事典》下卷，沖縄タイムス社，一九八三年，頁八五一至八五二。

4 參見《明史》卷三百二十三〈列傳第二百十一〉，北京中華書局，一九八四年，頁八三六一至八三六二。

5 參見本書附篇〈從琉球國向明清請封、奉正朔比較中日的管治權威〉。

6 有一些史家不將楊載列入冊封使，只視為播諭使。但楊載齎詔諭告，察度王即歸順稱臣，亦通過了冊封的儀式，所以筆者將楊載列入冊封使計算。

7 同註4引書，頁八三六七。

8 參見李鼎元著《使琉球記》六月二十六日條：偕介山遊奧山，由卻金亭登舟——《徐錄》載：「前明陳冊使給事侃歸時卻金，故國人造亭以表之。」

9 參見向達校註《兩種海道針經》，北京中華書局，一九六一年，頁四。

10 同註9引書，頁九五至九六，引文括號的地名解釋亦據向達先生的〈地名索引〉補入。

11 同註9引書，頁一六八。

12 參見吳天穎著《甲午戰前釣魚列嶼歸屬考》，北京社會科學文獻出版社，一九九四年，頁五七，附汪楫《使琉球雜錄》清鈔本影印件，該鈔本現藏北京圖書館善本閱覽室。該《使錄》鈔本，版本頗多，且有異文，今採用此北圖善本作引文。

13 同註12引書，頁五九。

14 參見張存武著〈從使琉球錄到琉球國史〉，收入《第二屆中琉歷史關係論文集》，台灣中琉文化經濟協會出版，一九九〇年，頁三五九。

15 同註12引書，頁四八。

16 參見徐葆光著《中山傳信錄》的〈前海行日記〉。

17 同註12引書，頁四七收錄的日本明和三年（一七六六）的《中山傳信錄》刻本卷一的〈針路圖〉書頁影印。

18 參見高良倉吉、田名真之編《圖說琉球王國》，東京河出書房新社出版，一九九六年，頁二三。

19 參見楊仲揆著《中國・琉球・釣魚台》，香港友聯研究所，一九七二年，頁一三八。

20 同註12引書，頁五〇至五一。

21 同註12引書，頁六〇引中國第一歷史博物館軍機處錄副奏摺外交類一〇六六號卷。

22 參見陳龍貴、周維強主編《順風相送——院藏清代海洋史料特展》，台北國立故宮博物館，二〇一三年，頁一四六載〈冊封正使齊鯤、副使費錫章奏摺〉圖照。

23 同註22。

24 參見李鼎元著《使琉球記》的〈閏四月初八日〉條。

25 參見李鼎元著《使琉球記》的〈十月十一日〉條。

26 參見李鼎元著《使琉球記》的〈十月十五日〉條。

27 參見《中山世鑑》，收錄在橫山重編《琉球史料叢書》第五卷，東京美術出版，一九七二年。

28 「若冬至前後，則風勢日勁、浪從船上過矣。」見周煌著《琉球國志略》中〈海〉的條目。

29 參見周煌著《琉球國志略》卷五。

30 參見李鼎元著《使琉球記》的〈十月二十五日〉條。其時，他和趙文楷與琉球王拜別後，登舟從那霸開洋，剛過姑米山，寫下此景致。

第二章

朝貢貿易獲厚待
海商王國話琉球

和世界其他國家一樣，琉球民族和琉球王國的誕生，也都充滿神話故事。如說天地初開，一男一女化生於大荒，自成夫婦，生三男二女。一男為君王之始而謂天孫氏；二男為按司之始；三男為蒼生之始。又說天孫氏歷二十五代，凡一萬七千八百年[1]。這些神話故事再難取信於人，現代的學者都會從出土文物、文化人類學等角度來進行研究、分析，務實地作出科學校證。

一　從出土文物看琉球的誕生

通過對出土人骨化石的研究，可知在舊石器時代琉球諸島已有人居住。最早的人骨化石首推出土自那霸市的「山下洞人」（約六歲女童），距今約三萬二千年。一九七〇年，在沖繩本島南部發掘出的「港川人」，整個人體骨架保存幾乎完好，距今約一萬八千年。

另一方面，亦有一些陶器出土，其紋飾和日本「繩文時代」的陶器頗相似，被視為「繩文文化圈」的一部分。但到了後期，沖繩陶器的風格已異於日本。顯然是琉球孤懸海隅，以遠古的交通工具，要想渡過大洋絕非易事，從而發展出自己的生活文化。琉球人在島上採集山菜野果為生，亦在海濱捕魚拾貝來果腹。隨着大量的貝殼同時出土，史學家遂稱此時期為「貝塚時代」。早期因為有這些魚貝菜果得以解決基本生活，而四面環海，琉球人就像與世隔絕般，一代一代的平靜生活。但也有不可思議之處，就是近年從沖繩遺跡中，出土了中國由戰國時代至唐朝所鑄造的「貨幣」，如明刀錢、五銖錢和開元通寶等。這些錢幣是如何流傳到沖繩島來的呢？各方學者仍在努力追查答案。

從人類進化學來分析，捕魚狩獵採集的生活並不安穩，當人們懂得栽種糧食和飼養家畜，食糧才能得到保證，所以大家逐漸都愛上農家的生活。但農作物和家畜，容易招引其他人來搶奪。為保護這些農產，人們便搭起欄柵，防止被侵入；又聯同四鄰，共同建砦防護。聯戶增多，形成部落，琉球人開始在小山丘上壘石構築，建成高大的城堡，再圍以石垣，一座座大大小小的城堡拔地而起。琉球的城堡，不獨穩固，且極具特色，是以史學家稱此時期為「城砦時代」（約十二世紀至十四世紀）。

部落建築了城砦，大有割據一方之勢，其城主稱為「按司」。後來，按司互相攻伐兼併，經過一番統廢合分，最終剩下三國鼎立，割據對峙。

二　三山一統現第一尚王朝和第二尚王朝

三國分據的局面，大約形成於十四世紀初。當時，北面的國頭地域，修築了今歸仁城，號稱「北山」（也寫作「山北」）；中部以中頭作域界，營造了浦添城及首里城，號為「中山」；南面以島尻地域為據，建造大里城，稱號「南山」（也寫作「山南」）。三大按司以王自居，史稱「三山時代」。

明太祖遣使楊載招諭，最早歸順的是中山王察度，後來山南王承察度和山北王怕尼芝也相繼來朝。三王奉貢不絕，誠心歸順。

十五世紀初，南山轄下有佐敷城砦，由思紹作按司。其子尚巴志，勇武敏慧，窺準中山王察度亡故，世子武寧繼位，管治權交替，呈現薄弱期，遂於一四〇六年，與父策動起兵攻打浦添城，推翻了武寧，思紹篡其位，入據中山。他們想到一天未受中國天朝冊封，便有僭稱之疑。但篡奪得來的王位，深怕會觸怒天朝，於是惟有冒稱為武寧的世子，因武寧已死，所以遣使請封，承襲中山王位。明成祖依其所請。《明史》亦有記云：「五年（一四〇七）四月，中山王世子思紹遣使告父喪，諭祭，賜賻冊封如前儀。[2]」思紹獲封後，將中山王的據點由浦添城移至首里城，並加固城堡，營造成新的中山王居城。而首里城便成為以後琉球國王的王城，直到被吞併為止。

公元一四一六年，尚巴志率大軍北征，破今歸仁城，北山王攀安知敗亡，尚巴志令次子尚忠鎮守北山。一四二一年，思紹薨，尚巴志發喪，向明朝請封。一四二五年，永樂帝遣使柴山，冊封尚巴志為中山王。一四二九年，尚巴志揮軍南下，攻入島尻大里城砦，滅南山王他魯每。至此，尚巴志將三山掃平，一統而為琉球王國。

尚巴志一統琉球，追其父思紹為初代，開「第一尚王朝」，共歷七代至尚德止（參見表二）。據琉球史官蔡鐸、蔡溫父子先後編著、重訂的《中山世譜》所記，「尚」姓乃明帝所賜，是自「巴志」始，故其父「思紹」還未冠有「尚」姓。但有日本史家認為如是明帝賜姓，《明實錄》或其他史書應有記載，今遍查無此記事，恐非。反而有一說法，以巴志曾繼父為佐敷按司，故有「小按司」之稱，而中國語音「小」、「尚」相近，在琉球的中國譯手於上疏明朝時，便將「小」寫成「尚」，乃成「尚巴志」[3]。這是強作解人之語。因為日語「小」、「尚」的讀音一樣，而中文的讀音則大異，而且韻部也不同，所以不可能有此假借同音字的情況（「小」以「尚」來假借）。結論是賜姓可信，而且尚王統的後裔也直認不諱。

第一尚王朝在尚巴志之後，各王威德不高，朝中爭權政變頻生，所以眾王皆命短，五至六年，又要換上新主。公元一四六一年，尚德繼位，但暴虐無道，不顧臣民之艱難，令朝野怨聲載道。時任御鎖側的金丸，曾是先王尚泰久的寵臣，屢諫尚德王，不獲接納，遂退隱不朝。一四六九年，尚德王歿，年僅二十九歲，繼位世子年幼，朝中各人議廢世子，另立德才兼備的金丸為王。貴族近臣聞悉，爭先逃走，「王妃乳母，欲救世子性命，擁抱而逃，隱於真玉城，兵卒追而弑之。」眾人即備鳳輦龍衣，迎金丸登位。初大驚，固辭避，群臣緊追力請，遂回首里即位。[4]

但又為了容易取得中國天朝的冊封，照樣效前朝做法，於一四七一年遣使奏報「先王尚德」已薨，

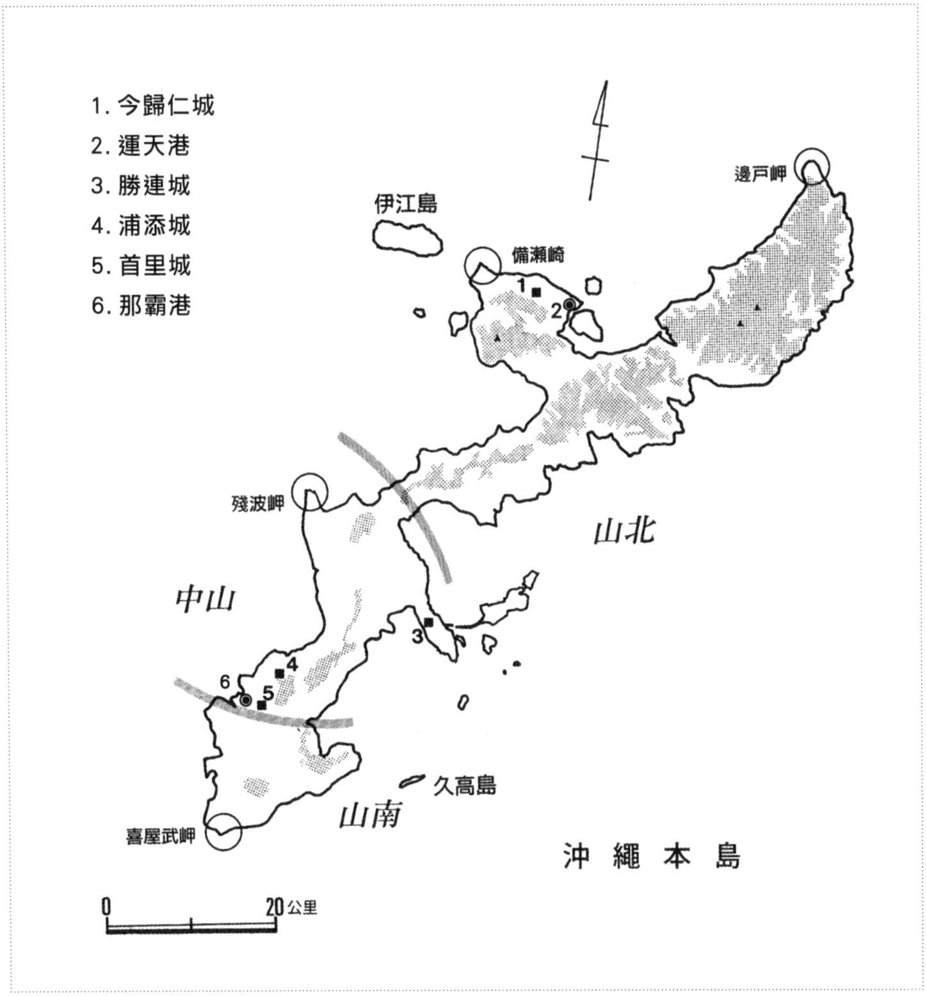
1. 今歸仁城
2. 運天港
3. 勝連城
4. 浦添城
5. 首里城
6. 那霸港
伊江島
備瀨崎
邊戶岬
殘波岬
山北
中山
山南
久高島
喜屋武岬
沖繩本島
0
20公里
1
2
3
4
5
6

01

01 三山鼎立時代。

表二　第一尚王朝

（圓圈內數字為王位的順序；國王側的年份為在位年期。）

①思紹（一四〇六至一四二一）——②尚巴志（一四二二至一四三九）

②尚巴志之子：

- ③尚忠（一四四〇至一四四四）——④尚思達（一四四五至一四四九）
- ⑤尚金福（一四五〇至一四五二）——志魯
- 布里
- ⑥尚泰久（一四五四至一四六〇）——⑦尚德（一四六一至一四六九）

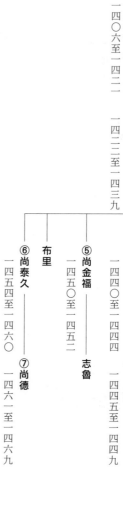

表三　第二尚王朝

（圓圈內數字為王位的順序；國王側的年份為在位年期。）

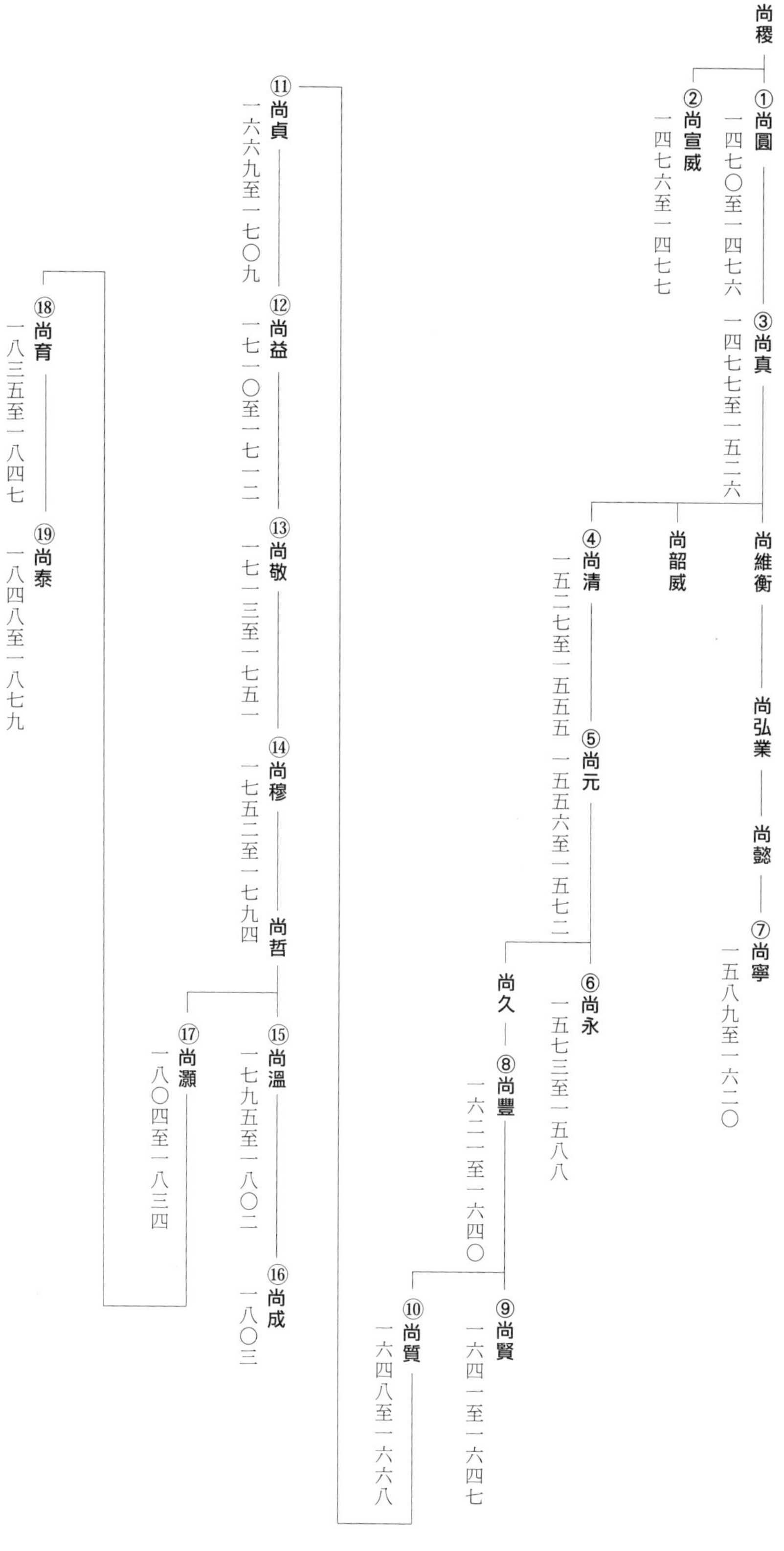

自稱世子尚圓，懇請冊封襲位。翌年，憲宗派官榮、韓文為正副使，航赴琉球，冊封尚圓為王。王朝交替劇上演完畢，尚圓王成為第二尚王朝的初代君王，後傳十九代，至尚泰王於一八七九年被日本吞併止，共歷四百零九年（參見表三）。

第一、第二尚王朝的初代君王，都要冒認為前代君王的世子，為的是要取得中國的冊封，加入中華帝國的宗藩組織，由此可見冊封是何等重要。下文亦將詳細介紹。

三　朝貢貿易明朝尤其厚待琉球

古代的中國，巍然屹立於世界的東方，其經濟文化在亞洲超逸拔群，成為鄰近諸國的表率。因而中國歷朝咸以天朝自居，詔諭四鄰，來朝歸順。受儒家思想影響的中國封建王朝，好以德來服天下，對四鄰採懷柔政策，友愛朝貢國，常加賚賜，更施以教化，往往不必使用霸道，便能令東亞諸國誠心歸服稱臣，定時來朝。

各國詣朝修貢，必備方物呈獻天子。中國歷朝皇帝十分享受萬國朝賀的尊榮，接過貢品即回禮賞賜，賚贈之物，不用多說，都是瑰寶珍品，價值數量以倍計，甚至高達百倍。因此，所謂歲歲來朝，對很多國家來說是樂於奉行的，因為賞賜豐厚，且能藉機貿易，大大增加他們國家的收益。

明帝國君臨天下共二百七十七載，有史可據派出冊封使航赴琉球共十六次，而琉球入明請封、朝貢（除了按時入貢，還包括謝賜封、賀天子登位、賀大婚、賀皇帝、皇后大壽等）的次數，以《明史》的記載來計算，共一百七十一次，較之同期安南八十九次、爪哇三十七次、朝鮮三十次、日本十九次為頻密[5]。明朝和琉球不獨往來密切，歷代明帝鑑於琉球國磽瘠弱小，皆給與格外優遇和眷顧。

自從洪武五年（一三七二），遣使楊載赴琉，詔諭歸順，琉球即恪守藩服，朝貢有常。初期，琉球的貢品中，以馬匹和硫磺最受明廷所樂用。原因是明初時局未靖，尚需戰馬補充軍力，硫磺又可製成火藥，故上述貢品能大派用場。但到了十五世紀中期以後，局勢漸穩，馬匹的需求減少，物產並不豐盛的琉球，為揀選貢品而愁眉，實在想不出甚麼方物來，竟解送數名閹人為禮。永樂帝大感詫異，即曰：「彼亦人子，無罪刑之，何忍？」並命送還。禮部官員擔心拒收會影響琉球歸順之心，建議還是先收下，再勸止。永樂帝認為處事要清晰，應「示以實事，今不遣還，彼欲獻媚，必將繼進。[6]」經此事之後，明廷體察其情，遂令琉球減少貢物。

而明朝諸帝回賜琉球，往往以倍計，故有「唐一倍」，甚至「唐十倍」之說。賜贈的品物包括：琉球王皮弁冠服、大夫官服、儀仗器具、大統曆、布疋、綢緞、鐵器、瓷器等。當知道琉球早期更需要鐵釜、瓷器，洪武帝從其所請，賞賜多用此等物品。[7]

琉球渡海來貢，所乘貢船，簡陋單薄，每每不堪風浪，損壞極甚。明太祖體恤其苦，或贈船回歸，或賞銀讓他們到福建自行購船。如洪武十八年（一三八五），就曾賜海舟給中山、山南二王。[8]

在封貢貿易上，明朝是十分善待琉球的。據《明會典》載，凡同樣的貢品，明廷賜給琉球的賞錢，往往高出其他國家。如錫每百斤賞五百文，賞給琉球則高達八貫（明的法定比價：一貫＝銀一兩＝銅錢一千文）；蘇木每個賞值亦為五百文，而琉球則為十貫；胡椒每斤應賞三貫，優惠給暹羅二十五貫、滿剌加二十貫，但賞給琉球就高至三十貫。此外，明廷本規定各來貢國領賞之後，只能在會同館內開市三至五天，但琉球國卻獲優待，不在此限。[9]

四 「賜閩中三十六姓」提升琉球航海與文教事業

朱元璋深感琉球歸誠勤修職貢，但想到他們的航海技術和造船工藝仍然十分落後，橫渡大洋險象環生；又為了教化小國，使其脫貧自立，便決心助琉球解困，「賜閩中舟工三十六戶」[10]，移居琉球，協助琉球發展。

「閩人三十六戶」是概數，更多的說法是「三十六姓」。因為從史料顯示，並非全部一家整戶的移民，也有單身前行的。總體而言，約合三十六姓氏共二百多人分批前去琉球。姓氏之中包括：蔡、程、梁、鄭、林、金等。他們一行，以熟練的舟工和柁手居多，當然也有木工，更有儒學者和醫師。琉球國對這批來自明國的能工巧匠、熟練舟師、儒士漢醫，極表歡迎，劃出那霸海濱的久米村作為三十六姓的集居之所。其後，世代繁衍，久米村被稱為「唐營」或「唐榮」，成為古琉球的四大村邑之一。

而最值得注意的是那批舟師和木工。因為他們都是來自素通番舶販海為生的福建。舟師有着豐富的航海技術；木工能運斧造船，他們若非於洪武年間赴琉，在不久後的永樂年鄭和下西洋，必是參與其中的一份子。換句話說，他們有部分人與當時世界最先進的鄭和船隊的舟師、木工是師兄弟，擁有同樣優秀的技藝。所以他們移居琉球之後，馬上將琉球的造船和航海技術提升，很快海船就可以平穩地遠航至暹羅、滿剌加、爪哇，發展成為一個海商小王國。[11]

三十六姓的儒學之士或其後裔，被選派為官生，來華入讀太學，學成回琉球，或成為塾師，或作通事，甚至出仕任官，主持封貢文教，守禮盡忠，成為琉球國的中流砥柱。他們之中，也有老而返國，或留而無嗣的，到萬曆三十五年（一六〇七），明廷再應琉球王之請求，賜毛、阮二姓往其國以補嗣續。亦可證琉球重視華人移徙教化的作用。數出色的三十六姓閩人後裔，當以程順則和蔡溫二國師。二人尊孔學儒，終生身體力行，為琉球國樹立了儒家政教體制。程順則在文教學術方面貢獻尤大，他推廣《六諭衍義》[12]，成為琉球自國君至庶民的修身齊家準則。後來，程順則將此書獻給薩摩藩，不久即流傳開來，經日本新井白石、狄生徂徠等漢學家註釋、翻譯，轉成日本國民的修身典籍。一時洛陽紙貴，直至明治維新止。程順則弘揚儒家學說之餘，勤於著述，最為人熟知的有《指南廣義》和《雪堂燕遊草》詩集。蔡溫以國相而兼國王太師，治國三十年，其治術與治績為琉球古今獨步，故在政治方面的貢獻大於文教，然著述亦豐，凡十八種，名作有《山林真秘》、《實學真秘》、《家內物語》、《蓑翁片言》等。

明太祖賜閩中三十六姓開化琉球，無私地傳授科技文教，扶弱濟困，但不干涉其內政，懷遠以德，非殖民地主義者可比。此一壯舉，是人類文明史上的一頁光輝篇章。如此施恩，明廷再沒有施諸第二國，所以琉球國是誠心的歸順，由衷的感激，故後來當面對日本強硬阻止向中國朝貢時，作書答日本，哀懇說：「自前明以來，撫我甚為優渥……累世之恩既忘，何以為人？何以為國？」懇切動人之詞，出自一國之書，誠屬罕見！詳見本書第六章。

五　從《歷代寶案》看琉球遠航東南亞

明初，帝國新立根基未穩，又擔心逃匿外洋的餘寇會與沿海村民聯繫，朝廷遂頒令瀕海村民不得私下出海，並嚴禁海上貿易，寸板不得外流，違者嚴懲不貸。其後，永樂帝奪得帝位，出於政治上的考慮，派鄭和七下西洋宣威播遠，鼓勵來朝稱臣納貢，天朝地位得以擁立，篡來的帝位亦受到肯定。明廷對來貢國厚往薄來，賞賜豐厚。在海禁的政策下，朝貢是獲得海外必需品、原材料和珍寶的惟一途徑，於是明廷便對貢使的違法貿易採取寬容的態度，也可說是變相地鼓勵朝貢貿易的進行。

琉球地小磽瘠，物產不豐，在朝貢貿易中本來是難有作為的。但自從他們蒙賜三十六姓，有善於操舟的閩人提高了航海技術，可以平穩地遠航至東南亞，然後藉着與明朝的良好宗藩關係，靈活地開展出一條轉口貿易運輸線來。他們的貢船，穿梭於東南亞各國，由三十六姓精通漢文華語的閩人充當通事（當時漢文華語就是國際語言），使貿易工作開展得更加順利。

琉球漢化極深，尤醉心於程朱學派的孔孟之道，同時亦不忘學習修史，早期將文書檔案保存、抄錄下來。現在得以保存的《琉球歷代寶案》，就是抄錄歷朝琉球王與明、清及遠東地區諸國往來的原始文書。由於當時東亞諸國多慕華漢化，漢文廣為通用，所以琉球所抄錄的文書全為漢文。《歷代寶案》的抄錄，始自明永樂二十二年（一四二四）至清同治六年（一八六七），共四百四十三年。交往國除明、清二朝外，遍及暹羅王國、安南王國、滿剌加王國、蘇門答臘王國，以及巽打、爪哇、舊港等地區，東北亞有朝鮮，並兼涉日本。《歷代寶案》保存了一大批原始資料，是研究明史、南明史和清史的寶貴史料，特別是東南亞史錄欠詳，《歷代寶案》就可供考證引錄。

在與東南亞諸國貿易中，琉球與暹羅（今泰國）開展得最早而且最為頻繁。有關兩國往來的記載，暹羅方面基本上已蕩然無存，猶幸《歷代寶案》抄存的咨文仍有六十三件。檢視之下，可知其間自明永樂十七年（一四一九）至嘉靖四十三年（一五六四），計共一百四十五年[13]。在這一百四十五年通交中，又分為前段的移咨獻禮通好期（一四二五至一四八一年）和移咨執照互市期（一五〇九至一五六四年）。[14]

現摘引《歷代寶案》中的移咨文，藉此一窺琉球與暹羅的通好互市情況。

〈移彝咨文十〉：

琉球國中山王為禮儀事。切照本國自洪武、永樂年以來，遣使馳獻土宜，其歲航海二三舟。今見疏曠數年，理宜再遣正使步馬結制等，齎送禮物，前詣　貴國奉獻，少伸（申）芹忱之意，幸希

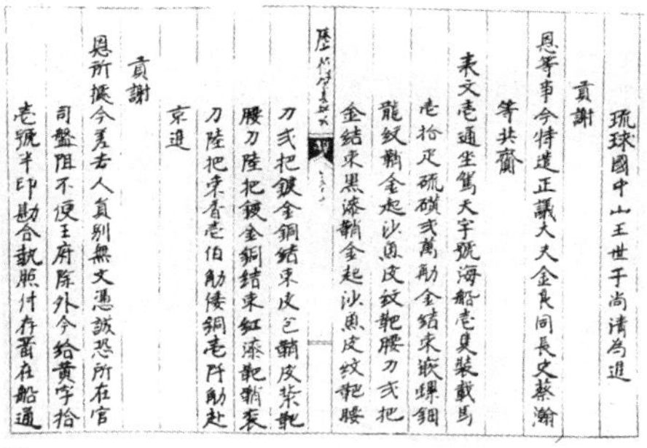
琉球國中山王世子尚清爲進
貢謝
恩等事今特遣正議大夫金良同長史蔡瀚
等共齎
表文壹通坐駕天字號海船壹隻裝載馬
壹拾疋硫磺弐萬觔金結束嵌螺鈿
龍紋鞘金起沙魚皮紋靶腰刀弐把
金結束黑漆鞘金起沙魚皮紋靶腰
刀弐把鍍金銅結束皮包鞘皮紮靶
腰刀陸把鍍金銅結束紅漆靶鞘衮
刀陸把束香壹伯觔倭銅壹阡觔赴
京進
貢謝
恩所據今差去人員別無文憑誠恐所在官
司盤阻不便王府除外今給黃字拾
壹號半印勘合執照付存留在船通

03

02

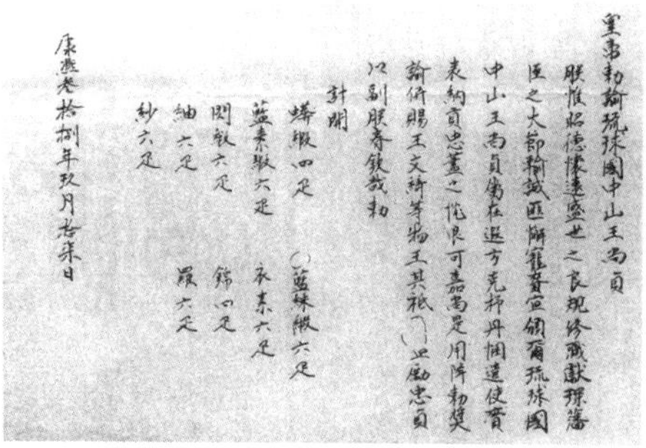
皇帝勅諭琉球國中山王尚貞
朕惟昭德懷遠盛世之良規修職獻琛藩
臣之大節輸誠匪懈寵賚宜頒爾琉球國
中山王尚貞屬在遐方克抒丹悃遣使賫
表納貢忠藎之忱良可嘉尚是用降勅獎
諭併賜王文綺等物王其祗[illegible]以勵忠貞
以副朕眷欽哉故勅
計開
蟒緞四疋 藍綵緞六疋
藍素緞六疋 衣素六疋
閃緞六疋 錦四疋
紬六疋 羅六疋
紗六疋
康熙叁拾捌年玖月拾柒日

05

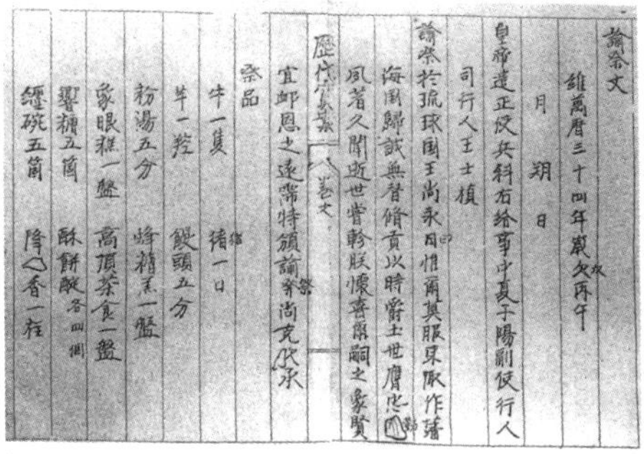
諭祭文
維萬曆三十四年歲次丙午
月 朔 日
皇帝遣正使兵科右給事中夏子陽副使行人
司行人王士禎
諭祭於琉球國王尚永曰惟爾其服[illegible]厥作藩
海國歸誠無替脩貢以時嗣[illegible]世膺忠[illegible]
風著久聞逝世眷軫朕懷[illegible]嗣之象賢
宜[illegible]恩之遠需特頒諭祭尚克欽承
祭品
牛一隻 猪一口
羊一羫 饅頭五分
粉湯五分 蜂糖糕一盤
象眼糕一盤 高頂茶食一盤
響糖五個 酥餅酥餤各四個
纏碗五箇 降真香一炷

04

02 《歷代寶案》東恩納文庫鈔本。（沖繩縣立圖書館東恩納文庫所藏）

03 《歷代寶案》東恩納文庫鈔本。（沖繩縣立圖書館東恩納文庫所藏）

04 《歷代寶案》橫山重舊鈔本。（法政大學沖繩文化研究所所藏）

05 《歷代寶案》台灣大學鈔本。（台灣大學圖書館所藏）

海納。今去人船，裝載瓷器等物，煩為懷柔遠人，依例住（停）行官買，容令自行兩平，收買胡椒、蘇木等貨，回國應備進貢

大明御前，庶為四海一家，永通往來便益。今將奉獻禮物開具，咨請施行。

今開：

官段伍匹　素段貳拾匹

摺紙扇三拾把　腰刀伍把

青盤貳拾箇　小青盤四佰箇

小青碗貳仟箇　硫黃貳仟伍佰斤　官報三千斤小[15]

右咨

暹羅國

宣德七年九月三拾日

禮儀事　　差通事梁德伸

咨[16]

從上述咨文可知琉球和暹羅王國早於洪武、永樂年已有往來，可能航海技術未穩，所以並不頻仍，甚至僅是處於斷續的往還。這次再派使通好，目的一是為進貢大明而向暹羅蒐羅貢品；目的二當然是購買商品。琉球裝載着大批瓷器，希望暹羅停止官員的壓價收購，容許他們在市肆兩方平等買賣。琉球運去銷售的瓷器是中國燒造的，而他們擬向暹羅購買的，是暹羅上佳的染料蘇木和胡椒等香料，這些物產在中國和朝鮮都是非常搶手的，而且可賣得高價。琉球就是利用賤買貴賣的轉售形式來獲取巨利。再看琉球王為了通好所奉獻的禮物，除了硫黃貳仟伍佰斤是琉球國產之外，其他官段、素段的布帛、青花盤

和碗，都應該是產自中國。至於摺扇和腰刀，是日本的名產，也是琉球常用的轉口貨。年號用明宣德七年（一四三二），是琉球國奉中國正朔的明證。

其他獻禮通好的咨文，措辭上大抵如此，只是有沉船事故發生，咨文中加插送回生還者等內容。禮尚往來，暹羅國也應有回禮問好的咨文，但能保存下來的不多。茲選其中一種錄如下：

〈暹羅回彝文一〉：

暹羅國王謹咨回：

琉球國王殿下：恭維體天行道，以善牧民。盛德不孤，仁親為寶。曩古至今，兩國通財之美，至邇歷遐，貿有易無之交，常遣使來，絡繹不絕。況前歲差使臣澹馬巴等來到，不幸船財被殃，皆是命也。新措舟航壹隻，專差正使奈悶英謝昬、副使奈曾謝昬、通事奈榮等，裝載方物，伴送正副使回還

貴國。舟行將近，又遭風水，船溺洋中，人亡財散。近蒙咨來，方知其事，此乃天降禍也！或有番眾逃命存者，咸賴發揮回來，實為憐恤。蒙差使臣泰剌、通事紅錦等，持咨厚禮，依數收訖。回之不及，受之有愧。今差護送奈納，帶領番梢叁名，擎咨賫禮，隨同來使，前來回（謝）貴國。伏乞海涵允納，以表獻芹之意。伴送來使，望賜早回本國。須至咨者。

今開禮物：

蘇木三仟觔（通斤）　紅布壹拾匹

回奉禮物：

蘇木貳萬觔

右咨

琉球國
成化拾六年叁月貳拾叁日。[17]

暹羅王這封回咨，首先敘述一四七八年琉球國的使臣澹馬巴等來至暹羅，未及泊岸，即船沉貨沒。暹羅國後來造新船，派使臣奈悶英謝習等送琉球使回國。誰料航至琉球附近，遭遇風暴，船翻人溺，獲救者反由琉球差使泰剌送回。暹羅王為表謝意，再派奈納為使，齎禮奉咨，隨同泰剌，乘琉球船答謝。禮物分兩部分：「今開禮物」是此行敬獻；「回奉禮物」則是答謝上次救回使臣的芹獻。[18]

從此回咨可見暹羅的航海技術僅為一般，比不上有三十六姓閩人坐鎮的琉球船隊，所以不敢輕易揚帆赴琉。下面暹羅國大臣的回咨可說明一切。

〈暹羅回彝文之四〉：

暹羅國長者名下奈羅思利頓首百拜

貴國王萬萬歲，純誠仁德之心，每年咨來不絕，區區思念不休，欲駕隻船，到國謝恩。苦思國無賢者，知達海道，可至

貴國殿下拜謝。今以寄來船上香花白酒一埕、紅酒一埕。

成化十六年四月拾二日

奈羅思利百拜仰望[19]

暹羅沒有熟練的舟師，故無法渡海至琉球，敬送的紅酒、白酒便只好交來船（琉球船）帶呈。同時可以注意的，暹羅國也是奉中國正朔，以成化十六年（一四八〇）來紀年。

後來，琉球繼續主動揚帆南下拓展貿易，畢竟國王間的通好再附帶買賣過於拘謹，便改以勘合的執照來互市。以下舉琉球對暹羅的移咨執照一例。

〈移咨執照〉：

琉球國中山王尚清為進貢等事。切照本國產物稀少，缺乏貢物，深為未便。為此，今特遣正使賈滿度、都通事梁顯等，坐駕洪字號海船壹隻，裝載瓷器等貨，前往暹羅等國出產地面，兩平收買蘇木、胡椒等貨回國，預備下年進貢

大明天朝。所據。今差去人員別無文憑，誠恐所在官司盤阻不便，王府除外，今給黃字肆拾肆號半印勘合執照，付都通事梁顯等，收執前去。如遇經過問津把隘去處，及沿海巡哨官軍驗實，即便放行，毋得留難，因而遲悞不便。所有執照須至出給者：

今開

正使壹員　賈滿度

副使貳員　壽達路　鄔羅瑞

都通事三員　梁顯　蔡朝慶　金鼎

船員夥長直庫貳名　陳繼章　吳刺水

梢水　壹佰肆拾伍名

嘉靖貳拾年玖月初柒日

右執照付都通事梁顯等。准此為進貢等事執照。[20]

〈移咨執照〉與〈移彝咨文〉不同的是沒有了奉獻禮物一項，反要詳細列出主要成員的姓名，正副

使之外，作為翻譯的通事（資深的通事可晉升為都通事）和夥長都要申報。因為申報而留下記錄，從而知道擔任通事的都是中國人姓名，就連夥長（等同船長），亦全為華人。而且有一些夥長後來被提升為通事，可知通事職位重要。下面舉出由一五二九至一五五四年擔任前赴暹羅的通事名錄：

一五二九年　梁傑　林盛　程儀　林棟
一五三〇年　梁椿　梁顯
一五三三年　林椿　林喬
一五三六年　林喬　林榮
一五三七年　沈祥　林榮
一五四〇年　林榮　蔡朝慶　鄭元
一五四一年　梁顯　蔡朝慶　金鼎
一五五〇年　金鼎　沈文
一五五四年　陳繼章　陳繼茂

而曾經出任夥長的有：田輝、陳浩、紅芝、沈祥、金鼎、金石、梁棟、蔡廷貴、陳繼章、林華和程檔。[21]

這些通事和夥長，都是三十六姓閩人及其後裔。他們為琉球的航海和貿易事業，作出了不可磨滅的貢獻。

琉球國繼續揚帆南下，拓展他們的貿易市場。他們跟滿剌加國（今馬六甲）、蘇門答臘國、爪哇國和舊港（今巨港）通好互市。《琉球歷代寶案》都得以保留了一些原始文獻，數量雖然不是很多，但已

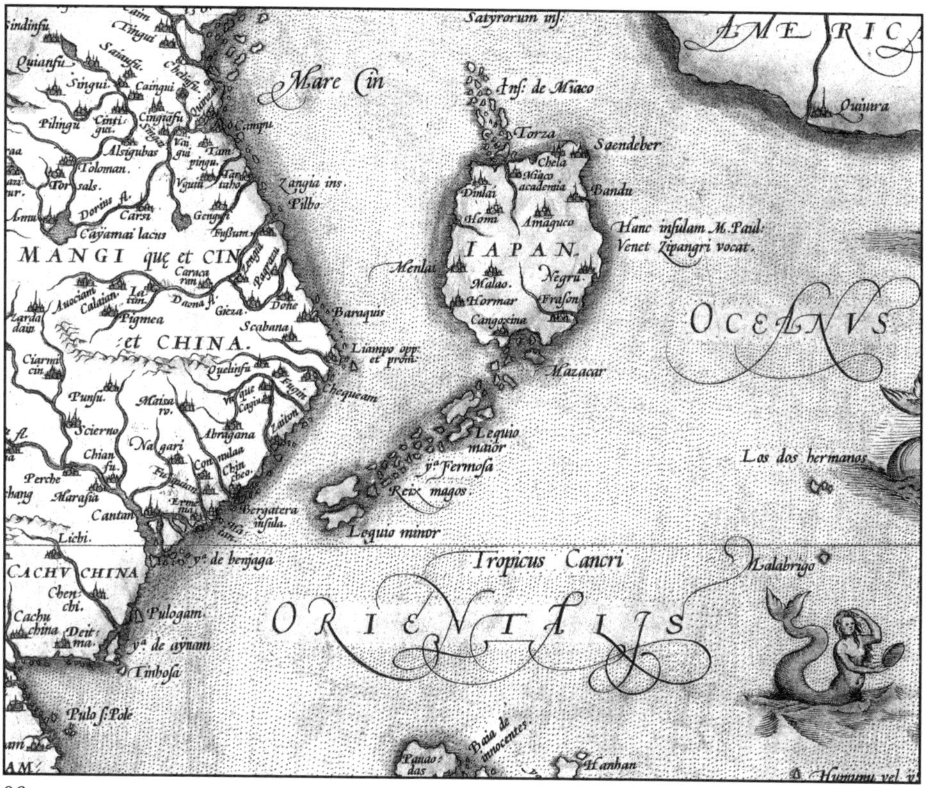

06

06 歐洲地理學家奧地理斯（Ortelius）於一五七〇年繪製的東亞地圖已標示出 Lequio maior（大琉球）的位置和國名。

是很可寶貴的資料。這些〈移彝咨文〉和〈移咨執照〉及〈回彝文〉的寫法和內容，幾和前引與暹羅國的公文一式一樣，但亦有可堪注意者，如滿剌加王國於一四七〇年回覆琉球的書函，是難得一睹的滿剌加國文書。因為一五一一年，該國就被葡萄牙所滅。今將該文書引錄如下：

〈滿剌加國王回咨〉：

琉球國王殿下　恭審

賢王福祿無疆，浩天之庇，曷勝永昌。每受

貴國所聘，愧未微物酬稱。歲歲來往，於貿易未曾毫釐之所輕；四海之內皆兄弟也。本欲遣使前來致聘交通，奈水途不熟，未便早咨以聞，望為喜納。今有微物，就寄貴船致聘回禮。具開於後，須至咨者。

今開回聘禮物：

喏哪哩壹匹　細紹達布四匹

芯布伍匹　紹達布四十匹

右咨

琉球國

復奉

賢王殿下，每歲差來使臣、通事俱好，只是以下頭目，甚至為非，不聽勸諭，欲行爭鬥，實是攪擾州府。後年乞差的當人員前來交通，庶得兩便。早咨復聞。

成化六年三月　日[22]

此咨文有可注意者三。一、滿剌加的航海技術仍無法遠航至琉球國；二、滿剌加回禮的物品，都是布帛類；三、琉球國除使臣和通事外，隨員和船夫有擾亂州府治安之事，故提請下次選派人員時要多加注意。

至於跟蘇門答臘國的交往，《琉球歷代寶案》僅存〈移彝咨文〉三通；與爪哇國則存〈移彝咨文〉五通。跟舊港的交往，因其時三佛齊國大亂，流寓的華人據舊港而自治。後來琉球國獲悉其情，遂改以親王發咨文聯繫，以守等級禮制之別。

琉球國得三十六姓閩人及其後裔之助，掌握了遠洋航海術，再配以深諳漢文的閩籍通事，主動南下東南亞，開闢海商市場。琉球國聰明地宣稱是為籌辦進貢天朝貢品而來，而彼此又同向明朝稱臣修貢，共沐皇恩，是四海一家，毋有推辭之理。同時，又先呈上厚禮，然後才售賣隨船的貨品，互通有無，故能成功地開闢了東南亞貿易圈。

從《歷代寶案》的咨文來看，似乎互市的商品只有布帛、瓷器和胡椒、蘇木。但當我們再翻看其他史書，就可以知道商品是十分多樣的。如：香料、肉豆蔻，另有蘆薈、象牙、玉髓、錫、黑木材、毛織物和滿剌加酒等。

琉球頂着風浪，締造出東南亞貿易圈，在貿有易無、賤買貴賣的情況下，獲利甚豐。如據十五世紀後期的資料作參考，胡椒在蘇門答臘的產地價為每斤十文，明朝給與滿剌加的價是二十貫、暹羅二十五貫、琉球則為三十貫。而胡椒在中國的市價是一百貫。又如蘇木，明朝給朝貢來的暹羅國每斤五貫、琉球十貫，而在中國的市價是五十貫。轉口的利潤可由幾倍高至十倍。據日本學者小葉田淳的研究，由一四六九至一四九九年，琉球輸往中國的蘇木年平均有二萬五千二百七十五斤；胡椒五千九百斤；錫二千七百六十斤[23]。可以推想，如此龐大的數量所帶來的豐厚利潤，一定十分驚人！

不要忘記，琉球轉售中國的青花瓷，也會衍生出非常可觀的利益。這些青花瓷，除了實用的碗、盤外，還有具觀賞性的瓶、壺等瓷器。但就算普通的青花瓷盤，當再轉運至阿拉伯國家，他們通常會用來鑲嵌在宮殿、神廟的牆壁和天花頂上，化實用為觀賞，成為華美的藝術裝飾。既然青花瓷如此受歡迎，當然能夠賣出好價。換句話說，來去程的商品，都可以賺取巨大利益。

琉球本是孤懸東海的一個小國，經明朝的教化和悉心栽培，掌握了遠航的技術，打着為天朝籌辦朝貢品之名，而行商貿之實，逐漸發展成西太平洋上一個海商小王國。

另一方面，琉球與東北亞的朝鮮，早在洪武、永樂年間已開始交聘。兩國之交，互贈問好，又多次互相送還海難的船民。琉球貽贈朝鮮之物，有別於東南亞諸國，除獻送蘇木、香料外，還悉心地送上朝鮮罕見的孔雀、鸚鵡、象牙、犀角等珍品。同時，不忘向漢化極深的朝鮮求贈佛經。朝鮮國王李瑈不負所望，除饋贈佛教經典二十二種外，還回贈人參、虎皮、豹皮以及碑帖、文具筆紙等器物。可以說，兩國的交往，情同手足學友，沒有半點商業味。事實上，琉球尚寧王確有結盟為兄弟邦交之心。一六〇八年，尚寧王移咨朝鮮國王曰：

> 敝邦與貴國，同稱臣於明朝，心神相照，屢蒙厚貺，敝邦無以為報。近來，明廷頒賜冠服，襲封王爵，同為明朝藩臣，結為兄弟，自今以往，永結盟好，貴國為兄；敝邦為弟。弟兄以仰事明朝聘問，天長地久無窮。仍以各色布絹建扇等物相贈。[24]

琉球與朝鮮的交往，並非遣使派船直航詣見。早期，經日本北上至對馬，搭乘商舶進朝鮮。嗣後，豐臣秀吉揮兵侵李朝，琉球、朝鮮便改以北京為交接處。因為兩國皆按時遣使上京朝貢，雙方貢使帶同咨文、禮物，在北京交接，繼續兄弟邦的情誼。

琉球這個海商小王國，安享了約二百年的黃金時期（約由一四〇〇年起至一六〇九年止）。正是：

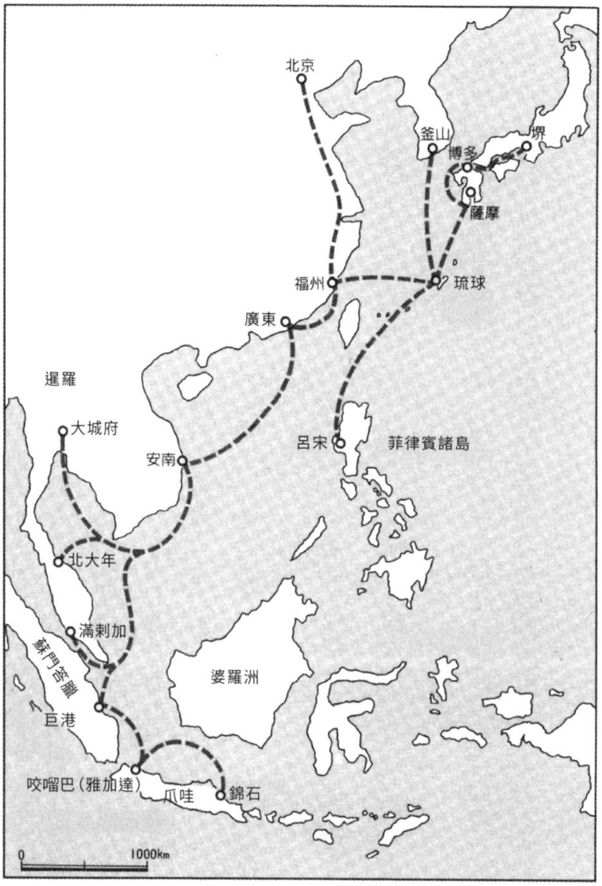

08

07

07 琉球鑄造「萬國津梁之鐘」，以誌其國為萬國之津梁。(現藏沖繩縣立博物館)

08 琉球的貢使貿易船遠航至東南亞。

安裏有危，危來禍至。十六世紀初，葡萄牙人東航至亞洲，一五一一年滅滿剌加，進據馬六甲，開始爭奪東亞的貿易市場。十六世紀末，明朝擊退倭寇，開放海禁，閩人即揚帆出海，重整他們熟悉的東南亞市場。琉球雖然面對強大的對手，但仰賴明朝的殊遇，朝貢貿易仍獲御准，利潤依然可觀。

東南亞的市場被搶奪，對琉球來說未算致命，最悲慘的是日本薩摩藩揮軍進逼，他們抵擋不住鐵蹄鋼刀，國王被擄，宰相被殺，最終簽下降書。猶記數年前，琉球與朝鮮結為兄弟國，李朝亦遭受豐臣秀吉侵攻。結果琉球和朝鮮這雙兄弟國，往後一直被日本威脅、侵犯，慘成難兄難弟！

六　小結

琉球王國位處西太平洋邊陲，四面環海，惟北方諸島可與日本的大隅諸島、薩摩半島隔洋相望，因而古代文化曾受日本影響，是不爭的事實，但受到侵擾也特別多。至於與中國的關係，可謂如沐春風，五百年和暢。

琉球自從明太祖招諭，即來歸順奉貢請封。三山歸一，先後開第一、第二尚王朝，但初代二君，皆非繼世之人，為求取得大明天朝的冊封，甘願改祖換姓請求襲封。由此可以看出冊封之重要，有着國際認可的地位，是中華帝國的一分子，與其他朝貢國通交，可以用「大明御前，庶為四海一家」來拉關係。跟朝鮮更結盟為兄弟國——「同為明朝藩臣，結為兄弟」。所以歸順天朝奉貢請封，是加入中華帝國宗藩組織的守禮之道，如獲認可，就能享有朝貢貿易。

琉球王國對明朝恭順至誠，博得多位明帝的垂愛，在朝貢貿易上給與極大的優惠，用意是幫助琉球發展經濟。

而「賜閩中三十六姓」，更是別國所無，惟有琉球得此恩賜。令琉球的造船航海事業突飛猛進，掌握了遠航技術，打通東南亞的貿易線，變為海商小王國。儒學者又能振興文教事業，培育新一代的學子，甚至送往中國留學，其作育英才之功非淺，也奠定了庠序制度。

明朝助琉球，幾可說是無私的付出；若說私心，只能是滿足天朝大國的一種虛榮心，但這也是大國的氣度。而可堪注意者，在冊封之餘，完全沒有干涉琉球國的內政，也沒有索取賦稅，更沒有領土野心。行王道的中華帝國，由明入清，對琉球國的扶助並無改變。

註釋

1 參見《中山世鑑》、《中山世譜》、《球陽》等史書。

2 參見《明史》卷三百二十三〈列傳·外國四〉，北京中華書局，一九八四年，頁八三六三。

3 參見沖繩大百科事典刊行事務局編《沖繩大百科事典》中，沖繩タイムス社出版，一九八三年，頁四二三。

4 參見《蔡鐸本中山世譜》，沖繩縣教育委員會，一九七三年。

5 參見高良倉吉、田名真之編《圖說琉球王國》，東京河出書房新社出版，一九九六年，頁一九。

6 參見《明史》卷三百二十三〈列傳·外國四〉，頁八三六三。

7 同註2引書，頁八三六一。

8 同註2引書，頁八三六二。

9 參見謝必震著〈關於明賜琉球閩人三十六姓的若干問題〉，收錄在《第三屆中琉歷史關係國際學術會議論文集》，台北中琉文化經濟協會，一九九一年，頁一〇〇二引《明會典》。

10 同註2引書，頁八三六二。「賜閩人三十六姓」的年代，有多種說法。《明史》的記載，是洪武二十九年（一三九六），亦有明鄭曉《吾學編·皇明四夷考》等書作洪武二十五年（一三九二）；也有作永樂年間或洪永年間。更多學者指出三十六姓移民到琉球，不是一兩年便全部成行，而是分批前去。根據琉球的《歷代寶案》第一集卷四萬曆三十四年（一六〇六），琉球王附奏，有「洪永間，賜閩人三十六姓」之說，似乎「洪永年間」的說法較為穩妥。

11 朝鮮的世宗為改良他們的造船技術，於世宗十五年（一四三三），用優厚條件聘請琉球的優秀船匠來指導，不惜賜米、賜屋、賜田地，甚至開出配婚娶妻的恩典。參見李炫熙著〈朝鮮王朝時代的對琉關係〉，收入在《第一屆中琉歷史關係國際學術會議論文集》，台北中琉經濟協會出版，一九八八年，頁五五七。從以上引述可知琉球經過「閩人三十六姓」的教化，其造船和航海技術已超過朝鮮。

12 《六諭衍義》一書的「六諭」，出自明太祖洪武三十年（一三九七）頒佈的教民聖諭四十一條之前六條，依序是：孝順父母、尊敬長上、和睦鄉里、教訓子孫、各安生理、毋作非為。參見張希哲著〈程順則對於中琉文化交流的貢獻〉，收錄於《第二屆中琉歷史關係國際學術會議論文集》，台北中琉文化經濟協會，一九九〇年，頁四。

13 徐玉虎著《明代琉球王國對外關係之研究》，台北學生書局，一九八二年。徐氏據《歷代寶案》論述琉球與暹羅展開貿易的年期出現前後矛盾，頁一八三說其時間自明成祖永樂十七年（一四一九年）；但頁一一四則說雙方貿易始於洪熙元年（一四二五年）；黃天據《歷代寶案》（校訂本）第二冊，沖繩縣立圖書館史料編集室，一九九二年，頁五三五，〈洪熙元年國王咨〉，其內有：「告稱永樂十七年間，蒙差使者阿乃佳等，坐駕海船三隻，賚捧禮物前到暹羅國奉獻」字句，可知琉球與暹羅的往來，在永樂十七年（一四一四）已出現，也許更早一點。

14 同註13引書，頁一八四。

15 這裏疑《歷代寶案》傳抄有誤。因為可以參考其他咨文的奉獻琉黃條，都是官報或今報少於裝載量，多寫成「三千斤，今報貳仟伍佰斤正」，用意是擔心琉黃會有耗損，故會多裝載一些，報關時報少一些，以免禮物單之數和真實數有誤。所以這句「硫黃貳仟伍佰斤，官報三千斤小」可能有誤。

16 參見沖繩縣立圖書館史料編集室《歷代寶案》（校訂本）第二冊，沖繩縣教育委員會，頁五四八，〈宣德七年國王咨〉。

17 同註16引書，頁五一五，〈暹羅國王謹咨回〉。

18 同註14引書，頁一四四徐玉虎先生的論述。

19 同註16引書，頁五一七，〈暹羅國長者回咨〉。

20 同註16引書，頁六二五，〈移彝執照〉。

21 同註13引書，頁一八〇至一八一。

22 同註16引書，頁五一二至五一三〈滿刺加國王回咨〉。

23 參見朱德蘭著〈十五世紀琉球的亞洲外交貿易〉，收錄於《第二屆中琉歷史關係國際學術會議論文集》，台北中琉文化經濟協會出版，一九九〇年，頁一三九。

24 同註13引書，頁二五三。

第三章

薩藩擄王殺宰相

琉球兩屬變鷺鷥

上文談到琉球順風滿帆地變身為海商小王國，本章將詳述琉球如何由「黃金時代」墜入「黑暗時代」。

因為地緣關係，琉球北部的五島：與論島、沖永良部島、德之島、奄美大島和鬼界島（今喜界島）與日本的薩南諸島隔洋相望，若再北上越過大隅海峽，即抵薩摩半島（今鹿兒島）。所以古來琉球與日本各地的交往，當數薩摩最為頻仍。

薩摩是九州的雄藩，開藩祖惟宗忠久在平安時代[1]末期的一一八五年，被派到南九州的最大莊園「島津莊」任下司職，其後升任為相當於莊主的「地頭職」，遂改姓為「島津」，世襲莊園兼管薩摩、大隅、日向。其後，內部分裂交戰，至戰國時代[2]，才由第十五代當主島津貴久統一三地，其子島津義更揮軍枚平九州。但於一五八七年為豐臣秀吉所敗，龜縮回薩、隅、日三地。三十年後，德川家康開江戶幕府，島津被納為「外樣大名」[3]的薩摩藩，直至一八七一年明治維新廢藩置縣止。島津家族雄據南九州，統治鹿兒島近七百年。

一　琉球被賞與薩摩藩之說

說到這裏，絕不能忘掉薩摩藩島津忠國立下的一記「奇功」——獻上琉球、獲賞琉球。

話說足利幕府第六代將軍義教，與弟義昭不和。義昭遠走鎮西（九州），痛陳乃兄罪狀，舉兵聲討，圖謀反叛。嘉吉元年（明正統六年、公元一四四一年）春，將軍義教命島津忠國出兵討伐謀反的義昭。忠國率軍攻進日向，包圍義昭於櫛間院永德寺。義昭深知插翼難逃，乃自刃。忠國取其首級，送至京都足利將軍府。義教大喜，除贈以寶刀、戰馬、鎧甲外，更將琉球賞賜給忠國。[4]

此說所據何來？崎間敏勝在其著書中引《鹿兒島縣史》說：據稱有〈嘉吉附庸〉，其內記述嘉吉元年（一四四一）三月，島津忠國奉將軍義教之命討伐義昭有功，因此有傳將琉球賞賜給忠國。一般而言，琉球是島津的附庸，相信是由此而起。據伊地知季安的《南聘紀考》言[5]，當時的足利將軍〈封冊〉一直由島津家世代襲藏。至寬永十八年（一六四一），尚有人說看過此〈封冊〉。後來，有老臣將〈封冊〉借給筆吏瀨戶山帶回家。但因延寶八年（一六八〇）失火而告毀。所以今天就失去了這最根本的資料，一切的論證，就只能夠止於推定。[6]

其實，不管那張所謂〈封冊〉的文書是否有存在，日本將軍竟然可以簡單地把別人的國家賞賜給自己的家臣，那真是千古奇聞，荒天下之大謬！所以連有「琉球學之父」稱號的東恩納寬淳也不留情面地指出：

（足利）幕府如此擅將琉球處分，其實他們還沒有對琉球擁有統治權，這樣的私相授受，只有幕府和島津之間知道，就連海內（指日本）的諸侯也一無所知，更何況琉球！」[7]

崎間敏勝亦總結說：借用東恩納氏的說法——就連海內的諸侯也一無所知，可想當時的秘密是蒙上一層面紗，上文是引自《鹿兒島縣史》，則其秘密所說的內容，就很無聊而不可靠了！[8]

這樣荒謬的賞賜，無論是真有抑或是虛傳，筆者認為都已暴露出日本（特別是薩摩藩）對琉球早懷非份之想。此話怎解？謹答如下：

一、如是真有，也就是說足利義教和島津忠國早有染指琉球之心。他們根本視琉球國防如無物，乾脆來一個先賞賜、後奪取的幕藩遊戲。在島津忠國來說，足利將軍是支持他去侵奪琉球的，因為已得賞賜，奪了就是自己的，所以當然樂於接受將軍的厚賜。

二、是可能性居多的虛傳。前文提到〈封冊〉文書在一六八〇年毀於祝融，而薩摩藩攻打琉球是在一六〇九年（詳見下文），不難想像，他們是為征討琉球而製造此傳言，用以告訴天下，琉球本來已賜給薩摩藩，是屬於島津家的。這樣騙人的故事一直說到十九世紀，要全世界相信一四四一年琉球已經從屬於日本，希望大家不要置疑。

荒謬事表過，再回到史事來。其實琉球國亦深知日本盯上了自己，而薩摩藩更加垂涎至從嘴巴伸出手來[9]。所以琉球王亦非常小心，常常遣使獻上禮物，希望能夠保持善鄰的關係。琉球的獻禮，在日本來說，視為朝貢。至於琉球，為結「永通往來」，恭謹地奉獻禮物，認為在「大明御前，四海一家」，與南洋諸國都是遣使齎禮通好，而奉正朔，惟有大明[10]。但日本不作如是想，琉球亦無法改變。

正因為琉球與日本之間還有中國。其時，中國正當明朝，眾所周知，明代有倭寇作亂，因此日本被明朝政府拒於門外，一切朝貢貿易、勘合貿易都全部停止。日本遭受制裁，轉去為難琉球，致令琉球蒙塵受劫。

既如此，下面就將明代的中日關係略作介紹。

二　真倭、假倭之別

倭寇一詞，以目前可知最早見於公元四一四年的《高句麗廣開土王碑》（好大王碑）。此碑現存於今鴨綠江西岸的吉林省集安縣[11]。但這碑中所說的倭寇，當然和十三至十六世紀的倭寇截然不同。南宋時期，雖然有倭商或日本船民前赴朝鮮南部，進行買賣活動時趁機搶掠作亂，被一些史家稱為倭寇之始。但嚴格來說，只是零星的搶掠行動，要數真正的倭寇，仍以元末開始。

《高麗史》高宗十年（一二二三）五月條：有「倭寇金州」的描述，但這裏的「寇」字作動詞，意即倭人來犯金州。

「倭寇」這一名詞的出現，日本田中健夫考為一三五〇年。他引《高麗史》、《高麗史節要》記述高麗忠定王二年（一三五〇），「倭寇之侵，始於此」和「倭寇之興，始於此。」此一見解，鄭樑生先生亦表贊同。[12]

而中國史籍最早使用「倭寇」一詞，見於《明太祖實錄》卷四十一洪武二年（一三六九）四月：「戊子，升太倉衛指揮僉事翁德為指揮副使。先是倭寇出沒海島中，數侵掠蘇州、崇明，殺傷居民，奪財貨，沿海之地皆患之。德時守太倉，率官軍出海捕之，遂敗其眾，獲倭寇九十二人……，仍命德領兵征未盡倭寇。」[13]

誠然，倭寇絕非從洪武二年始，早在元朝已來犯。《元史》卷九九〈兵二〉：「武宗至大二年（一三〇九）七月，樞密院臣言：去年，日本商船焚掠廣元，官軍不能敵。」只不過這裏是說「日本」，而不是用「倭寇」這個詞。

不少歷史學家已將由元末入明初至十五世紀二十年代止，是為前期的倭寇；而明嘉靖年間，即十六世紀二十年代以後，直到明末，可稱為後期的倭寇。[14]

前期的倭寇，其主體來自日本九州地方的下級武士和一些沿海的盜賊，稱之為「真倭」（主要是日本人）；後期的倭寇，很大一部分由中國的海盜、走私船商參與，所以《明史》也說：「大抵真倭十之三，從倭者十之七」[15]。更有說成：「大抵賊中皆華人，倭奴直十之一二」[16]。所以後期的倭寇又稱為「假倭」。

洪武初年，太祖詔諭四鄰稱臣入貢，尤注意日本，因可藉此安撫，以息倭寇之患。但日本曾因拒向元朝稱臣，為元世祖忽必烈兩次揮軍征伐[17]，仍心存顧忌，沒有來朝。雖然洪武元年至三十一年，倭寇來犯約有四十四次，主要集中在山東、遼東和浙江一帶。但明初天下甫定，沿海要地建衛所設戰船，軍隊戰意仍濃，故能屢破倭寇，使不能得逞。與此同時，明太祖又嚴禁人民出海渡洋貿易，以防引誘倭寇入境。但施行海禁，豈非斷絕海外貿易的往來？太祖乃轉換由官方來控制的朝貢貿易，藉以輸入海外的物產。

迨明成祖篡位，頒即位詔，勸導來朝：「或有不知避忌，而誤干憲條，皆寬宥之，以懷遠人。今四海一家，正當廣示無外，諸國有輸誠來貢者聽。」[18]

此一招諭，令當時的室町幕府將軍足利義滿[19]大為心動，即以「日本國王臣源」[20]之稱號上表，向明朝稱臣修貢，成為中華帝國的成員國，得享朝貢貿易。

永樂二年（一四〇四）五月，明朝派趙居任、張洪等為答禮使，齎詔並龜鈕金印至日本，其詔書曰：「……日本國王源道義，知天之道，達理之義。朕登大寶，即來朝貢，歸嚮之速，有足褒嘉，用錫印章，世守爾服。」[21]

正因為足利義滿（源道義）接受明之冊封，並致力取締邊民出海作亂，所以永樂年間少了倭寇的騷擾。成祖亦不忘嘉許義滿說：「自今海隅肅清，居民無警，得以安其所樂。雞豚狗彘，舉得其寧者，皆王之功也。」[22]

但到了永樂六年（一四〇八），足利義滿去世，其子義持繼位。因他一直與父親欠和諧，所以就馬上將義滿在外交和內政上的策略推翻。當時，倭寇又再起，已是足利幕府所難控制，於是義持乾脆不再遣使朝貢[23]。延至宣德四年（一四二九），義持故，其弟足利義教繼位。其時，明宣宗深知解決倭寇問題，須與日本恢復朝貢貿易。宣德七年（一四三二），「命中官柴山往琉球，令其王轉諭日本，賜之敕。[24]」也就是說，明宣宗令琉球王尚巴志向繼位不久的義教游說早日復貢。翌年夏，足利義教果然派使來朝。

這裏我們要注意的是琉球國向明朝稱臣修貢，與當時的日本可以說是同稱臣於明朝，是站在同一平行線上的兄弟國，就如上一章述及琉球和朝鮮那樣，可以「結為兄弟」。而上述琉球王尚巴志奉明宣宗命，派員去日本游說的足利義教，就是後來傳言在一四四一年要將琉球賞賜給薩摩藩島津忠國的足利將軍。這樣的國與國關係，能簡單地將交往國賞給自己的臣下，也實在是太兒戲了！

自從足利義教復貢，一直至嘉靖二十八年（一五四九）後期倭寇作亂日益嚴重止，日本和明朝的朝貢貿易，是以勘合的符信形式進行的。

三　明代的勘合貿易

明洪武十六年（一三八三），開始制定信符勘合，首先獲頒賜的國家是暹羅、呂城、真臘[25]，其後多至數十國，包括日本、錫蘭山、蘇門答剌等國，但就沒有頒給朝鮮和琉球。究其原因，可從《皇明外夷朝貢考》得知：

> 凡各國四夷來貢者，惟朝鮮素號秉禮，與琉球國入賀謝恩，使者往來，一以文移相通，不待符勑勘合為信。[26]

朝鮮和琉球，因為最能恭順守禮，態度篤懇，所以可免勘合便能來華朝貢貿易。

明設市舶司於寧波、泉州、廣州，以備各國來貢。寧波古稱明州，在唐代早已被指定作為日本遣唐使船的接待港。有着這段歷史淵源，所以明朝也以寧波為日本的貢舶港。至於琉球，則安排在福州停靠。

勘合，是古代併合驗證的一種方法，適用於傳達軍令、任免官吏、行政文書等，用在貢船貿易勘合核對，就等同今天的牌照驗證。

明代對朝貢國制定的勘合，完全由明廷作主導。在勘合貿易上，有朝貢國的來船，也有由中國指派去的商船。下面就以頒給日本的勘合文簿，來說明勘合的形式和運作。

頒發勘合文簿，統一由中央的禮部發行，並且規定新皇登基改元時會新發，而舊有的勘合必須繳回。明朝頒發給日本的勘合文簿分編為「日字號」和「本字號」。「日字號」是給中國的商船前赴日本；「本字號」交給日本的來貢船。為更容易明白，這裏先介紹「本字號」的運作形式。

首先禮部會製作「本字」勘合（可理解為正本）一號至一百號共一百道，同時製作「本字」號底簿（可理解成勘合的副本）二百道。使用時，每船用一道（即一份勘合信符）。簡單的說，一套勘合信符會有一道正本的勘合和兩道副本的底簿，這樣一正二副的勘合信符，可理解為三聯單據。在製作時，將

圖解勘合貿易核驗情況

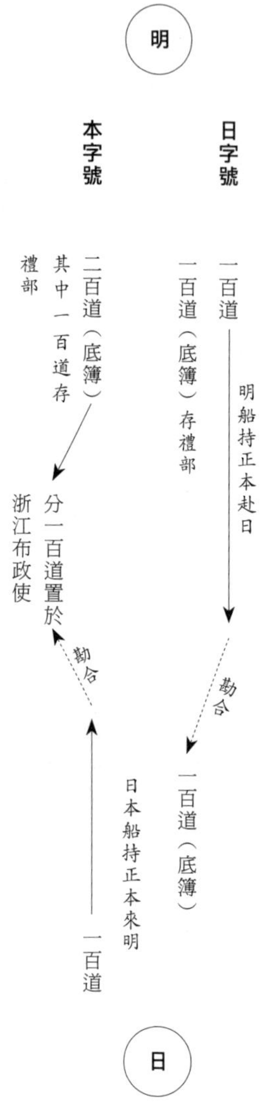

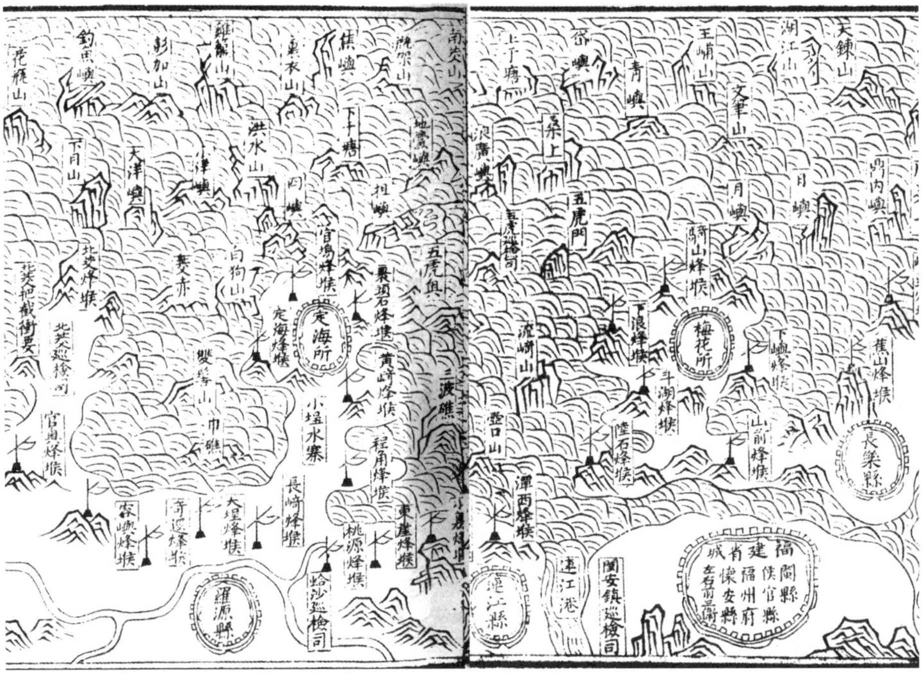

01

01 嘉靖年間，倭寇猖獗，鄭若曾撰《籌海圖編》，內收防倭的〈福建沿海沙圖〉，並標示釣魚嶼的地名。

正本勘合放置中間，左右兩邊是副本的底簿，然後在勘合與底簿的交邊處，左、右均蓋上騎縫印，以備將來勘合核對之用。筆者這樣推想當年勘合信符的製作，是參考了上世紀六十年代在澳門「白鴿票」的博彩方法。「白鴿票」以千字文來作投注記號，各白鴿票舖（可算作投注站）開在大街小巷，投注者在某白鴿票舖落注，可獲發一張蓋有騎縫印的白鴿票，而該店舖就留着中間的一聯存底，另外一聯亦蓋有騎縫印，則送到白鴿票的博彩公司。這樣，開票後，就可以勘合核對，避免作弊冒充中彩之事發生。[27]

禮部製作了勘合和底簿之後，就會將「本字號」勘合（正本）一百道頒送給日本，另外的「本字號」底簿二百道（一百道為一扇，故又稱作「二扇」），其中一百道仍存中央禮部；另一百道則發到浙江布政司。當日本派出貢船時，便要攜同「本字」某號的勘合（後面填寫來使姓名、人員、貢品、客商貨物、搭載物件等）前來，靠泊在指定的寧波港，市舶司即向布政司提調「本字」底簿，跟貢船的勘合核對，一切無誤始可登岸卸貨。嗣後，裝上貢品，上京謁朝，勘合還須與存於禮部的底簿驗對。

至於交中國商船往日本的「日字號」勘合，其操作是明朝保有「日字」勘合一百道和底簿一扇（一百道），另外「日字」底簿一扇則送交日本。當中國的商船赴日時，便要向官方申領「日字」勘合。到了日本，又要和日本所持的底簿勘合核對。

四　爭貢殺掠，明拒日貿易

根據統計，明朝與日本的勘合貿易船共往來了約一個半世紀，日本前後遣出的貢使共十七次，每次組成的船隊一般是六、七艘，後半期大多為三艘一組。

勘合貿易船前赴中國，因為明朝對朝貢品的回禮，採「薄來厚往」的慷慨賞給，所以利潤豐衍。如永樂五年（一四〇七），日本東返的貢船所得利益相傳達二十萬貫以上，足利義滿乃將十萬疋（錢）呈獻日皇，又撥三千貫給紀州日前國懸社作營造費[28]。又如景泰四年（一四五三）來貢，禮官為估貢品價而上奏：「宣德間所貢硫黃、蘇木、刀扇、漆器之屬，估時值給錢鈔，或折支布帛，為數無多，然已大獲利。今若仍舊制，當給錢二十一萬七千，銀價如之。宜大減其直，給銀三萬四千七百有奇。」[29]

勘合船的經營，前期掌握在足利幕府的手上，但到了後期，逐漸被有實力的大名和商人所操控。最後，更成為守護大名大內氏和細川氏之爭，並釀成寧波爭貢的搶殺事件。

嘉靖二年（一五二三），大內義興派遣三艘大內船，由宗設謙道為正使，手持前次入明時領得的正德新勘合，由博多出發。而細川高國則將已經無效的弘治舊勘合交鸞岡瑞佐正使，搭乘細川遣明船由堺（今大阪府中部）揚帆，由南海路往中國。最終細川的船較大內使船遲了幾天才抵達寧波。一般的程序是先到先勘合先放行。不過細川船的副使宋素卿，是寧波附近的鄞縣人，懂賄賂之術，與市舶太監賴恩有舊，乃重施故技向賴恩行賄，因而可以獲得優先勘合放行。在嘉賓館的宴會，鸞岡的座位更高於宗設，連住宿的安排也優於宗設。大感不滿的宗設率領隨員直闖市舶司東庫，奪取武器，先殺鸞岡瑞佐，復將細川使船焚毀，然後追殺宋素卿，殺入紹興城，搜尋不獲，折返寧波，沿途焚掠殺害無辜百姓。宗設等擄獲指揮袁璡，奪船出海，遇都指揮劉錦在海上攔截，激戰之下，劉錦戰歿。

事後，明廷大為震怒，即逮捕宋素卿究問原由。最後，宋素卿瘐死獄中，但納賄的太監賴恩，不獨未被追查，且權勢更大。另一方面，因為寧波的爭貢殺掠事件，明與日的關係轉趨惡化。

嘉靖四年（一五二五），琉球使臣鄭繩來貢方物。世宗於其歸國之際，「命傳諭日本，以擒獻宗設，還袁璡及海濱被掠之人，否則閉關絕貢，徐議征討。」[30]

結果是沒有馬上「閉關絕貢」，「征討」更無之。明世宗命鄭繩轉給日本國王的敕書，在兩年之後的六月底，才由琉球僧智仙鶴翁齎送至日本室町幕府。足利義晴即於七月二十四日，修函感謝琉球國王尚真的調停。[31]

嘉靖七年（一五二八），琉球王尚真薨逝，鄭繩奉命至北京請襲封。惜鄭繩在回國時遭海難溺死，所以在嘉靖九年，由蔡瀚入貢再請封。詔明之前，蔡瀚曾往日本取義晴的表文，故其奏言：「來經日本國，日本國王源義晴託賫表文，乞赦其使臣宋素卿之罪，並乞新勘合、金印，復修常貢。」但「禮部驗其文，俱無印篆，言倭情譎詐，不可遽信，敕琉球國王，遣人傳諭日本，令擒獻首惡，送回擄去指揮，奏請裁奪。」[32]

據以上所引，可知琉球國在當時的中日關係中，扮演着傳遞信息的中間人角色，其地位可與日本國平行，並非甚麼薩摩藩的「附庸」。嚴格來說，已受明朝冊封的琉球王國，地位要比地方政權的薩摩藩還要高。

後來，足利（源）義晴雖有遣使來貢，但明廷對他們猜疑已甚。其時，日本各地諸侯、大名互相征伐兼併，有能者可以據地稱雄，無所依靠的武士便淪為盜寇。他們也許想到「寧波爭貢事件」，宗設率百多人便能殺退明朝的官軍守將，如入無人之地，「倭自是有輕中國心矣」[33]，遂紛紛來中國沿海作亂。「當是時，日本王雖入貢，其各島諸倭歲常侵掠，濱海奸民又往往勾之。[34]」於是就出現了王直、徐海、陳東、麻葉等大奸、勾結強悍的倭寇，在沿海州、縣劫掠。他們甚至襲倭服飾、旂號，搖身變為倭寇，實是假倭，卻能指令真倭，四出肆虐，令嘉靖陷入大倭寇時代。如嘉靖三十二年，王直勾諸倭大舉入寇，連艦數百，蔽海而至。直至嘉靖三十五年（一五五六），胡宗憲設計捕徐海、陳東、麻葉等巨魁，然後再誘降王直海盜王，加上日本局勢轉趨一統，倭寇之亂才逐漸平息。

五 秀吉侵朝鮮，令琉球同出兵

公元一五八三年，豐臣秀吉取代織田信長，號令群雄。三年後，自任關白太政大臣。一五九〇年，他用鐵蹄統一了全國。

靠打起家的豐臣秀吉，幾乎戰無不勝，益發心高氣傲，野心更愈來愈大，妄想吞併中國。他深知要吃大明，必先攻取朝鮮。

公元一五九二年，豐臣秀吉發動十五萬大軍，分乘大小戰船，進攻朝鮮，輕易佔領了漢城和京畿四道，更擄走王子。而朝鮮王李昖，早已棄城北逃，慌忙遣使向天朝大明求救。明神宗即命遼東副總兵祖承訓率兵馳援。祖承訓有勇無謀，遇伏大敗。明廷再派兵部侍郎宋應昌赴朝督師，總兵李如松率大軍直奔平壤，大敗日軍，並驅趕日軍南撤至漢城。其後，兩軍停戰談判。雙方遣使往來，報稟請示，談了三年，也沒談成。

豐臣秀吉首次侵朝，時為萬曆壬辰二十年，是以史稱「壬辰倭亂」；而在日本，適為文祿元年，故日本稱為「文祿之役」。

豐臣秀吉因遲遲得不到愜意的和談結果，不禁大怒，於一五九七年再動干戈，重燃戰火。秀吉加派援軍，與釜山的駐留部隊集結在朝鮮半島南部。明廷亦增派邢玠率兵拒敵，兩軍展開了激烈的攻防戰，鏖戰年餘，正當雙方殺至難分難解之際，豐臣秀吉於一五九八年八月十九日病死。他在病危前，遺令密不發喪，顧命德川家康和前田利家收拾殘局。

由於日軍的撤退有較好的部署，所以未致全軍盡歿。中朝在露梁津海峽的伏擊雖重創日軍，但總兵鄧子龍在奮勇殺敵之際亦告戰死；朝鮮老將李舜臣，也勇戰傷重不治。

至十二月，日軍全部撤出朝鮮半島。攻朝吞明的野心大計，隨着豐臣秀吉的死去，暫且擱下。迨明治維新之後，他們又思征韓吞中。

豐臣秀吉的第二次侵朝，時在萬曆丁酉二十五年，故有「丁酉再亂」之稱；而在日本，正慶長二年，所以日本名之為「慶長之役」。[35]

當豐臣秀吉策劃侵朝攻明之時，曾多次威脅琉球國派兵加入出征。秀吉早在取得統一全國之前兩年（一五八八），已授意薩摩藩島津義久，着令琉球歸順。義久即致書琉王尚永，轉達秀吉的指令，更不忘恐嚇說：「方今天下一統，海內向風，而獨琉球不供職。關白（即秀吉）方命水軍，將屠汝國。及今之時，宜遣使謝罪，輸貢修職，則國永寧。茲特告示。」[36]

尚永王接來書不久便薨逝，繼位者尚寧不敢怠慢，即遣使修書獻方物，並由島津氏引領至京都謁見豐臣秀吉。其後，秀吉在小田原之戰殲滅後北條氏，制霸天下。島津又修函致琉球，囑早日獻方物，以賀關白秀吉大捷。尚寧覆島津，以小國瘠薄，只能致賀詞、獻樂工，卻無力獻方物。其時秀吉已狂妄至極，仿中國天朝詔諭各國來朝歸順，其國書遠至台灣、呂宋和果阿，還滿卷狂言：「今有征服大明國之志，不日泛樓船至中華，以其便路，可抵臥亞（即果阿），何作遠近異同之隔？」[37]

他又親自修函警告尚寧：「然爾琉球國，自擁彈丸之地，恃險遠，未聘貢。故今特告爾，我將明春先伐朝鮮，爾宜率兵來會。若不用命時，先屠乃國，玉石俱焚之。」[38]

此時，薩摩藩島津氏亦致函琉王，又是威嚇又是敲詐：「此役太閤（指秀吉）使武庫君帥我藩師及琉球兵一萬五千，以征明國。」琉球哪來一萬五千兵那麼多？薩摩又自話自說，經與家臣商議作出建言：「琉球僻處南海……況未習我軍法，與徒徵兵，寧賦齎糧，則莫如乎以使出其七千口支十月糧，限明年二月悉輸諸坊津。且築陣營料，亦宜別令輸……」[39]

面對關白秀吉來勢洶洶，薩摩島津步步進逼，尚寧大為震駭，忙與三司官鄭迵[40]等群臣商量對策。首先是豐臣秀吉以泰山壓卵之勢來強迫就範，促派兵參加出征。但琉球與大明不單毫無敵對，且屬宗藩關係，大明更有扶助、教化的累世恩，絕不能恩將仇報參加征伐。而與朝鮮李朝，相互修好共訂兄弟盟國，如何可以無故侵攻？而且琉球原是國小力弱，且不修武備多年，實在無兵可派。至若薩摩提出齎送軍糧，但七千人十個月口糧，合為十一萬一千二百五十石，幾乎是琉球全國兩年的糧產，實難以承擔。何況這是不義之戰，琉球千萬個不願意參與。於是，一面向日本虛與委蛇；一面派人向明朝密報。

其時，有福建同安人陳甲在琉球作海商，聞秀吉正整軍造船，將有侵明之舉。遂與鄭迵商議，由進貢請封使向朝廷告稟，陳甲則還鄉，向巡撫趙參魯詳告一切。參魯即將軍情轉知兵部，再由兵部移咨朝鮮王。[41]

《明神宗實錄》亦有記趙參魯上疏，告以：「琉球貢使預報倭警」（萬曆十九年八月）[42]；而在七月的另一則記述：「大學士許國等題，昨得浙江、福建撫臣共報日本倭奴招誘琉球入犯……」[43]

至於朝鮮，哨報比琉球要遲，經明朝詰問後，才急忙遣使辯解。因為明廷生疑，是否朝鮮準備作豐臣秀吉的嚮導，攻打中國，所以不把日本來犯的軍情通報。是以《明史》有：「（朝鮮）王但深辨嚮導之誣，亦不知其（指日本）謀已也。」[44]

另一方面，琉球雖然虛與委蛇，但始終抵受不住秀吉和薩藩的一再催糧，惟有於萬曆二十一年（一五九三），在壬辰之戰進行近兩年，才齎送兵糧到薩摩藩。[45]

六　薩摩擄琉球王，斬殺宰相鄭迵

前文提到琉球王尚永於一五八八年病逝，由尚寧襲位。按祖制尚寧須向明朝請封，但正值豐臣秀吉舉兵侵朝，並着薩摩藩前來催糧，情勢窘迫故無暇遣使請封。在明廷來說，也忙於遣兵調將，馳援朝鮮李朝，亦難兼顧冊封之事。延至萬曆二十三年（一五九五），琉球始遣使請襲封。福建巡撫許孚遠以倭氛未息，提議採鄭曉的意見，由朝廷派欽差齎詔書至福建，由琉球使臣恭領回國；或遣武臣陪同前往琉球，可保海途不受擾。其時，壬辰之亂雖在講和中，但戰事尚未全然平息。

萬曆二十七年（一五九九），尚寧又派鄭迵詣明請封。同時，鄭迵將豐臣秀吉的死訊告知大明及朝鮮[46]。明續考慮改以武臣出使。其後，尚寧又派貢使，請用舊制遣文臣為冊封使。明朝遂命給事中夏子陽、行人王士禎為正副使，於萬曆三十四年（一六〇六），渡洋冊封尚寧為琉球新君。

因有豐臣秀吉的野心而發動戰爭，影響到尚寧的冊封加冕在十八年後才能實現。雖然琉球僥倖逃過參加不義之師、致兄弟國相殘的禍劫，但隨之而來竟是本國大禍臨頭！

薩摩藩主要治所在今鹿兒島，在全日本來說是最為靠近琉球國的。因此，歷代將軍幕府不論交往或窺伺琉球，皆委薩摩藩來傳話。薩藩亦野心勃勃，居間其中便常常欺上瞞下，上下其手，甚至力圖獨佔。

日本的史家當然會為薩摩藩侵琉而製造很多藉口，但始終無法掩飾薩摩藩的貪婪和野心。

琉球國對薩摩藩常懷警惕之心，雖欲畏而遠之，但無奈薩摩藩在地理上是最靠近自己的一個鄰邦，琉球惟有謹遵聘問修好。（日本史學界大多認為琉球向薩摩藩的聘問就是朝貢，強將來使說成貢使。他們所據，多依伊地知潛隱著的《南聘紀考》，是書成於十九世紀初。而薩摩敗琉球是在一六〇九年，在這年之前，琉球國還沒有受制於薩摩藩，所以此前的修好聘問完全是兩者間的禮問平交，不是天朝與藩國的上下關係。何況足利義晴將軍，亦曾請琉球國向明朝傳遞表文，是以對等國來看琉球的。「聘」字的意思，據《禮．曲禮下》的解釋：「諸侯使大夫問於諸侯曰聘。」因此有《春秋》：「衛侯使公孫剽來聘。晉侯使荀罃來聘。」《南聘紀考》是用一六〇九年之後的薩琉形勢來記述一六〇九年前的聘問，是需要澄清說明的。況書名用「南聘」而非「南貢」，這就很值得玩味了。）但薩摩藩常嫌禮薄拒收，或與琉使討價還價。如：日本天正三年（一五七五）三月，琉球派使賀薩摩藩主襲封，藩主嫌禮物太少，只准朝賀而拒收禮物。後經討價還價，琉使願增補三十兩金，事才平息[47]。在薩摩藩來說，禮薄有待慢之意，故亦成為征討罪狀之一。同時，接待不周，也有疏慢之罪。如一五八九年尚永王薨，薩摩藩派雪岑和尚[48]使琉球。後來，薩藩指雪岑來時，琉球開小門迎接，當託雪岑帶還書函，則開大門以迎。三司官回訪雪岑時，沒有親到所寓館舍；至宴請雪岑時，又沒依舊例准船長入席作陪，而副船長又遭殺害。琉球國則自辯說：來使至小國，故開小門迎接；請呈書大國，當開大門以呈。副船長是自殺而非被殺[49]。但國小聲音自然是微弱難以抗衡的。

薩摩藩又強將債務套到琉球國的頭上。前文提到豐臣秀吉曾令琉球出兵參加攻打朝鮮，後來強迫輸送軍糧以代，琉球無力籌足，把僅有的糧餉送去。後來，薩摩藩蠻稱不足之軍糧已令夥長（船長）代繳，現派夥長取還。琉球哪裏肯承認這筆欠債，面對薩藩的苛索強要，三司官鄭迵頗厭夥長的一再糾纏，罵之不退，盛怒下以械打夥長之脛。薩摩仍欲得逞，即派雪岑和龍雲兩和尚至琉球，又是責問，又是討債。鄭迵嚴辭反詰。《南聘紀考》的記述則為：「（慶長）十年（一六〇五）九月，……又遣僧雲龍、雪岑及鳥原宗安等往……並督問濫刑，謝那（鄭迵為謝那親方）固拒不聽從。卻至侮詈，大恥使僧。」[50]

面對琉球國態度強硬，薩摩藩因有所求，暫且軟硬兼施。薩摩藩非常渴望如琉球般與中國通商，攫取巨利。但自從「嘉靖大倭亂」之後，明朝絕日本市，令日本經濟停滯。薩摩藩希望自己能打破此困局，獨佔其利，遂瞞着幕府多次促請琉球向明朝說項，盼能互市通商。琉球國深悉明朝對日本存有戒心，不願介入招禍，故屢次拒絕薩藩之請。如萬曆三十六年（一六〇八），「明不遣商舶者之三十餘年於此矣，公承神祖旨[51]，遣使鳥原宗安等之琉球，說三司官等傳諭明國，必遣商舶通互市道。謝那（鄭迵）不從，蓋欲為明張其威力也。」[52]

薩摩藩主島津家久（一五七六至一六三八年）開始不耐煩了，因為他擔心日子拖長，德川幕府會主動出征琉球，收為幕府所有。同時，當時的葡萄牙、西班牙和荷蘭都先後來到遠東，尋找他們的據點，如葡萄牙已取得馬六甲，並開闢了長崎港，而荷蘭則獲得平戶島的松浦藩主首肯，設立商館進行貿易，西班牙也佔據了呂宋，尾隨的英國亦一度靠泊平戶島[53]。難保這些南蠻國[54]不會打琉球的主意，屆時才去爭奪，勝負難料。既然琉球已是欄廄之羊，為免別人捷足，就得馬上擒下。島津家久再三奏請德川家康，請求出兵琉球而不獲賜允。至一六〇九年，再懇請以代幕府向琉球用兵，才徵得家康同意。

萬曆三十七年（一六〇九），即日本慶長十四年，薩摩揮軍侵琉，日史稱之為「慶長之役」。是年三月初，島津家久以樺山久高為大將，平田增宗為副，率兵三千分乘百餘艘戰船，南下開赴琉球。先取最北諸島，繼即蔽海掩至琉球本島，擬正面強攻那霸，遇岸上還炮擊沉數船。樺山久高接探報，北面運天港（現今歸仁城），荒廢無守備。遂於三月二十五日移師北往，果然未受還擊，瞬取運天港。原來琉球自尚真王於一五〇〇年平定宮古和八重山之亂和尚清王於一五三七年征伐奄美大島之後[55]，便不修武備，安享太平。所以薩軍來犯，可以長驅直入，殺奔首里王城。途中，僅遇鄭迵據久米村（賜三十六姓人後裔聚居的唐營）率眾迎戰，礙於戰力懸殊，瞬即失守。鄭迵遁入首里。四月三日，薩摩軍圍首里城。尚寧王以孤島無援，群臣惶懼，乃開城請降。五日，樺山久高率軍進入王城。[56]

琉球雖降，但薩軍並無收起槍劍。四月七日，樺山久高竟帶頭在王城內搜劫財寶及典籍書畫，持續五天（有說七天）始畢。眾將領更縱容部下向毫無抵抗能力的民居村宅焚燒擄掠，恣意暴虐。就連《南聘紀考》也不得不承認掠奪了王城的財寶，曲筆寫道：「入辰出酉，連日點檢王城財寶，悉載諸籍。十三日終功載船，皆獻鹿兒府。」又謂：「將士諸船凱旋本府，公（島津家久）乃飲將士酒（犒酒之意），勞其功也。此役將士頗犯律令，惟本田親政、市來家繁善守其令，故特褒賞之。」[57]將士三千，就只兩人沒有違反律令而獲褒獎。是日本軍隊集體逞兇的又一歷史紀錄。

尚寧王茶道侍從喜安時正在其《日記》沉痛地記述：「慶長入侵之頃，薩軍大肆擄掠，老弱婦孺，悉遁入山林中，大屋皆遭焚燬。……無疑，所有圖籍、日記及其他貴重物品文件，悉遭焚失掠劫……慶長之前，琉球人極為和平和愉快，築屋均櫛比而居，夜不閉戶，因此一旦火起，即焚燒多家，到處煙火，人人不知何處可逃，扶老攜幼，盲目奔竄，不知所措。後流言傳出，尚寧王已降，全境停戰，始敢回家。但滿目煙火，家宅已只餘灰燼，皆跪地號泣。」[58]

由此可以反映出當時的驚惶恐怖之情。因此，「慶長殘酷物語」的流傳，四百年後仍可從琉球裔人士的口中聽到。[59]

尚寧王降伏後，鄭迵也被執縛。樺山久高即將尚寧王、王子、三司官（共三人，官位約同宰相，鄭迵為其中之一）和王舅毛鳳儀等共百餘人，被押解上船，擄回薩摩。

島津家久喜見全軍大捷，更擄回琉球王及一眾重臣，自是笑逐顏開，即勞軍犒賞，馬上把尚寧王等俘虜押解上京都，再至江戶。惟將鄭迵留置薩州，是憂其耿介剛直，恐解送途中橫生枝節，故囚於魚肆，欲挫其銳氣。時值溽暑，囚室高溫蒸人，惡臭難聞，蛆陣蚊雷，磨折難熬。但鄭迵處之泰然，囚居兩年多，毫不頹靡，其不屈精神，連市井商販亦欽佩不已！[60]

島津家久押送尚寧王等上京以示獻俘，誇耀其戰績。尚寧王於琉球國內之時皆盛裝出行，今一旦被俘，身着囚服穿越各州縣，如同遊刑，任人點評，以致觀者擠列街道兩旁[61]。惟歎末路君王受辱深！

萬曆三十八年（一六一〇）五月，島津家久押解尚寧王一行由薩摩出發。八月，先至駿府（今靜岡市）拜謁退居下來的德川家康。尚寧王身穿明帝冊封時賜給的冠服，詣見家康，可謂不失王者氣度[62]。而德川家康聞家久大勝，欣喜莫名，即席就將琉球的支配（控制）權賞賜給島津薩藩，並謂：「實汝勳績，孰其爭汝，特可以嘉矣」[63]。家久得償夙願歡欣雀躍，再三叩謝。接着，再上江戶謁見德川第二代將軍秀忠。

島津家久折返薩摩，於萬曆三十九年（一六一一）九月十九日，提尚寧王、王子、鄭迵及三司官等至靈社前，遞出草擬好的誓約書，勒令君臣簽署。尚寧王所簽者，係承認琉球自古便是薩藩島津的附庸，因不遵制進貢等情，故被征伐俘虜，今幸得薩藩哀憐放歸故國，但每年要呈上貢物繳納地租，並割北五島，永隸薩藩，靈社前簽誓，子子孫孫永守。[64]

而三司官等的誓約書大同小異，更強調要矢誓直接效忠薩藩，而且世代永守，「若負斯盟，神靈其殛之。」[65]

已成降虜的尚寧王為保民安，忍辱簽下所謂誓的約降書。同來重臣亦俯首簽降，未敢稍抗。及鄭迵，卻堅拒不簽。薩主大怒，力數抗命諸罪，更以處死來威嚇。「迵獨抗聲答辯，不屈不撓。在場諸琉官，為之色沮。尚寧王知其有必死決心，神色鎮定，還問迵將來誰可繼彼為三司官者，迵恭謹回答。[66]」同日申時許（約下午四時），鄭迵就因拒簽降書而被處斬。

鄭迵拒降視死如歸，是為國犧牲，應留青史。但鄭迵死後，薩摩已伸手到琉球，後來的官修史書不敢多加着墨，甚至避而不談，而《喜安日記》和《中山世鑑》更揮舞刀筆誣衊鄭迵是「奸相」、「權臣」，招致薩摩藩出兵來犯，完全是他一手造成，同時他因為曾留學中華並充任貢使，所以作風親中，也就無法處理好和薩摩的關係。在薩摩的監控下，琉球的史書忍令忠魂沉冤。一八七九年，日本吞併琉球，史筆也未能直書實情。直至二次世界大戰之後，對鄭迵的殉國才有較持平的論析。近年，還為鄭迵雕像，以緬懷此一代名臣。

丹心可比文信國的鄭迵，在史書中被冤逾三百五十年，直至上世紀六十年代，台灣的史學家楊仲揆先生轉職至琉球（當時由美國託管，成立琉球政府。詳見本書第十二章），對三十六姓閩人的後裔鄭迵為琉球捐軀，深表感動，決定「發幽搜隱」，為這位華裔琉人寫傳。楊氏經查考，發覺鄭迵並非被處斬，而是更殘酷的油炸死。他描述說：「其時，大殿之側已設有油鼎，正在沸油。俟彼君臣問答畢，乃

02

03

04

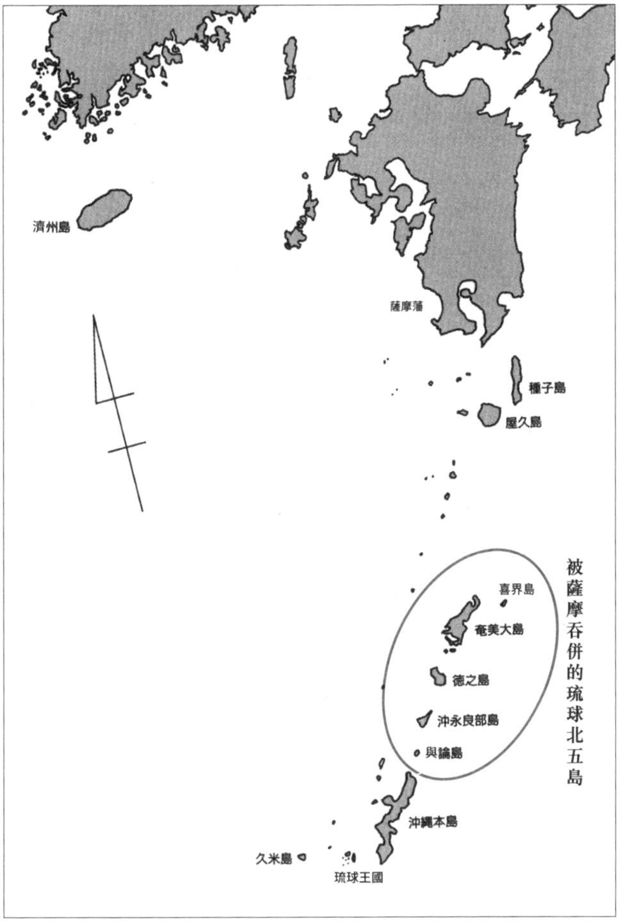

05

02 威嚇琉球出兵協助攻打朝鮮的豐臣秀吉。

03 揮軍征服琉球的薩摩藩主島津家久。

04 城破而被擄的琉球王尚寧。

05 薩摩藩強奪琉球北五島——與論島、沖永良部島、德之島、大島、喜界島。從此北五島落入薩藩手中，所以今天仍被劃歸鹿兒島縣。

命兩孔武有力衛士，挾迵投入油鼎，再二人撥迵屍，繞鼎左旋，以速其化，惡煙沖天，焦味瀰漫。」[67]

楊仲揆先生這一節的描述，是參考自《琉球育英史》。為此，筆者幾經蒐尋終購得該書歸，檢看之下，果見有類此的敘述（日文），但在該段文字後，附有一話：「這也可說是傳說之事」[68]。雖然楊先生曾謂：「因博采群籍，審其真偽，而為之傳焉」，但卻未見引錄其他著籍，所以油炸死之說暫且擱下，容後再查考。另一方面，為楊氏著書《琉球古今談》作序的張希哲先生，在其後發表的論文也沒有依照好友楊仲揆之說，而是引《沖繩一千年史》說：「鄭迵因不屈服而斬於薩摩。」[69]

至於楊氏所著〈鄭迵傳〉的其他內容還是很有參考價值的，茲節錄如下：

> 鄭迵，字利山，祖本福建長樂人，是賜閩人三十六姓的後裔，世居琉球久米邑。父祿，出任都通事。兄達，那霸作官；弟週，曾入國子監，累官至長史。鄭迵於嘉靖四十四（一五六五）年，隨貢入太學。學成後回琉球，於天妃宮開講，是為琉球私塾之始。不久，即錄為紫金大夫掌長史事（對明的封貢事務）。豐臣秀吉稱霸日本後，即派使僧令琉球獻地奉正朔（向日本稱臣），並向王及迵各饋百金。其時，尚永王薨，世子尚寧監國，對豐臣秀吉來意不善，舉國震恐。尚寧召廷議，無敢見言。獨有鄭迵，以琉球朝貢中國，世守藩職二百餘年，恩寵方隆，未可以叛。且倭情多詐，不可輕信。勸世子辭其金，遣使齎書獻禮，遜詞婉謝。世子納其言。

迨後，秀吉揮軍伐朝征明，又威嚇琉球發兵參戰和輸送糧餉……（中略，參見前文）萬曆二十七年（一五九九），尚寧派鄭迵入明請封，深感天朝禮遇之隆，文德之盛，矢志追從天朝，謀國民之福，報二國之恩。萬曆三十四年（一六〇六），以功封謝名親方，授之司官。琉球官制，親方為正二品，謝名是食邑。三司官共三人，類同宰相。閩三十六姓的後裔，能任此職者，自鄭迵始。三司官中以鄭迵才華最高，故最受尚寧王寵遇。[70]

鄭迵生於嘉靖二十八年（一五四九），就義於萬曆三十九年（一六一一），時六十二歲。他身軀魁梧（據云昂藏七尺，想是一米八二左右），「偉岸威稜，智慮深遠而沉毅勇決。」[71]

再說尚寧王，為保民安，被迫簽降。一六一二年，獲釋回國復位。有關尚寧王被擄，《明史》等亦有記述：「（萬曆）四十年，日本果以勁兵三千入其國，擄其王，遷其宗器，大掠而去。浙江總兵官楊宗業以聞，乞嚴飭海上兵備，從之。已而其王釋歸，復遣使修貢，然其國殘破已甚，禮官乃定十年一貢之例」[72]。《明實錄》則謂：「（萬曆）三十七年三月，倭入琉球，擄其中山王以歸。」[73]

但屈辱之餘，更令尚寧王痛心者，乃明朝疑其不忠。因後來入貢，不遵常禮，故起疑心。時福建巡撫丁繼上奏：「琉球國使柏壽、陳華等，執本國咨文，言王已歸，特遣使修貢。臣竊見琉球列在藩屬，固已有年，但爾來奄奄不振，被拘日本，即令縱歸，其不足為國明矣！況在人股掌之上，保無陰陽其間！且今來船方抵海壇，突然登陸，又聞已入泉境，忽爾揚帆出海，去來倏忽，迹大可疑。……而貢之入境有常禮，何以不服盤驗，不先報知，而突入會城，貢之尚方有常物，何以突增日本物於硫磺、馬、布之外？貢之齎進有常額，何以從伴多至百餘名？此其情態，已非平日恭順之意。況又有倭為之驅哉！」[74]

後來，尚寧王再表心迹，明廷才稍為釋疑。萬曆四十四年（一六一六），「日本有取雞籠山（今基隆）之謀，其地名台灣，密邇福建，尚寧遣使以聞，詔海上警備」[75]；「琉球國中山王尚寧遣通事蔓來言，邇聞倭寇造戰船五百餘隻，欲脅取雞籠山，恐其馳突中國，為害閩海，故特移咨奏報」。福建巡撫黃承玄以聞，足證琉球國中山王仍然效忠明廷，將探獲倭寇動態，立刻飛報以聞。[76]

回想豐臣秀吉揮軍入侵朝鮮，尚寧王拒絕出兵攻打友邦，並將日本軍情報告明廷，護佑李朝。秀吉暴斃，日軍撤退。尚寧王也為朝鮮慶幸，於一六〇八年移咨朝鮮，提出結盟為兄弟國。詎料第二年，尚寧王就國破被擄，可說是萬千憂恨在心頭。他勉力提筆，向難兄難弟的朝鮮王隱晦地傾訴：

> 緬想寡人襲封無幾，外寇侵侮，雖天災之流行，實涼德之所致，不忍生民之塗炭，是以越國而會盟。淹留三年，和議始定，方得言歸。凡有賊情，為謀不測，宜周牖戶之防，事無巨細，奏聞天朝，以憑裁斷。敝邦遭倭之亂，府庫空虛，君民懸磬，屢蒙厚儀，報德無從，萬里神交，聊具土宜，遠表微忱，敬修謝咨……[77]

並非昏庸的尚寧王，只因弱國無力抗強鄰，致成臣虜。他傷痛王業變遷，有愧先王，所以臨終堅囑死後不葬玉陵[78]而葬極樂山陵，其悲情如此，教人欷歔！而琉球的國運，從此一蹶不振，墜入黑暗時代。

七　壓榨琉球、日稱兩屬時代

薩摩藩迫琉球簽降，即時附上一紙吞併的目錄，將琉球北部靠近鹿兒島南面吐噶喇列島的五島——與論島、沖永良部島、德之島、奄美大島、鬼界島（今喜界島），直接歸薩摩藩管轄。

其實，薩摩藩早已迫不及待地為榨取琉球的資源而迅速行動。他們攻破琉球後，馬上派人深入琉球國乃至各島嶼丈量，為他們日後按地計賦做好統計工作。

尚寧王等被擄走後，薩摩藩即頒佈〈掟十五條〉[79]。其中控制和嚴重影響琉球的法令有：第一條，非奉薩藩令，不得與中國往來；第六條，未得薩藩符令，不得互市；第八條，派遣奉行（專責官員）收納年賦貢稅；第十三條，不可恣意派遣商舶往外國通商。[80]

尚寧王簽降，今後就要向薩摩藩效忠。以後新王世襲，亦須向薩藩呈上效忠誓表。但島津氏怎麼會不提防琉球王有師勾踐之心，所以早已派出「在番奉行」長駐琉球，監督琉球君臣的動靜，又規定三司官等高級官吏的任免，須經在番奉行的認許，三司官又可以直接前來告密，令琉王不敢妄動。在番奉行更代表薩藩執行〈掟十五條〉和其他法令。為進一步加強控制和管理，於崇禎五年（一六三二），再在各地加插日本人留駐，名為「大和横目」，以監視民間動態，將琉球的一舉一動，盡收於情報網中。這樣內外監控，就是要迫使琉球完全聽命於薩摩藩。

再看〈掟十五條〉的影響。首先說「第十三條：不可恣意派遣商舶往外國通商。」這對琉球來說，無疑喪失了與國際貿易帶來的巨大利益。但為何薩摩藩也同意封鎖這條生財之路呢？原來薩摩藩也是受制於江戶幕府的鎖國政策。自從葡萄牙人搶佔先機，成為歐洲第一個與日本展開貿易的國家，但伴隨着貿易而來的是宣傳天主教，在僅僅半個世紀中，全日本的天主教信徒便增至四十萬人。德川幕府擔心教會勢力日大，國民會受其影響，遂採取比豐臣秀吉更嚴厲的禁教令。後來，由禁教再到禁足，嚴禁未經特許的船舶出海貿易，鎖國之說由此起[81]。主要開長崎作為窗戶港，讓中國的唐船和荷蘭前來貿易，由幕府直接派奉行至長崎掌管，壟斷了這部分貿易。其他相對應的口岸有三個，自北至南為：北海道松前之對蝦夷地（為免種族歧視，日本已將蝦夷族寫作 Ainu）、對馬藩之對朝鮮、薩摩藩之對琉球。[82]

如果按以上四口岸的配對，琉球仍為異國，不是薩摩的藩中藩，只不過是薩摩藩強行向琉球作出壓迫管控。但薩摩藩仍臣服於德川幕府。當幕府實施鎖國，嚴令片板不得外流，薩摩藩不敢不執行，僅保存徵得江戶幕府同意：琉球繼續對中國的朝貢貿易，但對東南亞諸國的貿易往來，因擔心會為天主教利用而趁機滲入，所以不管是否生財之路，都全部斷絕。

「第一條：非奉薩藩令，不得與中國往來。」按理這本來是琉球的一條營養線，但如今已非琉球所能享用，問題在於薩摩藩的插手，並將所有利潤都拿走。最終肥了薩摩，瘦了琉球。

薩藩征服琉球，其中一個主要原因就是利用琉球和中國的宗藩關係，染指利潤豐厚的朝貢貿易。同時，島津薩藩沒有馬上滅掉琉球，就是還要讓琉球繼續請封奉貢，一切如常。明、清兩朝，對日本（薩藩）監控琉球之事雖有所聞，但未作深究。一些史家認為明朝只重享受琉球的稱臣進貢，態度消極。但筆者認為關鍵是琉球並無提出求援（不似清末一再懇求出兵，其情況詳見本書第七至第十章），明廷就沒有不請自來的出兵考慮。在琉球來說，恰正是：拳頭在近，皇帝在遠，惟有含恨苦忍，在薩摩藩的強迫下，合演一台假鳳虛凰的戲。

朝貢船繼續由那霸出發往福建，但前一站是由鹿兒島開出，所以隨貢商品，摻雜了不少日本貨。又為了加強監控，薩藩更派人登船同行，及至中土，則扮成琉球人進行市易活動。為求擴大貿易，取得豐厚利潤，就要掌握機會，在物產豐盛的中國購貨。薩摩藩便撥銀交付貢船去採購商品，薩藩稱作「渡唐銀」。當然琉球王府也有出資調銀去購物，甚或貢船的使官（客商）也有自備錢銀去辦貨。但財力最大的還是數薩藩。他們在購貨回來之後，一切利潤亦全歸己有，其經營成本也輕（貢船和琉球船員皆來自琉球國），故利潤十分驚人，於是投放的渡唐銀就愈來愈大，兩艘貢船[83]的商品，絕大部分為薩藩的貨物。當時的貿易品為何？可參看清初（約一六六三年）貢船所裝載的貨物。

貢船船至福州的物品：一、進貢品目：色芭蕉、上布、真苧白布、金箔銀箔扇、摺扇、大螺貝、硫黃、銅、馬十匹、馬鞍一座和金屏風。二、附載品目：渡唐銀、筆、小刀、海龜甲、木魚、燒酎、鹽醃海膽、木耳、茯苓、永良部海蛇、醃肉、鹿角菜、綿和馬尾等（後期根據中國的需求，附載商品出現大量產自北海道的海帶）。[84]

從中國購辦回日本的商品主要有：生絲、唐緞、紗綾、漢藥、漢籍、瓷器（碗及盤）、墨、線香、唐扇和毛氈等。[85]

當時日本需求最多的是中國產的生絲。較早從十六世紀中後期開始，葡萄牙人壟斷了長崎和澳門的貿易線，營造出令人艷羨的「絲銀貿易」來[86]。隨着葡萄牙人被逐離日本，德川幕府在鎖國令下，親自派員管理長崎的對外貿易，生絲便由來自中國的唐船供應，同時也有受歡迎的漢籍和漢藥[87]，長崎也就成為江戶時代極繁華的商港。生絲、漢籍和漢藥，在日本都是難得的搶手貨，薩摩藩卻可以憑藉琉球的朝貢貿易得以船來，從而賺取巨利，對其他各藩主來說，當然又是羡慕又是妒嫉。

朝貢貿易本來是琉球國的經濟命脈，卻横遭薩藩劫奪，還要被日本史家譏為「奈良河上的鷺鷥」。也許同時是對琉球國的同情，果如是，筆者認為稱作「錦江灣上的鷺鷥」，豈非更貼切？[88]

薩摩藩除從朝貢貿易上劫奪巨利之外，在第八條收納年貢賦稅方面，也是對琉球國苛慝狂榨。島津薩藩本擬按日本各地般收取稻米來作賦稅，但琉球土地貧瘠，夏季常有颱風侵襲，加上琉球人不諳耕作，產米不多，所以薩藩便要琉球改用其他物品來繳付。早期規定的年賦為：芭蕉布三千反[89]、上布六千反、下布一萬反、唐苧一千三百斤、牛皮二百塊等。後來，又改用銀來繳付，當一七五六年以後，琉球可以種出稻米，又以米來交付。[90]

但薩摩藩又怎會這樣容易滿足，他們既不按規定的年貢來收繳，經常藉「國用不足」為由，又來增收，且習以為常，是將琉球當作搖錢樹。據清朝駐日公使何如璋在光緒五年（一八七九）向琉球王國的陳情使詳詢其國史，然後向李鴻章作的報告，可知其詳：「惟萬曆三十七年薩摩藩島津家久帥兵征球，擄其君，奪其國。後復君立國，遂為附庸，所稱立約十五條，並誓文二道，《中山球陽志》一字不之及，而日本史固粲然書之。自是以來，時時遣使薩州，大將軍嗣位（即德川家繼大將軍位），亦或遣使來江戶（琉球遣使至江戶慶賀）。徵納其米，多寡不定。康熙以後，每歲額納米七千六百餘石，相沿至今。」[91]

琉球既失朝貢貿易的運財之路，又要承受苛捐重稅，更兼開支增大——負擔設在薩摩的琉球館之各項開支，以及按時北上江戶朝貢參拜，致令全國經濟枯竭，人民生活厄困。及至尚貞王朝過度揮霍，大饑荒又接踵而來，球民更如倒懸。最終王府也經濟拮据，借貸度日。一八〇二年，王府向鹿兒島積欠的債款超過一萬貫，至明治五年（一八七二）被改編為藩之際，其負債高達二十五萬圓[92]。當時日本最高薪的大政大臣，月薪為八百圓，參議院副議長則為四百圓[93]。可知王府負債不輕，則民間當更慘矣！

另一方面，薩摩藩為確保琉球對中國的朝貢貿易不致中斷，所以除了讓琉球繼續向明、清請封、奉正朔外，當中國的天使渡洋至琉球，舉行冊封典禮和進行外事、文化活動的期間（長約半年），薩摩派駐琉球的監察官員都會迴避，是深怕冊封的天使識穿琉球已被日本控制，回奏天朝，或取消封貢關係，或問罪琉球。薩藩倘非心虛，又何至如此。他們的迴避安排有：不得說日語、道日本名，日本書籍要藏起、收起日本的張掛物，連石燈籠、洗手水缽也要撤去，大和橫目等的官員須遠離那霸，通用的「寬永」日本錢亦收起，改用鳩目錢。[94]

曾是琉球國末代君王尚泰的侍從喜舍場朝賢在其著書中也說：「當冊封欽差來球，在琉的薩摩官吏和薩商，全部移居浦添間切城間（那霸郊外）的鄉村，而薩船則灣泊到今歸仁間切運天港。為避中國人的耳目，把平日通用的寬永錢收起，在中國人留居期間，假裝以鳩目錢來作流通貨幣。又官衙、寺院內的掛軸、鐘銘以及碑文等，如有日本年號、人名者，一律匿藏起來。」[95]

鳩目錢是日本私鑄的劣質錢，曾流布至琉球。後來，日本鑄造了「寬永通寶」，銅質美甚，遠勝鳩目錢，琉球也樂於使用。但「寬永」是日本年號，為求遮掩中國冊封使團的耳目，所以當冊封使團留居其間，便假裝鳩目錢是流通貨幣。但中國的冊封使團並非全部懵然不知，徐葆光便已識穿，在其《中山傳信錄》中寫道：「平日皆行寬永通寶錢，臨時易之，使還，則復其舊。」[96]

當冊封的天使駐琉期間，所有薩藩派在琉球監察的在番奉行，大和橫目等官吏、部屬，除能偽裝成琉球人外，一律遷出京城，避居至鄉郊僻地，又取締張掛的日文招牌、招貼等，日本的書籍、紀事、通令等也收藏起來。薩藩這樣驚懼中國欽差的到訪，後來明治年間的官員卻振振有詞的說，日本是琉球的「實力管治領有者」。為此，筆者撰成〈從琉球國向明清請封、奉正朔比較中日的管治權威〉，現附錄於本書後。

而自慶長之役（一六〇九年）起，琉球王國向薩摩降伏稱臣，但同時又繼續向明、清請封，直至一八七九年被日本吞併止，長逾二百六十年，日本史學界將這段期間的琉球，稱為「兩屬時代」。而在「兩屬時代」期間，薩摩藩通過對琉球的壓榨剝削、成為江戶時代的一大雄藩，甚至是後來倒幕、建立明治政權的一支雄師。

八　小結

終明一代，受倭患影響甚深。由早期一些無賴商人的生事、搶掠，至浪人、盜賊的參與，再後來和中國的海盜勾結，成為嘉靖年間的大倭寇，作亂數十年。明朝幾經艱辛才得以誘降剿平，但接踵而來的是野心家豐臣秀吉率領倭軍入侵朝鮮。明派兵馳援，經過連場大戰仍難分勝負，直至秀吉病死倭軍才肯罷休。

萬曆三十七年（一六〇九），明朝已進入末年。另一方面，薩摩藩輕易以三千兵和不消一個月的時間，便令琉球稱臣。在這場名為「慶長之役」的侵略戰爭中，敢於挺身出來抗敵的為數不多，華裔宰相鄭迵就是最忠勇的一員。惜敵強琉弱，不堪一擊，即告敗陣。最後，琉球王被擄，鄭迵慘被處斬。後因琉球已被薩藩控制，對鄭迵拒降被斬之事，禁止張揚。因此「琉球諸籍，懾於倭勢，未敢直書」。是以鄭迵就義三百餘年，名不得彰。楊仲揆先生為使華胄英靈不致沉冤含詬，發幽搜隱撰成鄭迵傳，使能流芳後世。

至於有評論說「兩屬時代」[97]是薩藩苦心經營與琉球百般苦忍的配合下，向中國佈下的一場大騙局。筆者是並不認同這一看法的。

在中華帝國的冊封體制下，受封諸國只要向中華帝國稱臣，尊為天朝，即成為中華帝國宗藩體制的一員，可享有朝貢貿易的優渥待遇，帶來巨利。而中華帝國對朝貢國只會懷遠教化，不會插手干預內政，更不會抽取賦稅，朝貢貿易是厚往薄來。琉球王國被薩摩藩征服後，二百六十餘年仍然向中國天朝請封，不改其恭順，故能成為明、清兩朝最蒙優遇的朝貢國。當窺知琉球也同時臣服日本幕藩，明、清兩朝沒有去戳穿，並非受騙。在明朝而言，琉球國沒有前來告稟，說出遭受日本薩藩欺凌和壓榨[98]。正是原告不來，又焉能主動強自出頭？況琉球繼續要求請封、奉正朔，天朝地位仍受尊重，顏面仍存，所以就不去深究，讓琉球臣侍二國。而事實上，當冊封使駕臨那霸，薩藩的官吏皆「肅靜迴避」，匿隱到鄉郊。兩相比較，中國天朝大國地位，豈非更形尊高？

又有史家將琉球的兩屬比作兩婚之婦，筆者也是不敢苟同的。考此說之源，出自日本竹添進一和李鴻章談球案時上書所言：「天下無二婚之婦，豈亦有兩屬之邦乎？」又謂：「西人舉事，必藉口公法。而所謂公法，有一君兼統兩國，無一國兩屬於二君，是西人亦不有兩婚之婦也！」[99]

按竹添之意，琉球是事中國和日本為二夫，然則中國冊封使每至琉球，薩藩派駐於那霸的官員全部避退鄉間，不敢正視中國天使，俟天使離去才被公然再找「琉球婦」。那麼薩藩豈非有「姦夫」之嫌？走筆至此，不欲再書寫下去，因為按此比喻，對三方也不光彩。尤其是琉球，日本其時已廢球為縣，還要大肆侮辱，佔盡便宜，絕非君子所為！

註釋

1 平安時代（公元七九四至一一九二年）。公元七世紀，日本僧人地位日高，干預朝政，貴族間又爭權奪利。桓武天皇審時度勢，決定於七九四年遷都平安京（今京都）。自此，日本歷史便由奈良時代進入平安時代。遷都後，飭令僧人靜修佛法，不得問政。參見黃天著《日本事典》，香港萬里書店出版，一九九三年，頁三二至三五。

2 日本的戰國時代始於「應仁之亂」。公元一四六七年，將軍足利義政新亡，守護大名細川勝元（東軍）和山名持豐（西軍）就繼任人問題衝突，在京都大戰起來。乘着「應仁之亂」，地方紛紛起事，互相兼併討伐，割據稱雄，全國一片混亂。至一五七三年，才由織田信長收拾殘局，終止了百年混戰。參見黃天著《日本事典》，頁四〇。

3 德川家康在掃平群雄時，與他一起征戰的將領，在後來被分封為「譜代大名」，亦即是嫡系人馬。沒有參戰打天下的地方大名，歸順後封為「外樣大名」。外樣大名和譜代大名當然有親疏的差別，他們被排除在幕府政權核心之外。

4 參見崎間敏勝著《海東小國記》，那霸星印刷出版部，一九六七年，頁一八三至一八四。又喜舍場朝賢著《琉球見聞錄》，東京東汀遺著刊行會，一九五二年，頁一〇六。

5 楊仲揆將《南聘紀考》的作者寫作「伊地知潛隱」，並指出他是清嘉慶末年，由薩藩派駐琉球。參見楊著《琉球古今談》，台北，台灣商務印書館，一九九〇年，頁二九。但楊氏卻又指明治年間有季安學人將《紀考》編定（頁五九），查伊地知名季安，號潛隱，實同一人，生於一七八二年，明治前一年的一八六七年逝世。

6 同註4引書，頁一八四。

7 同註4引書，頁一五三。原文為日文，筆者據意譯出。

8 同註4引書，頁一八五。原文為日文，筆者據意譯出。

9 日本諺語，原文是：「喉から手が出る」其意是一雙手還不夠，要從嘴巴再伸一隻手來取，極言渴求之意。

10 詳見本書第二章琉球國與暹羅、滿剌加通好的咨文。

11 《高句麗廣開土王碑》，簡稱《好大王碑》，是高句麗第二十代長壽王為紀念其父談德即好大王，而於公元四一四年（東晉義熙十年）建的。碑文講述當時稱為永樂大王的談德南攻百濟，北伐扶餘，並屢敗來犯的「倭寇」，雄踞鴨綠江兩岸，稱雄當世。死後，為紀其功，故建《好大王碑》。碑文作隸書，平實厚重，古樸可喜，為書法中之瑰寶。

12 參見鄭樑生著《明代中日關係研究》，台北文史哲出版社，一九八五年，頁二七四。

13 參見吳柏森編《明實錄類纂．軍事史料卷》，湖北武漢出版社，一九九三年，頁三二一。

14 參見藤家禮之助著，張俊彥、卞立強譯《日中交流二千年》，北京大學出版社，一九八二年，頁一六七。後期的倭寇「直到明末」，筆者認為應止於豐臣秀吉死後，德川家康開江戶幕府的一六〇三年。

15 參見張廷玉等撰《明史》，北京中華書局，一九八四年，卷三百二十二〈外國三〉，頁八三五三。

16 同註14引書，頁一六八引鄭曉著《皇明四夷考》。

17 公元一二七四年和一二八一年，元世祖兩次出動舟師渡海征日，卻都遇上暴風而折戟沉舟，葬身海腹。

18 同註12引書，頁三二引《明太宗實錄》卷十二。

19 室町時代亦可稱為足利時代，廣義來說是由公元一三三六年至一五七三年；狹義則由南北統一的一三九二年起至一四九三年。足利的第三代將軍義滿，在京都的室町建成花之御所作為府第，展開了武家治國。

20 足利義滿向明朝上表修貢時，用上祖姓源，再採出家後的法號道義為名。源氏乃皇族的一個賜姓氏，其後再分枝姓足利、新田、武田、佐竹等姓氏。足利義滿以「日本國王」名義向明朝稱臣進貢，在日本來說當然引來很多反議。參見佐久間重男著《日明關係史の研究》，東京吉川弘文館，一九九二年，頁一一〇引《善隣國寶記》。

21 前引佐久間重男著《日明關係史の研究》，頁一一二引《善鄰寶記》。

22 同註12引書，頁一八八引《善鄰國寶記》。

23 同註12引書，頁一九〇至一九二。

24 同註15引書，頁八三四六。

25 同註12引書，頁六六引《明太祖實錄》卷一五三。

26 同註12引書，頁六七。

27 鄭樑生認為勘合的形式應為三聯單，並舉出台灣學校的收據來說明（參見註一二引書頁七〇），其說與筆者不謀而合。而澳門白鴿票的博彩有很長的歷史，同時有非常嚴謹的監管。

28 同註12引書，頁一九一。

29 同註15引書，頁八三四七。

30 同註15引書，頁八三四九，又《琉球歷代寶案》第一集卷一則作：「仍令繩齎敕，轉敕日本國王，令捕繫倡亂者以獻。」

31 同註12引書，頁三四三引《歷代寶案》〈符文〉卷三十五。

32 參見徐玉虎著《明代琉球王國對外關係之研究》，台灣學生書局，一九八二年，頁二七；又《明史》卷三二二〈外國三〉，頁八三四九。

33 參見谷應泰編《明史紀事本末》，上海商務印書館，一九三七年初版，第八冊卷五十五，頁四二。

34 同註15引《明史》卷三二二〈外國三〉，頁八三五一。

35 「壬辰倭亂」和「丁酉再亂」詳見《明實錄》及鄭樑生著《明代中日關係研究》，頁五七八至六三七。

36 參見鄭樑生著《明代中日關係研究》，頁五三四，引伴信友《中外經緯傳》。據此信函，可證直至此刻琉球仍未向日本修貢，過去的往還，僅是國與國的平等通問。

37 同註36引書，頁五三八。

38 同註36引書，頁五三六。

39 參見真境名安興著《沖繩一千年史》，東京榮光出版社，一九七四年，頁三三七八。楊仲揆著《琉球古今談》，台灣商務印書館，一九九〇年，頁四〇，引伊地知潛隱著《南聘紀考》。

40 鄭迵，多誤作鄭迴，而鄭樑生先生則誤作鄭廻。

41 參見《明史》卷三百二十二〈外國三〉頁八三五七。陳甲之名，鄭樑生據《全浙兵制考》等書，考為陳申。又《明史》將鄭迵作鄭迴。

42 同註36引書，頁五六五。

43 參見吳柏森編《明實錄．軍事史料卷》，武漢出版社，一九九三年，頁三六四。

44 參見《明史》卷三百二十二〈外國三〉，頁八三五七。

45 參見《琉球古今談》頁四〇引《南聘紀考》。琉球此次送了多少兵糧給日本，未見詳載，但肯定不能滿足日本的慾壑。

46 參見沖繩縣立圖書館史料編集室編《歷代寶案校訂本》第二冊，沖繩縣教育委員會出版，一九九二年。頁五二四，〈朝鮮移彞回咨〉：「陪臣韓得遠回自京師，齎到貴國咨文壹角。」述及「關白於二十六年七月初六日身亡，尤為貴國深幸！」朝鮮國王回咨，深表謝意：「而報賊酋死亡消息，厚意鄭重，無以為報。所據關賊罪盈惡積，天降之罰，此非但敝邦之幸，實是天下之幸！餘賊蠶食者，亦已俱被官兵驅勦，過海去訖。煩乞貴國，日後凡有賊情，不揀緩急，須徑報天朝，以轉示敝邦。」

47 參見楊仲揆著《琉球古今談》，頁三八引《南聘紀考》。

48 漢以後的中華帝國主導了東亞的政治經濟文化，四鄰紛紛慕華來朝，而各國都盡量學習漢文，以便和天朝通交。因此，漢文成為當時亞洲的國際語。僧人、和尚大多有較高深的漢文修養，所以日本常請僧人出使，於是就湧現了一批政治和尚。雪岑為摩藩廣滿濟寺和尚，又名文之，著有《南浦文集》。

49 同註47引書，頁三八至三九；又沖繩大百科刊行事務局編《沖繩大百科事典》中卷，沖縄タイムス社出版，一九八三年，頁五七一。

50 同註47引書，頁三九。

51 江戶時代對德川家康的尊稱。而這裏是有假託德川家康之意。

52 同註47引書，頁四一引《南聘紀考》。

53 參見黃天著〈長崎的唐人、唐船、唐寺、屋敷和媽祖文化〉，收入在《九州學林》總第五輯，香港城市大學中國文化中心、復旦大學出版社，二〇〇四年秋季，頁三〇九至三一三。

54 日本仿中國稱一些鄰國為蠻夷之人，如將北海道的原住民稱為「蝦夷人」，又將葡萄牙人呼為「南蠻」，以示從南面航海而來的外國人。

55 參見崎間敏勝著《海東小國記》，那霸市星印刷出版部，一九六七年，頁二二三、二四三至二四八及三一九至三二四。

56 同註47引書，頁四六引《南聘紀考》；又真境名安興著《沖繩一千年史》，頁三五七至三六二。

57 同註47引書，頁四六至四七引《南聘紀考》。

58 同註47引書，頁四七引《喜安日記》。

59 參見楊仲揆著《中國．琉球．釣魚台》，香港友聯研究所出版，一九七二年，頁四四。又筆者認識琉球裔的人士，他們也有談到慶長之役的慘事。

60 同註47引書，頁四八、七一。

61 參見楊仲揆著《琉球古今談》，頁五六，引《喜安日記》；又池宮正治解說《喜安日記》，沖繩榕樹書林出版，二〇〇九年，頁四四。

62 參見赤嶺守著《琉球王國》，東京講談社，二〇一一年，頁九〇。

63 參見高良倉吉、田名真之編《圖說琉球王國》，東京河出書房新社，一九九六年，頁六六；又同註47引書，頁五六引《南聘紀考》。

64 參見真境名安興著《沖繩一千年史》，東京榮光出版社，一九七四年，頁三六七。其實，所謂〈誓約書〉，實質是降書。

65 同註47引書，頁四五引《南聘紀考》。

66 同註47引書，頁四五。

67 同註47楊仲揆著《琉球古今談》，頁四五、七一。

68 參見阿波根朝松編《琉球育英史》，琉球育英會出版，一九六五年，頁五六。原文為日文，筆者據意譯出。而且在前一頁，也有說到鄭迵遭處斬，顯見油炸死不能作定論。

69 參見張希哲著〈蔡溫對琉球的貢獻〉，收錄於《第一屆中琉歷史關係國際學術會議論文集》，台灣中琉文化經濟協會出版，一九八八年，頁三〇八；又同註64引書，頁三六七。

70 同註47楊仲揆著《琉球古今談》，頁六八至七二，又池宮正治，小渡清孝，田名真之編《久米村——歷史と人物》，沖繩ひるぎ社，一九九三年，頁一五二至一五三。

71 同註70。

72 參見《明史》，卷三百二十二〈外國三〉，頁八三六九。此處所記入侵琉球在萬曆四十年，但《明史》卷二十一的〈神宗紀〉及《明實錄》均作萬曆三十七年，而史實應為萬曆三十七年。

73 同註43引《明實錄．軍事史料卷》，頁三七二。

74 參見徐玉虎著《明代琉球王國對外關係之研究》，台灣學生書局，一九八二年，頁三五，引《明史》、《明實錄》、《琉球歷代寶案》第一集卷一、卷八等。

75 同註15引《明史》卷三百二十三〈外國四〉，頁八三六九。

76 同註74。

77 同註74引書，頁二五四引《琉球歷代寶案》第一集第四十一卷。

78 玉陵在王城首里之西，由守禮門向西步行數分鐘即達。玉陵是琉球一代英主尚真王所建，其後成為琉球的王家陵墓。

79 日文「掟」，即法令、法規之意。

80 同註47《琉球古今談》，頁四九至五一；又同註63引書《圖說琉球王國》，頁六七。

81 參見黃天著〈十六世紀澳門和日本石見銀山的歷史情緣〉，收入在《澳門歷史研究》第十一期，澳門歷史文化研究會出版，二〇一二年十一月，頁二一至二七；又同註53黃天著〈長崎的唐人、唐船、唐寺、屋敷和媽文化〉，頁三〇九至三一三。

82 參見佐賀縣立名護屋城博物館編《4つの窓と釜山——東アジアの中の日韓交流》，日本佐賀博物館出版，二〇〇六年，頁四。

83 琉球的貢船由兩艘組成，分為頭號船（又名大唐船）和二號船（又名小唐船）。

84 同註63引書《圖說琉球王國》，頁八三。

85 同註84。

86 同註81引黃天著〈十六世紀澳門和日本石見銀山的歷史情緣〉，頁二一至二七。

87 參見山脇悌二郎著《長崎の唐人貿易》，東京吉川弘文館，一九九五年，頁二二七至二四六。

88 有「沖繩學之父」稱號的伊波普猷（一八七六至一九四七年），曾指日本壓榨琉球，是將琉球作為「奈良河上之鸕鶿」來對待。錦江灣是鹿兒島灣的別稱。

89 「反」是日本布帛尺幅的單位。一反相當於成年人一套衣服的布料。

90 同註63引書《圖說琉球王國》，頁六六。

91 參見《李鴻章全集》第六冊〈譯署函稿〉，中國海南出版社，一九九七年，頁三一三五。

92 同註63引書《圖說琉球王國》，頁一一六。

93 參見高原富保編《一億人の昭和史》第十二《明治上》，東京每日新聞社，一九七七年，頁一八五。

94 參見橫山重編纂《琉球史料叢書》第五卷，東恩納寬惇的〈解說〉，東京美術出版，一九七二年，頁五〇。

95 參見喜舍場朝賢著《琉球見聞錄》，東京東汀遺著刊行會，一九五二年，頁八九。

96 同註94引書，東恩納寬惇的〈解說〉，頁五一。

97 「兩屬」是指琉球既是中國的藩屬又是日本的附庸國。近年，有日本史家考證「兩屬」一詞，並非始自日本，而是公元一八五三年美國遠東艦隊司令培理率軍抵登琉球國，和琉球交涉開港之事而引用的。該考證文見於福建師範大學中琉關係研究所編《第九屆中琉歷史關係國際學術會議論文集》，北京海洋出版社出版，二〇〇五年，頁二八一，收入栗野慎一郎著〈「琉球處分」的歷史——從歷史評價的角度〉。

98 一八七二年日本要將琉球王貶為藩，並要琉球斷絕向清朝請封修貢。琉球派使向清朝告稟請援，清廷亦有作出行動，從外交途徑上爭取琉球脫離日本獨立，詳見本書第七章。

99 參見《李鴻章全集》第六冊〈譯署函稿〉，中國海南出版社，一九九七年，頁三二五〇〈日本竹添進一上書〉。

第四章

吞滅琉球第一步
日廢尚泰王為藩

隨着十九世紀西方列強東侵，日本的江戶幕府因內外交困而倒台。一八六八年，明治天皇在倒幕志士的擁護下遷都江戶，改稱東京，展開了明治維新的西化改革。

明治四年（一八七一），日本繼版籍奉還後，再推出「廢藩置縣」的政改來削掉各藩的地方力量。是年十一月，日本將全國改編為一使（北海道開拓使）三府七十二縣。九州的薩摩藩亦被改編為鹿兒島縣。而一直由薩摩藩控制的琉球國，其從屬去向又當如何處理？琉球本是一個國家，日本的「廢藩置縣」完全是內政，不應牽涉琉球國在內。就如中國明亡清興改朝換代那樣，琉球國的地位也絲毫無改，繼續沿襲封貢的關係。但日本包藏數百年的野心，當然不會作如是想。他們為免過急一口就把琉球吞併引來反彈，便審時度勢，伺機而行。

「機會」要等到第二年（一八七二年）的六月，日本收到有琉球船民台灣遇害的消息，即部署他們強吞琉球的計劃。

一　台灣牡丹社事件

發生在台灣東南部的「牡丹社事件」源於一宗海難——琉球船覆舟，船民漂流至台灣東南部。海途凶險，遇事漂流至荒島異地是常有之事，可惜這宗海難，生還者在登島後卻被當地土著殺害。這樣悲慘的事情，在古代落後的地區時有發生。如航海家麥哲倫在菲律賓登島時遇害；唐朝的日本留唐生晁衡（日本名阿倍仲麻呂）在歸國時，使船漂流至安南，他們登岸後亦遭土人劫殺，百多人喪命，晁衡和日本遣唐使藤原等十餘人僥倖逃出[1]。不過琉球船民這次遇海難被殺，卻被日本利用來作出兵台灣和部署吞滅琉球的第一步棋。

事件發生於同治十年（一八七一），生還者在半年後才由台灣送至福州，將軍文煜撫恤查問之後，於同治十一年四月初二日奏稟朝廷。四月初五日，其〈奏稟〉刊於《京報》，上海的《申報》迅速於四月廿四日（西曆五月三十日）將〈奏稟〉刊出。結果這道奏摺便成為琉球船民被台灣生番[2]殺害的消息來源，同時也是史家常引用的一條重要史料：

〈將軍文（煜）奏為琉球國夷人遭風到閩循例撫恤、該夷伴有被台灣生番殺害現飭認真查辦摺〉：

……又據難夷島袋供：同船上下六十九人，伊是船主，琉球國太平山島（宮古島）人。伊等坐駕小海船一隻，裝載方物往中山府交納事竣，於十年十月二十九日由該處開行。是夜，陡遇颶風，漂出大洋，船隻傾覆，淹斃同伴三人。伊等六十六人鳧水登山。十一月初七日，誤入牡丹社生番鄉內。初八日，生番將伊等身上衣物剝去，伊等驚避條力莊地方。生番探知，率眾圍住，上下被殺五十四人，只賸伊等十二人因躲在土民楊有旺家，始得保全。二十一日，將伊等送到鳳山縣衙門，轉送台灣縣安頓，均蒙給有衣食，由台護送來省，現在館驛等供。由布政使潘霨造冊，詳請具奏，聲明牡丹社生番圍殺球夷，應由台灣文武前往查辦等情前來。

臣等查琉球國世守外藩，甚為恭順。該夷人等在洋遭風，並有同伴被生番殺害多人，情屬可憫！應自安插館驛之日起，每人日給米一升，鹽菜銀六厘。回國之日，另給行糧一個月，照例加賞物件，折價給領，於存公銀內動支，一併造冊報銷。該難夷等船隻傾覆擊碎無存，俟有琉球便船，即令附搭回國。至牡丹社生番見人嗜殺，殊形化外，現飭台灣鎮、道、府認真查辦，以儆強暴而示懷柔。

除咨部外，臣等謹合詞恭摺馳奏，伏乞聖鑒！謹奏。

奉旨：覽奏已悉，着照例辦理；並着督飭該鎮、道等認真查辦，以示懷柔。欽此。[3]

後來曾隨日本軍攻打牡丹社的美國記者愛德華·豪士（Edward House），卻將道聽塗說記入他的著書，說成牡丹社人押解漂流船民到漢人村莊，要求贖金。漢人因不認識琉球人，不但拒付贖金，還協助殺害琉球船民。幸譯者陳政三經考訂，指出漢人不但未加毒手，而楊友旺、楊阿告、楊阿和等人更協助琉球民脫險。又引《甲戌公牘鈔存》來證明牡丹社殺琉民十六人，高士佛社殺三十八人。[4]

文煜的〈奏稟〉無疑是牡丹社事件的重要文獻，但琉球國的正史《中山世譜》，原來也有向生還者取證，然後記入史冊。也許鮮為人知，故未見引用，筆者謹抄錄如下：

辛未年（同治十年，一八七一年），有與那原村盧人三男，謝敷筑登之親雲上，十端帆馬艦船一隻。其年之春，要赴宮古島，通船共六十九名，內頭目胥役五名，跟丁四十三名，搭客十名，舵水二十名，那霸開洋。

陡遇颶風，去吊（掉？）貨物，折斷桿桅，任風漂流，針程失方，萬死一生。皆共剪髮許願。漂到台灣府生番地方，即撥杉板，向邊陸路，為猛波所覆沒，三名淹死，杉板流蕩，難以往還陸路。由是原船斷錠（碇），飄蕩濱邊，人皆登岸，雖尋人家，茫茫不見。

走到山林之中，遇着人家，用手為樣，懇乞救命。隨給粥食等物，恍有撫養之況。詎想奪其所帶布器，剝其所穿衣裳。由是告暇辭去。

而有四、五人，攜帶兵具，隨後驅來。該難夷（海難船民），步過一里五合餘路，驚避條力莊地方凌老先家。

生番探知雲集，亦剝身上衣物，遂引難夷五十四人，在門外致殺害。只賸十一人，因躲土民楊

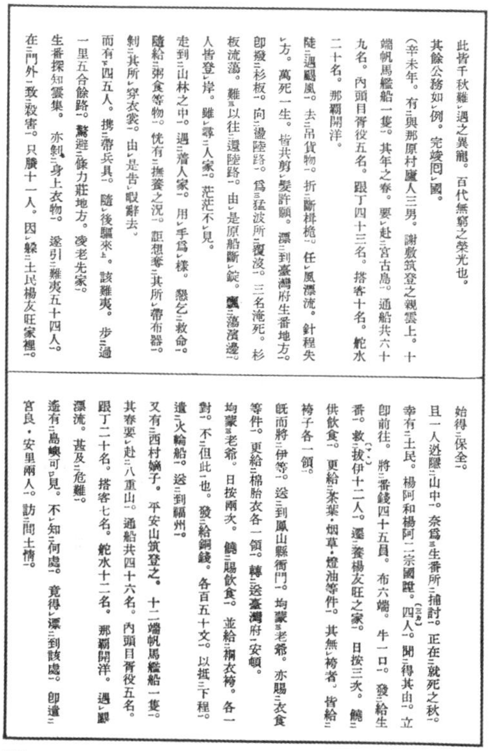

此皆千秋難遇之異寵。百代無窮之榮光也。
其餘公務如例。完竣回國。
(辛未年。有與那原村廬人三男。謝敷筑登之親雲上。十
端帆馬艦船一隻。其年之春。要赴宮古島。通船共六十
九名。內頭目胥役五名。跟丁四十三名。搭客十名。舵水
二十名。那覇開洋。
陸遇颶風。去吊貨物。折斷桿桅。任風漂流。針程失
方。萬死一生。皆共剪髮許願。漂到臺灣府生番地方。
即撥杉板。向邊陸路。爲猛波所覆沒。三名淹死。杉
板流蕩。難以往還陸路。由是原船斷錠。飄蕩濱邊。
人皆登岸。雖尋人家。茫茫不見。
走到山林之中。遇箸人家。用手爲樣。懇乞救命。
隨給粥食等物。恍有撫養之況。詎想奪其所帶布器。
剝其所穿衣裳。由是告暇辭去。
而有四五人。携帶兵具。隨後驅來。該難夷。步過
一里五合餘路。驚避條力莊地方。凌老先家。
生番探知雲集。亦剝身上衣物。遂引難夷五十四人。
在門外致殺害。只賸十一人。因躲土民楊友旺家裡。
始得保全。
且一人逃隱山中。奈爲生番所捕討。正在就死之秋。
幸有土民。楊阿和楊阿二宗國瞻。四人(三カ)。聞得其由。立
即前往。將番錢四十五員。布六端。牛一口。發給生
番。救拔伊十二人。還養楊友旺之家。日按三次。餽
供飲食。更給茶葉・烟草・燈油等件。其無袴者。皆給
袴子各一領。
既而將伊等。送到鳳山縣衙門。均蒙老爺。亦賜衣食
等件。更給棉胎衣各一領。轉送臺灣府安頓。
均蒙老爺。日按兩次。餽賜飲食。並給棉衣袴。各一
對。不但此也。發給銅錢。各百五十文。以抵下程。
遣火輪船。送到福州。
又有西村嫡子。平安山筑登之。十二端帆馬艦船一隻。
其春要赴八重山。通船共四十六名。內頭目胥役五名。
跟丁二十名。搭客七名。舵水十二名。那覇開洋。遇颶
漂流。甚及危難。
遙有島嶼可見。不知何處。竟得漂到該處。即遣
宮良・安里兩人。訪問土情。

02

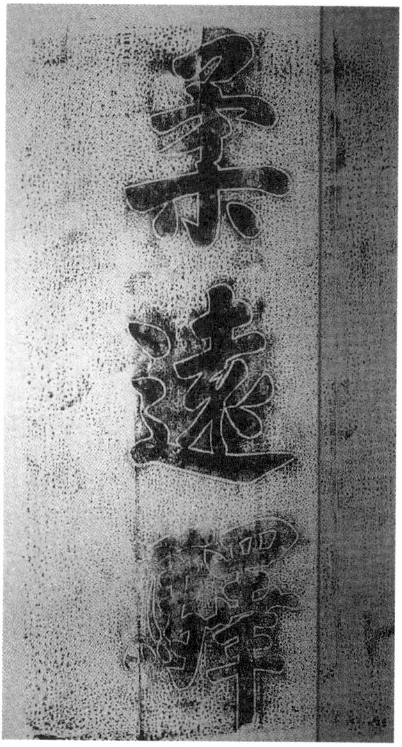

01

01 明清在福州設「琉球館」，專責琉球事務，並懸有「柔遠驛」牌扁。

02 琉球國正史《中山世譜》詳記「牡丹社事件」。（引自《琉球史料業書》四）

友旺家裏，始得保全。

且一人外隱山中，奈為生番所捕討。正在就死之秋，幸有土民楊阿和、楊阿二、宗國陞四人（應加上楊友旺才夠四人），聞得其由，立即前往，將番錢四十五員，布六端、牛一口發給生番，救拔伊十二人，還養楊友旺之家。日按三次，饒供飲食，更給茶葉、煙草、燈油等件。其無袴者，皆給袴子各一領。

既而將伊等送到鳳山縣衙門，均蒙老爺亦賜衣食等件，更給棉胎衣各一領，轉送台灣府安頓。均蒙老爺日按兩次饒賜飲食，並給裥衣袴各（人）一對。不但此也，發給銅錢，各百五十文，以抵下程。遣火輪船，送到福州。

……（尚有數宗海難，此處從略）……前項人數，本應搭駕接貢船隻得以回國，但因人數許多，不便附搭。即酌具其人名數目，稟明海防廳，即蒙如詳允准，得以回國。[5]

考文煜的〈奏稟〉和《中山世譜》的記述，雖有詳略、異同，但可以互補，重要是主線相同：全船人員六十九名，三人淹死，五十四人被殺，十二人生還。〈奏稟〉明確指出行兇者是「牡丹社生番」，而且遇害日期是十一月初八；《中山世譜》沒有明確日期和指明是「牡丹社生番」行兇，但從救助時贈以棉衣，可知是在冬季發生。從《世譜》的描述，可知是集體遭遇劫殺——先掠財物後殺害。〈奏稟〉根據生還的船主島袋所說，是在同治十年十月二十九日由那霸開航；《世譜》則謂：「其年之春，要赴宮古島」，也就是說：島袋的船前往中山府（沖繩本島）卸交貨物後，回程由那霸返宮古島時遇上颱風。《世譜》又舉出船上有兩名「貴客」，一位是住在沖繩本島的與那原村[6]；另一位是居於謝敷的筑登之親雲上[7]。而所乘之船名曰「馬艦船」，這是雍正年間由中國傳到宮古、八重山的造船方法，琉球照式製造，用以行走於外洋。[8]

〈奏稟〉和《中山世譜》都談到清政府救助撫恤琉球船民。清朝規定沿海地區要撫恤照顧好遇海難的船民；民間的救助供食，報官司後可取回賞錢。當時，因負責處理琉球的朝貢和貢船貿易事務都指定在福州，所以是次劫後餘生的琉球船民全部由台灣遣送至福州，再從福州搭便船返琉球。

二　清朝救助撫恤琉球海難船民的人道精神

清代的中琉航運交往，在牡丹社事件之前，是頗為頻繁的，但以當時的航海技術穿航於颱風頻生的大洋上，海難事故委實不少。中國第一歷史檔案館收藏的琉球史料中有關琉球遭風漂着中國沿岸的記錄，足有三百四十二件[9]。台北故宮博物院亦藏有有關史事的奏摺，如乾隆四十八年的〈為琉球國番人遭風到浙轉護來閩其隨帶貨物概免輸稅奏聞事〉；嘉慶十三年的〈為撫恤琉球國遭風難番山里親雲上等具奏事〉[10]。而琉球的《歷代寶案》抄錄的海難事故〈咨文〉，更是累牘連篇。

清朝歷代君皇為體現天朝的懷柔遠仁，所以對海難事故的難民都非常仁厚，而且形成了一套定例的救助程序。如乾隆五十三年（一七八八），琉球國的接貢船遇風觸礁毀爛，所攜「貨物銀兩俱被飄流」，適遇漁船救還。地方官員首先查驗生還人員及行李等物，照例撫恤，再護送至福州的館驛，按照乾隆十二年的案例，啟動專用公銀支付「口糧、蔬薪，並酌給布疋、棉花等物」。又由於貢船已破毀，再依成例發放一千兩給球使，讓他們趕緊購料造船回國。[11]

而琉球民間的船隻遭遇海難漂至中國沿岸，也同樣會獲得撫恤。如乾隆四十八年（一七八三），福建巡撫署理閩海關雅德奏：「竊照琉球國番人大城等遭風到浙，轉護來閩，經臣將飭司查明，安插館驛，照例撫恤……查該番大城等船內攜帶貨物，核該稅銀八兩三錢六分一厘。」琉球船民往往要求將所攜貨物在現地賣去，但按稅務條例，須繳納稅銀。清廷會跟隨貢船的待遇免去其稅款，但依然會明確寫出。當聞悉免其輸納，「該番大城等歡忻感戴，赴關（稅關）叩謝天恩。」[12]

琉球船隻遇海難漂流到台灣，幾乎是司空見慣之事。據《歷代寶案》所收，就有四五十件之多；「而漂流地點，北自淡水、宜蘭（當時稱噶瑪蘭），南至鳳山諸海岸，且每及於先住民（所稱生番）居住地區。偶有一、二遭害事件以外，均由地方官署救護撫恤，並轉送福建布政使司遣發回國，相安無事。」[13]

這裏就將「牡丹社事件」之前琉球海難船民遇上台灣「生番」的咨文引錄如下：

> 據該難夷知念供稱：同水手嘉守川、陶源二名，均係琉球國渡名喜島人，坐駕小船一隻，原共十人，並無牌照、軍器，因販豬隻往本國那霸府售賣，於道光十三年（一八三三）正月初五日駕船回籍。初九日遭風，折斷桅篷。二十三日，漂至不識名之洋面，船隻沖礁擊碎，水手佑吉一名當時淹斃，餘俱鳧水上岸，猝遇赤身散髮數十人，手執刀鏢，將水手嘉守傳、陶元、朱斂、陶原、仲春、大城六人殺死。該難夷知念等三人，逃走五日，始見中國人救護。四月十八日，送到噶瑪蘭（宜蘭）廳，經該廳驗明安頓，賞給衣糧；譯訊通詳，配給護送內渡。十二月初十日到省（福建），安插館驛等情，具詳請奏前來。臣等查噶瑪蘭通判仝卜年原報，匠役遇見難夷在南風澳山南之觸奇犂地方。該處係南疆極南界外，為生番出沒之區。該難夷嘉守傳等六名被害處所，果否番境？已飭台灣道、府，確查詳辦。[14]

上述這宗琉球人遇海難後漂流至台灣被當地土著殺害的事件，與「牡丹社事件」時序相距三十八年，事發地點是台灣北部的宜蘭地區，亦有別於「牡丹社事件」在南部發生，更有理由相信兩宗事件的

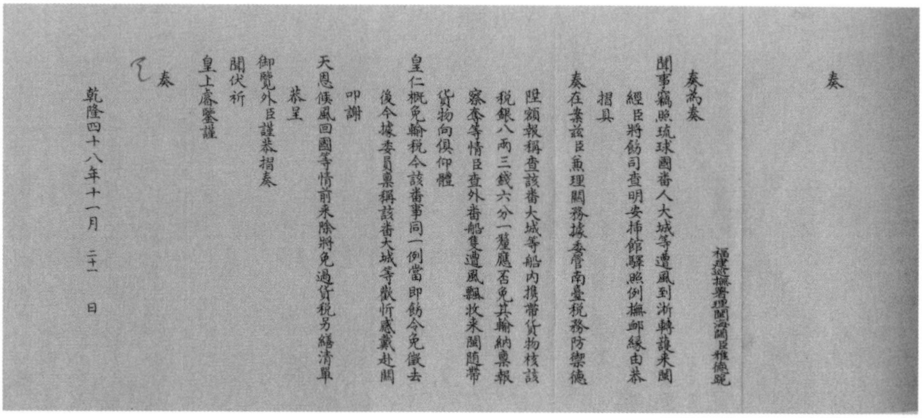
奏

福建巡撫署理閩海關臣雅德跪

奏為奏

聞事竊照琉球國番人大城等遭風到浙轉護來閩經臣將飭司查明安插館驛照例撫卹緣由恭

摺具

奏在案該臣兼理關務據委管南臺稅務防禦德陞額報稱查該番大城等船內攜帶貨物核該稅銀八兩三錢六分一釐應否免其輸納稟報察奪等情臣查外番船隻遭風飄收來閩隨帶貨物向俱仰體

皇仁概免輸稅今該番事同一例當即飭令免徵去後今據委員稟稱該番大城等歡忻感戴赴關

叩謝

天恩俟風回國等情前來除將免過貨稅另繕清單

恭呈

御覽外臣謹恭摺奏

聞伏祈

皇上睿鑒謹

奏

乾隆四十八年十一月二十一日

03

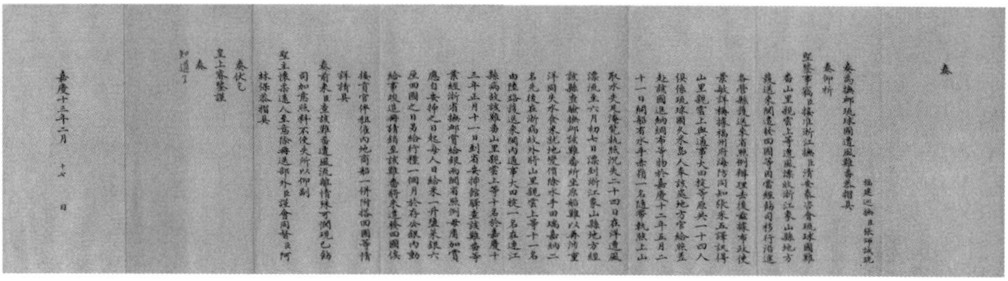

04

03 乾隆四十八年（一七八三），福建巡撫奏報對遭遇海難的琉球船民作出撫恤。（台北故宮博物院藏）

04 嘉慶十三年（一八〇八），福建巡撫奏報撫恤遭遇海難的琉球船民。（台北故宮博物院藏）

逞兇者並非來自同一「番社」。其後，知念等生還者與其他三宗海難的琉球民一起，共八十四人，於五月二日離驛登舟回國。

另一宗海難事故，也是登岸後遇上土著。事發於道光十六年（一八三六），琉球人奉姑米山島官員差遣往中山王府，在洋遭風，砍斷大桅，任風漂流。至十九日漂到不識地名洋面，扶板凫水上岸，登山尋人救護。「二十日，遇見生番十餘人，形容醜陋，散髮赤腳，衣服與中國異樣，言語不通，又不知路徑，系數等六人隨即驚散，不知去向。其餘難夷等十一人隨同生番在山中草屋住歇，見有刀弓等件，恐被殺害，內有具志堅等五人又行逃散。嘉手苅史地頭等六人至二月初一日，始從內山逃出，遇見社丁陳光斷，向其求救」，經陳光斷送至鳳山縣衙門，獲撫恤，賞給銀錢、衣食等。後再由台灣轉送至福建，至於先後驚散的系數、具志堅等十一人，則下落不明。嘉手苅史等六人最終獲送還琉球國。[15]

這宗海難事故，琉球船民雖未能明確指出在何處登岸，但從最初救助他們的陳光斷護送至鳳山縣來看，應是台灣的南部。雖然由陳光斷家走路四天才抵鳳山縣衙，但當年的鳳山縣，管轄地域廣至高雄縣、屏東縣枋寮以北、甚至鵝鑾鼻半島及台東[16]。結果雖然沒有被土著殺害，但有十一人逃逸而未能聯繫上，生死未卜。

當時，清廷對所有遇上海難的琉球國民，除安排住進館驛外，每人每天還給米一升、鹽菜銀六厘，較之他們在本國只能吃上蕃薯來說，還要溫飽得多。及至他們出發回國，清政府更另給行糧一個月[17]，船破又會發放一千兩資助造船歸國。其撫恤濟助之慨，以當年而言，東西諸國皆無與倫比，就算以今天的國際主義人道精神的標準來看，也是毫無愧色的！

而琉球國當然是由衷的感謝。咸豐十年（一八六〇），時為世子的尚泰，在覆謝的咨文中稱：「接貢船隻並難人嘉手川等船隻，均經具報於本年四月二十九日離驛登舟，荷蒙給咨，遣發回國……均蒙貴司仰體皇上柔遠至意，俯憫難民遭風苦情，轉詳督、撫兩院加意照料撫恤……不特該難民等共戴再造鴻恩，即舉國亦感激無既！」[18]

三　日本施計廢尚泰王為藩

再回說日本推行明治維新，明治四年（一八七一）七月，向全國頒令「廢藩置縣」。出身於薩摩的大久保利通和西鄉隆盛，同在朝廷居要職，他們在推行政府新政的同時，又收到來自家鄉的信息，就是薩摩藩有別於其他地方藩，還另外管控着一個異國——琉球，其權益不能丟失，所以薩摩的藩士對新政頗有微詞。大久保和西鄉商量後，急派吉井友實和西鄉從道回薩藩，傳示「廢藩置縣」必行，但以琉球的權益不變來安撫眾人的情緒。十一月，朝廷欽選了薩藩出身的大山綱良為鹿兒島縣參事，主持該縣事務。

其時，琉球國已風聞日本「廢藩置縣」之事，明治的新政會帶來甚麼影響？尚泰王和三司官等不無擔憂。他們明白「北風凜烈」難以抗衡，但仍然擬出五項對應的洽談條款，主要的內容有：希望盡量保持與薩藩這樣的現狀；倘若朝廷一定要直接掌管琉球，一切事務仍盼透過薩藩來處理（這裏包括薩摩藩過去隱瞞了很多稅收，為免薩藩尷尬，故此在賦稅等內務上，也交由琉球與薩藩內議）；如果朝廷要直接管轄北五島（慶長之役後割讓的與論、沖永良部等五島），便明言該五島本是琉球國，盼能歸還。[19]

妄想日本歸還五島，當然是天方夜譚。而大山綱良於翌年（一八七二）一月，即派奈良原幸五郎和伊地知壯之丞等人前往琉球，向主持政務的三司官傳達日本正在改革，集權中央，廢各藩為縣，將薩摩藩改為鹿兒島縣，而薩藩原有的權益全部過渡給鹿兒島縣，所以琉球國便歸由鹿兒島縣管控。

如上文所述，文煜的〈奏稟〉在同治十一年（一八七二）四月初五日（西曆五月十一日）在《京報》

刊出。其時，日本外務省少辦務使柳原前光正為《中日條約》締結事駐留天津，他於四月十三日將文煜的〈奏稾〉向外務省報告[20]。幾乎同一時間，正在琉球的鹿兒島縣官吏伊地知在那霸看到「牡丹社事件」，生還者從福州回來，忙急報縣政府[21]。日本得此消息如獲至寶，因為藉此可以處理琉球的歸屬問題。他們一面發動各大臣官員稟議處理琉球的策略；一面由大山綱良先後於六月和七月，分別派出福崎季連和右松祐永等人前往琉球，並齎函致尚泰王，催促他早日派王子作使，詣東京朝賀新政。該函為漢文，幸得尚泰王的文書侍從喜舍場朝賢（又與朝賀使同行）抄存下來，茲摘錄如下：

> 鹿兒島縣參事大山綱良謹致書於琉球國中山王座下：琉球自先王以來，世服屬於我，嚮當德川氏之宰天下，先王每遣王子從藩侯如江戶，朝見於幕府……德川氏謀不道，自取禍敗，於是王室始中興，天子躬總攬乾綱……更察時變，懲積弊，遂廢藩置縣，四海同軌，政令畫一，國勢駸駸日進……琉球在幕府僭竊之時，猶且行朝見，而況當王室中興之時，闕焉不修朝賀之禮，甚非所宜，在我亦無辭於朝廷……今特命權典事右松祐永權、大屬今藤宏為使，賫（齎？）書以往，布以腹心。然是非專出於綱良私意，其實有所受朝旨。義不容暫緩，王亦焉能得晏然而安平哉？書至之日，其丞命王子與兩使俱共來……故今王子之來，亦宜悉改前規，扈從重臣，限以三、四名，其他從者，止足給事，凡百事簡之又簡，不至耗財用……王子到此，即當命有司護送至東京，往回俱如此。願王察綱良之誠，速發遣王子，遲疑以自貽悔勿焉。
>
> 壬申秋七月三日
>
> 鹿兒島縣參事大山綱良再拜
>
> 琉球國中山王座下[22]

此信函可堪注意者：一、是書應該是由朝廷旨令大山綱良發的；二、上款仍尊稱「琉球國中山王」；三、過去由薩藩引領至江戶，朝見的是德川大將軍，這次覲見的是天皇，是前所未有的；四、沒有用上明治年號，僅用一般的干支。而這一年，已是明治五年（一八七二），朝賀登位、遷都、新政等名目不少，應該更早敕令，何以拖延了五年，才催促朝賀，其中必定有戲！

尚泰王接書後，當然會與三司官等商議，但上下皆認為早前的傳達：廢藩置縣只是將薩藩改為鹿兒島縣，一切仍舊，所以不作猜疑，馬上委派王叔伊江王子（唐名尚健）為正使，法司宜野灣親方（唐名向有恆）為副使，喜屋武親雲（唐名向維新）為贊議官，配以從僕共三十餘人，揀選了一些朝貢品，便匆匆登上薩使右松等的汽船「豐瑞丸」，同往鹿兒島縣。尚泰王並有覆函致大山參事，摘要如下：「……今貴參事特遣正副兩員，齎捧簡書，惠示遣使朝覲之意。此恩此德，曷勝愧感。特遣伊江王子尚健、宜野灣親方向有恆等，虔捧國翰，備菲物，進呈黼座，恭行慶賀之禮。[23]」下款以「琉球國中山王尚泰」自稱。

是年九月，琉球的朝賀使在鹿兒島縣的右松、今藤等人的護送下抵達東京。在如何接待琉球賀使方面，也令明治朝廷大費思量。如大藏省的意見：不能以接待西洋各國使節之禮待之，但又不能按地方官上朝或晉見太政官之禮來對待。最後商定由外務省以屬國之禮來接待，而不是以對等國之禮來待之[24]。為何會有這麼多想法？原因是琉球並非日本的一部分，是一個獨立的國家，只不過是日本有不可示人的野心，而此刻又不敢明目張膽的吞下琉球，所以才有很多顧慮——是外事還是內務？一時間舉棋不定。及至決定以屬國之禮來接待，那屬國之禮又當如何？最後，竟出奇地採取高規格的形式來接待。首先讓使團住進前華族毛利氏的邸宅，然後每日享用盛膳美食，更遊覽各地勝景，參觀仿效西方的新事物。如此殷勤的招待，目的是要琉使感受到日本的友善、天皇的優渥懷遠。

明治五年（一八七二）九月十四日，伊江王子率同副使宜野灣親方等覲見明治天皇，這也是自古以來，琉球國使節首次拜謁日本天皇，其賀表錄如下：

恭維皇上登極以來，乾綱始張，庶政一新，黎庶沐皇恩，歡欣鼓舞。尚泰伏處南陬，喜聞盛事，懽忻不已。今謹遣正使尚健、副使向有恆、贊議向維新，修禮朝賀，並貢方物，伏奏以聞。

琉球國王尚泰謹奏

壬申七月十九日[25]

審視此表文，可知下款仍用「琉球國王」，年號依舊用干支，「七月十九日」是尚泰王在琉使出發前所書。但據安岡昭男教授的研究，琉球王尚泰的表文，經鹿兒島縣使右松祐永檢視後，作了改動，才呈上明治天皇。其改動有：將「琉球國王（原文作琉球國中山王）尚泰」，改為「琉球尚泰」；又把「壬申七月十九日」改為「明治五年七月十九日」[26]，其用意不問而知。我們細味表文的用詞，可見未如向明、清皇帝進貢般的恭順懇切，這也是真情之所在。

不過，密謀已久的日本，志在琉使齎表來朝，然後不管琉球王有否要求請封，就利用答賀表之機，頒令敕詔，單方面將琉球王封為日本的藩王。其敕詔云：

朕膺上天景命，克紹萬世一系之帝祚，奄有四海，君臨八方。今琉球近在南服，氣類相同，文言無殊，世世為薩摩之附庸。而爾尚泰，能致勤誠，宜與顯爵，陞為琉球藩王，敘列華族。咨爾尚泰，其任藩屏之重，立於眾庶之上，切體朕意，永輔皇室。欽哉。明治五年壬申九月十四日。[27]

中國自洪武五年遣使琉球招撫之後，歷次冊封程序都是先請封，並附官員具結，才派天使到首里冊

06

05

05 日本明治天皇在群臣扶助下，遷都東京，推行維新。

06 琉球應日本之邀，派慶賀使至東京。前排中坐者為正使伊江王子（尚健）；左一為副使宜野灣親方（向有恆）；右一為贊議官喜屋武親雲上（向維新）。

封。如今琉球並無請封，明治天皇卻降旨封為「琉球藩王」，也不再顧及前一年剛頒佈了「廢藩置縣」的法令，今廢舊又立新，政令前後矛盾，太政官和左院、右院也曾反覆議論。最後，為了吞併琉球，政制食言也在所不顧了！而且經過這樣降「琉球國中山王」為「琉球藩」，就是要取代薩藩和鹿兒島縣將琉球收歸中央管轄。如九月二十八日，即頒令：「早年，（琉球）藩與各國訂立的條約和今後對外交往的事務，概由外務省管轄。」[28]

四 日本着手「琉球處分」

「琉球處分」是日本的一項擴張行動，標誌着日本逐步吞滅弱小的琉球國。

「處分」，在中文詞義上，雖然有「處理、處置；決定；吩咐和處罰、懲罰等」多義，但不約而同都隱含着一種由上而下的指令，而今天的現代漢語，「處分」一詞已從多義聚焦解釋為「處罰、懲罰」之意。

何以要在這裏費筆墨作詞解？原因是胡連成在翻譯「琉球處分」一詞時，參考了有譯作「處理琉球」和「對琉球的處理」的譯法。如何下筆？曾煞費思量，最後，他與作者安岡昭男商量，決定照搬日文「琉球處分」過來，以表達此詞的特殊含義。[29]

其特殊含義又是甚麼呢？翻查日本的辭書，權威的《廣辭苑》的解釋有：一、按照基準來處理事情，包括（一）事物最終的處理；（二）財產的分配；（三）處罰。二、是法律用詞，包括有行政處分、處分命令、強制處分、保護處分等。《廣漢和大辭典》的解釋亦相近：一、事物的處理，又或處理的方法；二、按清朝的制度，官吏違反了法令，給與處罰，稱為處分；三、轉讓財產，又或遺產的分配；

四、將不必要或多餘的物品進行處理，其方式是賣出、棄掉和寄贈等。

日本方面是希望將吞併琉球說成是「琉球處分」，又將「處分」一詞模糊化，以掩飾他們對外擴張的野心。其實，怎樣拿修辭學來解釋也好，「處分」就是由上向下、或由強對弱的一種施行，而作為一個獨立王國的琉球[30]，為甚麼要遭受他國的「處分」呢？這就是日本霸權主義的橫行！

「琉球處分」這個用詞和事件，在日本學術界也是一個熱門的話題，熱議超過一百年，據栗野慎一郎的研究指出，如果根據政府的文案來說，「琉球處分」的正確寫法應該是「琉球藩處分」；在還沒有設立「琉球藩」以前，則寫成「琉球國之處置」[31]。可見還是琉球國的時候，可以用較寬鬆的「處置」一詞，及至貶王為藩，納入日本的藩屬，就轉用嚴厲的詞語——「處分」。

跟着談「琉球處分」是如何開始的。

我們可以相信柳原前光從天津寄回載錄文煜〈奏稟〉的《京報》後，明治的大夫們便馬上把目光投向琉球國。果然很快就有大藏大輔井上馨在五月三十日向正院呈遞了建議書[32]。其大意謂：「據聞琉球以前奉支那為正朔，接受支那之冊封。對其攜貳之罪，我國並未匡正。上下蒙蔽，模棱兩可，數百年之間，無人過問，殊屬不當。」又云：「百度維新之今日，不可棄之不顧」，應該「將彼之首長招於宮闕之下，責其不臣之罪」，接着就是「迅速將其版籍收回，宣佈歸我管轄」，最終達至「內地一軌之制度。」[33]

雖然建議書內無「琉球處分」之詞，但已被視為「琉球處分」的起點。

所謂「攜貳之罪」（指同時向中國請封奉正朔又臣服於德川的薩藩），是薩摩藩強迫所致；「上下蒙蔽，模棱兩可」，也是薩藩的主意。其顛倒是非已不值一駁，其後的發展也確是根據井上馨的建議書來安排，最終「宣佈歸我管轄」矣。

是年八月，山縣有朋陸軍大輔亦就井上的建議提出了他的意見。安岡昭男教授將山縣的意見歸納為：

一、觀點

1. 琉球問題機不可失，要盡快解決之；

2. 將對日清關係產生影響；

3. 事關國際公法之條款。

二、策略

4. 與清國舉行談判，闡明日本主張，取得清國瞭解；

5. 付諸眾議，反覆討論，充分研究；實施時力求穩妥。[34]

另一方面，在鹿兒島縣的大山綱良參事於明治五年（一八七二）派往琉球的伊地知，在六月看到「牡丹社事件」的生還者由福州被送回到那霸。他於七月十四日將此事報告給大山。曾在倒幕中參戰的大山綱良，於七月底修表交伊地知上京，請求派兵艦往台灣，他親自率軍出征，揚言要興師問罪。大山綱良的征台建議，也就成為明治年間征台論的嚆矢。[35]

我們再將一八七二年夏季所發生的事情和論議，稍作整理如下：

五月三十日　　井上馨首開「琉球處分」之議。

七月三日　　大山綱良致函琉球王尚泰，勸其早日上京朝賀。

七月二十八日　　大山綱良上表，首提征台論。

八月　　山縣有朋作出「琉球處分」的建議，認為要盡快解決，日清關係將受影響。

九月十四日　琉球伊江王子與副使等覲見明治天皇。
明治天皇即頒令「升」尚泰為琉球藩王。

日本深明「琉球處分」的最大阻力不是琉球國，而是清朝。如何「處分」？第一步棋已走出——貶琉球王尚泰為琉球藩王，並納入日本的管轄。既然琉球藩已歸屬日本，琉球船民在台灣遇害，不管遇害的時間是在去年的十月，即封尚泰為琉球藩王的前一年，也可以根據大山綱良的征台論來追究，為保護琉球民眾，向台灣番社興師問罪。

於是，繼大山上表之後，朝野紛紛議論起來，認為征台既可試探清朝的虛實，以作征韓的參考，同時又可以顯示日本是琉球的宗主國，且看清朝作何反應。

五　小結

清帝國曾有百多年的康乾之盛，其時以天朝自居，可謂畏威懷德數十國，紛紛慕華來貢，清帝薄來厚往，懷柔遠方。隔洋島國梯山航海，常遇海難，或漂流至中國沿海各省市，倘能獲救皆受撫恤施仁，並非僅限琉球國。對遭逢海難的船民，朝廷已有撫恤定例：入住館驛，贈衣施食，如是貢船已毀或覆沒，即賚千兩銀以便訂造新船早日回國；離驛登舟之日，又給與一月行糧，備途上之用。如此優渥厚待，朝貢國皆感恩稱謝。琉球國每年都有一宗以上遇海難船民漂至中國的事故，堪稱事故頻發的國家，甚至有懷疑是故意造成一些事故，以博取清廷的柔遠仁政，准予貿易並得到撫恤厚待。因此琉球對中國時懷覆載之恩。至於有遇難船民漂流到台灣慘遭山地土著殺害，是屬不幸，亦僅為偶發事件，況事後中國均能將生還者安頓好並送還那霸，而琉球國亦深明一切，對清廷從無怨懟。而據清廷官員的奏報，亦有飭令台灣道、府、縣的官員查辦番社。這裏只能批評地方官員查辦不力，怠忽職守。但最終當事的琉球國，因蒙受中國的恩典太多，所以也沒有向中國追究，甚或聲討。

偏偏並非當事國的日本，卻越俎代庖策劃出兵台灣，說是「保民」復仇。其實日本哪會真心為琉球討回公道，主要是藉題發揮，測試清朝的虛實和取態，以作吞滅琉球的第一步棋。這第一步棋，就是要顯示日本才是琉球的真正宗主國，跟着下來處分琉球，就是他們的內事了！

所謂處分琉球，就是要琉球亡國，所以「處分琉球」，毋如說是「處死琉球」。

註釋

1 參見黃天著〈日本來唐留學生井真成墓誌的發現和銘文的解讀與研究〉，收錄於《九州學林》四卷一期，香港城市大學中國文化中心與復旦大學出版社，二〇〇六年春，頁一五九。

2 當時對一些落後地區的土著的蔑稱。

3 參見台灣銀行經濟研究室編《清季申報台灣紀事輯錄》，台灣省文獻委員會出版，一九九四年，頁七至八。又《甲戌公牘鈔存》，台灣銀行出版，一九五九年，頁一至二的〈福州將軍兼署閩浙總督文煜、福建巡撫王凱泰奏〉亦有相若的記載。

4 參見愛德華．豪士原著，陳政三譯著《征台記事：牡丹社事件始末》，台北台灣書房，二〇一一年，頁一五三、一五四。

5 參見橫山重編纂《琉球史料叢書》第四卷《中山世譜》，東京美術，一九七二年，卷十三，頁二八三至二八五。

6 參見橫山重編纂《琉球史料叢書》第三卷《琉球國舊記．附卷》，東京美術，一九七二年，頁二六〇有「大里郡，領邑二十三座」，其中有「與那原邑」。琉球人常會用食邑來作姓，如「與那原良傑」。

7 同註6引書，頁二六四，有「國頭郡，領邑十七座」，其中有「謝敷邑」；又《沖繩大百科事典》解釋「謝敷」就是國頭村（中卷頁三五七）。「筑登之親雲上」乃官爵名，相當於從七品（中卷頁七五一）。

8 參見系數兼治著〈梅公氏等漂流一件注記〉，收錄於沖繩縣立圖書館史料編集室編《歷代寶案研究》第二號，沖繩縣立圖書館出版，一九九一年，頁八七至八八。

9 參見名嘉正八郎、山田義時、孫薇合著〈關於中國第一歷史檔案館的琉球史料〉，收入在前引《歷代寶案研究》創刊號，一九九〇年，頁一三六。

10 參見陳龍貴，周維強編《順風相送——院藏清代海洋史料特展》，台灣國立故宮博物院，二〇一三年，頁一六四至一六五所收的奏摺原件。

11 同註10引書，頁一五二〈為琉球國貢使自京回國接貢船隻遭風照例撫恤奏聞事〉。

12 同註10引書，頁一六四〈為琉球國番人遭風到浙轉護來閩其隨帶貨物概免輸稅奏聞事〉。

13 參見吳幅員編《琉球歷代寶案選錄》，台灣開明書店，一九七五年，頁一〇〈弁言〉。

14 同註13引書，頁三五七至三五八，又《清代中琉關係檔案選編》亦有收程祖洛奏摺，內容文句基本相同。

15 同註13引書《琉球歷代寶案選錄》，頁三六五至三六六，〈禮部咨：抄知閩浙總督等具奏撫恤琉球國遭風漂至台灣深入生番內山、難夷嘉手苅史地頭等摺〉。

16 參見遠流台灣館編著《台灣史小事典》，台灣遠流出版，二〇〇〇年，頁三五。

17 同註10引書《順風相送——院藏清代海洋史料特展》，頁一六五。

18 同註13引書《琉球歷代寶案選錄》，頁四〇七。

19 參見那霸市史編集室編《那霸市史・通史篇》第二卷，那霸市役所出版，一九七四年，頁七七，引東恩納寬惇著《尚泰侯實錄》。由於東恩納寬惇著書時，日本已吞滅琉球，故行文上已使用「琉球從來就是薩摩的附庸」等語。

20 參見時野谷勝著〈明治初年の外交〉，收錄於《日本歷史》一五，東京岩波書店，一九六二年，頁二三二，又安岡昭男著，胡連成譯《明治前期日中關係史研究》，福建人民出版社，二〇〇七年，頁七一。

21 參見安岡昭男著，胡連成譯《明治前期日中關係史研究》，福建人民出版社，二〇〇七年，頁七二。

22 參見喜舍場朝賢著《琉球見聞錄》，東汀遺著刊行會出版（非賣品），一九五二年再版，頁一至二。此書初版於一九一四年，印數不多，後經二次大戰，幾盡付兵燹。為此，著者後人醵資，於一九五二年在東京重刊，然僅貽親友故交不作售賣，似有不便隱情，故亦為珍刊。筆者於是書面世（再版）六十一年後得之，亦可喜也！因識於此。

23 同註22引書，頁三。

24 參見安岡昭男著，胡連成譯《明治前期日中關係史研究》，福建人民出版社，二〇〇七年，頁三〇至三一。

25 同註22引書，頁四。原文為舊體日文，筆者據意譯之。

26 同註24引書，頁五八引東恩納寬惇編《尚泰侯實錄》，頁一九八至一九九。

27 同註22引書，頁六，並參考楊仲揆著《琉球古今談》頁七五之譯文。

28 同註22引書，頁九，筆者譯。

29 同註24引書，頁二四三至二四四的〈譯後記〉。

30 十九世紀初，英國船長張伯倫（Basil Hall Chamberlain）曾著書《高麗・琉球航行記》（*Account of a Voyage of Discovery to the West Coast of Corea and the Great Loo-Choo Island*），「談及琉球所見，使拿破崙大為驚異，其驚訝尤甚，幾至不敢相信者，為琉球全國無武力，人民不知世上有戰爭。社會以禮而治，各階層各守其分，無盜竊，安靜寧謐。」參見楊仲揆著《琉球古今談》，頁一一四所引。

31 參見栗野慎一郎著〈「琉球處分」の歷史——言說史からのアクセス〉，收入在福建師範大學中琉關係研究所編《第九屆中琉歷史關係國際學術會議論文集》，北京海洋出版社，二〇〇五年，頁二七九。

32 此建議書是在一八七二年五月三十日呈遞。正院是明治初年最高的政府機構，由太政大臣，左、右大臣和參議組成，其下設左院和右院。

33 同註24引書，頁二八至二九。

34 同註24引書，頁六四。

35 同註24引書，頁七二。

第五章

藉詞保護琉球民 日本出兵侵台灣

上文提到琉球船民遇海難漂流至台灣而遭牡丹社等土著殺害，釀成一八七一年的「牡丹社事件」，而由此使得日本有可乘之機，於一八七四年五月出兵台灣，為吞滅琉球走出第二步棋。

過去，有不少歷史學家將「牡丹社事件」和「出兵台灣」合稱為「牡丹社事件」，也有日本學者稱之為「征台之役」，又或說成是「台灣事件」、「台灣出兵」、「台灣事變」[1]；更有稱作「番社事件」。在中國史學界似未有定名，有籠統的名之為「琉球事件」，近年，台灣新一代的學者較集中使用「台灣出兵」或「台灣事件」來稱之。[2]

筆者認為兩宗事件雖有關連，但中間沉靜下來有三年多，所以兩事件可以獨立為名，不必跟隨日本史學界用一名來涵蓋兩個事件。何況「牡丹社事件」本來就是一件獨立的事件，只是日本挑起事端，強行出兵台灣。因此，筆者建議將兩件史事分別名為：「牡丹社事件」和「日本出兵台灣」，特別要強調是「日本」，而這次出兵，僅和番社展開小規模的戰爭，並沒有和清朝軍隊開戰，所以還是用「出兵」這個詞。不跟隨日本將兩件史事合稱為一，還可以避去日本出兵為順理成章之說。

一　美國人李仙得深入台灣山地調查

日本自明治初興，即遣使至朝鮮，希望建交通商，然而朝鮮因為歷史上曾多次遭日本侵犯而留下陰影，所以冷淡處之。其實，日本對朝鮮一直懷有野心，西鄉隆盛、坂垣退助、後藤象二郎、江藤新平和副島重臣等人以李氏朝鮮態度傲慢為由，便提出征韓的論調。恰在此時（一八七三年九月），外遊考察年餘的岩倉具視和大久保利通、本戶孝允等陸續回國，反提出內治先行。一時間，以西鄉為首的留守派和以大久保利通為代表的外遊派，展開了「征韓論」和「內治論」的交鋒。經過激烈的角力，「征韓論」

不被接納，大久保利通等人獲勝執掌朝政，但已經元氣大傷。其時，因為廢藩置縣的推行，大批下級武士失去庇護，抱怨日深，社會矛盾激化，加上倒幕功臣西鄉隆盛失意返回鹿兒島，在當地招兵買馬，帶來隱患。為了緩和社會矛盾，轉移國人的視線，大久保利通由不贊成「征韓」轉而同意「征台」。在此之前，征台之風早已從陰暗角落吹起。首先支持征台的有：鹿兒島縣參事大山綱良和薩摩藩出身的武士，還有不能不多費一些筆墨來介紹，美國人李仙得正是他起到推波助瀾的作用。

李仙得（Charles W. Le Gendre，一八三〇至一八九九年），生於法國，早歲在蘭斯皇家學院學過軍事教育，後畢業於巴黎大學。一八五四年與紐約知名律師的女兒結婚，並移居美國，成為美國公民。一八六一年，美國爆發南北戰爭，李仙得從軍，被任命為步兵團少校。他作戰英勇，曾在北卡羅萊納州的戰役中受重傷，其後累升為上校。一八六四年五月，他在格蘭特（Grant）將軍領導的第二次弗吉尼亞州戰役中傷及左眼和鼻樑，致後來左眼裝上玻璃球義眼，故有獨眼將軍之稱。同年十月，李仙得光榮退役。[3]

一八六六年七月，李仙得獲派至中國，出任駐中國廈門領事，其職務管轄廈門、雞籠（基隆）、台灣府（台南）、淡水和打狗（高雄）五個港口。李仙得在華使用的漢名有：李仙德、李真得、李善得查厘和李讓禮。在他任內，發生了美國商帆羅發號遇海難被台灣山地土著殺害的事件。

羅發號事件的發生，比牡丹社事件還要早約四年。一八六七年三月十二日，美國三桅帆船羅發號（Rover）從汕頭啟航北上，在台灣南端外海的七星岩（長約一海里，或露出或隱沒的岩簇）觸礁[4]。船長杭特（Hunt）被迫棄船，他們分乘兩隻小艇逃生。船長與夫人及大副並三個中國人一組向北划行，在黑暗中與另一小艇失散。當他們高興地看到沙岸，即馬上登上名為龜仔角（亦有寫作「用」）鼻山腳下的小海灣，還來不及辨清方位，便遭到龜仔角社土著圍剿。他們誤以為船長夫人是男子漢、眾人的首領，便搶先把她刺死，杭特船長和兩名白人同伴趕上前去掩護，同遭殺害。同行的中國船員亦遭同一命運，僅有一人在混亂中逃脫，經過六天的攀山跋涉，再轉乘舢板，好不容易才抵達打狗（高雄）。[5]

其時，由伯洛德艦長（Captain Broad）指揮的英國皇家海軍輪船科摩輪號正在此灣泊。伯洛德獲悉「羅發號事件」，即啟航馳援。他們首先在琅嶠下錨，希望能救回或贖回幸存者。三月二十六日上午，伯洛德和馬西雅斯上尉率眾分乘小艇，划向羅發號船長登陸的沙灘，眾人甫踏足沙岸，叢林中即傳來槍響，跟着是箭矢橫飛。伯洛德知道敵暗我明的危險，急忙下令回艇撤退。此時，子彈、箭鏃更如雨下，幸好都在他們身邊擦過。他們雖然有點狼狽，總算逃回科摩輪號。伯洛德艦長老羞成怒，憤而下令向叢林發炮，轟轟幾聲，藏身在叢林的土著即四散奔逃，轉藏到後山去。[6]

派駐廈門的領事李仙得，以其管理的地區發生「羅發號事件」為由，馬上趕赴台灣向台灣道交涉。同時，李仙得花了十天，勘查琅嶠灣（有寫作「瑯嶠」或「琅璚」）和南灣一帶地勢，認為如果沒有得到當地的漢人和混血土生的協助，是很難深入山區征服那些隱蔽的土著的。

但美國的亞洲艦隊少將司令柏爾，恃着擁有先進的武器，一意孤行揮軍進攻。他們在龜仔角鼻山登陸，在深入到山谷叢林中迷了路，官兵又出現中暑情況。結果一經與土著交戰，即告敗陣，還損失了一名年輕的軍官。[7]

李仙得認為發生像羅發號這樣的事件，原因在於清朝沒有將該區及山地土著管治好，所以要台灣府派兵和他南下跟山地土著談判，並希望清政府長期駐軍和設立治所，避免因海難事故漂流而至的船民遭受土著殺戮的事情再發生。一八六七年九月十日，鎮台總兵劉明燈率五百清兵和李仙得一同由台灣府出發，沿途經過埤頭、東港、枋寮、加祿堂、莿桐腳、楓港、車城、琅嶠灣等，深入到南台灣。漫長的軍旅生活並不好過，李仙得幸好得到有「台灣通」之稱的英國人必麒麟（William A. Pickering）和洪恩（James Horn）的協助，既領回杭特船長夫人的遺骸和一些遺物，又同土著十八社總頭領卓杞篤（Tanketok）進行了談判。

01

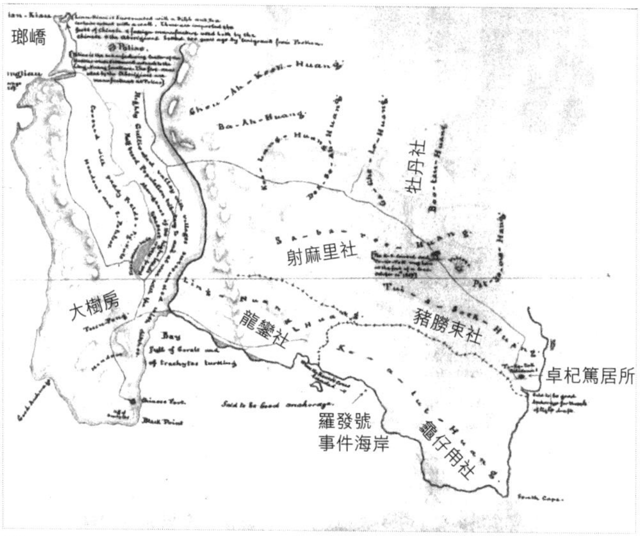

02

01 美國領事李仙得自 1867 年開始多次到台灣考察，深入各番社，後來著成 ***Notes of Travel in Formosa***。此圖是在射麻里留影，打領帶者為李仙得。

02 羅發號事發地點。（參考自《南台灣踏查手記》引 ***Notes of Travel in Formosa***）

當李仙得詢問為何殺了他們的同胞時，卓杞篤即答：很久以前，龜仔角社差一點就遭白人滅族，所以他們的後人就要報仇。李跟着說：這豈非錯殺很多無辜的人嗎？卓即表示：「我是知道，我也反對這樣做！」最後，他們訂立了口頭協議，只要山地土著不再殺害不幸的船難者，並照顧他們，將他們轉交給琅嶠的漢人，則可以既往不究。[8]

兩年後的一八六九年二月，李仙得再訪射麻里社，更以英文來訂立了協議。其內容主要有：

一、卓杞篤統領下的十八部落，應友善對待船難者。船難者應盡可能在靠岸前升起紅旗（以示友善）。

二、壓艙物與飲用水的補給，須先派遣一名船員到岸上揚起紅旗，俟類似紅旗也在岸上揚起，始能登岸，而且只能在指定地點為之。

三、在上述情況以外擅自上岸者，後果自負。

協議的下款既有美國領事李仙得的簽名，更有南台灣海關稅務司滿三德作證；必麒麟更是證人兼翻譯。[9]

其實，由始至終，李仙得都認為清政府有責任把台灣東南部的山地土著管治好。他搬出《萬國公法》來，毫不留情的說：

依據公法，半開化的政府有權佔領，並持有近鄰野蠻土人的土地；無須顧慮野蠻土人或是其他人的反對。這就如同美國政府佔據印地安人土地；或者英國政府佔領澳洲與紐西蘭土人地權一般，讓土人享受文明的好處，從而剝奪他們對於主權的主張。……中國政府得以運用的權利之一，就是可以全力制止土人不得任意對外開戰，或是襲擊任何文明國家的人民與財物。如果他們犯了這些罪行，中國政府就有責任懲罰他們，並要求賠償受害者。如果中國不能恪盡此項責任，那麼，這些蠻荒地域在實際上就屬於未曾佔有地塊……因此，只要土人還未開化，清朝皇帝對台灣土人地域的主權，就像前面所說的，就不是絕對的，而只是有條件的……一旦他疏於執行這些責任，他就喪失其權利；此時，文明國家就可以合法佔有這些蠻荒無主地域。10

李仙得這番「文明論」，正是西方殖民主義者的「合法佔有」思想根源。他們漠視原住民的權益，不尊重主權國的管治權。套用他們的理論，因海難再遭土著殺害，就可以派軍隊征戰，佔領別人的土地，這是文明還是野蠻呢？原住民守護自己的土地，可以說是與生俱來的本能。他們殺害遇海難的漂流者，不容於文明社會，但使用以暴易暴的辦法去解決，就能算是文明嗎？

李仙得繞過清政府，私下和十八部落之首卓杞篤簽訂協議，結果並未奏效。因後來他知道卓杞篤也不是完全可以控制十八部落，有一些社族的土著並非事事聽從卓杞篤，所以便有後來的牡丹社事件發生。對此，李仙得是感到懊惱的。以他軍人的性格，內心仍然想着征戰這回事。而他剛烈的脾性，與他的上司——美國駐北京公使鏤斐迪（Frederick F. Low）常有摩擦。其時，李仙得的老上司格蘭特正好當選為總統，特意提拔李仙得出任駐阿根廷公使。一八七二年十月，李仙得離開廈門。回顧他六年的領事工作，曾五訪南台，與山地土著社族展開多輪談判，趁機蒐集了大量山地土著的資料，並繪製出精準的台灣地圖，這無疑是非常有用的軍事情報。

二　李仙得的「明月彎」對華戰略

當李仙得解任離開中國，乘船經日本返美在橫濱靠岸暫歇，竟由此改動了李仙得的人生。其時，美國駐日公使德朗（Delong）前來接待，並介紹他與日本外務卿副島種臣會面。此際，日本正謀求藉「牡丹社事件」出兵台灣，以為吞併琉球鋪路。當他們獲知李仙得熟悉台南山地土著分佈的情況，並繪製了精準的台灣地圖，不禁大喜，便極力拉攏李仙得。當時，李仙得仍有待國會批准對他的任命，才能真正坐上駐阿根廷公使之位。今見日本高層如此賞識自己的才華，而他亦有意慫恿日本攻打台灣，雙方很快混成沆瀣一氣。最終李仙得決定在「橫濱跳船」，不回美國，並於十二月十二日向美國政府遞交辭呈，實行轉投日本政府，受聘為相當於外務大輔的二等外交官，變身為副島外務卿的外交顧問，也是征台計劃的指導者。[11]後來，李仙得因協助日本有功，在一八七四年七月，獲日本頒授「二等朝日勳章」，成為首位獲此殊榮的外國人。他的美國妻子因不適應東方的生活，早於一八七〇年已返回美國，最終與李仙得離婚收場。這麼一來，卻造就李仙得躋身成日本女婿的行列，他經副島種臣和大隈重信作媒，娶了松平藩池田家的女兒。晚年，他在日本控制下的朝鮮政府當顧問。一八九九年九月一日，李仙得病死於漢城（今首爾），終年六十九歲。[12]

李仙得有不少著作，如《台灣番事物產與商務》（*Reports on Amoy and the island of Formosa*）及《台灣番地所屬論》（*Is Aboriginal Formosa a Part to the Chinese Empire?*）等[13]，都成為日本軍政界對台「教科書」。更重要的是在一八七二年底至一八七三年初，李仙得向日本提交了六份〈備忘錄〉（日本稱為〈覺書〉），絕大部分都是為針對中國而制定的策略，對往後日本對華的政策起着重要的參考作用。尤其是第四號的〈覺書〉，提到了「東亞明月彎」這個概念，指出如果日本能夠將日、韓、琉、台連起來，正好呈現「彎月形」；將這「彎月形」地區加以控制，便可以確立日本在東亞的事務與地位。[14]

想不到李仙得給日本的〈覺書〉，在一百四十年後的今天，日本仍然視為懷中的「錦囊」；今天美國在東亞的對華戰略，與李仙得的第四號〈備忘錄〉，又正好不謀而合，是耶非耶？是中、是日、是韓、是美，皆可從本國的角度來作思考。

三　日試探清朝對番社態度並踏查台灣

繼大山綱良上表自薦要親征台灣之後，陸軍少佐樺山資紀（薩摩鹿兒島人，台灣日治時期的第一任總督）於一八七二年八月三十日上京，向同鄉上司陸軍元帥西鄉隆盛呈函，請求政府派遣「台灣蕃地探險隊」。隨後，他求見了副島種臣、山縣有朋、板垣退助等軍政要人，推動朝廷召開會議討論征台問題。到十月九日，朝廷即頒令樺山資紀前往台灣考查，只是由於種種原因，樺山到翌年才成行。[15]

恰在此時，李仙得提出第二份備忘錄。他建議向中國宣示武力，先在宮古島駐軍八千人，命令鐵甲艦在台灣附近游弋[16]。但日本為慎重計，利用到北京換約的時機，試探清廷對番社的態度。

日本從同治九年（一八七〇）七月廿七日遣使來華，要求與清朝修約通商。經過兩年的往來談判，終於草擬好〈中日修好條規〉和〈中日通商章程〉，雙方又約定於同治十二年（一八七三）年初互換條約。二月初二日，日本任命副島種臣為全權大使，以外務大丞柳原前光為一等書記官、外務少丞平井希昌、翻譯鄭永寧，以及外交顧問李仙得和即將出任福州總領事的陸軍少將井田讓，並有留華學生成富忠藏、福島禮助等人隨團前往中國進行視察。海軍省同時派出龍驤、筑波兩軍艦來護送使團。副島此次率領龐大使團來華，任務有明有暗，明的是互換條約並覲賀同治帝大婚和親政，且趁機「質問」琉球船難民在台灣被殺的事件，以探聽清朝政府的虛實；而在暗地裏，各種情報人員四出活動，明查暗訪，為出兵台灣，吞併琉球，征伐朝鮮等軍事行動作情報蒐集。[17]

在出發前，日本又根據李仙得的建議，用天皇敕諭副島，跟清廷談判台灣問題時，要注意以下幾個要點：

一、清政府若視台灣全島為其屬地，須處罰行兇者，向死者遺屬發放扶助金，並保證以後不再有類似事件發生；

二、清政府若政權所不及，台灣全島非其所屬，則由朕（日皇）任此事之處置；

三、清政府若視台灣全島為其屬地，而又左右推託，不承受談判，則將清政府喪失政權之事，逐次辨明，且責生蕃暴逆無道之罪，若不服時，則由朕處置此事。[18]

清朝以李鴻章為換約大臣。一八七三年四月三十日，李鴻章率潘鼎新、陳欽等在天津山西會館和副島種臣外務卿換約。日本出席的官員包括：李仙得、平井希昌、鄭永寧等。在換約當天和雙方往來互訪的數日間，日方完全沒有提及台灣琉球船難民被殺一事。當時的情況，李鴻章在換約後的三天有記——同治十二年四月七日（一八七三年五月三日）〈述副島商論外交〉：

> 江海關沈道前稟送新聞紙，有日本欲為琉球申理台灣生番劫殺之說，副島絕未論及。查此事閩中督撫早經奏奉批旨，着督飭該鎮道認真查辦，外人何至藉口。其顧問美國人李仙得，曾充廈門領事，偕副島來見數次，默無一言。合並奉聞。[19]

沈道即江海關道沈秉成。一八七三年三、四月間，報紙已傳言日本要申理琉球船難民被殺一事。所提「台灣生番」在今天看來有侮辱之意，但已是歷史的陳詞，相信大家都能理解。

五月五日，副島偕李仙得、柳原前光、平井、林有造和鄭永寧等進北京城，呈遞國書和覲見同治皇帝，他們在京展開了頻繁的外交活動。至六月二十一日，副島派柳原前光和擔任通譯的鄭永寧往訪總理各國事務衙門，詢問三事：

一、澳門是否中國管轄，亦由葡萄牙主持；

二、朝鮮諸凡政令，是否由該國自主，中國向不過問；

三、台灣生番戕害琉球人民之事，日本擬遣人赴該生番處交涉。[20]

當時接待他們的大臣是毛昶熙和董恂。首先澳門之問，表面上日本說是將來會到澳門通商，故而諮詢，實際上是想參考葡萄牙人是如何在中國享有通商居住和駐兵權。此問題因與本書關係不大，這裏不再深入探討。

回到第二、三項的詢問。由於中間經過鄭永寧[21]的翻譯，不知是故意含混其詞，還是有曲解之意，以致柳原前光（其妹柳原愛子是大正天皇的生母）認為清朝已表示朝鮮的內政及和戰權與中國無關；同時殺琉球船難民者「皆生番，是化外之民」[22]。至於毛昶熙和董恂雖曾說：「生番化外，我政府未便窮治」，但亦明言「二島（指台灣和琉球）俱屬我土，土人相殺，裁決固在我，何預貴國事？」[23]

其後，副島等離京經天津回國，再晤李鴻章並無談及台灣之事。至此，可知副島的策略，就是跟李鴻章會談時，避談番社殺琉船難民之事，因為李鴻章的外交經驗還是比其他官員豐富，恐怕從他口中得不到甚麼好處。後來，副島還國，李鴻章獲悉柳原曾提詢台灣之事，他於六月十五日即呈上〈論日本與台灣朝鮮秘魯交涉〉，進一步說明此事與日本無關，況琉球為中國的屬國，可自行申訴：「弟思台灣生番戕害琉球難民一案，原與日本無干，即謂其薩峒馬（筆者按：即薩摩）民人與琉球有舊，代抱不平，而琉球係我屬國，儘可自行申訴，誠為尊論，無須該國代詢。」[24]

從以上引文可以看出：李鴻章還不知道大約一年前（一八七二年九月），日本已摘去琉球王的王冕，貶為日本的藩屬了。

李鴻章繼續說：「昨有管帶煙台兵船之閩人游擊吳世忠過謁，鴻章詢其在閩帶船多年，曾同美領事李仙得往台灣生番處，查辦殺奪美船之案。番人趫捷強很（狠），山徑深險異常，英美商船曾被侵害，屢發兵船往勦失利，皆無如何。後仍講和而止。日本力更不逮，斷無能為等語，所言似屬有理。」[25]

害怕洋人的清朝官員，認為洋人也奈何不了「趫捷強狠」的番人，自然想到日本也會無力取勝。有了這種輕視的態度，對日的警覺性就相應低了。

一心要征台併琉球的日本，首先用自己的漢文來解讀高山土著是「化外」之民，「化外之民，未便窮治」，就是「清政府政權所不及」，亦即不屬中國，也就可以出兵，「根絕生番殺人的暴行」。[26] 這裏不妨就「化外」一詞，引辭書來檢視其義，且看是否就如日本所作的解釋一樣。

《辭源》（一九八七年版）：舊時統治階級的偏見，指中國教化達不到的地方。並舉《唐律疏義．名例》作例（從略）；

《漢語大詞典》：指政令教化所達不到的地方。同舉《唐律疏義．名例》作例（從略）；

日本《廣辭苑》：王化不及之地。教化之外。（例）化外之民。（筆者中譯）

日本《廣漢和辭典》：天子教化未能達到的地方。又猶指遠方的土地、國。並舉《宋史．兵志八》作例（從略）。（筆者中譯）

據以上各辭書的解釋，基本上一致認為「化外」是政令和教化（可視為文明教養）達不到的地方，但並不等於就這樣失去領土權。如果硬說等同沒有了領土權，那麼又何必說成是「化外之民」，倒不如乾脆稱為「外國」或「異國」之民。往昔，也有山賊盤踞山林，在該處政令教化也是無法通行；另外有某些國家的地區迄今依然由販毒集團或黑幫勢力所控制，不守法紀，為害往來的人。難道這些地方就因此不能列入該國的版圖、從而失去領土權嗎？但土地擴張主義者又哪裏會有閒日子來咬文嚼字呢？

前文提到樺山資紀被派往台灣調查地形，原來比他更早的有一八七一年派到中國留學的黑岡勇之丞，在一八七三年四月奉命轉到台北、彰化、嘉義、台南等地踏查。五月中旬，他將查勘報告提交給正在北京談判桌上的副島外務卿。而樺山隨副島使團來華，中途喬裝成商人，於八月二十三日抵淡水，踏查了東台灣，亦寫成報告書。由於樺山以為日本將迅速在十月底出兵台灣，便留台等待，以便接應。但因為出兵爭議未休，樺山在台待不下去，於十二月十日轉赴香港。

一八七四年三月九日，出兵如箭在弦，樺山又聯同水野遵來到打狗（高雄），開始他們的踏查繪圖工作。他們二人的行蹤，台灣的地方官員是有盡職作了監視的。我們可以從他們的報告，看到當時日本間諜活動的情況。

枋寮巡檢王懋功、千總郭占鰲稟：「同治十三年（一八七四）二月初七日，有日本國水師官姓水名野遵，並同夥洋人一名，共計二人到枋寮……初十日，即坐小舟進抵琅璚。據稱欲至柴城一帶地方，查看牡丹、龜仔角等處山勢形勝。」接着，署鳳山縣李烘稟：已勸諭「不可輕往番社及內山一帶，致地方官無從保護。」數日後，王懋功和郭占鰲又稟：「日本國洋人水野遵、同夥洋人樺山資紀，於十七日仍回至枋寮。……卑職又看其所繪圖內沿海一帶，似覺詳細；各番社俱未相符。水野遵並帶有合眾國領事李讓禮（仙得）上年所繪舊圖一紙，沿途查對，因此各海口易於得悉。」[27]

清廷接台灣報後，即令江蘇同知陳福勳赴駐滬日領事館探詢，獲該館覆「外務省來信：我朝擬派員前往台灣者，係因前年我國人民在台灣生蠻地界，船隻遭風，大受番人殘害，實堪憐憫，是以遣員查問確情，以免將來再遭困苦耳。」[28]

這封覆函，已將琉球人說成是日本國民，又淡言「遣員查問確情」，似無其他行動。

其後，台灣道當讀到香港報章引日本二月十一日消息，稱日本正預備兵船攻打台灣，不禁大為駭怪，遂向總督、將軍稟報：「惟查上年日本國人利八等四名，在台南山後遭風，當經救護，送回上海，交其領事官領收，曾據該國寄送禮物酬謝。又上年四月間，琉球人林廷芳等九名，在琅璚遭風，亦經救護送回，均屬毫無異言。茲何以忽有調派兵船來台之舉？……欲圖藉端生釁，竟有兵船前來，則亦不可不防。」[29]

這裏談到上年（即一八七三年）日本有四人遇海難獲救。查遭難者為日本備中小田縣（後編入岡山縣）利八等四人，遇海難漂流至台灣卑南番地，亦遭刼掠，幸能逃脫，得地方官府救護。他們生還回國後，寄送禮物回謝以示感激。但日本政府方面仍表不滿，聯同琉球船難民遭殺害一起混算，照會出兵。[30]

四　日本密謀出兵，清廷議而不防

前文提到大久保利通反對「征韓」，卻又為謀求緩和社會矛盾，轉過來推動「征台」。此議獲右大臣岩倉具視首肯，即命大久保利通和大隈重信制定〈台灣蕃地處分要略〉。一八七四年四月四日，升陸軍少將西鄉從道為中將，出任台灣蕃地事務都督，領軍征台；又設台灣蕃地事務局，由參議兼大藏卿大隈重信出掌。

由於這是明治維新以後首次對外用兵，所以朝廷高度重視。四月六日，明治天皇將全權委任敕書頒給西鄉都督，其內容主要有：

一、聲討生番殘害我國人民之罪行，並相應懲罰之；

二、如生蕃拒絕認罪，可根據具體情況以武力討伐之；

三、採取防範之措施，以使我國人民再至彼地之時，免遭土人之暴害。[31]

日本已將「牡丹社事件」遇害的琉球船難民說成是「我國人民」，而且重複多次，便似是真的一樣，顯得理直氣壯。

四月九日，西鄉都督率二艦由東京出發往長崎。十五日，大隈偕同助手李仙得同赴長崎的台灣蕃地事務局上任。當時日本的產業科技仍未成熟，軍費又頗為拮据，以致要租用英美的商船來充當運輸艦。

初期，歐美諸國都在旁觀日本能否靠七拼八湊成軍，及至日本勉強出征，以英國為首的西方列強開始擔心起自己的利益受損，突然宣佈中立。

首先是英國公使巴夏禮於四月十三日照會日本，不許租用英國船隻征台；美國駐日公使平安（John A. Bingham）更去信李仙得等美國人，表明禁止人、船參戰。

形勢驟變，日本的首腦層恐惹來列強的不滿，即電大隈重信，着令西鄉都督暫緩出發，又急派金井之恭權少內史於四月二十五日趕至長崎，向大隈傳達停止出兵的敕命。大隈迅速將口諭轉達。但驕橫的西鄉，拒絕執行命令，咆哮着：「出征事乃聖斷，今日征旗已離帝都，中途停兵，所為何來？」更說：將來問罪，就說西鄉是「違令出國之徒！」西鄉的抗令，日本史界稱「西鄉暴走」，開創了軍頭不聽中央號令的先河[32]，造成惡劣影響，導致軍人跋扈甚至槍殺首相[33]，走上軍國主義之路。

好戰的西鄉，不想被朝廷拖後腿，反而加快步伐，跟美國的李仙得及僱傭軍人克沙勒少校（Lieutenant Commander Douglas Cassel）和瓦生（James R. Wasson）商議，急速租用了「有功丸」小汽船，由駐廈門領事福島久成為首，加上克沙勒和瓦生，滿載着二百七十多名士兵和武器，組成先頭部隊於四月二十七日由長崎出發直航廈門。[34]

西鄉從道此舉，有造成既成事實的姿態。翌日，大隈電告朝廷：「都督奉戴鈐蓋玉璽之詔書，勢不可擋。懇請朝廷洞察形勢。」[35]

事實確如此，因為西鄉恃着有聖旨在手，便可以揮軍南下。五月三日，他又趁着大久保利通平定佐賀之亂將要趕至之際，任命赤松則良、谷干城兩少將為先鋒，率領以熊本鎮台兵為主力，加上鹿兒島縣的徵募兵約三百人，合組成三千六百多人的出征軍，分乘四船由長崎出發，直指台灣枋寮。第二天，大久保來到長崎，只能說：「事已至此，實在是無可奈何！」[36]有專家評論，若大久保定要制止西鄉出兵，不能以口頭傳達，而是捧奉新的勅書才有可能收效。

五月十七日，西鄉都督親率主力軍，分乘四艘兵船，由長崎出發前往台南。而早前趕回東京化解平安公使和外國使團責難的李仙得，雖然放棄了隨軍出戰，但他的作戰計劃肯定已交與西鄉等人。

再看清廷，卻是滿不在乎、毫不緊張的樣子。

遡自一八七〇年，李鴻章跟日本來使商談修好條約開始，清廷就一直希望日本能真誠地友好合作，聯手抵禦西方列強，維護東亞國家的自主。只可惜這不過是李鴻章等人的一廂情願，日本並無此想，僅與委蛇，從中套取清廷對日的策略，相機謀算，秘密行事。所以在換約後一年，日本便起錨出兵侵犯台灣。消息傳來，李鴻章大為驚訝：

> 日本甫經換約，請覲和好如常。台灣生番一節，並未先行商辦，豈得遽爾稱兵，即冒然興兵，豈可無一語知照。日本內亂甫平，其力似尚不足以圖遠……即欲藉生番以圖台灣，若中國全力爭之，未必遂操全勝，徒自悖義失和。（〈論日本派兵赴台灣〉同治十三年三月十三日）[37]

李鴻章談到如中國全力抗日，日本未必握有勝券。李氏此見，以當時日本的軍力，攻打台灣還得靠臨時購買外國船隻來評估，應該是對的；但對日本仍存希冀，認為「即冒然興兵，豈可無一語知照」，就情同幻想，未免失策矣！

當然，清朝是察知日本蠢蠢欲動，也開始作出防務的建議：

> 閩省自製兵輪船及水師船隻不少，似應先派往台灣各港口盤查瞭望。如遇日本兵船入境，問其因為何事而來？如船中載有陸兵多名，應即攔阻，勿令進口上岸。俟將公事議明，再聽進止。前福建水師提督李成謀寄送台灣全圖。查琅璚係南路生番後山海口，大可泊船。該處擬造礮墩，並未及

造，又未設有文武汛署，如該船進口，一無防備，殊為可慮。聞台地海防陸汛，無甚足恃，似宜另調得力陸軍數千，即用輪船載往鳳山琅嶠附近一帶，擇要屯紮，為先發制人之計……似應由鈞處知照沈幼丹中丞[38]，會商將軍督撫，密速籌辦。日本既有此議，早遲必將舉行，若不慎謀於始，坐待興師，將來無論彼此勝敗，恐兵連禍結，竟無已時。」〈論日本圖攻台灣〉，同治十三年三月廿五日（一八七四年五月十日）。[39]

同年的四月二日（五月十七日），李鴻章在〈論布置台灣〉中似準備十足地說：

> 欽奉密諭，派沈幼丹中丞帶領輪船兵弁，以巡閱為名，預籌布置，並議及生番，如可開禁，即設法撫綏駕馭，俾為我用，藉衞地方，以免外國侵越……又據天津美副領事畢德格云：接東洋信，「紐約」船先雇裝兵，駐日本之美公使名平安，以違悖公法不准，是美國或無再雇船接濟之舉。日本正游移莫決，又得鈞處備文詰問，諒不遽違約失和。而台灣海防番務又已得人料理，內外兼籌，幸均不落後着，沿海人心稍定，即浮言亦稍息耳。[40]

若按李鴻章的論議，即派福建水師船至台灣各海口守護，嚴拒日本兵船靠近，又調「得力陸軍數千」，「擇要屯紮」，日軍也就難以登陸。可惜這些都是紙上談兵，未能坐言起行，行而不果，在完全不設防下，任由日本軍登岸紮營，燒殺番社。可笑可恨的大清守土官員，竟原來是旁觀者！

五　日本燒殺番社紮營駐兵

一八七四年五月三日晨，「有功丸」抵達廈門，作了一些補給，五月五日，離開廈門，直指台灣。日船灣泊廈門期間，福島九成曾將西鄉的照會文件交廈門同知李鐘霖代轉給閩浙總督李鶴年。內文主要謂：「深入番地，諭彼酋長，殛其兇首，薄示懲戒，以安良民。今將由水路直進番地，若船過貴國，固無他意，應毋阻拒。」[41]

五月六日晚，「有功丸」抵瑯嶠灣。翌日清晨，先遣華籍翻譯詹漢生登崖岸，找來李仙得的舊友登船磋商，表明此行只針對牡丹社族人，與其他社族會友好往來，公平交易。登岸後紮營賃屋，如諾付錢。雙方談妥，福島九成和美國軍官登上車城新街，經探勘，選定可容三千人駐紮的清港浦八仙灣為營地。但數天後，因大雨水浸，於十一日改紮瑯嶠灣南端的小海口。而在前一天，海軍少將赤松則良和谷干城少將相繼率領逾千援兵抵岸。他們紮營後，始悉老卓杞篤已離世，找來射麻里社頭人一色商談，讓各社族明白日軍此行只會向牡丹社和高士佛社開戰，故可安心云。[42]

日軍來犯，台灣的地方守備亦有探報飛稟。「接據枋寮巡檢王懋功、千總郭占鰲飛稟：三月二十二日（五月七日），有日本國火輪船一號到琅璚社寮港口停泊。二十三日，又續到一號，人數約有八、九百名。先遣洋人二十餘名至柴城一帶踩看紮營地勢。」[43]

面對洋人（指東洋人）登岸紮營，庸碌無能的官員只是呆呆的做了旁觀者——「即由千總郭占鰲立刻前赴該處，觀該洋人（眾數，是二十餘名）如何行止，是否進剿之處？再行飛稟。」[44]

反而台灣道夏獻綸敢於提出驅逐剿辦。他在向閩浙總督李鶴年稟報時申斥日本：「倘彼知錯，將兵船撤回則已；如再文過飾非，強辭狡飾，則係該國無故背約，並非釁由我開……我中國地方，豈能容其混行滋擾？應調集各處輪船，將其驅逐。亦復不受驅逐，惟有將其妄動之咎，照知各國，一面動兵剿

04

03

06

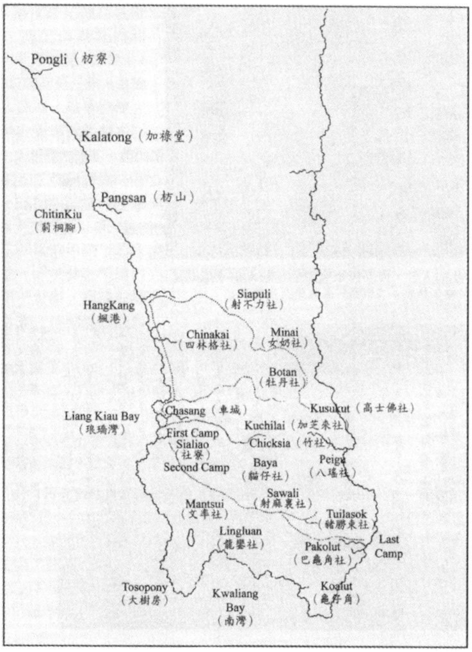

05

03 日本密謀出兵台灣，先後有樺山資紀（中）和水野遵（右）到台灣踏查。

04 領軍攻台的西鄉從道。

05 日本出兵台灣時恒春半島各番社的分佈形勢。

06 親到北京談判並與清廷簽訂《北京專約》的大久保利通。

辦，以存國體而杜異族窺伺也。」[45]

可歎清廷懦弱，只作觀望，沒有採納夏獻綸的意見，在日軍還未紮營，西鄉的主力還未開抵之前，及早驅逐，甚至可以殺他一個陣腳未穩。結果錯失良機，氣煞忠臣！

在此期間，日軍的探哨等作零散行動，遭到番社襲擊，互有傷亡。

五月二十一日，一支十二人的偵察隊奉命查勘四天前班長遇害的地點，但又遭到伏擊，兩人受重傷，日兵還火，殺土著一人，趕忙回營報告，日增派二百五十人馳援，並發現隱藏的村落，搜村至晚。翌日，曾經鎮壓「佐賀之亂」而名震一時的佐久間左馬中校率兩連軍力支援，就在石門的山谷與牡丹社族人狹路相逢，展開激戰。牡丹社族人佔據山谷高地，居高臨下射擊，連斃日兵二、三人，傷十餘人。驍勇善戰的牡丹族，不愧為琅嶠下十八社中最豪強的一族。他們以約七十名戰士和落後的武器，跟二百多名日兵對陣，毫不畏縮。佐久間迫於形勢正要撤兵，卻察覺到牡丹社人的藏身處，轉頭下令二十名精兵冒死攀上懸崖頂，奪得居高佔優之勢，牡丹社戰士反而完全暴露在日軍鐵槍之下。他們毫不留情，向牡丹社人掃射，頓時牡丹社族人屍橫遍野，四散逃竄。此戰稱為「西門之役」，牡丹社有十六人戰死，更有不少負傷而逃，其中包括族中首領阿祿古亦告傷重死亡，這無疑是對牡丹社的一大重擊。至於日本陣營，也有七死三十傷。[46]

就在石門激戰的這一天（五月二十二日），西鄉從道率主力軍分乘四艘船艦航抵瑯嶠灣。此次大軍有士兵一千五百，另五百名工役。西鄉登岸不久，已有周振邦攜來閩浙總督回覆西鄉的〈照會〉。內文大意是：「台灣為中國疆土，『生番』定歸中國隸屬，當以中國法律管轄，不得任聽別國越俎代謀。」但語意似只是勸喻，所以西鄉沒有理會。[47]

日本整合大軍之後，分兵三路：南路由赤松率領；北路則由谷干城指揮；中路由西鄉從道提督統率，向山上掃蕩。南路軍進入高士佛社時遭遇伏擊，三名日兵被擊斃，赤松即下令狂攻，將高士佛社族人殺退，避入森林，日軍即放火燒村。中路軍也曾遇上牡丹社人的反撲，傷及兩三名士兵，日軍入村追擊，跟着縱火焚村。北路軍亦掃蕩了女奶社。六月三日，三軍匯合，決定將已佔領的村社全部焚毀，原住民全被趕往深山。[48]

關於日本出兵台灣一役，曾跟隨沈葆楨的王之春有文為記：「（日本）突以兵船三路進攻番社，一由風港，一由石門，一由四重溪，路各五、六百人。生番紛紛逃竄，牡丹、高士佛、加芝來、竹仔各社咸被焚。」又謂：「牡丹各社已破者，番眾逃匿絕巘，遂移兵脅龜仔角社，社番誓死不降……二十八日，以二百人從石門入，八十人從風港入，破三社，殺生番數人。倭兵死者二十餘，傷者五十餘人。」[49]

勝局已定，西鄉從道召集與殺害琉球船民無關的十一社族頭人，商量好和解協定。七月一日，牡丹社新首領姑柳和高士佛酋長在保力莊與日人會面，承認落敗。西鄉要他們保證今後不得傷害漂流的海難船民，便可停戰。[50]

日本成功鎮壓琅嶠下十八社之後，在龜山後灣大興土木，建立起大本營來，更修橋築路，蓋搭醫院，又運鐵器農具，茶樹花木等，以備開墾栽種，意圖久踞，不願撤兵。[51]

日本在此次出兵台灣，戰死十二人，但在八、九月間，他們遇上更大的敵人——疫症熱病（the fevers），平均每日六百人發病，十五人死亡，令全軍聞疫色變。明治天皇特聘德國醫生，並把製冰器急送到台灣，結果仍然有五百六十一人病亡。[52]

另一方面，沈葆楨率領的海陸軍艦隊，磨磨蹭蹭的於六月十七日始抵台南安平。此時，日本船已入港口，兵進山地，軍紮琅嶠，沈葆楨他們才思防務，上疏說：「惟安平之礮台擬照西法興築，所僱洋匠初至，尚未施工。[53]」不過，他們總算知所進取，馬上召集各社頭目，詰責他們的劫殺行為，藉以昭示中國對山地化外之民仍有行使管治之權。福建布政使潘霨等「遣人傳各社番目，惟牡丹、中社、里乃三社以避倭不出，至者凡十五社，百五六十人……皆謂日本欺凌，懇求保護。因諭令具狀，均願遵約束，不敢劫殺。[54]」沈葆楨派潘霨往見西鄉從道，為日本撤兵事宜展開交涉。六月二十二至二十六日，雙方經四次會晤，據聞達成「西潘密約」的口頭協議，最後卻不了了之。在這期間，西鄉分派谷干城回國、赤松則良至上海，將捷報傳去。特別要注意的是歇泊在上海的柳原前光。他貴為明治天皇的內兄，又是〈中日修好條規〉訂約談判的參與者，此番到來，是作為日本派駐中國的首任公使。他刻意在上海久留，就是為了等候西鄉從道的戰報和與潘霨的談判情況。當他接到赤松帶來的捷報，便緊握此籌碼，啟程上北京展開他強硬的談判工作。

七月二十一日，柳原等先抵天津，即與李鴻章晤面。在談判桌上，李鴻章又氣又憤，質問柳原公使何解一面發兵，一面又通好：

問：一面發兵到我境內，一面叫人來通好，口說和好之話，不做和好之事，除非有兩日本國，一發兵，一通好也！答云：此次兵到台灣，有三件事要辦。問：你三件事已經辦到了，牡丹等社已被你燒毀劫殺，難道還要怎樣查辦？[55]

接着，談到退兵和琉球的問題。

問：日本外務省給總理衙門照覆，說有事與柳原商量，不曾提到西鄉。答云：兩國有兵爭，大事全權不能自作主。問：現在我國並未還手，算不得交兵。答云：台灣生番如無主之人一樣，不與中國相干。問：生番豈算得一國麼？答云：算不得一國，只是野蠻。問：在我台灣一島，怎不是我地方？答云：貴國既知生番歷年殺了許多人，為何不辦？問：查辦兇首，有難易遲早，你怎知道我不辦？且生番所殺是琉球人，不是日本人，何須日本多事？答云：琉球國王曾有人到日本訴冤。

問：琉球是我屬國，為何不到中國告訴？答云：當初未換和約時，本國薩峒馬諸侯就打算動兵的。問：你去年才換和約，今年就起兵來，如此反覆，當初何必立約，我從前以君子相待，方請准和約，如何卻與我丟臉，可謂不穀朋友。[56]

談判桌上，李鴻章擺事實，講道理，佔取了上風。但行軍布防，失機誤算，轉陷被動，就不是談判桌上的唇槍舌劍可以挽回過來的了。在這種情況下，如正式開戰，驅趕日軍出台島，並非不可行。歷史上鄭成功也曾收復台灣，驅逐荷蘭人離台。晚到台灣的沈葆楨在一道密奏中，就強硬地嚷着要開戰：「日本越境稱兵，此其意有所圖，尚何待問？即示以撻伐之威，並不得謂釁開自我。[57]」只不過自鴉片戰爭以來，對外作戰未逢一勝，所以清廷仍以「忍」為上，着沈葆楨等人想辦法勸說西鄉從道撤兵。而上諭下來，都會問日本有何動態？離去了沒有？

另一方面，日本也在評估局勢。首先是山縣有朋陸軍卿對處理台灣問題提出了意見，認為目前在武器等方面尚未做好對清開戰的準備；又表示在戰爭準備不充分這一點上，陸軍首腦們的意見是一致的[58]。儘管如此，日本還是做了開戰的策略，並打算起用軍望最高的西鄉隆盛為海陸軍元帥，萬一談判破裂，馬上率軍西渡。不過疫症令留在台灣的士兵惶恐不安，所以如果能夠在談判桌上取得理想的回報，早日撤兵亦是他們的另一個方案。

為打破僵局，日本派出熟悉閩台事務的李仙得南下。八月五日他抵達廈門，住進德記洋行，準備向閩浙總督商談解決方案，他甚至想到轉赴台灣協助征台的日軍。詎料翌日即被美國駐廈門領事館的人員拘走[59]，並被強押至上海，其後獲釋。李仙得此次被拘，有說成是誤會，也有指是李仙得跟美領事之間的私怨，製造出擅離職守的罪名。雖然李仙得未能如願赴台，但他沒有白跑，因他在上海很快便與前來談判的大久保利通匯合。

六 《北京專約》承認琉球民為日本國民

日本明白柳原前光礙於權限無法令談判取得進展，掌握實權的頭號人物大久保利通決定親自出馬，率領包括有法籍顧問鮑生奈德（Gustave Boissonade）和李仙得的使團，於九月十日抵達北京，展開了為期一個多月共七輪的緊密會談。

清廷以恭親王奕訢為首，加上軍機大臣文祥、寶鋆、毛昶熙、董恂等重臣，跟前來的大久保利通、柳原前光等舉行會談。會上針鋒相對，氣氛很不愉快。

談判中，日方常以國際法相壓。但文祥反駁說：「國際法淵源於西方的新發明，其中所列條款並不盡通用於中國的制度，蓋中國制度早在西方制度出現之前已經存在。」[60]談判一度僵持不下，主要在於賠償的條文方面。大久保堅持必須賠償兵費，且須載名數額。清廷作出讓步，承認日本征台「伐番」為大義，但不提賠償，而是由皇帝恩賜琉球受害難民家屬撫恤金，而且最多不能超過五十萬兩[61]。十月二十五日，大久保還擺出姿態，表示要中止會議回國。

這期間，以英美為首的列強評估時局，認為中日開戰，中日沿海的通商口岸一定受波及，將嚴重影響他們的利益。他們看出中日如開戰，誰也沒有必勝的把握。而向來軟弱的清國，只要日本願意撤兵，條件都是可以商量的。於是便向清廷施壓，尤其是英使威妥瑪（Thomas Wade），出言恫嚇，迫使李鴻章令軍官不准「開仗啟釁」[62]。對外一向主和不敢頑抗的李鴻章，惟有提出屈從的建言：

> 我平心而論，琉球難民之案，已閱三年，閩省並未認真查辦，無論如何辨駁，中國亦小有不是。萬不得已，或就彼因為人命起見，酌議如何撫恤琉球被難之人，並念該國兵士遠道艱苦，乞恩犒賞，餼牽若干，不拘多寡，不作兵費，俾得踴躍回國，且出自我意，不由彼討價還價，或稍得體

而非城下之盟可比。內不失聖朝包荒之度；外以示羈縻勿絕之心，未審是否可行？鴻章亦知此論為清議所不許，而還顧時局，海防非急切所能周備，事機無時日可以宕緩……[63]

雖然說「非城下之盟」，但細看後來兩國訂立的《北京專約》，首先提到「台灣生番將日本國屬民殺害」，而日本出兵，是「保民義舉，中國不指以為不是」，最後是賠款五十萬兩。這五十萬兩美其名將十萬兩用作撫恤遇害者；四十萬兩是作為承讓日本修橋築路、建設樓房之費。

茲錄《北京專約》條文如下：

為會議條款、互立辦法文據事。照得各國人民有應保護不致受害之處，應由各國自行設法保全。如在何國有事，應由何國自行查辦。茲以台灣生番，曾將日本國屬民等妄為加害，日本國本意惟該番是問，遂遣兵往彼，向該生番等詰責。今與中國議明退兵，並善後辦法，開列三條於後：

一、日本國此次所辦，原為保民義舉起見，中國不指以為不是。

二、前次所有遇害難民之家，中國定給撫恤銀兩。日本所有在該處修道、建房等件，中國願留自用。先行議定籌補銀兩，另有議辦之據。

三、所有此事兩國一切往來公文，彼此撤回註銷，永作罷論。至於該處生番，中國自宜設法妥為約束，以期永保航客，不能再受兇害。

會議憑單

為會議憑單事。台番一事，現在業經英國威大臣同兩國議明，並本日互立辦法文據。日本國從前被害難民之家，中國先准給撫恤銀十萬兩。又日本退兵，在台地所有修道、建房等件，中國願留自用，准給費銀四十萬兩，亦經議定，准於日本國明治七年十二月二十日日本國全行退兵；中國同治十三年十一月十二日，中國全數付給，均不得愆期。日本國未經全數退盡之時，中國銀兩亦不全數付給。立此為據，各執一帋存照。[64]

所謂「和約」的《北京專約》，十月三十日簽署，並馬上生效。翌日，大久保率團經台灣然後返回日本。他就像凱旋歸來般得到國人的歡迎。因為他在《和約》內取得了所要的一切——承認琉球是日本的藩屬，又得到賠償；《和約》以外的成果，是暫且避免跟中國開戰（因為早前征台，是與山地土著交戰，仍未與中國的官軍正式啟釁），爭取了休養生息、加強軍備、訓練兵將的時日，為以後的侵略做足準備工夫。十二月三日，日本從台灣撤兵。但二十年之後，日本因為甲午戰爭獲得台灣而又再次登島。

七　小結

十八至十九世紀，琉球航船海難頻仍，但遇難船民只要漂流至中國沿海地域，皆能得到清政府的救護和撫恤，而且優渥霑足，故在琉球國而言，只有感恩謝德，從無懷怨之心。一八七一年的「牡丹社事件」，被日本利用為吞併琉球的口實。清政府本來可以及早化解事端——台灣地方官員切實執行搜山問罪、懲治元凶，便能掩塞藉口之詞；再一次就是日本兵船開近台灣之時，即行攔截，便可免登島駐兵不撤之失。

是次簽訂的《北京專約》，也許是晚清簽訂的許多不平等條約之中，能夠免去割地屈辱的例外。但在談判桌上，一直振振有詞堅稱琉球是中國藩屬的清朝大員，到最後卻承認了琉球是日本的屬國，這好比出賣了琉球王和琉球的臣民，也造成了日本可以公然廢王為藩，為吞併琉球作好偷天換日的佈局。在琉球國方面，當然清楚知道日本的所謂出師為他們討回公道，不過是魔鬼的遊戲。轉過頭，日本即劍指首里，將琉球國滅掉。

最後值得關注的是美國獨眼將軍李仙得提出的「明月彎戰略」，至今戰略價值依然不減。

註釋

1 參見日本近現代史辭典編集委員會編《日本近現代史辭典》，東京東洋經濟新報社，一九七八年，頁三四三〈征台の役〉。
2 參見愛德華·豪士著，陳政三譯著《征台記事：牡丹社事件始末》，台北台灣書房，二〇一一年，頁一一六陳政三註釋。
3 參見李仙得著，黃怡譯，陳秋坤校註的《南台灣踏查手記》，台灣前衛出版社，二〇一二年，頁二〇、三一。
4 同註3引書，頁三七及三九。
5 同註3引書，頁三九、四一；又同註2引書《征台記事：牡丹社事件始末》頁二一，指該生還船員名叫德光。
6 同註3引書，頁四二。
7 同註3引書，頁四六至四七。
8 同註3引書，頁九二。
9 同註3引書，頁一一九。
10 同註3引書，頁一二六至一二八。
11 同註2引書，頁三〇及一二八。
12 同註2引書，頁三〇。
13 參見遠流台灣館編著《台灣史小事典》，台灣遠流出版，二〇一二年四版，頁七六；又前引《征台記事：牡丹社事件始末》，頁三〇。
14 同註2引書，頁三一。
15 參見安岡昭男著，胡連成譯《明治前期日中關係史研究》，福建人民出版社，二〇〇七年，頁七二。
16 同註15引書，頁七六。
17 參見王璽著《李鴻章與中日訂約（一八七一）》，台北中央研究院近代研究所，二〇〇六年，頁一七七、一八八。
18 同註17引書，頁一七八、一七九引《岩倉公實記》。
19 參見《李鴻章全集》第六冊〈譯署函稿〉，海南出版社，一九九七年，頁二九三四。
20 同註17引書，頁一八七引《籌辦夷務始末·同治朝》及《日本外交文書》第六卷〈使清日記〉。

21 鄭永寧（一八二九至一八九七年）的先祖為吳榮宗，泉州府晉江縣人。本姓吳的鄭永寧，後因成為幕末的大通事鄭幹輔（先祖鄭宗明乃福州府長樂縣人）的養子所以改姓鄭。鄭永寧從一八七一年從伊達宗城到中國談訂和約開始，便一直是日方的翻譯。他後來官至正五位。參見宮田安著《唐通事家系論攷》，長崎文獻社出版，一九七九年，頁六七一至六八三。

22 參見時野谷勝著〈明治初年の外交〉，收入在《岩波講座日本歷史一五近代（二）》，東京岩波書店，一九六二年，頁二三四引柳原副使著〈清國總理大臣會談錄〉。

23 參見范文瀾著《中國近代史》上冊，北京人民出版社，一九五五年，頁二二〇。

24 同註19引書，頁二九三五。

25 同註24。

26 同註22。

27 參見台灣銀行經濟研究室編《甲戌公牘鈔存》，台北台灣銀行出版，一九五九年，頁二至四。

28 同註27引書，頁四。

29 同註27引書，頁五。

30 同註27引書，頁六〈日本國中將照會閩浙總督〉（二月二十七日）。

31 參見安岡昭男著，胡連成譯《明治前期日中關係史研究》，福建人民出版社，二〇〇七年，頁九三。

32 同註31引書，頁九五；同註22引書；又同註2引書，頁四三至四四、一七四。

33 一九三二年五月十五日，犬養毅內閣不為軍人所見容，遭青年將校槍殺，導致第二次世界大戰前日本政黨內閣告終，緊接着就由軍人組閣。

34 同註31引書，頁九五；又同註2引書，頁四四。

35 同註31引書，頁九五引《處蕃始末》。

36 同註31引書，頁九六引《大久保利通文書》。

37 同註19引書，頁二九五〇。

38 沈葆楨（一八二〇至一八七九年），字幼丹，福建侯官人。道光進士，曾隨曾國藩管營務，跟太平軍對戰。一八六六年繼左宗棠任福建船政大臣。一八七四年日軍侵台，被派為欽差大臣——辦理台灣等處海防兼理各國事務大臣。他面對日本兵侵台灣，受制於朝廷的策略，不敢與日軍開戰。日本撤兵後，沈葆楨的「開山撫番」政策，打開近二百年的鎖島，為開放台灣作出了重大的貢獻。

39 同註19引書《李鴻章全集》，頁二九五二。

40 同註19引書《李鴻章全集》，頁二九五三至二九五四。

41 參見愛德華．豪士原著，陳政三譯著《征台記事：牡丹事件始末》，台北台灣書房，二〇一一年，頁一〇九。

愛德華．豪士（Edward H. House，一八三六至一九〇一年）作為隨軍記者跟隨日本出征台灣，撰成通信連續發表於《紐約前鋒報》上，一八七六年將通信輯錄成書，名為 *The Japanese Expedition to Formosa*（即《征台記事》）。豪士早期在日本曾擔任李仙得的秘書。他一生寫了很多報導日本的通信，被日本讚譽為「日本對外發言的傳聲筒」，所以在他逝世前一天，明治天皇特授與他二等勳章，以表彰他對日本的貢獻。

42 同註2引書《征台記事：牡丹社事件始末》，頁五一、五二、五九、八二、八三、八五。

43 參見台灣銀行經濟研究室編《甲戌公牘鈔存》，台北台灣銀行出版，一九五九年，頁二五。

44 同註43引書，頁二二。

45 同註43引書，頁九。

46 同註2引書《征台記事：牡丹社事件始末》，頁一五一。

47 同註2引書《征台記事：牡丹社事件始末》，頁一〇六至一〇八。

48 同註2引書《征台記事：牡丹社事件始末》，頁一六〇至一六二。

49 參見清王之春著《清朝柔遠記》，北京中華書局，二〇〇〇年，頁三三二、三三四。

50 同註2引書《征台記事：牡丹社事件始末》，頁一七〇至一七二、二〇八。

51 同註19引書《李鴻章全集》，頁二九六一。

52 同註2引書《征台記事：牡丹社事件始末》，頁一八三；又同註22引書《岩波講座日本歷史一五近代（二）》，頁二三四至二三五。

53 同註49引書，頁三四四。

54 同註49引書，頁三三六。

55 同註19引書《李鴻章全集》，頁二九五九〈與東使柳原前光、鄭永寧問答節略〉。

56 同註55。

57 同註49引書，頁三三三。

58 同註15引書《明治前期日中關係史研究》，頁一〇〇。

59 同註27引書《甲戌公牘鈔存》，頁一〇九，「前充美國領事李讓禮來夏，住寓德記洋行……即派伊國戰船水兵六名，經到德記洋行密拏。行至半途，李讓禮迎頭相遇，該水兵手出洋字一紙交李讓禮閱看，帶上鐐，押見恒領事後，即時解往美國關署管押。」

60 同註2引書《征台記事：牡丹社事件始末》，頁二二六。

61 同註2引書《征台記事：牡丹社事件始末》，頁二三三的註釋一一〇。

62 參見范文瀾著《中國近代史》上，北京人民出版社，一九五二年，頁二二〇。

63 同註19引書《李鴻章全集》，頁二九六一〈論台事歸宿〉。

64 同註27引書《甲戌公牘鈔存》，頁一四五、一四六。按《北京專約》罕有全文載錄，常見僅是摘引二三句，致容易理解錯誤。筆者有見及此，特將全文刊出。

第六章

不忘中國累世恩
國亡猶願當貢臣

日本毫不諱言，出兵台灣就是為吞併琉球所作的布石行動[1]。「布石」是日本詞，原意是圍棋對奕時的佈局，相當於漢語「布子」之意。其後，「布石」便引申有為未來的事業鋪路作準備之意。但對日本的謀算，清廷官員似乎完全不察，他們百思不解地說：「日本內亂甫平，其力似尚不足圖遠。即欲用武，莫先高麗。……豈竟舍積仇弱小之高麗，而先謀梗化之生番？即欲藉圖台灣，若中國以全力爭之，未必遂操全勝，徒自悖義失和。此以勢度之，而疑其未確也。[2]」更何況當年琉球仍有來朝進貢，故未起疑心。

一　日本啟動處分琉球

就在簽訂《北京專約》後不久，琉球仍按例兩年一貢，於十一月三十日派出由耳官毛精長、正議大夫蔡呈祚、朝京都通事蔡德昌等組成的貢使團，登乘魏興宗為夥長（船長）的貢船[3]，共一百一十八人航往福州。按日本的說法，自薩摩侵琉（慶長之役），琉球便進入兩屬時代，接受薩摩藩的管控，貢船開赴中國須經薩藩首肯。但觀是次派遣貢船，雖已貶王為藩，且剛簽訂《北京專約》，琉球仍可以輕易遣使出船，則兩屬時代薩藩的實際管治程度有多大，令人存疑。至少也有時寬時緊的可能性。[4]

然而琉球國這次在同治十三年（一八七四）派出的朝貢使團，他們萬萬也想不到竟會是最後的一次朝貢之行，也就是說自從明洪武五年（一三七二）起遣使向中國朝貢，五百年來虔奉正朔，最稱恭順的琉球，竟被橫遭禁絕，與天朝了斷前緣。

橫手阻絕者當然是日本。大久保利通聽到駐清臨時代理公使鄭永寧的通報，始悉琉球派了朝貢使到中國。其時，同治帝已駕崩，翌年（一八七五）初，光緒皇繼位，大久保深恐琉球又會派出慶賀使，於是又再使出宣召上京之計來。

一八七四年十二月二十八日，內務卿大久保傳令琉球選派三司官中之一人從速上京。尚泰王與三司商議後，決定派三司官池城親方（官職名，參見表四），率同精通日語的與那親方和鎖之側幸地親雲上（向德宏），帶同隨役八人，於翌年（光緒元年、明治八年）二月二十五日，由那霸港登船北上。是次因日本沒有透露傳召北上所為何事，致令琉球舉國上下大為驚恐。尚泰王乃令眾官分赴全國各寺廟祈福，求神庇佑。[5]

當然日本是早有部署的。大久保利通自北京談判成功回國後，於十二月十五日向三條太政大臣呈交《琉球處分》的意見。他認為前年（一八七二年）貶琉王為藩王後，仍未令其「脫離清國的管轄，琉球究屬何國？依然曖昧模糊」，但出兵台灣之後，形勢大改，因為清國也承認征台是「『保民義舉』，琉球『已有幾分屬於我國版圖』的徵兆，只是尚未判然成局」，所以要馬上向琉球說明，「國家為保護琉球人而甘冒危機、耗費財資出兵台灣」，是以「尚泰藩王應上京拜謝」；「藩王不來，也得派琉官來京，恭聽征台始末和與清國談判之曲折、以及方今之形勢，名分條理。」當琉球官員上京，「即傳達斷絕與清國關係的命令，並調派鎮台支營到那霸港」[6]，繼而漸次推行改革。

一八七五年三月十七日，曾陪同大久保赴北京談判的法國顧問鮑生奈德，也就琉球問題提出建議，主要有：外交上收緊琉球與清朝的關係；內治上用寬優的政策來對待琉球的風俗習慣[7]。而在琉球使團即將抵達東京之際，三月十日，大久保再呈上《琉球藩改革處分預定案》，繼前案作了五點補充，包括改奉明治年號、改革刑法、藩治職制的適當調整等。[8]

一八七五年三月三十一日，池城親方一行拜會內務省，接待的內務大丞松田道之即通報了大久保內務卿的處分案。琉球使團聞悉，大為震恐，力爭繼續保持與清國的宗藩關係，乞免派兵駐紮，總之琉球僻處外洋，懇請萬事一切如前。池城等人一再求懇，並告以事關重大，必須奏報尚泰王，才可作答。大

表四　琉球國官員稱謂品階表——摘引自《沖繩大百科事典》

稱謂		品位	位階
按司		不設品位	按司
親方		正一品	紫地浮織三司官
		從一品	三司官
		正二品	三司官座敷
		從二品	紫官
親雲上	親雲上	正三品	申口
		從三品	申口座
		正四品	吟味役 那霸里主
	里之子親雲上	從四品	座敷
		正五品	下庫理當
		從五品	當座敷
		正六品	下庫理勢頭
	筑登之親雲上	從六品	勢頭座敷
		正七品	里之子親雲上
		從七品	筑登之親雲上
里之子		正八品	下庫理里之子
		從八品	若里之子
筑登之		正九品	下庫理筑登之
		從九品	筑登之座敷
		品外	

久保得悉琉球使團的態度後，斷然作出指示：這是日本政府的既定方針，接受與否都要執行，絕不動搖。為了更好地執行「琉球處分」，委派松田道之南下琉球，宣示朝廷的既定方針。[9]

二　頒訓令改日制、強命絕貢清朝

同年六月八日，松田大丞和伊地知正馨等和琉球使團池城、與那一行，同乘「大有丸」汽船由東京啟航南下琉球[10]。早前，琉球全國深恐國家有變而求神庇護，但不久卻發生了一場強烈的大地震，不祥之事似是真的即將降臨。事情也確是如此：正當琉球民眾經歷大地震後，驚魂甫定，馬上又迎來國家巨變，其震撼程度比地震還要強烈，直搖得國家也要崩潰。松田等甫抵那霸港，首先採取了一些懷柔的措施。如免去琉球國的債務，又轉發清朝對「牡丹社事件」受害人遺屬的撫恤金。又利用松田大丞登乘的汽船「有功丸」，說成是專為關注琉球的航船常遇海難而特別賜贈的。及至七月十四日，松田大丞和伊地知進入首里城南殿，宣讀三條太政大臣的訓令。日本原意是要尚泰王親臨聽宣，但由於尚泰王已從池城親方處獲悉東京要執行《琉球處分》，將要割斷與清國的封貢關係，不禁大為震慄，胸膈翳塞，病倒牀上，只好派王弟今歸仁王子為代表，與攝政三司官和按司、親方等官吏數十人，齊集殿中，聆取太政大臣的訓令。[11]

松田大丞宣讀太政大臣的訓令時，順作詳細解釋，又為免有誤解之處，更撰成《公文書》，提交琉球。其內容共九項：

一、禁止再向清國朝貢、朝賀；

二、禁止再受清國冊封；

三、改奉日本正朔，遵行明治年號；
四、改行日本刑法，派遣有關人員兩至三名到東京研習；
五、改革琉球官制，使與明治維新官職制無異，並確立琉球藩王為天皇的藩臣，琉球人亦為日本國民；
六、選派約十名少壯學員赴東京學習；
七、關閉福州琉球館，與清國的商業往來和人民的居留，悉歸日本廈門領事館管轄；
八、琉球王須迅速上京為朝廷出兵台灣保民、取得清國撫恤金之事謝恩；
九、日本派遣鎮台分營駐屯琉球要地，琉球兵備乃日本國防之一部分。[12]

琉球今歸仁王子和一眾官員聞「處分令」，大為驚懼，慌作一團不知所措。惟經議論後，齊表不服。松田表示理解，容數日後答覆。

面對國家巨變，琉球官員憂心如焚，由早至晚議論不休，接連三天，終於商量出回覆的方案來。但令人驚訝的是他們對國家主權不是放在首位，而是堅持要求繼續保持與皇清的封貢關係。首先他們認為改行日本刑法，派遣有關人員上京研習、派少壯學員往東京學習二項無異議，可以依從，就連設置鎮台分營也可以接受。至於琉球王上京謝恩，亦可依行，只是尚泰王臥病，請由王子代表詣京[13]。事實上，尚泰王驚嚇成疾，憂鬱氣結，食難下咽，其病狀可由醫師通睦、全彬開具的《診斷書》而得知其詳：

藩王素稟心膽氣弱，屢服天王補心丹、歸脾湯等之方調養。近來思慮過度，性情抑鬱不暢。本年五月，因事大驚，卒然胸塞，絕食兩天，到第三天，欲強食而妨碍胸膈，嚥不下，吐不出，唯飲冷水茶湯等，恰如噎膈之症，識是憂鬱之氣，結於胸臆，聚而成痰，膠固上焦，道路狹窄不能轉寬之所致也。乃用解鬱化痰藥，稍得效。然經四十餘日飲食未進，有時驚悸怔忡，夜臥不安，尚雖用補血養心之方以調養，（仍）未見急愈焉。[14]

此《診斷書》亦曾轉交松田，以證尚泰王不克遠行。

其間，琉球曾委出王舅東風平親方為慶賀光緒皇帝登基之使，一切本已準備就緒，正待開航之際，卻為松田大丞所阻，下令停止所有與中國交通的往來。[15]

三　絕貢是忘累世恩哀懇收回

談到進貢、慶賀、冊封這三件與天朝有關之事，琉球固辭不允。琉球數百年慕華學中，深受儒家薰陶，恪守忠義，因感中國五百年來教化提攜，才得以建制開明；而關愛援助，又從無佔地謀利之心，其王道之懷遠，恩重義厚，永矢弗諼。是以哀求日本垂察，幸勿強令絕貢。琉球的哀懇書，情詞懇切，動人心坎！茲摘錄如下：

查進貢為我國古來重典。自前明以來，撫我甚為優渥，每當國王纘統，不憚波濤險阻，遣欽差，賜王爵，隔年進貢，則又賞賜綵幣物品，不勝枚舉。逮及清朝，更為優渥，其恩德情義，昊天罔極，何可背負，竟絕朝貢？況我琉球孤立遠洋中，國土偏小，微弱不克自保。自歸清國版圖，以其保護聲援，內外乃可無憂。自建為國，有古來傳習之禮樂政刑及自由不羈之權利。上下雍睦，安居樂業，若離清國，則必失自由權利而召掣肘之累，國家豈可永保？[16]

斷絕進貢之事，尚泰王和三司官皆竭力拒絕，因為「累世之恩既忘，信義皆無，何以為人？何以為國？[17]」所以必須據理力爭，斟酌應付。

七月十七日，伊江王子和三司官等同訪下榻於那霸旅館的松田大丞，覆以改行刑法和派員研習、派少壯學員往東京學習和設置鎮台分營可接受遵從，惟絕貢之事萬萬不可。松田當然不滿，雙方再作談判。其後舉行的會議、對話、辯論和書面解釋等，反覆來回也不知多少次，然而兩個月過去，仍然各持己見，呈膠着狀態。在琉球的談判策略而言，首要不開罪松田來使，然後放緩拖慢來談，令他知難而返；松田方面明白訓令將徹底改變琉球整個國家，談判需時是意料之內。他亦趁機查找適用的駐兵營地，聯同陸軍省派來的長嶺讓等一起選定了古波藏村為營地。[18]

松田曾致書尚泰王等執政高官，指出兩屬之國，在今天的萬國公法中其權利不備，國不為國。而清國行冊封之詔諭，似是政令管轄，卻未有保護琉球。就以牡丹社事件，我日本征伐生番，清亦視為義舉。若是清國向世界表明琉球為自身管轄，何不自行處置？保護爾藩人氏。故琉球不受清國管轄之條理，歷歷在目……[19]

八月二十日，琉球攝政太子和三司官在與松田交涉時，針對松田信函的觀點，逐點作出了反駁：本藩自弘化至文久年間（一八四四至一八六三年），外國船隻頻繁渡來，要求和好交易，小邦難於應付。尤其英、法、美國之人相繼逗留，藩中憂慮至極。但經向中國申訴，與渡來長官示意相談，而歸於平安無事，是有確實保護。再者，本藩進貢之規則，載於明清會典，各國一同明瞭知之……。此外，征伐台灣，係由皇國（日本）處置者，故而撫恤銀兩也當如是向皇國交接。且生存者也受到中國格外保護，在送達本藩的咨文中，有向台灣府糾結，儆懲強暴，以示懷柔之意。又，征伐台灣以後，中國對本藩沒有任何指令，貢使進京受納文表貢物，對藩王、使者賜物及接待等等，一如先例，親切相待，且發來皇帝殂落之白詔，新帝即位之紅詔，先規無所更替。[20]

琉球的反駁，有根有據，確是實情，令松田難以招架。而更重要的是，琉球國發自內心甘願忠於清朝，歸附中國，按道理應尊重主權國的選擇。但垂涎琉球的日本，野蠻地橫刀奪愛攫取「伊人」，不惜露出兇相：

> 有關清國之事，既或再行數百次懇切議論，也決難心服……莫如威嚴論辯，使之威服。[21]

九月四日中午，適為松田大丞指定答覆的最後限期。琉球官員仍在苦思應對之法，就在此際，剛入港的汽船送來《東京郵便報知新聞》，其內有一則傳自福州的消息：「北京總理衙門令福州督府急派軍艦開往琉球，據聞似與進貢之事有關。[22]」琉球官員捧讀，欣喜若狂，想到清國出兵來援、來問貢之事可能會實現，有望可以將日本的氣勢壓下去。於是攜報往找松田，提出延期作答。松田閱報，亦為之錯愕，一時默然無語。良久，才回答：「此乃報紙傳言，未可信也！」儘管後來事實證明確是傳言，但仍給了琉球臣民一個希冀，以為天（清）朝一定會派兵來相助、來打救他們的！

九月十一日，松田大丞雖然未能取得滿意的答覆，也是時候須回京覆命。琉球也希望可以說服日本政府，准許兩屬，一切如前，遂派出池城親方（毛有斐）為陳情使，與那原親方（馬兼才）和幸地親方（向德宏）等隨行，一同登上松田的汽船上京。

九月二十五日抵京後，池城即代尚泰王呈表明治天皇和太政大臣三條實美。接着他呈上陳情書，再述說明清之恩義不可忘，請求封貢如前，兩屬不變。結果遭日本內務省嚴詞拒絕，更被斥責一頓。但赤誠盡忠的池城親方，未有氣餒，再三陳情，哀求收回成命，惟一一遭受拒絕斥還。其間，雖曾投訴於西方列強之駐日使節，但一直未見援手。池城苦思憂憤，痛感無助之際，時往淺草觀音寺求神庇佑。他鍥

01

04

02

03

01 末代琉球王尚泰。(引自《琉球見聞錄》)

02 昭和初年重修琉球首里王城正殿。

03 日本派到琉球執行〈處分訓令〉的松田道之大丞。(引自《琉球見聞錄》)

04 琉球陳情使池城親方(毛有斐),挺身護國,鬱鬱而終。

而不捨，繼續陳情哀懇（參見表五），至一八七七年三月，第十四次呈遞陳情書後，終至心力交瘁，鬱鬱而終[23]。池城之死，是琉球即將遭受廢滅而挺身護國的第一人！

日本的官員中，也有正義之士對琉球受壓而深表同情的，其中以海江田信義最為率直。他在一八七五年十月致函岩倉具視說：「琉球處分，殊違情理……據聞，今日三司官池城等人，將首次前往政府請求訓令，並向史官遞交備忘錄……若三條公置他人意見於不顧，獨斷專行，將備忘錄駁回，則此舉有失政府之體面……今琉球之人，面無血色，唯朝夕燒香拜佛，祈求神明，痛哭不止……此次針對琉球之訓令，違背順序、條理，令人扼腕嘆息。為國家計，解決琉球問題，應該光明正大，公平合理。」其後，海江田更上書元老院，彈劾三條實美，請元老院明斷是非。[24]

不過，持有這些異見的官員，包括島津久光、板垣退助等人，都不約而同地遭受冷待或被清洗出權力核心。

表五　琉球在東京呈交請願書概要一覽表——引譯自西里喜行著《琉球救國請願書集成》，謹向西里教授致謝。

編號	提出日期	呈遞官署	請願者名	請願書要旨	請願書收錄出處
一	一八七五年九月十日（明治八年）	太政大臣（三條實美）	琉球藩王（尚泰）	懇請續存中琉關係，特派陳情使求懇。	《沖繩縣史》十二，一四四頁。
二	一八七五年十月十五日（明治八年）	太政大臣（三條實美）	池城親方、與那原親方、幸地親方、喜屋武親雲上、內間親雲上、親里親雲上	請就斷絕琉球與清國關係的命令作出解釋，仍然求請寬容。	松田編《琉球處分》收在《明治文化資料叢書》四、一六四頁。《沖繩縣史》十二，一四三至一四四頁。
三	一八七五年十月廿七日（明治八年）	太政大臣（三條實美）	池城親方、高安親方、與那原親方、幸地親方、喜屋武親雲上、內間親雲上、親里親雲上	就斷絕琉球與清國關係，宜請日本與清國談判。	《琉球處分》一六五頁。《沖繩縣史》十二，一四四至一四六頁。
四	一八七五年十一月廿九日（明治八年）	太政大臣（三條實美）	池城、高安、與那原、幸地、喜屋武、內間、親里	就斷絕琉球與清國關係，須有清國的確認書或由清國政府公告琉球是專屬於日本。	《琉球處分》一六六頁。《沖繩縣史》十二，一四六至一四八頁。
五	一八七六年二月十七日（明治九年）	太政大臣（三條實美）	池城、高安、小祿親方、與那原、幸地、喜屋武、內間、親里	就斷絕琉球與清國關係，一是由日本跟清國談判；一是由琉球向清國作不失信義的陳述，二者擇其一。	《琉球處分》一六七頁。《沖繩縣史》十二，一六七至一六八頁。

編號	提出日期	呈遞官署	請願者名	請願書要旨	請願書收錄出處
六	一八七六年五月十八日（明治九年）	太政大臣（三條實美）	大宜見親方	斷絕琉球與清國的關係，請考慮琉球藩信義全失的難處。	《琉球處分》一六七頁。《沖繩縣史》十二，一八五頁。
七	一八七六年五月十八日（明治九年）	太政大臣（三條實美）	池城、高安、富盛親方、小祿、與那原、幸地、喜屋武、內間、親里	儘管接奉回琉球的命令，但如何穩定民心，令人迷惘，因斷絕與清國關係，信義全失，請再頒認琉球是日清兩屬。	《琉球處分》一六八頁。《沖繩縣史》十二，一八五至一八六頁。
八	一八七六年六月七日（明治九年）	太政大臣（三條實美）	池城、大宜見、高安、富盛、小祿、幸地、喜屋武、親里	請撤回接收琉球的刑事、民事裁判權的命令，請承認琉球藩擁有對琉球人民相互爭議的裁判權。	《琉球處分》一七四至一七五頁。《沖繩縣史》十二，一九二頁。
九	一八七六年六月十七日（明治九年）	太政大臣（三條實美）	池城、大宜見、高安、富盛、小祿、幸地、喜屋武、親里	請撤回接收琉球裁判權的請求未蒙允准，經與琉球有識之士再三商議，再請求允准。	《琉球處分》一七五頁。《沖繩縣史》十二，一九三頁。
一〇	一八七六年七月一日（明治九年）	明治政府大臣某氏	池城親方等	基於萬國公法，琉球可認定為日清兩屬抑由日清兩國談判來決定是否日本專屬？請體察琉球的情勢而善處之。	《近事評論》第五號。《那霸市史》資料篇中の四，五七八至五七九頁。

編號	提出日期	呈遞官署	請願者名	請願書要旨	請願書收錄出處
一一	一八七六年八月廿一日（明治九年）	右大臣（岩倉具視）	池城、大宜見、高安、富盛、小祿、喜屋武、親里	請憐察琉球人民的憂苦困惑，收回斷絕琉球與清國關係的命令。	《琉球處分》一六九頁。《沖繩縣史》十二，二〇四頁。
一二	一八七六年九月五日（明治九年）	太政大臣（三條實美）	琉球藩王、尚泰	斷絕與清國的關係恕難遵從，再特派富川親方等上京，陳情懇請分清名分。	《琉球處分》一七〇頁。《沖繩縣史》十二，二一七頁。
一三	一八七六年九月十三日（明治九年）	右大臣（岩倉具視）	池城、大宜見、高安、富盛、小祿、喜屋武、親里	副島前外務卿曾承諾國體、政體不會改變，是以請撤回刑事民事裁判權的指令。	《琉球處分》一七五頁。《沖繩縣史》十二，二〇五至二〇六頁。
一四	一八七六年十月廿七日（明治九年）	太政大臣（三條實美）	富川親方	斷絕與清國關係，關乎大義名分，實難遵從，今奉藩王命令，再懇請察諒。	《琉球處分》一六九頁。《沖繩縣史》十二，二一七至二一八頁。
一五	一八七六年十月廿七日（明治九年）	太政大臣（三條實美）	池城、富川、大宜見、高安、富盛、小祿、與那原、喜屋武、親里、伊江親雲上	與各國交往遵守信義名分是為原則，因就斷絕琉球與清國關係已提交了數十道請願書，懇請善處與清國的關係做到信義名分不失。	《琉球處分》一七〇頁。《沖繩縣史》十二，二一六至二一七頁。

編號	提出日期	呈遞官署	請願者名	請願書要旨	請願書收錄出處
一六	一八七六年十月廿七日（明治九年）	太政大臣（三條實美）	池城、富川、大宜見、高安、富盛、小祿、與那原、喜屋武、親里、伊江	福建布政司來咨探詢未見接貢船到來，藩王具咨文作覆。	《琉球處分》一七一頁。《沖繩縣史》十二，二一八頁。
一七	一八七八年十月（十一日）（光緒四年九月十日）	駐日荷蘭公使（另有向法國提請）	琉球國法司官（毛鳳來、馬兼才）	陳述日本要琉球斷絕與清國之關係。但琉球自明已入貢中國，五百年來列入中國外藩，並於咸豐年間與荷、美、法分別立約，係用大清年號、文字，今若斷絕與清國關係，前約幾同廢紙，是以懇請勸諭日本，使琉球國一切照舊。	《琉球處分》一七九頁。竹越與三郎著《新日本史》上。一八七九年一月廿八（光緒五年一月七）付の上海の申報。《日本外交文書》明治年間追補第一冊，二二七至二二九頁。

四　小結

中琉五百年交往，雖說是中華帝國體制下的宗藩關係，但琉球慕華學中，崇儒重道，深感明清扶助小國之恩，永矢不忘，萬世追隨，故在哀懇書中有：「累世之恩既忘，信義全無，何以為人？何以為國？」之句。凡我中華兒女捧讀，無不為之動容！數中外古今，珍視友人情義有之，甚至「士為知己者死」亦有之，但何曾見過國與國之間的相交是如此赤誠？五百年來不但無相爭，不以大欺小；中國不行霸道，只有扶持庇護，柔遠能邇[25]，鑄就中琉兩國父子般的情義（這雖然蘊含着封建儒家的禮教思想，但以德服人的王道精神還是可取的），足為國際交往史之楷模，是值得譜寫謳歌的中國外交史名篇！

還有一點非常值得我們注意的，就是琉球的國家文書（「懇請書」或稱「請願書」[26]）清楚直言：「況我琉球孤立遠洋中，國土偏小，微弱不克自保。自歸清國版圖，以其保護聲援，內外乃可無憂。」是琉球心悅誠服地要歸入中國版圖；是出於感恩之心；是中國王道與日本霸道較量的一次勝利！雖然日本以強橫的霸道，攫取了琉球的國土，不過，琉球在歷史上遺留下來的問題，中國應該還是擁有很大的發言權的。

註釋

1 日本的史書如時野谷勝著〈明治初年の外交〉（收入在《岩波歷史》一五〈近代〉中就是用「布石」之詞來描述；又如那霸市役所出版的《那霸市史・通史篇第二卷》，頁八四的標題就作：「征台之役——向沖繩布石」。

2 參見台灣銀行經濟研究室編《甲戌公牘鈔存》，台北台灣銀行出版，一九五九年，頁一八〈總署覆福州將軍文煜函〉。

3 參見赤嶺誠紀著《大航海時代の琉球》，沖繩文タイムス社出版，一九八八年，頁四五至四六，〈進貢船一覽表〉。又《那霸市史・通史篇第二卷近代史》頁九三，記貢使船兩船，合載一百八十人出航。

4 日本在爭奪琉球的議論中，常自稱「實力管治琉球」有年。對此問題筆者有另文批駁。請參閱本書附篇。

5 參見喜舍場朝賢著《琉球見聞錄》，東京東汀遺著刊行會，一九五二年，頁一二；又《那霸市史・通史篇第二卷近代史》頁九四。原文為日文，筆者據意譯出。

6 參見那霸市史編集編《那霸市史・通史篇第二卷近代史》，那霸市役所出版，一九七四年，頁九一引伊藤博文編《秘書類纂・琉球處分》，原文為日文，筆者據意譯出。

7 同註6引書，頁九二。

8 同註6引書，頁九四。原文為日文，筆者據意譯出。

9 同註6引書，頁九四至九五，原文為日文，筆者據意譯出。

10 同註5引書，頁一一三。

11 同註10。

12 同註5引書，頁一三至二〇；楊仲揆著《琉球古今談》，頁七五至七六；又《那霸市史・通史篇第二卷近代史》，頁九五至九六；又見《沖繩大百科事典》別卷〈沖繩・奄美總合歷史年表〉，頁一三二。

13 同註5引書，頁二〇、二二。

14 同註5引書，頁二二，原文為漢文。

15 同註5引書，頁八六。

16 參見楊仲揆著《中國・琉球・釣魚台》，香港友聯研究所，一九七二年，頁七九。查此引文，楊仲揆教授並沒有註明出處。筆者拚力查找，按琉球三司官跟松田交涉時，反覆哀懇，所以類似的文字散見多處。雖然查找不易，終於在《琉球見聞錄》頁二一看到日文的原文。這裏還要感謝楊教授提供的古雅翻譯。

17 同註16引楊仲揆教授的翻譯，亦再致謝忱。但這幾句的原文，則見於《琉球見聞錄》頁三五和五四。

18 同註5引書，頁二三。

19 參見米慶餘著《近代日本「琉球處分」的歷史》，收入在《第九屆中琉歷史關係國際學術會議論文集》，北京海洋出版社，二〇〇五年，頁三七三至三七四引《明治文化資料叢刊》第四卷〈外交篇〉。

20 同註19引文，頁三七五。「白詔」是指同治皇帝駕崩，「紅詔」是光緒即新帝位。

21 同註19引文，頁三七四。

22 同註5引書，頁七一，原文為日文，筆者據意譯出。

23 同註5引書，頁一〇四；又真境名安興著《沖繩一千年史》，頁六三三。

24 參見安岡昭男著，胡連城譯《明治前期日中關係史研究》，福建人民出版社，二〇〇七年，頁四〇至四一。

25 語出《詩經》：「柔遠能邇，以定我王」，是安撫遠方之意。

26 這些懇請書被收錄在《琉球見聞錄》。著者喜舍場朝賢，是尚泰王的「側仕役」，相當於侍從文書，深受尚泰王信賴，負責保管王府的文件，所以喜舍場朝賢的《琉球見聞錄》能收錄很多琉球亡國前的重要文獻，而這些文獻，內容敏感，不為日本所容，但反過來，更加突顯它的史料價值。此書於一九一四年初版，但印數不多，加上後來沖繩島蒙受兵燹之災，所以流傳甚少。戰後，於一九五二年再版，但亦僅是後人為紀念而印的非賣品，故數量也是不多。一九七七年，才有至言社印本。

第七章

何公使外交角力
日本趁勢吞琉球

尚泰王痛感國家正面臨危亡之秋，病中殫思極慮求救國之道，他深悉要令野心勃勃的日本收回成命，實在談何容易！其後，他和三司官想到用清國牌來一試。遂於一八七五年九月三日，松田道之即將回京覆命之前，致函松田，大意謂：若要琉球絕貢，請貴國與清國談判，如清廷同意，敕諭頒來，琉球當遵令絕貢[1]。琉球以退為進的下策，松田馬上拒絕：首先日本絕對不會為此事跟清國談判，而且藩王表示遵候清廷令，豈非置日本訓令於不顧？簡直是「極之不敬」！[2]

明治九年（一八七六）六月五日，日本為加強控制琉球，派內務少書記官木梨精一郎和屬官司二名，進駐琉球，與在東京陳情的幸地親方（向德宏）同船而還。琉球方面為補充陳情和游說之力，加派三司官之一的富川親方（毛鳳來）帶同隨役四、五人，於同年七月趕赴東京，匯同三司官之一的池城親方（毛有斐），屈辱地向日本各省官員和政府部門哀求。

一　琉球遣密使至閩告日阻貢

同治十三年（一八七四）底，琉球按兩年一貢之例，派毛精長率貢使團到中國詣京朝貢。按常例，翌年琉球再派接貢船往福州，將貢使團接回。但因為松田大丞在那霸宣示訓令，禁止一切船隻與中國通航，就連朝賀光緒帝登位的慶賀使團也被禁制出發。

從來謹守貢期、最稱恭順的琉球國，不獨未見接貢船帆影，連從不缺席的慶賀使團也蹤影全無，福建布政司覺事有蹺蹊，遂發咨文與尚泰王，交年前入貢的琉使三人，安排搭乘遭風避難至閩的琉球船回國。琉球國聞福建地方官員擔心接貢船在洋遭風，所以未能接回貢使團。又問及「查上年琉球國接貢船上，例應附搭恭進光緒元年分慶賀皇上登極貢典，並進穆宗毅皇帝香品，該船至今未到。」[3]

琉球正為阻貢之事而焦慮萬分，忽接福建布政司咨文，頗感安慰。為求突破封鎖，經由東京的池城親方（毛有斐）和在琉的浦添朝昭兩位三司官共同推薦，請尚泰王派幸地親方（向德宏）為陳情使，秘密往福州告狀。

光緒二年（一八七六）十月，紫巾官幸地親方向德宏，偕同都通事伊計親雲上蔡大鼎、通事林世功等，小心地藏好尚泰王的〈密咨〉，登船出海。為避日人耳目，佯稱前往伊平屋島祈願。出洋後，即轉帆直指福州。惜天意弄人，未遇好風相送，四處漂流，顛簸了四個多月才於西曆一八七七年四月抵達福州。紫巾官向德宏救國心切，馬上拜謁總督何璟、巡撫丁日昌，親手將尚泰王〈密咨〉呈上。咨文首先覆述福建布政司的詢問，然後表示感謝。最後才講述日本阻貢：

本爵意謂：敝國世列天朝屏藩，歷修貢職，代受王爵，疊蒙鴻恩，有加無已，經歷數百年之久。乃聽倭令（卻聽得日本有令），今敢自臣身首先絕貢，上而孤恩負義，不協臣子之道；下而悖志墜業，以遺先人之羞，有何面目以立於天地之間哉！隨令官吏細加商議，備由請辭，不肯聽從。業於客歲捌月拾貳日遣法司官毛有斐；本年叁月拾玖日遣紫巾官向邦棟，先後前赴倭國，再三請辭，不得聽從。本年陸月初陸日，又日本不曉所留琉使（沒有告知在東京的琉球使），直傳文書於敝國。內云：杜絕進貢一款，係日本國體、國權，雖是琉球固辭，決不聽從等由。……由是客歲既不得遣撥接貢船隻恭迎天朝勅書，併（並）接京回使臣，復不得慶賀皇上登極，奉進先皇（同治帝）香品，誠恐失忠順於天朝。本爵雖欲遣使告情，並無計之可施，日夕焦思，寢食俱廢。幸緣貴司照料周詳，行咨探問，遂將行其咨覆之處，報告倭國，方得告情之便。為此，特遣陪臣紫巾官向德宏、都通事蔡大鼎、通事林州功（本名世功）等，細備情狀，投請督撫兩院，奏請聖猷，百般昭（照）料。理合咨覆，為此備咨貴司，請煩查照施行，須至咨者，右咨福建等處承宣布政司。光緒貳年拾月拾伍日。4

此〈密咨〉有可注意之處：

一、沒有提及本國國民因遇海難漂流至台南而被土著殺害的「牡丹社事件」；更沒有談到日本出兵台灣之事，顯示出尚泰王根本沒有將上述二事放在心上；

二、沒有半句斥責日本之言；

三、「遂將行其咨覆之處，報告倭國，方得告情之便」句，似與事實有悖。因為日本已禁止琉球出船和中國往來，所以連接貢、朝賀的船也不能派出，又怎可以將「咨覆」之事先行報告給日本，取得同意，才會有「告情之便」的道理？筆者認為琉球是擔心向德宏的船隻萬一被截查，搜看〈密咨〉，其內有「報告倭國，方得告情之便」句，或會釋疑而放行。所以這是曲筆，甚至是做假之詞。

事實上確沒有「報告倭國」這一回事。因為後來日本獲悉琉球派出密使向清廷告狀，外務省即傳召在東京的陳情使池城親方（毛有斐），當聞得池城有參與推薦向德宏為密使時，更大加譴責。忠心耿介的池城親方，經十四次的上書求懇，均不獲接納，還要忍受惡言冷語，結果憂憤鬱悶，心力交瘁，再經此責難，不久（一八七七年四月三十日）便客死東京，成為琉球救國運動的第一位捐軀者。

其實，只要能突破封鎖，抵登中國，呈遞尚泰王的〈密咨〉後，便可詳細面稟，當能令督、撫明鑑。

回遡一六〇九年，薩摩藩揮軍侵入琉球，擄王殺宰相（三司官）鄭迵。其後，尚寧王簽下降書，割北五島，接受監控，但琉球國尚且沒有向大明求救，反而二百七十年後，日本要其絕貢清皇朝，琉球就等同亡國般傷痛，其因為何？

以筆者之見，可作如下分析：琉球國成為中華帝國宗藩體制下之一員，自明迄清歷五百多年，深受扶助啟迪教化之惠（當時的琉球國常以恩義為記），反過來又從不干預內政，謀取利益，令小國安心嚮慕，心悅誠服稱臣，鐵定由中華帝國敕諭冊封，才真正稱得上為王。故他們在請封時一再稟奏：「不膺冊封重命，撮土安能砥柱於中流？荒服藩臣，不奉天子褒綸，惴躬奚得安瀾於絕域？[5]」如今日本強止他們與清皇朝的往來，既「孤恩負義」，又等同摘下琉球藩王的「皮弁冠」[6]，稱王的認受性大受質疑。其用意就是不在乎於日本的貶王廢王，只要仍然准許他們向中國朝貢、榮獲冊封，保留在中華帝國宗藩體制下的一個藩王地位，就勝於一切。所以他們懇請清朝救援，絕不想被日本拆散與中國五百多年的親子般的關係。

再說何璟和丁日昌接向德宏帶來的琉球王〈密咨〉後，即奏報朝廷。至於向德宏等人，限於條例，必須留在福州的館驛等候消息。

二　首任駐日公使何如璋東渡

一八七三年四月三十日，《中日修好條規》正式締結生效，按第八條規定：兩國可在指定口岸派駐公使、理事官。日本瞬於是年底，即派出全權公使駐華，但清廷不獨籌辦遲緩，對欽派何人一議再議。至一八七六年底，才敲定由何如璋作首任中國駐日公使。翌年啟程之際，又因日本發生西南戰爭而暫緩，結果出發日期要延至一八七七年的十月。

何如璋（一八三八至一八九一年），字子峩，廣東省大埔縣同仁社崧里人。同治七年（一八六八）進士及第，選為翰林院庶吉士。何如璋雖然科舉出身，諳於詞章，但深知時局丕變，要張眼看世界，遂與中外士商、歐美牧師交遊，重視西方的機械生產，對西學頗有認識，是一位有才智的洋務官員，深得李鴻章賞識，嘗推許謂：「不圖翰林館中亦有通曉洋務者。」[7]

前文提到何璟和丁日昌奏報琉球遣使求援。他們在奏報中指斥日本廢琉王為藩，並阻止朝貢之事，還建議傳令即將赴日履任的何如璋與日本交涉[8]。所以何如璋臨行前至天津謁李鴻章，聽取訓示，其中一項任務，應是為琉球的申訴與日本交涉。何如璋在《使東述略》中也有提及：「謁李伯相，語使事頗詳」為記。[9]

光緒三年（一八七七）十月十九日（西曆十二月二十七日），何如璋偕副使張斯桂，率同參贊黃遵憲、正理事范錫明、副理事余瓗等四十餘人從上海出發，躊躇滿志的吟出：「排雲直指海東來」、「飛輪日夜真千里」句[10]。二十六日抵長崎，後再轉神戶。當他們駐節暫歇之際，駐日的琉球官員代表等已打聽得消息，潛行至神戶，秘訪何如璋，稟以阻貢之事。何如璋上李鴻章函，開首即說：「阻貢一案，在神戶時球官來謁，察其詞意，誠有如上諭。」[11]

潛行而至的琉官正是馬兼才（與那原親方），他伏地叩稟，復出示琉王密函，內意約謂：「今日阻貢，行且廢藩，終必亡國。」

試問又有誰料到：中國首任駐日公使何如璋的首項外交議題，竟是棘手的琉球歸屬問題。何如璋明白此一重任，但此時尚在旅次，不便詳詢，而馬兼才等亦甚恐懼，便吩咐他們回去將阻貢後與日之往來文書抄備，在東京相見時交來。

此時，池城親方已憂憤而終，在東京領導陳情救國運動的任務就由毛鳳來（富川親方）來擔負。毛鳳來等依照吩咐，多次往謁駐在東京的何如璋公使。何在上李鴻章函中續說：

所謂另有別情者，因飭其將阻貢後，所有與日本往反（通返）文書悉鈔一份備覽。寓東京後，駐日球使毛鳳來等，迭次求見，收其各稟，如璋反復查閱。[12]

乃知琉球在一六〇九年曾被薩摩藩擄王迫降，役屬薩摩。琉球懦怯，隱忍不敢言。近強行廢王為藩，阻貢改年號，是要琉球斷絕與中國的關係，以為吞滅琉球掃除障礙。

何如璋在東京遞交國書後，即展開他的外交工作。他既交友請益，又旁觀目擊，仔細分析，數月下來，即能洞悉日本去年西南戰爭內耗甚巨，維新之政推行費資不菲，國債逾二億。但建樹仍未多，民心不靖，所以年前出兵犯台，是攻打山地土著，無意將戰事擴大與中國官軍全面開戰。因此，當大久保利通議和歸來，「國人交慶」，可知當年日本是虛張聲勢。如今，日本國力未足，兵力未強，琉球改宗之爭，中國可以力挺，並提出三策供朝廷考慮。他又向李鴻章分析：「中東（中日）和好，終不可恃，阻貢不已，必滅琉球；琉球既滅，行及朝鮮。」[13]

何如璋的論析，極具卓見，「琉球既滅，行及朝鮮」，果然應驗。只是清廷的權臣和李鴻章卻沒有採納。

這裏不妨看一看光緒四年（一八七八）四月初七日何如璋給李鴻章的三策是甚麼良謀妙計。

上策：一面辯論，一面遣兵舶責問琉球，催促來貢，以顯示大清的宗主國地位，是不會和日本相爭的；

中策：據理力爭，若日本執意廢王為藩，着琉球反抗，如日本起兵伐球，我出師助琉球夾擊；

下策：據理抗爭，如若不聽，援取公法，邀各國評之。[14]

「上策」是擺姿態，可以察看日本的反應，再徐圖後計；「中策」是硬碰對陣；「下策」僅剩口舌筆墨之爭。結果何如璋的下策，卻成為李鴻章的上策。李鴻章的分析是：「子峩（何如璋）向鈞署所陳上中下三策，遣兵舶責問及約球人以必救，似皆小題大做，轉涉張皇。」[15]

李鴻章又認為：「琉球以黑子彈丸之地，孤懸海外，遠於中國而邇於日本。昔春秋衛人滅邢、莒人滅鄫，以齊晉之強大，不能過問，蓋雖欲恤鄰救患，而地勢足以阻之。中國受琉球朝貢，本無大利，若受其貢而不能保其國，固為諸國所輕……爭小國區區之貢，務虛名而勤遠略，非違不暇，亦且無謂。」[16]

其時，積弱的清朝步向衰微，才十八歲的同治帝親政不到兩年便駕崩，換來還是稚童的光緒繼位，慈禧再垂簾聽政，當然談不上英明的領導。因此，內則親王、老臣因循守舊，不敢僭越半步，國家無法興革；外則列強環列，藉詞侵擾，逼簽不平等條約。如此內憂外患，百病纏身，大清已是自身難保，東邊因為琉球之危與日本齟齬，而西邊軍情更吃緊，中俄因為伊犁問題日趨惡化。清廷擔心遭受左右夾擊，權衡輕重之下，對孤懸海外的琉球問題，以公法為辦，及以外交干涉的和平手段來力爭，然後集中力量應付伊犁的問題。最終總理衙門奕訢亦同意說：「再四思維，自以據理詰問為正辦。因復與北洋大臣李鴻章往返函商，意見亦復相同。」[17]

朝廷既定下方案，何如璋惟有在外交的爭辯中，力挽琉球國的存亡。

此時，清政府大臣之間在稟議咨論琉球問題時，開始使用「琉球事」、「球事」來稱之。其後，再轉稱「琉球案」或「球案」。而日本則繼續沿用「琉球處分」的說法。

三　何如璋外交角力挽琉球

何如璋與隨員一度為公使館的選址而煩惱。當稍能安頓，準備開展外交工作之際，已屆溽暑炎夏。日本的省署，也效歐美，放起暑假來。何如璋沒有閒下來，向駐日美使平安（John A.Bingham）游說，請他將琉球的告稟轉達美國，以阻止日本違反公法。平安快諾應允，惜不久歸國，擱置後沒有了下文。[18]

02

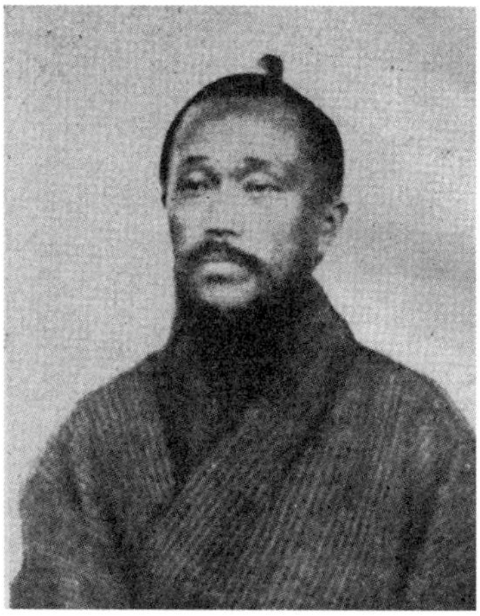

01

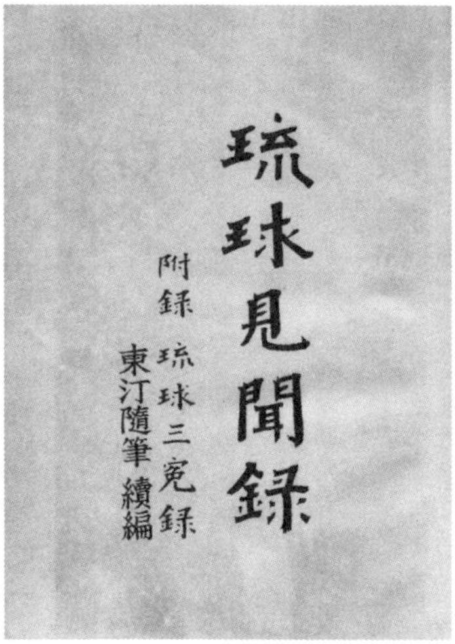

04

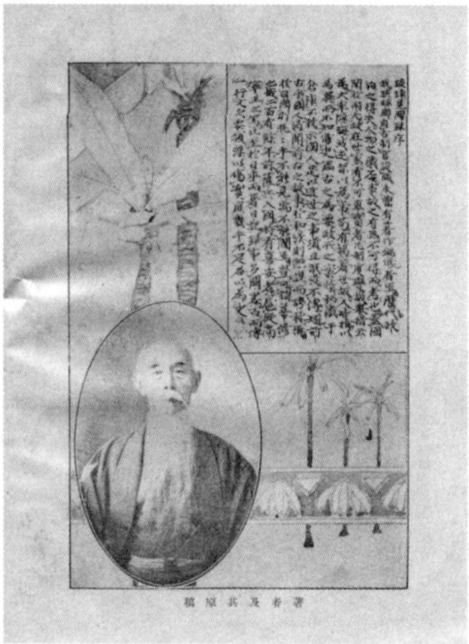

03

01 三司官富川親方(毛鳳來)。

02 與那原親方(馬兼才)。

03 尚泰王的侍從秘書喜舍場朝賢及其手稿。

04 喜舍場朝賢晚年著述的《琉球見聞錄》。(筆者藏)

一八七八年九月，何如璋又向琉官毛鳳來獻計，將〈告稟〉送到與琉球有訂約的荷、法、美的公使館，請求他們向日本施壓。〈告稟〉首先縷述中琉的宗藩關係，抗議日本的無理欺壓，最後強調琉球與荷、法等國立約，皆用「大清年號」，若琉球歸由日本管轄，「則前約幾同廢紙」。這些〈告稟〉的用詞基本一致，現將〈上法蘭西國公使〉摘錄如下：

具稟：琉球國法司官（毛鳳來、馬兼才）等為小國危急，切請有約大國俯賜憐鑒：小國自明洪武五年入貢中國……相承至今，向列外藩，遵用中國年號、曆朔、文字，惟國內政令，許其自治……遇有漂船遭風難民，大清國各省督撫皆優加撫恤，給糧修船，安遣回國。自列中國外藩以來，至今五百餘年不改。前咸豐九年（一八五九），大荷蘭國欽奉全權公使加伯良來小國互市，曾蒙計（訂）立條約七款，條約中即用漢文及大清國年號，諒貴公使有案可以查考。大合眾國、大法蘭西國亦曾與敝國立約。……同治十二年（一八七三），日本勒將敝國與大荷蘭國、大合眾國、大佛（法）蘭西國所立條約原書送交外務省……敝國雖小，自為一國，遵用大清國年號，大清國天恩高厚，許其自治。今日本國乃逼令改革。查敝國與大荷蘭國立約係用大清國年號、文字，今若大清國封貢之事不能照舊舉行，則前約幾同廢紙，小國無以自存，即恐得罪大國，且無以對大清國，寔深惶恐……今事處危急，惟有仰仗大國勸諭日本，使琉球國一切照舊。闔國臣民戴德無極。[19]

後來，報紙將琉球〈告稟〉的消息刊出，英法等國家即向日本提出抗議。日本冷不及防，慌忙應對，惟有向西方諸國再三保證，一定落實履行琉球所簽的合約，始平息列強的抗議。

何如璋此舉本是想列強關注，公法評理，作出干涉，壓日本，挽琉球。可惜不但沒有取得成功，反而造就了日本因承擔履行琉球合約的責任，變身為琉球的宗主國。假如因此便怪罪何如璋，這是不公平的。因為西方列強沒有視琉球是一個獨立國家，沒有尊重琉球國的意願，口講萬國公法，算到利益時，就取利忘義，一頭栽到日本身上去。

當暑假結束，何如璋即於九月三日往訪外務省，開展外交談判工作。其時，外務卿為寺島宗則（一八三二至一八九三），他是薩摩藩的士族，曾赴歐考察，後來更成為派駐英國的公使。他對薩藩和琉球的交往史當然熟悉，加上學會一些萬國公法，常引用來處理琉球問題，以顯示日本「合法」，行事作風硬朗。當他被何如璋詢及何以阻止琉球進貢？即答謂：琉球是日本的屬地，過去日本默視琉球與外國交往，今明治政府擔心琉球被其他國家侵吞，所以收回琉球的外交權，跟清國的封貢關係亦告中止。何如璋當然不表同意，指出琉球與中國已有五百年的宗藩關係，而且琉球甘願歸附稱臣，日本不應罔顧琉球的意願。跟着，雙方你一言我一語的爭論起來。第一輪會談沒有結果，雙方同意約期再談。

九月十八日，何如璋與外務省的大書記官宮本會面，宮本轉達寺島外務卿的說詞，希望兩國不要因為蕞爾小國琉球而傷和氣。何如璋的回答：是誰人挑起了事端？

九月二十七日，何如璋再訪晤寺島宗則，此次二人的談判，不再轉彎抹角，各陳己見，激烈爭辯。寺島外務卿套用殖民主義的萬國公法，稱薩摩藩二百年前以實力管治琉球，是先佔原則的「實力管轄領有」，反指中國沒有實際管轄過琉球，所以對琉球國是沒有主權可言。何如璋以請封、冊封、奉正朔是天朝對藩屬的管治體制，懷柔深仁，重教化而不涉其內政，有別於日本所謂的「實力管轄領有」。同時又舉出琉球與美、法、荷訂立合約，可見琉球是被西方諸國承認的一個王國，日本的實力管轄之說成疑。

關於中日對琉球管治的爭議，是中國王道主義的軟實力勝還是日本的「實力佔有論」贏？筆者另有專文作論析，請參閱本書附編〈從琉球國向明清請封、奉正朔比較中日的管治權威〉。

四　何如璋發〈照會〉日誣為「暴言」

何如璋以多次交涉無效，不能不提出嚴正的照會，而這也是遵從「以據理詰問為正辦」的指示來跟日本交涉的。這篇措辭嚴正的外交文件，竟被日本指為「暴言無禮」，鬧出所謂的「失言事件」。既然爭議如此大，下面就將這篇由何如璋和副使張斯桂聯署的〈照會〉抄錄，以供參考。

大清欽差　大臣何
　　　　　副使張　為

照會事。查琉球國為中國洋面一小島，地勢狹小，物產澆薄，貪之無可貪，併之無可併，孤懸海中，從古至今，自為一國。自明朝洪武五年，臣服中國，封王進貢，列為藩屬，惟國中政令，許其自治，至今不改。我大清憐其弱小，優待有加；琉球事我，尤為恭順，定例二年一貢，從無間斷，所有一切典禮，載在大清會典禮部則例及歷屆冊封琉球使所著《中山傳信錄》等書，即球人所作《中山史略》、《球陽志》並貴國人近刻《琉球志》，皆明載之。又琉球國於我咸豐年間，曾與合眾國、法蘭國立約，約中皆用我年號、曆朔、文字，是琉球為服屬我朝之國，歐美各國無不知之。今忽聞貴國禁止琉球進貢我國，我政府聞之，以為日本堂堂大國，諒不肯背鄰交、欺弱國，為此不信不義、無情無理之事。本大臣駐此數月，查問情事，切念我兩國自立修好條規以來，倍敦和誼，條規中第一條即言：兩國所屬邦土，亦各以禮相待，不可互有侵越，兩國自應遵守不渝。此貴國之所知也。今若欺凌琉球，擅改舊章，將何以對我國？且何以對與琉球有約之國？琉球雖小，其服事我朝之心，上下如一，亦斷斷難以屈從。方今宇內交通，禮為先務，無端而廢棄條約，壓制

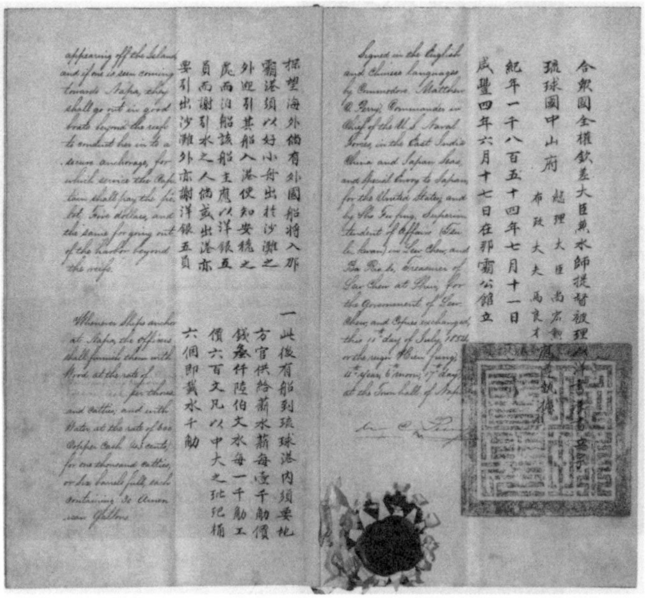

05

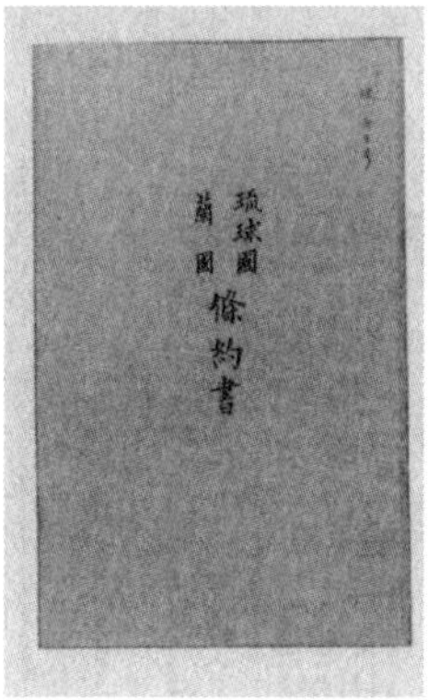

07

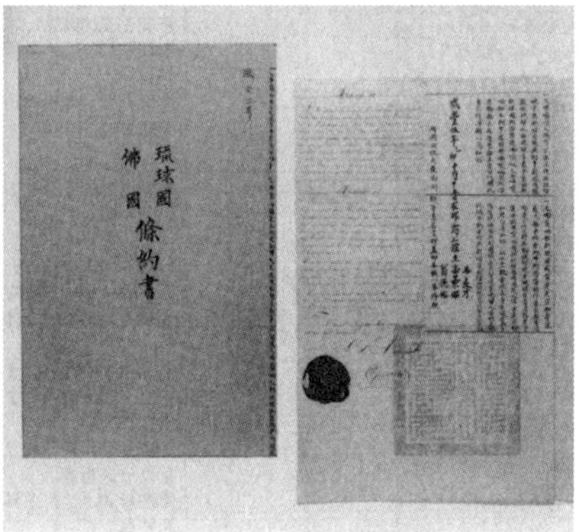

06

05 **1854** 年琉球國與美國簽訂的《通商條約》，所使用的年號是清季的「咸豐」。

06 **1855** 年琉球國與法國簽訂的《通商條約》同樣使用「咸豐」年號。

07 **1855** 年琉球國與荷蘭簽訂的《通商條約》同樣使用「咸豐」年號。

小邦，則揆之情事，稽之公法，恐萬國聞之，亦不願
貴國有此舉動。本大臣奉使
貴邦，意在修好，前兩次晤談此事，諄諄相告，深慮言晤（語）不通，未達鄙懷，故持（特）據實
照會，務望
貴國待琉球以禮，俾琉球國體、政體一切率循舊章，並不准阻我貢事，庶足以全友誼，固鄰交，不
致貽笑於萬國。
貴大臣辦理外務，才識周通，必能詳察曲直利害之端。一以情理信義為準，為此照會
貴大臣，希即據實照覆可也。須至照會者：

右照會

大日本國外務卿寺島

光緒四年九月拾貳日（一八七八年十月七日）[20]

〈照會〉先言史事，道明中國與琉球的宗藩關係，點出中日簽訂修好規條，「兩國所屬邦土，亦各以禮相待，不可互有侵越」，繼而嚴詞詰問：「今若欺凌琉球，擅改舊章，將何以對我國？」日本外務省接過較之交涉時措詞強硬的〈照會〉後，沒有馬上回應，反而小心研究，作出周密的部署。他們在一個多月後的十一月二十一日，才由寺島外務卿覆函，反斥何如璋，直指〈照會〉粗暴無禮。張啟雄先生摘譯了寺島的覆函，這裏引錄如下，並向張先生致謝。

貴國政府在尚未熟知我國政府所以發此禁令（筆者註：指阻貢）之道理前，忽然向我政府發出如此假想暴言，豈是重鄰交、修友誼之道乎？若貴國政府果真命閣下須發此等暴語，則貴國政府似

已不欲保持以後兩國之和好，願貴大臣將此旨意轉知貴國政府。……[21]

〈照會〉的詰問之詞竟被說成「暴言」，大有強加之意。何如璋即於十一月二十九日回函，堅持說：

此（球）案經本大臣兩次面商，再三相勸，因恐未達鄙懷，是以備文申論，並非陡發之言。然前函不欲直指而委曲以相告者，正本大臣厚待鄰交之意，不圖貴大臣反以為言也。[22]

但日本外務省把〈照會〉提升為「失言事件」，甚至要何公使撤回「暴言照會」，並提交謝罪狀，否則兩國再無談判餘地[23]。日本故意將這場外交爭議弄僵，把談判大門關上，斷絕了何如璋的交涉管道，然後部署他們吞併琉球的最後一步棋。其後，儘管何如璋繼續抗議，但背後沒有清廷的支持，亦只能淪為最初所說的「口舌文墨」之爭而已。

五　日本拒談判，趁勢吞琉球

一八七二年，日本強行貶尚泰王為藩，併入日本華族，是吞併琉球的第一步。

一八七四年，藉詞保護琉球船民而侵台，致使清廷須承認琉球是日本的屬國，是吞併琉球的第二步。

一八七五年，強令琉球斷絕朝貢清國，禁用大清正朔，改用日本年號，以解除中國與琉球的宗藩關係，是為吞琉第三步。

接着運用外交「戰術」，故意指責何如璋公使的〈照會〉粗暴無禮，關起在日本的談判大門，以減少噪音，順利吞併琉球。

在這期間，日本的政壇也發生了震動。明治十年（一八七七）一月三十日，西鄉隆盛起兵反政府，因而爆發了西南戰爭，亦因此令何如璋公使延期到日履任。明治政府為鎮壓西鄉，由大久保利通率軍南下九州平亂。九月，圍西鄉於鹿兒島。兵困城山，西鄉隆盛無力挽回敗局，切腹自盡。其實大久保和西鄉，既是同鄉（鹿兒島），又是年青時的好友，更是倒幕（府）同志，同為明治三傑（另一人是木戶孝允），卻因政見不合而至兵戎相見，自相殘殺。擁護西鄉隆盛的士族，不恥大久保利通所為——迫死戰友，遂有為西鄉復仇之誓。翌年五月十四日，島田一郎等士族埋伏在東京紀尾井坂，乘大久保利通上朝路過，將他伏擊，大久保終年四十八歲。

大久保利通雖非第一把手的太政大臣，但他文武兼備，能出謀獻策，故深受重用，可以說是手握實權的執行者。被暗殺後，大久保的路線能否繼續？一度惹起懸想。但很快一切便回到正軌，因為繼任人是穩重幹練的伊藤博文。後來李鴻章與伊藤交手，馬上判定伊藤是一位治國之才。[24]

伊藤博文接任內務卿後，看到琉球向美、法和荷蘭等國哀稟求助，琉球問題有國際化的趨勢。同時，何如璋公使正從外交途徑跟寺島宗則角力，提出恢復琉球國自主，並不准阻貢。這些都對吞併琉球造成阻力。為加快行動，除了藉詞〈照會〉無禮，拒與何公使談判外，並即指示松田道之提交處理琉球的具體方案。

一八七八年十一月，松田向伊藤提交了《琉球藩處分案》。方案首先概述了日本與琉球的交往歷史，然後指責琉球派遣密使往中國投訴，復要求駐日各國公使施以援助，令日本不能不作出處理。直接簡單之法，就是下達廢藩置縣、藩王居住東京之令。逼令藩王移住東京，是借鑑當年島津薩藩擄王至鹿兒島的成功經驗。藩王若殊死不離其地，遂以兵威一併拘留抗拒者。因此，廢藩置縣當首先讓藩王退離居城，讓其住在別墅，使之無復妨害縣治[25]。松田進一步提出了十四條具體執行方法。如在發佈命令前，向琉球分營增派若干兵員，然後任命負責處分的官員與縣令；廢藩置縣的縣廳設在首里城（第二條）；禁止琉球官吏滯留在東京，須迅速返回琉球（第六條）；同時向琉球王宣佈：公開交出首里城，自今而後住在東京，前往東京之前，可暫住在別墅。結果，松田的方案就成為日本執行「廢琉置縣」的藍本。[26]

一八七九年一月，內務大書記官松田道之第二次被委派往琉球，主要任務是頒佈三條太政大臣的〈督責書〉，強調必須遵守斷絕與清國往來的命令，更明示裁判事務的交接事宜。此行松田僅帶了幾位隨員，而駐留在東京請願奔走兩年半的三司官富川與那原，以及大宜見喜屋武，也同船歸國。[27]

一月二十五日，松田一行抵達那霸。翌日即於首里城南殿，向藩王代理今歸仁王子及按司親方等宣讀太政大臣的〈督責書〉，又遞交松田本人的〈意見書〉。內容指責琉球暗派向德宏到中國投訴，而在京的陳情使屢屢向外國公使請願，是違反國憲的大不敬行為，因此招至政府嚴厲督責，理應自省。進而向琉球恐嚇說：「以上陳述，其主旨閣下當詳為瞭解，現另紙傳達有關之條件，當從速回呈遵命書，倘有不從，將嚴加處分，則藩王之安危，亦繫於今時……答覆期限，定在下月三日上午十時。倘仍不遵從，拙生即回京復命。」[28]

一個星期過去，二月三日尚泰王作覆，但不是甚麼「遵命書」，而是搬出大清來，拒不從命：

藩廳眾官吏，收到來書，坦然自安，毫無畏懼之色。咸謂清國乃富強大邦，向重威信，若其藩屬被他國侵犯，絕不置之不問，否則有何顏面對歐美諸國？是以琉球事件，業經東京駐劄公使何如璋、張斯桂向日本政府詰問。據此情況來看，（日本）政府若施暴於我，清國是必憤然起師來助。藩中上下眾志成城，以堅拒（日本）政府之命為得策。[29]

尚泰王續答：

因清國駐東京公使向敝藩使者查問，始將實情告知。既然已向外務省照會，若在未達成協議前就已說遵從一切，則不僅難以向清國交代，更會遭受譴責，令敝藩進退兩難，憂戚不已。因此實難回奉遵命書。……尚祈察憫。舉藩拜伏哀懇。

琉球藩王尚泰

明治十二年（一八七九）二月三日

太政大臣三條實美殿[30]

松田大書記官收到尚泰王拒絕從命的覆函，當然大為不滿，而且還用大清來相脅，更加惱怒非常，即揮筆疾書：「今日對下達條件的答覆，可視為拒不從命之意，尤其是言稱清國駐日公使對我外務省發出照會云云。我國政府與清國政府間的事情，與閣下對我政府奉命答覆之事並無關係。然卻專門以之為口實，拒不從命，甚不條理，我政府終究不能容許。……當迅速歸京復命，閣下可待後命耳。」[31]從上函來看，松田之怒可知。而喜舍場朝賢描述當時的情況更加峻急，文曰：「松田大書記官領過覆函後，當下即謂：『就等日後處分可也！』翌（四）日馬上開洋歸京。」[32]

二月十三日，松田返抵東京復命。二月十八日，日本政府根據伊藤博文內務大臣的建議，決定「處分琉球」。松田作為處理琉球問題的老手，再被任命起草〈處分方法〉。他在〈處分方法〉中，描劃出具體的執行安排：「當遇到藩王或藩吏抗拒處分，拒不離開首里王城、拒不交接土地、拒移交官方帳簿等，可交付警察拘留；若有謀反兇暴行為，則與分營商議，出動武力處分。」[33]

明治十二年（一八七九）三月十一日，松田道之被加封為琉球處分官，第三度南下琉球。同月十三日，松田與遠藤達等官吏，率領警察巡查隊共一百六十多人，登乘高砂丸汽船，從橫濱出發前往琉球。

另一方面，熊本分遣隊的益滿大尉點了四百步兵，由鹿兒島出航，匯同松田的高砂丸，於二十五日上午靠泊那霸港。[34]

那霸琉球人看到大汽船靠岸，軍警隨船而至，擔心戰事爆發，紛紛收拾細軟逃去鄉間。有了武裝部隊撐腰，松田大書記官兼處分官好不威風，在三月二十七日率領隨員及警部巡查百餘人，浩浩蕩蕩的進入首里城。在書院廣場上，松田向藩王的代理人今歸仁王子、三司官及眾官員，宣讀〈廢藩置縣令〉的處分。這道〈廢藩置縣令〉非常簡短，日文原文才三十來字，便可以將琉球國廢滅。筆者現將該處分令直譯如下：

> 廢琉球藩，並設置為沖繩縣。謹此佈達。而縣廳則設於首里城。[35]

除了下達〈廢藩置縣令〉外，松田更傳達其他的執行令來。主要包括查封官家文案、交出琉球國政府和民間的土地登記紀錄，並馬上封鎖首里城，規定沒有內務官吏發出的通行證不得進出。

滅琉的重要一着，就是要防範一國之君尚泰王，因為他的影響力不小，日本不敢掉以輕心，非將尚泰王脅持回東京不可。松田根據他的處分方案來部署，首先下令尚泰王遷離王城，並清楚指令尚泰王必須前往東京；而在出發往東京之前，限於三月三十一日中午之前必須遷出首里城，可暫居尚典的邸宅內。

說「遷出令」倒不如說是驅逐令。群臣不忍抱病在身的尚泰王還要遭受遷居的折騰，曾聯署懇求松田收回成命，但不為接納。此際距離遷出期僅四天，普通人搬遷也覺短促，何況是五百年的王家，其狼狽情況可想而知。面對松田鐵令如山，末路君王不再乞憐，召集了官吏、士族乃至平民數百人，連日將宮內的箱櫃簞笥扛出，又搬出鹵簿器具圖書、衣衾絹繡布疋及百般器物、珍寶藏品等，集中放置在中庭，以致倚疊堆積如山。三月二十九日，走夫販卒及士族官紳全部出動，由早至晚，拼力把這些王家器物搬出城外。松田帶來的官兵、巡警，在城門設防站崗，對搬出的物品一一飭令開鎖拆封，稍有怠慢，小則喝罵，大則劍棒齊來，也不知打破和毀壞了多少器具！是夜，尚泰王和兩位夫人（王妃已早逝）、王子、郡主等，在數十近臣、侍婢簇擁下，分乘轎輿倉皇出城。其慘況一如尚寧王遭薩摩擄去那樣，堪歎二百七十一年後琉球國的悲劇又再重現！[36]

眼見國亡家破，忠臣賢士痛心欲絕，但又無力扭轉乾坤，惟盼清國早日出兵來救。眼下惟有對日採取不與合作的消極態度：拒絕接受任命（如島尻的半見城）；拒絕移交各種公文（如中頭的勝連、國頭各郡）；又在日方宣讀告諭時，傲然倨坐，甚至總體退席，公然反抗（如中頭的西原、國頭的羽地等）。更有激憤的士族立誓，「不作任何與大和人內通之事」，聲言「本人性命聽其自然，父母妻子受到流刑」，也在所不辭。[37]

一八七九年四月四日，日本向全國公告廢琉球藩、新設沖繩縣。日本新增沖繩縣，就是正式吞併琉球國，琉球國遂告滅亡。翌（五）日，又宣佈委任鍋島直彬為沖繩縣縣令。鍋島接令後，於五月從橫濱出發上任。

在此期間，松田處分官不斷施壓，催促尚泰王上京。按司親方等數十人，聯署上書松田，懇求准許抱病在身的藩主延期動程。由最初的五個月、四個月，一再求情短縮至百日，到最以八十日作限期。又為求松田應允，願以中城王子尚典代父晉京。松田正為琉球士族的反抗而蹙眉，如今極具影響力的世子尚典願意代父赴京，可使琉球臣民失去一位受擁立的人物，是順水人情的一舉兩得之法[38]。是年四月二十七日，尚典和隨員古謝按司、湧川按司（今歸仁王子的長子）與及舊藩官員、從僕等共七十餘人，與成千上萬的琉球官民江干淚別，登船遠去。五月二日，抵達東京，翌日即乞請恩准尚泰王延期上

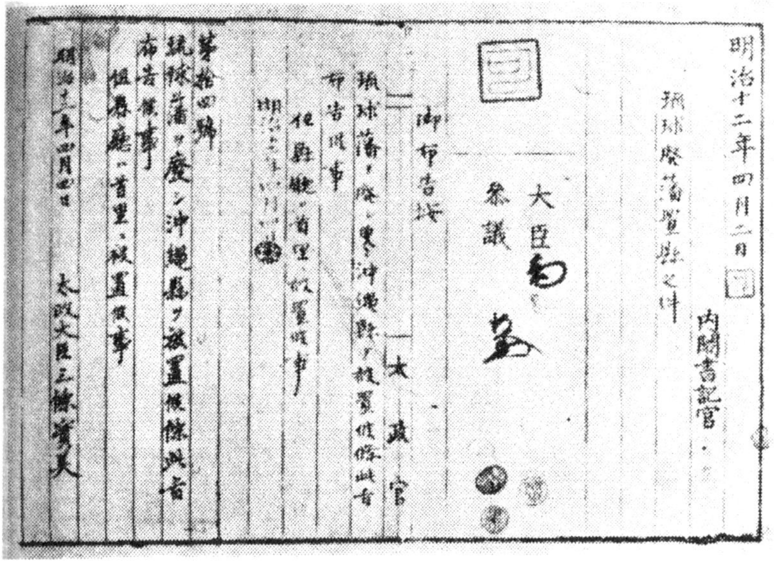

明治十二年四月二日

琉球廢藩置縣之件

内閣書記官

大臣

參議

御布告按

琉球藩ヲ廢シ更ニ沖繩縣ヲ被置候條此旨

布告候事

但縣廳ハ首里ニ被置候事

明治十二年四月 日

太政官

第拾四號

琉球藩ヲ廢シ沖繩縣ヲ被置候條此旨

布告候事

但縣廳ハ首里ニ被置候事

明治十二年四月四日　太政大臣三條實美

08

10

09

08 日本吞併琉球國的公告。明治十二（1879）年 4 月 4 日，太政大臣三條實美簽發〈琉球廢藩置縣〉令。（引自 1974 年版《那霸市史．通史篇第二卷》）

09 尚泰王被逐出首里城，遷至龍潭邊上王太子所居的中城御殿，從此便變成尚家之邸。

10 代父上京的王子尚典。

京[39]。但日本政府將尚典王子軟禁下來，仍繼續催迫尚泰王啟程。原來這才是松田道之的局中局。

五月十八日，汽船東海丸進入那霸港，載來宮內省御用陸軍少佐相良長發、侍醫高階經德。二人是應松田之邀而來。翌日即同赴中城殿，由高階侍醫為尚泰王診視病狀。診斷報告當然是病情並非十分嚴重，可作遠行。於是松田道之發令，由五月十九日起算一個星期以內，尚泰王務須起駕上京。[40]

事已至此，末路君王亦難以抗拒，乃選定五月二十七日登程。是日清晨八時，尚泰王偕同十四歲次子宜野灣王子尚寅及一眾官員，詣廟拜辭。中午十二時，即登乘東海丸拔錨北航。隨行人員有舊三司官與那原親方等百多人，而前來送行的官吏，包括王子、按司、親方和琉球民等共數千人。[41]

尚泰王去國歸降，北上稱臣，六月九日船泊東京品川港。稍事安頓，尚泰王即赴宮內省小御所覲見明治天皇、皇后。接着正式被摘去藩王稱號，敘列為從三位的華族，賞賜二十萬日圓。王子尚典、尚寅、伊江、今歸仁亦獲列華族，享年俸；其他官吏，亦同時得到賞賜。尚泰王更獲賜坐落麴町的邸宅，但戶籍必須遷到東京來。就這樣，尚泰王被變相軟禁在東京，雖多次請還歸里，終不獲准。至明治三十四年（一九〇一）八月九日薨逝，終年五十九歲。[42]

明治政府對尚泰王等人的賞賜似十分慷慨，但就這樣便換了一個琉球國回來，是慷慨還是十分划算？就連豎子也能知之！另一方面，琉球武備不修，日本破城可謂不費吹灰力，連一槍也沒有放過，便能奪「球」而歸。琉球不設防之甚，真令人難以置信！

駐日公使何如璋聞日本廢球置縣，馬上往晤內務卿伊藤博文，以球案尚在商議中，何以派員「處分」？伊藤力辯：「必無他事！」何如璋再往見外務卿寺島宗則。寺島推說：「既經派出，非所能阻，兩國議妥，即可撤回。」迨四月四日，日本正式宣佈：廢球為縣。何即以當時剛連接好的電報向清廷告稟，復修函詳報，並希望藉詞「以事無可商，即將告歸，」其用意是要向日本抗議。但朝廷的回示依然是無作為的：「仍在日本將此案妥為隨時商辦，勿遽回華，以顧大局，是為至要。」[43]

六　小結

其實，大家心裏都明白，沒有強大軍力作後盾的外交，僅能作口舌之爭，是難有成效的。中國與朝鮮、越南、琉球等國構成的宗藩體制，顯示出大中華秩序。作為天朝的清廷，為維護尊威，當然要注意維持大中華秩序的完整。琉球遠隔重洋，無取勝把握，清廷不敢揮軍渡洋。轉若朝鮮、越南等陸地相連，早已出兵馳援。後來的「中法戰爭」、「甲午戰爭」都可以證之。積弱的清廷，要挽救琉球，只有繼續向日本提出抗議。但日本已吞下琉球，又看穿清廷不敢貿然出兵，一直採取不搭理的態度。

談到何如璋的〈照會〉，有史家指何公使一出，加速了日本滅琉球的行動，反成亡琉的催命符。但筆者未敢認同，應該清楚明白日本是藉何公使的〈照會〉故意製造「外交失言事件」，既片面終止談判，又看到清廷只會抗議，沒有再提升任何行動，連虛張聲勢也沒有，兼且中俄關係緊張，這種種原因加在一起，才促成日本在收到〈照會〉後不到半年，便馬上吞併琉球，故萬萬不能就此屈了何公使。再說，琉球告急求助乞援，何如璋作為駐日外交公使在外交層面上是盡了心力，敢於抗爭，又嘗試向列強游說，惜最終無功而還。但他總算代表了清廷，在外交上竭盡全力維護素來恭順、忠心的琉球國，雖然未能取得成功，而且何如璋更落得「暴言」之名。今天重新檢視這段歷史，應該還回何公使一個公道。

「弱國無外交」，千古名言，這裏且引同在光緒年間出任駐外國公使的崔國因所作的感言：

> 今地球各國，其強者，大抵皆恃勢而蔑理；其弱者，大抵皆有理而無勢。惟兩強相遇，則有理者可以求伸；以弱遇強，雖有理而無益也。此謀國者之所以貴自強也。[44]

這番肺腑之言，置諸今天，仍然可以奉為外交工作上的金科玉律。

關於「琉球處分」，明治年間的日本人也有不少對此持異議的，其中白川縣住持佐田介石更是從「出兵台灣」一事已持否定態度，他在上左院的建白書〈清國不可討〉中毫無顧忌地指出：「琉球素奉中國正朔，接受中國冊封，固為中國之屬國。因此，日本並無以琉球人被害而向中國問罪之理。」佐田介石甚至設問質疑在此之前日本的介入琉球，蓋琉球既然奉中國正朔為中國屬國，日本又何介入其間授予琉王藩號？佐田認為如果清國以此理相責，則其結論將是日本強奪中國屬地。[45]

對於日本吞併琉球說成是廢藩置縣這樣的謊言，日本有正義的史學家是不表認同的。著名的歷史學者井上清在其著作中直斥其非：「違反他國意願，以武力等威壓手段來進行吞併，將該國的存在抹殺掉，這樣還不說是侵略是甚麼？[46]」他進一步明言：琉球不是「自然的民族統一」，而是「侵略的統一」。[47]

註釋

1 參見喜舍場朝賢著《琉球見聞錄》，東京東汀遺著刊行會，一九五二年，頁六六至六七，〈琉球藩王尚泰於明治八年九月三日致函內務大丞松田道之〉。

2 同註1。

3 參見西里喜行編《琉球救國請願書集成》，東京法政大學沖繩文化研究所出版，一九九二年，頁三五，引〈尚泰王密告日本阻貢派向德宏陳情咨文〉。

4 錄自西里喜行編《琉球救國請願書集成》頁三五引的〈咨文〉，標點為筆者所加。

5 參見沖繩縣立圖書館史料編集室編《歷代寶案校訂本》第一冊，沖繩縣教育委員會出版，一九九二年，頁五九二。

6 明清對琉球冊封時，都有賚賜皮弁冠，早期的皮弁冠是用鹿皮製成，後來改以黑縐紗為之，且是七旒。現存品曾於日本展出，在黑縐紗上縫上十二條金柱，每柱再綴上五種顏色的水晶、珊瑚，近頂部有金簪橫穿，底部兩側有橘紅的結冠纓帶。整頂皮弁冠，工精藝高，極華麗美觀。

7 參考自林言椒、范書義主編《清代人物傳稿》下編，內收費成康著〈何如璋〉，遼寧人民出版社，一九八五年，頁二一九。又《第一屆中琉歷史關係國際學術會議論文集》內收張啟雄著〈何如璋的琉案外交——以「失言事件」為論題中心〉，台北中琉文化經濟協會，一九八八年，頁五六四。

8 參見《清光緒朝中日交涉史料》，台北文海出版社，一九六三年，頁一一，〈閩浙總督何璟等奏琉球職貢日本梗阻折〉。

9 參見《早期日本遊記五種》，內收何如璋《使東述略》，湖南人民出版社，一九八三年，頁四六。

10 同註9引書《使東述略》，頁六九〈使東雜詠〉。

11 參見《李鴻章全集》第六冊〈譯署函稿〉，中國海南出版社，一九九七年，頁三〇九七。

12 同註11引書，頁三〇九七〈譯署函稿．何子峩來函〉。

13 同註11引書，頁三〇九七至三〇九八。又據《清光緒朝中日交涉史料》，台北文海出版社，一九六三年，頁一二。

14 參見溫廷敬輯錄《蔡陽三家文鈔》，戴培基助資印行，一九二五年，頁三至四，〈與總署總辦論球事書〉。又註七引書張啟雄著〈何如璋的琉案外交——以「失言事件」為論題中心〉，頁五七二。另同註11引書，頁三〇九六。可知何如璋此〈論球事書〉

是寫於一八七八年的四月七日（五月八日）。

15 同註11引書《李鴻章全集》，頁三〇九六〈譯署函稿．密議日本爭琉球事〉。

16 同註11引書《李鴻章全集》，頁三〇九八〈譯署函稿．覆何子峩〉。

17 參見《清光緒朝中日交涉史料》，台北文海出版社，一九六三年，頁一二。

18 參見張啟雄著〈何如璋的琉案外交——以「失言事件」為論題中心〉，收錄於《第一屆中琉歷史關係國際學術會議論文集》，台北中琉文化經濟協會，一九八八年，頁五七六。

19 同註3引書《琉球救國請願書集成》，頁三九至四〇。標點為筆者所加。

20 同註18引書，頁五七七至五七八。這裏特別要感謝張啟雄先生從日本外交文書中抄錄了〈照會〉的全文。又標點為筆者所加。

21 同註20引書，頁五七八至五七九。

22 同註20引書，頁五七九至五八〇，引《日本外交文書》。

23 同註20引書，頁五七九。

24 參見《李鴻章全集》頁三三二三〈密陳伊藤有治國之才〉。

25 參見米慶餘著〈近代日本「琉球處分」的歷史〉，收入在《第九屆中琉歷史關係國際學術會議論文集》，北京海洋出版社，二〇〇五年，頁三七九。

26 同註25。

27 同註1引書《琉球見聞錄》，頁一〇九。

28 筆者譯自喜舍場朝賢著《琉球見聞錄》頁一〇九至一一〇；又參見米慶餘著〈近代日本「琉球處分」的歷史〉，頁三八〇。

29 筆者譯自《琉球見聞錄》，頁一一〇至一一一。

30 同註29。

31 參見米慶餘著〈近代日本「琉球處分」的歷史〉，頁三八〇引《明治文化資料叢書》第四卷外文篇一九一頁。

32 筆者譯自《琉球見聞錄》，頁一一一。

33 同註25引文，頁三八一。

34 參見那霸市史編集室編《那霸市史》通史篇第二卷，那霸市役所出版，一九七四年，頁一〇三至一〇四；又《琉球見聞錄》

頁一一三。

35 同註34引書，頁一〇四。又同註1引書《琉球見聞錄》，頁一一四。

36 同註1引書，頁一一八。

37 同註1引書，頁一三二；又同註25引文，頁三八一。

38 參見《那霸市史》頁一〇六；又同註25引文，頁三八一至三八二。

39 同註1引書《琉球見聞錄》，頁一三〇。

40 同註1引書《琉球見聞錄》，頁一三三至一三四。

41 同註1引書《琉球見聞錄》，頁一三五至一三六。

42 參見真境名安興、島倉龍治合著《沖繩一千年史》，榮光出版社，一九七四年第三版，頁六三六至六三八。

43 參見《清光緒朝中日交涉史料》，台北文海出版社，一九六三年，頁一五，卷一〈總理各國事務衙門奏日本梗阻琉球入貢情形摺〉。

44 參見（清）崔國因著《出使美日秘日記》，中國黃山書社出版，一九八八年，頁二五八至二五九，引光緒十七年（一八九一）三月初四日。

45 引自吳密察著〈「建白書」所見「征台之役」（一八七四）〉，收錄在《第二屆中琉歷史關係國際學術會議論文集》，台灣中琉文化經濟協會出版，一九九〇年，頁二六四。

46 筆者譯自井上清著〈沖繩〉，收在《岩波講座．日本歷史一六》，東京岩波書店，一九六二年，頁三二六。

47 同註46。

第八章

美前總統格蘭特應邀斡旋琉球案

清廷腐敗，積弱無能，眼見日本廢球，琉球乞援，卻未能「長駕遠馭」，阻日肆虐，反過來自我安慰說：「（日本）廢球一事，一面宣示國中；一面仍派使臣來華，是其國尚有顧忌中國之意。」[1]

當日本新任駐華公使宍戶璣履任不久，清廷的總理衙門即於一八七九年五月十日向宍戶發出〈照會〉，指出：「琉球既服中國而又服貴國，中國知之而未嘗罪之，此即中國認其自為一國之明證也……琉球既為中國並各國認其自為一國，乃貴國無端滅人之國、絕人之祀，是貴國蔑視中國並各國也。[2]」但宍戶早已收到訓示，「琉球處分」乃日本內政，若要交涉，須在東京進行。何如璋在東京向日本外務省提〈照會〉，卻依然被日方用「內政問題」託辭擋架。

清廷繼續不停的照會和抗議，似乎堅持用「口舌之爭」。他們時刻想到尋求歐美列強幫助來向日本施壓，且多屬意於美國。最早提出此建議的正是何如璋，他似乎偏愛美國：「然美利堅自修好以來，終始無違言，其熱心為我，勝於他國……琉球一案，日本滅人之國、絕人之祀。美為民主，尤所惡聞，我苟援互助之條邀之，彼自當仗義執言，挺然相助。兵端將起，則於通商有礙，即英德各國，亦將隨聲附和，出而調停。」[3]

恰於此時，美國卸任總統格蘭特環遊世界各國，東行將訪中、日。消息傳來，清廷眾官僉謂：斡旋球案之最適人選也。

一　清邀格蘭特斡旋球案並詳答中琉關係

格蘭特（Ulysses Simpson Grant，一八二二至一八八五年），又譯作格蘭忒，出生於美國俄亥俄州，曾參加美國對墨西哥戰爭。不久，美國又爆發南北戰爭，格蘭特升任為北方軍統帥。一八六六年，獲授上將稱號。一八六八年代表共和黨競選總統，他憑着戰功勝出，當上美國第十八任總統，後再連任。卸任後，一八七九年作世界巡訪，五月初經香港入粵上京。當時李鴻章接報，即向恭親王飛稟：「擬仍慫恿入都一遊，庶尊處藉得把晤，相機聯絡，或為他日公評日球近事之一助。日人實奉美國為護符，而格將軍尤美之達尊，眾望所歸也。畢德格謂伊曾任大將軍，即稱將軍為宜。聞現由香港赴粵省，到滬尚有旬日。」[4]

封閉保守的清廷，吃了西方列強的不少敗仗，在談判桌上未敢正視洋官員，今美國前總統到訪，誠空前未有之元勳大駕，當然不敢怠慢。五月二十七日，格蘭特的兵船進入大沽口，李鴻章即下令放二十一響禮炮歡迎。聞說清廷還安排了滿漢筵席來款待。

格蘭特在美國駐華使館人員陪同下，經天津入京，與恭親王奕訢晤談。這已是當時清廷最高規格的接待了。因為光緒皇仍是稚童，而攬權在身的慈禧太后限於封建禮教未可拋頭露面，於是奕訢便成為太后和皇帝的代表，兩次款待格蘭特，「並談及日本琉球之事」[5]。雖然「美前總統格蘭忒到京後，蒙王爺面屬調停，伊欣然允諾」[6]，但具體的情節，還是在格蘭特回到天津，再與李鴻章詳談。格蘭特並不馬虎，詳細詢問了中國與琉球的交往史。

格蘭特首先說：「恭親王亦屬我過天津向李中堂細商，究竟琉球從何時起與中國相通？答云：自前明洪武年間臣服中國，至今已五百餘年。格云：現在廢琉球之事從何而起？答云：日本於前數年派員至琉球那霸港駐紮，偵探琉事，阻其入貢中國。迨後，琉王派官赴日本外務省求仍進貢中國，日本未允。去歲，琉官復至日本訴其事於法美等公使……日本主怒琉官多事，今春遂派兵四百名入中山擄其世子大臣至東京，琉王乞假八十日養疾未行，日本遂改琉國為沖繩縣……格云：中國是否意在爭貢？答以貢之有無，無足計較，惟琉王向來受封中國，今日本無故廢滅之，違背公法，實為各國所無之事。……格云：琉球用中國文字否？答以能用中國字、講中國書。明初，曾以閩人三十六姓賜之。格云：琉王是三十六姓中人否?答以琉王尚姓,不在三十六姓之中。」[7]

李鴻章對中琉五百年交往史頗為嫻熟,除了他是琉球案的主管外,原來他與冊封使也有一段淵源。嘉慶五年(一八〇〇),趙文楷奉旨出任冊封正使,與副使李鼎元同往琉球,冊封尚溫為琉球王,這位天使趙文楷的孫女婿正是李鴻章[8]。此刻李鴻章正為琉球的復國而作外交角力。他向格蘭特展示《中美條約》,指出第一款的約定是:「若他國有何不公輕藐之事,一經知照,必須相助,從中善為調處等因。今琉球之事,日本實係輕藐不公否?格將洋文詳讀一過,楊副將從旁提解。格云:實係輕藐不公,美國調處亦與約意相合。」(李鴻章)又指示《中國日本修好條規》第一款:「兩國所屬邦土各以禮相待,不可稍有侵越,俾獲安全等因。格又將洋文細讀。畢副領事云:可惜立約時未將朝鮮、琉球等屬國提明。當告以邦者屬國也,土者內地也,即是此意。畢復譯洋言以告。格云:琉球自為一國,日本乃欲吞滅以自廣,中國所爭者土地,不專為朝貢,此甚有理,將來能另立專條才好。答云:貴總統所見極大,拜託!拜託!」[9]

二人長逾兩小時的會談,最後由格蘭特談到「華工到金山於美國開荒,甚屬得力,惟有西洋各國外來之人,見華人工資甚賤,又耐勞苦,於是工作漸為華人所奪,致生妒忌,遂不相容」[10]。言下之意,美國是希望中國稍為控制華工到金山的數量,盼能立約管理。翌日,畢德格副領事再訪李鴻章,揣摩中方意圖。李鴻章囑其密告格蘭特:「如能將球事議妥,華工總好商量。將來或另立專條,仿照古巴、秘魯辦法,總署未必不允。」[11]

據此可知:當時清廷的策略,在不想啓釁之餘,在談判上願意讓出本國的利益來換取琉球的復國、復舊,雖然這與大清的體面和防日擴張也有關係,但在外交斡旋方面,李鴻章等人確是盡了心力。

北洋大臣李鴻章和格蘭特將軍的幾次懇切會談,建立了互信,私交甚篤。一八八五年格蘭特因喉癌去世,李鴻章指派駐美的公使代表出席葬禮。一八九六年,李鴻章以七十四歲高齡遠訪美國,八月三十

01

03

02

01 美國卸任總統格蘭特訪華，在天津與李鴻章合照。

02 明治初年的日本外務省。當年何如璋公使為解決琉球問題，頻訪外務省。

03 大久保利通的繼承者伊藤博文，主導明治政壇逾三十年。

日，親自到紐約的格蘭特墓園致祭，還探望了故友的遺孀朱莉婭。在款待李鴻章的餐宴上，朱莉婭把丈夫生前愛用的手杖親手贈送給李鴻章。她同時講述了格蘭特與李鴻章之間的友情，而這枝鑲有寶鑽的手杖，是美國工商團體送給格蘭特的。當年格蘭特訪天津時，李鴻章甚為欣賞該手杖，格蘭特也有轉贈之意。今朱莉婭乘此機會，為丈夫完成這一遺願。李鴻章深表感謝，在晚年一直將此手杖帶在身旁。[12]

二　楊越翰分析球案，寄語中國勉力自強

一八七九年六月十五日，格蘭特將軍偕同助手、副將楊越翰（John Russell Young）和美國駐天津領事德呢，離天津至大沽口登乘兵船，李鴻章登船送行，再囑勿忘斡旋球案，「話別臨歧，頗深感謝。」[13]

一週後，格蘭特等先至長崎，七月四日，在東京靠岸。日本的政要列隊歡迎。猶記一八七二年一月，由岩倉具視率領的龐大考察團抵達華盛頓，拜謁了時為總統的格蘭特。此番格蘭特卸任東來，算是回訪，岩倉具視仍任右大臣的高位，而伊藤博文已躍升為掌握實權的內務卿。舊友重逢當然格外歡欣。

格蘭特在北京、天津聽了恭親王和李鴻章詳述中琉的封貢關係，並受託調停中日對琉球的爭議。如今來到日本，在展開斡旋工作之前，他聽取了美國駐日公使平安（J.A.Bingham）的匯報，也從楊越翰和德呢的訪查活動中，瞭解到一些問題的核心，而何如璋亦收到由美領事德呢轉來李鴻章的〈覆何子峩函〉，依函中所述把琉球案的「本末緣起，摘要譯呈」[14]，使格蘭特更詳悉一切。

對球案帶來的中日糾紛，作為格蘭特前總統的副將楊越翰經深入瞭解客觀分析，很快便分清事件的因由，作出中肯的評價。他盡責地向格蘭特詳為報告，更簡明扼要地函告李鴻章。此書函是第三國（也

可以說是第四國，因為事起日本廢滅琉球，中國介入勸阻不來，再請美國調停）對琉案論爭的客觀評論，不獨中肯且說服力強，不失為球案的一篇重要文獻。筆者為免讀者查找，特將〈譯美前總統幕友楊副將來函〉[15]詳為引錄，並加句讀。而該函是七月五日和七月十五日併為一函於七月二十九日送達天津。

中國五月十六日（七月五日）致書李中堂閣下：昨日隨同前主（格蘭特，下同）到日本東京，該國親王大臣等迎謁，請前主住美加多[16]海邊行宮……連日會客赴宴，尚未議及琉球之事。前主偶與東洋二、三大臣談論球事，尚未及與秉權者議論。

我曾與東洋大臣背後論及幾次[17]，可為中堂陳之：據東洋大臣云：幾百年前早認琉球為屬國，琉球各小島本隸日本界內。中國因台灣之役賠償兵費，緣台灣土番戕害琉球難民，日本代琉球興師，故議賠償，足見中國認琉球為日本所屬之憑據。日本現廢琉球王與前廢內地各藩一例，派員改易琉球政令，是日本分所應為。琉球前進貢中國，不過虛名，只為貿易得利起見耳。我答以琉球既有臣服日本幾百年之憑據，不難一查即可明白，何不先與中國說知、交出憑據，乃先做此失和之事？況兩國各有駐京公使，遇有交涉大事，須照萬國公法辦理。此等重大事體，應照公法規矩，公道商量，何必詭行霸氣？我前在北京聽恭親王說：日本並未與總理衙門商量，又未與何欽差（如璋）妥商。嗣在天津聽中堂議論相同。即將此意向日本大臣說：此與立約和好之國友誼關礙不小，日本如此舉動，中國不即決裂動兵，是中國大度含忍，仁厚待人，不欲遽然失和。若西國遇有此事，必早動兵！凡天下有約各國，遇有大事不先商議者，必致失和。日本大臣答云：此卻不然，日本亦甚願與中國公議此事，因何欽差不熟悉交涉體例，前行文外務省，措詞不妥，有羞辱日本之意，是以不便回覆，置之不理。如果中國肯將此文撤銷，日本無不願商議的。此是最要緊話，其事之真偽，我尚未考校明白。我向中堂說何欽差壞話，並非讒言。看他外面人頗和平端正，不像冒失得罪人樣子。因東洋怪他此件文書，遂不與商，我不能不告訴中堂知道。……德（美國駐天津）領事云：要會何欽差，問有此不妥文書否？不可因此小事，致兩邊不能商議、不可自走叉（叉）路致礙正道。……我嘗與平安大臣（美國駐日公使）議詢此事。平安詳細告知，更覺中國實在有理，日本不應與中國失和，令西國從旁疑怪。……適香港英國燕總督[18]亦來東京。我素與相好，人極公正，遂將琉球近事詳晰告知。他意見與我一般，因託他同前主向日本秉權大臣商酌。燕總督爵高望重，是英國在東方第一大官，東洋極其欽佩，現住內閣大臣宅內，說話必能得勁，比駐日（英國駐日本）巴公使更強。燕總督與巴夏禮素不同心。據燕總督云：看大局，中日兩國皆有背後挑唆之人，欲使兩國失和，各國可乘機得利。……五月二十六日（七月十五日）又致書云：……昨據何欽差之參贊來見，將琉球事始末文卷譯送我，即轉呈前主閱看。案牘甚煩，詳閱再四，了然於心，前主深以中國理足，毫無矯強之處。……前主尚無機會談論，日日赴宴看操，俟禮貌期過，再擬特為此事商論……現令我日與東洋大臣討論此案源委，錄存呈閱。本日晚間外務大臣[19]請我飲宴，允即鈔送案卷。若輩意見，總謂琉球係伊藩屬……琉球已置縣令，政事律例均改照日本通行之規。燕總督晤日本大臣，謂此事應兩國公請他國一人出為調停。日本大臣云：尚未到此時候。……看他們現時口氣，似不願他人好話勸說。該國有一班人挑唆生事，望與中國啟釁戰爭……英使巴夏禮亦陰與挑唆，惟願兩國失和。日本已將琉球廢滅，若遽翻悔，該大臣等恐眾心不服，祿位難保。以上各種情形，日本君臣亦有難處。……我這幾天日夜思慮，要幫同前主辦好此事。據愚見：中國若不自強，外人必易生心欺侮。在日本人心中，每視中國弱、自家強，所為無不遂者。彼既看不起中國，則無事不可做。日本既如此，則他國難保無輕視欺淩之事。據日本人以為，不但琉球可併，即台灣暨各屬地動兵侵佔，中國亦不過以筆墨口舌支吾而已！此等情形，最為可惡！旁人看出此情，容易挑唆，從中多得便宜。中國如願真心與日本和好，不在條約，而在自強。蓋條約可不照辦，自強則不敢生心矣！即如美國當初兵威未立，各國亦皆蔑視。英人每與美有隙，即派兵船脅制。及戰敗墨西哥後，威名大振，英遂貼然。南北美交戰之始，英法方私議欲分佔其地，嗣經前主削平，亦遂寂然。……前主在位時，要英國賠補濟賊船費，英人不得不遵，實知前主有此權力。因此各國未與美國失和，皆能自強之效也。……中國大害在「弱」之一字。我心甚敬愛中國，實盼中國用好法除弊興利，勉力自強，是天下第一大國，誰能侮之。國家譬之人身，人身一弱，則百病來侵；一強則外邪不入。幸垂鑒納不宣。楊越翰頓首。

楊越翰的書函，毫無偏袒，首先詳述日本的觀點和「理據」，再用西方國家所定的公法來判斷是非，認為日本不與中國商議，遽滅琉球，單方面造成決裂的局面，中國不動兵是「大度含忍」。但如今日本已廢球置縣，不會輕易放棄。楊越翰又注意到何如璋的照會，他是將實情轉告，並沒有抹黑何如璋。關於對何如璋的評價，後面還會跟進，這裏暫不多述。最後，楊越翰出於對中國存敬愛之心，直言「中國大害在『弱』一字」，誠肺腑之言，又祝願中國「勉力自強」，是和中國人民一道，共織「中國夢」。今天回味楊越翰的忠告，言詞懇切，教人感佩！當年李鴻章等大臣，也感慨說：「諄勸中國力圖自強，一片忠誠，殊為可感！[20]」但那些腐敗無能的清廷王公大臣們，又可有想到負國負民應愧死？

三　格蘭特向明治天皇、伊藤博文等斡旋

一八七九年七月二十二日[21]，格蘭特將軍應邀往遊栃木縣的日光，接待伴行的主要有內務卿伊藤博文和出兵台灣累升至陸軍卿的西鄉從道。其間，格蘭特提到中國請他為琉球的爭議協助調停。他說了

約兩小時，嘗試游說日方接受斡旋，兩國舉行協商。惟伊藤和西鄉皆默然不語，最後僅回答：「歸商政府，再有覆命。」[22]

格蘭特重金諾，月來在多種場合會見日本大臣時談及球案，極言亞洲兩大國言和為重。迨八月十日，格蘭特前總統獲邀至濱離宮，與時年二十七歲的明治天皇晤談。格蘭特再重申受清國恭親王奕訢和北洋大臣李鴻章所託，調處琉球糾紛。他首先提及早前在日光已跟伊藤和西鄉論及此事，並明白要日本退讓是一件很難的事情，但就琉球一事，清國的論點也是須要注意的。他進一步說：日本的處置，有失兩國友誼，倘若日本再佔據台灣島，將清國通往太平洋的水路遮斷，足令清廷對日本大為痛恨！[23]

接着，格蘭特提出他的意見：「清廷心中對日本有此感觸，日本可深為考量，是否可以俠義之心向清國讓步？雙方互讓，兩國就可以維持和平。雖然我無此權，但讓我進言：從琉球島嶼之間，打横畫出經界線，以便在太平洋留有廣闊的水路提供給清國。若如此，清國當會接受。」[24]

明治天皇聞言，同意琉球一事可以商談，並命伊藤博文為洽談代表。

格蘭特又提示說：「有關琉球的糾紛，日本與清國談判時，盡可能避免外國干擾。我熟知歐洲各國的外交策略，他們在亞洲的圖謀是要將亞洲征服，令其屈辱……日清兩國雙爭，他們便漁翁得利……」[25]

以上是日本對格蘭特調解琉球案的記錄。筆者很想看看格蘭特是怎樣記述他的斡旋工作的，於是便請家兄黃燦光博士購回格蘭特的回憶錄（*Grant Memoirs and Selected Letters*）來查閱，只可惜在一八七九年的記述中，僅有：李鴻章和恭親王要求我就琉球的紛爭向日本作調停。我建議日本不要讓歐洲國家插手琉球的糾紛，應和中國協商。但後來中國似逐漸接受了日本吞併琉球的事實。[26]

後來，小女黃清揚找到了格蘭特的文書檔案，在第二十九卷的一九九至二〇六頁有頗詳細的記敘，並摘譯交來。茲轉錄如下：

一八七九年六月八日，在北京見到恭親王奕訢，後來，李鴻章和奕訢要求格蘭特就琉球的紛爭，在訪問日本時，代為調處。經過在日本斡旋，格蘭特表示中國和日本都說有管轄琉球的權利，但他並不知道詳情。只是從李鴻章口中，獲悉中國長期收取琉球的貢品，兩國的關係保持良好。最終建議中國和日本要互相讓步，和平解決糾紛。並一再強調：「你們兩個國家應自己解決，不要讓他國插手。」[27]

至於在中國所能看到的相關文案，多來自格蘭特和楊越翰從日本寄來的書函，且頗為詳盡。如在日光的會談，楊越翰六月初七（七月二十五日）寫的信，就補充了很多重要的內容：格蘭特向伊藤博文等分析說：

> 現在日本兵法雖似強於中國，而中國人物財產甲於天下，如肯自強，人才是用不盡，財產亦用不盡的。我勸日本不要看小此事，關係頗大。倘有旁人從中挑唆，使兩國失和，必是奸邪，只願自家乘機得佔便宜……譬如中國受鴉片煙之害，都是此等人播弄出來……既有英國公使（指巴夏禮）在此牽制，必了不成，應該在北京與恭親王等或在天津與李中堂商議辦結。伊藤聽國主以上議論，又將日本現辦情理詳敘一遍。他聞中國於此事深抱不平，頗為着急，因日本初無失和之意也！惟日本難處，此事已辦到如此地步，號令已出，不能挽回，致於顏面有礙。因請教國主有何妙法能了？可令中國允服。國主云：兩國應如何互相退讓議定章程，我也不便預說。又將中堂前說琉球是各國與中國通商要路，為台灣前面門戶，向伊藤等開導謂：非設法另立章程保住中國要路、門戶，恐此事不能了結。伊藤云：即將國主此番話一一回明內閣執政大臣，再行覆知國主。[28]

同時，楊越翰仍念念不忘中國就應及早自強，他一面幫忙介紹日本的兵法；一面關切的說：「國主之少君格參將託德（呢）領事回津後，將日本水陸兵法詳告中堂。格參將隨國主多年，兵法將略素優，所見甚確……中國能強，則各國必不敢欺陵。據我看，中國已屢次被他國欺負，總緣未能認真自強耳。」[29]

根據後來的書信報告，可知格蘭特重承諾，多番與日方晤談斡旋，甚至再謁明治天皇。八月二十三日，格蘭特致函恭親王，先複述受託調處球案，經多次會晤日本閣臣，已找出前往談判桌上的契機。但函中說：

> 從前兩國商辦此事，有一件文書措語太重，使其不能轉灣（彎），日人心頗不平。如此文不肯撤銷，以後恐難商議；如肯先行撤回，則日人悅服，情願特派大員與中國特派大員妥商辦法。此兩國特派之大員必要商定萬全之策，俾兩國永遠和睦。[30]

日本所指「措語太重」的文書，當然是指何如璋發的〈照會〉，筆者將在下節再詳述，現再續談格蘭特的書函，他在後段也諄勸中國早日自強：

> 日本數年來採用西法始能自主，無論何國，再想強勉脅制立約，彼不甘受。日本既能如此，中國亦有此權力。我甚盼望中國亟求自強。[31]

同時寄到的楊越翰書信，也詳述格蘭特如何進行斡旋，曾苦勸明治天皇兩個小時。最後，日本提出只要撤回何如璋的〈照會〉，便可派員談判。楊越翰也順筆談了何如璋的處事情況（詳見下節）。並細述調處的轉機：

國主（格蘭特）到日境時，日已改琉球為縣，視為本國內務，絕不與外人道，幾無從開談。幸日本深佩敝國主之為人，願與之議論往事，此球事之轉機一也；敝國主擬令兩國各派大員會議球事，日廷應允，此球事之轉機二也。

楊越翰再作闡述：

敝國主勸日廷議結球事，初未肯從，嗣經再四相勸，方勉強從命。實緣敝國主勳名素著⋯⋯又因國主見美加多（明治天皇），所說之言十分懇切，是以日本各大臣亦不能從旁阻撓。敝國主致恭親王與中堂之函，自己念給美加多聽，美加多當面諭告各大臣，飭其一體遵辦。[32]

關於格蘭特親自將致恭親王的函件念給明治天皇聽，以作為調停的結果，這無疑是非常重要的書函。所以格蘭特指令回到天津的領事德呢，親向李鴻章說明。李鴻章便在送呈譯函時向恭親王告稟：

「又楊副將同日致敝處一函，內云：格前主寄呈王爺之函繕畢後，已交日君美加多閱看，毫無異詞。德（呢）領事謂其前主受王爺與鈞署屬託球事，既與日本君臣議定，此信即算是公文，鈞署似不能不照辦。擬請摘錄原信要語，由貴署照會日本外務省，請其另派大員來華會商。[33]

若論格蘭特的受託斡旋，終能促成中日兩國展開會談，已稱得上是成功的。至於會談的結果如何，並非格蘭特所能操控，他只能：「日後，若聽聞中日兩國為琉球事業經說合，並有永遠和好之意，我更十分歡悅。我原不肯干預兩國政務，越俎多事。」[34]

對中國極表同情的副將楊越翰，在來函中還透露了日本當時的政治背景，供清廷參考：

> 我與日本一內閣大臣談及球事，渠云：我們美加多及諸大臣實願與中國永遠和好，只因日本從先帶雙刀一類之人幾有二百餘萬之多，向隸各藩屬下，現在此輩極為窮苦，惟願日本與別國動兵，伊等有事可作。中國民情柔順，易於管束，我們日本此類之人，若在上者控制稍不合宜，伊等即藉端生事。所以我朝廷辦理一事，若先硬後軟，此輩人必挾制作亂，此現在議球事之實在為難情形也！[35]

這二百多萬帶雙刀之人，就是過去各藩的下級武士。廢藩置縣之後，他們失去俸祿，對明治天皇的革新極表不滿，為尋求出路，他們的代表者便提出征韓、征台等論調。這些好戰份子，在下面推使政府對外強硬，鼓吹侵略。後來，日本對外用兵，連戰皆捷，軍人抬頭，就更加不可控制。

出於對中國的鍾愛，楊越翰在書函的末段繼續諄勸中國自強：

> 但球事了後，中國亟須趕緊自強，方可有備無患。緣南有英人在緬甸，西與俄人接壤，可慮之處極多！我現在於西九月初二日隨同國主回國，此後中堂如有何事見委，我情願竭力辦理。[36]

九月二日，格蘭特和楊越翰等一行離日返美，結束他們一年多的環球旅程。

四　格蘭特、楊越翰對何如璋及其〈照會〉的看法

上一章談到何如璋被派為首任駐日公使，便馬上要為琉球被阻貢之事跟日本交涉，爭論未果，惟有向日本外務省發出〈照會〉。這道〈照會〉，日本橫蠻地指為「暴言」，「不符外交禮儀」，藉此為由，關起談判之門，並加快「廢球置縣」的行動。

何如璋的〈照會〉，是否就是如日本所言這樣「暴言無禮」，令日本有被「羞辱」之感？若按格蘭特等初抵日本時的見解：日本遽然廢琉球國為自己的行政縣，「中國不即決裂動兵，是中國大度含忍，仁厚待人，不欲遽然失和。若西國遇有此事，必早動兵」[37]。換言之，廢球可令中國動兵，廢球之前強制與中國有五百年交往的琉球屬國跟宗主國（清國）絕交，中國〈照會〉抗議，首先引用兩國簽署的《修好條規》訂明：「所屬邦土，亦各以禮相待，不可互有侵越」，然後嚴正指出：「今若欺凌琉球，擅改舊章，將何以對我國？且何以對與琉球有約之國？」是適度的抗議詰問。又何羞辱之有？反觀日本因「牡丹社事件」之後出兵台灣，他們的柳原前光公使向清廷發的〈照會〉更加無禮：「本大臣查貴國從前棄藩地於化外，是屬無主野蠻，故戕害我琉球民五十數名，強奪備中難民衣服，憫不知罪，為一國者殺人償命，捉賊見贓，一定之理，何乃置之度外，從未懲治，既無政教，又無法典，焉得列於人國之耳。[38]」其言詞豈非更具侮辱性，當時的總理衙門即表不滿，並作出責問。此番日本刻意藉詞不與中國談判，以達到廢球置縣的既成事實。當重量級人物、美國前總統格蘭特來調停，在理屈之下，才又搬出「措詞失當」的〈照會〉來遮擋，硬說若中國撤回〈照會〉，便可以派員商議。格蘭特審視情勢，大概覺得清廷稍作讓步，撤回〈照會〉，便能開會談判，也就勸說：「如此文不肯撤銷，以後恐難商議；如肯先行撤回，則日人悅服，情願特派大員與中國特派大員妥商辦法。」

李鴻章連接格蘭特及楊越翰的來信後，早期亦受到一定的影響，在〈密論何子峩〉中曾作評述：「其

第一次照會外務省之文，措詞本有過當，轉致激生變端。」語雖有埋怨之氣，但後來跟日本磋商派員談判的細節時，並沒有撤回〈照會〉。詳見第九章。

不滿〈照會〉，是日本的藉詞。而格蘭特在訪日期間，對發出〈照會〉的何如璋，一直冷淡待之，甚至避而不見。格蘭特是否對何如璋有所不滿呢？原來格蘭特收到消息，何如璋與巴夏禮有密切往來。而這位駐日英國公使巴夏禮好挑撥離間，早已劣評如潮。

巴夏禮（Sir Harry Smith Parkes，一八二八至一八八五），英國外交官，德國傳教士郭施拉的表弟。年少慧黠，十三歲來華，十四歲便當上英國駐香港全權代表璞鼎查的秘書兼翻譯，後曾出任廈門、廣州的副領事、領事。因「亞羅號」事件而挑起第二次鴉片戰爭，他是主事者之一。英法聯軍入侵北京火燒圓明園，他也負有不可推卸的責任。一八六五年起轉任英國駐日公使，長達十八年，展開強勢外交。但因好挑撥教唆，在外交圈中聲名狼藉。一八七九年十月，他就因為外交手段受到各方的非議而被飭令休假。一八八三年調任駐華公使，兩年後死於北京任上。[39]

格蘭特何以得悉何如璋和巴夏禮有往來呢？原來隨同前來的駐天津領事德呢，到了東京後，並沒有跟訪問團一起入住，而是借住老同僚——首任天津領事施博（Eli T. Sheppard）的家中。施博於一八七六年辭天津領事職，不久獲日本外務省聘為顧問。其時，施博已任該職兩年。所以「日人怪何公使之照會及巴夏禮為日人主謀，皆自施博處探出。[40]」德呢更密函天津副領事畢德格，着轉呈李鴻章，內云：「日人滅琉球係英使巴夏禮從旁挑唆。何公使於交涉體例不甚熟悉，又誤認巴夏禮為好人。凡何公使背後所說之話，巴夏禮轉告日本外務省，兩邊撥弄，相持愈堅，何公使若久駐東洋，恐於公事無益。」[41]

格蘭特致函李鴻章時也透露：「我風聞何公使遇有交涉事件必與西國那一位公使商議，或因是他的好朋友，其是否？我亦不敢知也！」[42]

楊越翰也言：「我知國主不肯與何說球事，我亦不便面說，有時僅託人代達。」[43]格蘭特冷待何如璋，是擔心談話內容會被洩漏到專攬風雨的巴夏禮那裏去。李鴻章接連收到來自美方的密函，對何如璋亦稍有微詞：「子峩（如璋）雖甚英敏，於交涉事情歷練未深，鋒鋩稍重。其第一次照會外務省之文，措詞本有過當……」[44]

其後，有某些史家讀到李鴻章的〈密論何子峩〉，認為李鴻章對何如璋大失所望，所以將他撤換。其實並非如此。何如璋被調任是到一八八二年，而且早在〈照會〉之後，認為「事無可商」，請求歸國，但為總理各國事務衙門所拒[45]。同時，何如璋也有去函李鴻章，解釋他對巴夏禮其人的看法：狡黠而與人不相容，所以是何如璋最先提請美國人來作調停，而不屬意英使。另外，何如璋又談到德呢領事：他因身處局外，故其言論多為「懸揣之詞」。[46]

楊越翰對何如璋的印象，本來就不錯，只是格蘭特不信任何如璋，他就不便面說。但楊越翰仍有所保留地說：「與何見面時，伊貌極端謹，又極謙下，實不便直言其非……我看何之為人，實在謙和之至。」[47]

原來楊越翰對何如璋的〈照會〉及何的人品早有定評。當他回到美國，即撰文評論何的〈照會〉和日本外務省的態度，情況竟然來個大轉彎。事見一八八〇年四月二十三日〈黃遵憲致王韜函〉。[48]

黃遵憲（一八四八至一九〇五年）字公度，以詩名於世，有愛國詩人之稱，與何如璋同為廣東人。何如璋被派駐日本，黃遵憲被委為參贊同行。在與日本爭辯琉球案上，黃遵憲與何如璋並肩作戰，故對〈照會〉的來龍去脈知之甚詳。他在另一封〈致王韜函〉中提到〈照會〉，「本係奉旨查辦之件，曾將此議上達樞府，復經許可而後發端。此中曲折，局外未能深知，敢為先生略言之。[49]」也就是說，〈照會〉是獲得清廷旨准而後發出的，但行文用詞又是否經清廷審讀過？這裏沒有說清楚，但曾作請示而獲准，顯見〈照會〉的發出，一點也不草率。至於是否「暴言」？且看四月二十三日黃遵憲致王韜的那封書函怎樣轉述楊越翰的話：

嗣統領（格蘭特）東來，本署（駐日公使館）將屢次彼此行文，逐一詳審譯呈，統領以為無他。楊越翰將一切情節寄刊報館，獨於日本外務與我（國）之文，一譏其驕傲過甚，再譏其愚而無禮。其是否出統領意？雖不可知，然彼（指楊越翰）之為此，蓋主持公道。謂我（何如璋公使代表中國）與彼（指日本）文（指〈照會〉）無甚不合；而彼與我文（指日本對〈照會〉所作的反詰問）乃實為無理，所謂以矛陷盾者也。此報一出，聞紐約報館賣出數萬份。

後來，歐洲多國亦紛紛轉載，因此國際皆知日本對待中國：

極為驕慢，皆群起而議其短。因美國係中間人，中間人之言，皆信之也。報到橫濱，橫濱西報即為照刻（轉載之意），而《東京郵便新聞》、《朝野新聞》亦一一照刻。雖東人（日本人）見之不悦，而語出他人，無所用其忌諱。故楊越翰譏誚日本之語，亦一一具載。[50]

楊越翰回美不到半年，便挺身而出，撰文為〈照會〉討回公道，反指日本的詰問無理，連消帶打，令何如璋也不再受屈。

五　小結

美國前總統格蘭特調處中日琉案的紛爭，總的來說是成功的。因為他能運用他的影響力，促使日本移步到談判桌上來。後來，談判是否成功，責任已不在格蘭特。

但我們回顧格蘭特的斡旋工作，中間是有過調整的。當他初抵日本，還透過楊越翰副將向日本的大臣恫嚇：「中國不即決裂動兵，是中國大度含忍」。及後，在日本四出訪問閱看兵操，乃知日本學習西法數年，已能自立稱強，根本已經看不起中國。在日光，格蘭特就道出：「現在日本兵法，雖似強於中國。」其遁詞是：日本可以打勝中國。聽到這句話，我們不要沉不住氣！試想一下，格蘭特征戰多年，戰績彪炳，是當時世界頂級的將才。由他訪問兩國之後，作出評價，猶如今天一個世界盃冠軍的教練，看過兩支球隊操練之後，他所作的球評，誰會勝算多，肯定受到各方面重視。一八八二年，楊越翰來華就任公使，他曾竭力勸說李鴻章不要為朝鮮的問題與日本開戰[51]。是楊越翰仍堅持其見解，認為中國如開戰會被日本打敗而作出忠告，抑另有其它內情，因並非本書的課題，所以不在這裏探討。但其後的「甲午戰爭」，果然被格蘭特、楊越翰不幸言中。數年後，強如俄國，亦被日本擊敗，應驗了格蘭特的眼光。當然，這兩次戰爭的勝敗包含着很多因素。但當時的情勢，中國臨近清末，朝廷腐敗，將帥無謀，士氣全失，每每甫一開戰，瞬即潰散，焉有不敗之理？是以格蘭特和楊越翰一再傳書，勸說中國「除弊興利，勉力自強」，才會不再被欺負。

因為中國的積弱，格蘭特不再說動兵，而是尋求日本願意開會的條件。當知道他們無理地指何如璋的〈照會〉「措詞不妥，有羞辱日本之意」，必須撤回。其實日本此舉，除了關起日本與中國的談判門外，還要將一個強勁的對手何如璋凍結起來，使他們在吞滅琉球時易於行事。格蘭特為使會議成功舉行，曲承日意，一面勸說清廷撤回〈照會〉；一面又使明治天皇答應舉行談判。獲得承諾之後，楊越翰在美撰文，為清廷、何如璋翻案，力指日本「無理」。

本章詳述美國前總統格蘭特、副將楊越翰的調處工作，除了回顧這段歷史之外，筆者另一個用意，就是用歷史來說明美國在百多年前已經介入琉球事務，格蘭特是第二位處理琉球事務的美國領導層（雖已卸任，但仍有很大影響力）；而在此之前，一八五三年率「黑船」到琉球的遠東艦隊司令培理，瞬於翌年和琉球簽訂《美琉修好條約》。也就是說，美國對琉球是早已認識的，是充分瞭解的，而且在第二次世界大戰後，懂得成立「琉球政府」而非「沖繩縣政府」，試問為何又要在一九七二年將琉球交到日本手上呢？

註釋

1 參見《清光緒朝中日交涉史料》，台北文海出版社，一九六三年，頁一五。

2 參見赤嶺守著〈琉球歸屬問題交涉與脫清人〉，收入在《第九屆中琉歷史關係國際學術會議論文集》，北京海洋出版社，二〇〇五年，頁三三六。

3 參見溫廷敬輯錄《茶陽三家文鈔》卷二〈何少詹文鈔〉，一九二五年，頁六。

4 參見《李鴻章全集》，中國海南出版社，一九九七年，頁三二一四，〈譯署函稿〉卷八。畢德格為美國駐天津的副領事。

5 同註4引書，頁三一一六，〈與美國格前總統晤談節略〉。

6 同註4引書，頁三一一六，〈議請美國前總統調處琉球事〉。

7 同註4引書，頁三一一六至三一一七，〈與美國格前總統晤談節略〉。筆者作句讀。

8 參見《第一屆中琉歷史關係國際學術會議論文集》，台北中琉文化經濟協會出版，一九八八年，頁六三八。李鴻章的繼室趙小蓮，是趙文楷兒子趙昀的次女。

9 同註4引書，頁三一一七，〈與美國格前總統晤談節略〉。筆者作句讀。

10 同註9。

11 同註4引書，頁三一一六，〈議請美國前總統調處琉球事〉。

12 參見張社生著《絕版李鴻章》，上海文滙出版社，二〇〇九年，頁三三三至三三四。

13 同註4引書，頁三一二〇，〈報美國前總統離津〉。

14 同註4引書，頁三一二〇，〈覆何子峩〉。

15 同註4引書，頁三一二六至三一二八，〈譯美前總統幕友楊副將來函〉。

16 「美加多」是日語 Mikado 發音的漢字拼寫。日漢文可寫成「帝」，是天皇之意，這裏又專指明治天皇。

17 格蘭特和楊越翰等一行於七月四日抵東京，而此函的動筆是寫於翌日的（七月五日），楊越翰又何來這麼多時間跟日本的大臣官員談到琉球問題，這好像不能成立。但這一錯覺是因為我們被抵達東京的日期所迷惑。其實格蘭特的兵船約在六月二十二日已抵長崎，沿途亦曾靠泊其它口岸，一直都有官員南下迎迓陪同，且這段期間較閒暇，正是楊越翰跟東洋大臣談論琉球案的好機會。如在〈譯美前總統幕友楊副將來函〉就有：「內有一大臣云：從前並不知道中國要怪我們，昨在長崎近謁美前主，方知中國有此意思。」

18 香港譯稱為軒尼詩總督。

19 此時日本的外務卿仍然是寺島宗則。

20 同註4引書《李鴻章全集》，頁三一二六，〈述美前總統調處球事〉。後來楊越翰被派來華任公使，在中法戰爭時，他雖力勸李鴻章對法妥協和讓步，但總的來說，他對中國是傾注了友情的。

21 格蘭特在日光與伊藤博文等談到球案，有說是七月四日，何如璋在給李鴻章函（見〈譯署函稿〉卷九〈何子峩來函〉）則作六月初八（七月二十六日）。這裏引用七月二十四日，是據楊越翰寫於六月初七日的書函。

22 同註4引書《李鴻章全集》，頁三一三八，〈何子峩來函〉。

23 參見岩玉幸多編《史料による日本の歩み・近代編》，東京吉川弘文館，一九六五年，頁一二一至一二二。

24 筆者譯自《史料による日本の歩み・近代編》頁一二二引《岩倉公實記》下卷。

25 同註23。

26 *Grant Memoirs and Selected Letters*, The Library of America, 1984, pp.1155.

27 *The Papers of Ulysses S. Grant*, volume 29, Edited by John Y. Simon, Carbondale: Southern Illinois University Press, pp.202~203.

28 同註4引書《李鴻章全集》，頁三一三七，〈譯美國副將楊越翰來函〉。筆者作句讀。

29 同註28。

30 同註4引書《李鴻章全集》，頁三一四一，〈譯美前總統來函〉。筆者作句讀。

31 同註30。

32 同註4引書《李鴻章全集》，頁三一四二至三一四五〈譯署函稿〉卷九〈譯美國副將楊越翰來函・光緒五年七月廿一日〉。筆者作句讀。

33 同註4引書《李鴻章全集》，頁三一四一，〈譯送美前總統來函〉。筆者作句讀。

34 同註30。

35 同註32。

36 同註32。

37 同註4引書《李鴻章全集》，頁三一二七，〈譯美前總統幕友楊副將來函〉。

38 參見張啟雄著〈何如璋的琉案外交〉，收錄在《第一屆中琉歷史關係國際學術會議論文集》，台北中琉文化經濟協會出版，一九八八年，頁五八五引《籌辦夷務始末》。

39 參見《近代來華外國人名辭典》，中國社會科學出版社，一九八一年，頁三七五；又日本近現代史辭典編集委員會編《日本近現代史辭典》，東京東洋經濟新報社，一九七八年，頁五五一及八三八。

40 同註4引書《李鴻章全集》，頁三一二六，〈述美前總統調處球事〉。

41 同註40。

42 同註4引書《李鴻章全集》，頁三一四二，〈譯美前總統另函〉。

43 同註4引書《李鴻章全集》，頁三一四二，〈譯美國副將楊越翰來函・光緒五年七月廿一日〉。

44 同註4引書《李鴻章全集》，頁三一四三，〈密論何子峩〉。

45 參見《清光緒朝中日交涉史料》，台北文海出版社，一九六三年，頁一二，〈總理各國事務衙門奏日本梗阻琉球入貢現與出使商辦情形摺〉。

46 參見戴東陽著《晚清駐日使團與甲午戰前的中日關係》，中國社科文獻出版社，二〇一二年，頁四四，引《李鴻章全集》信函四〈照錄何子峩來函〉。

47 同註4引書《李鴻章全集》，頁三一四二，〈譯美國副將楊越翰來函・光緒五年七月廿一日〉。

48 參見陳錚編《黃遵憲全集》，北京中華書局，二〇〇五年，頁三一三。該函現存於浙江圖書館。

49 同註48引書，頁三〇九，收入一八八〇年二月三日的信函。該函現藏於南開大學。

50 同註48。

51 參見《近代來華外國人名辭典》，中國社會科學出版社，一九八一年，頁五三三。

第九章

清擬讓利挽琉球
分島不成復國難

一八七九年四月，日本廢球為縣之後，何如璋公使在日本不斷提出抗議照會，北京的總理衙門亦向日本公使宍戶璣發送照會，加上美國前總統格蘭特來到東京斡旋，令明治政府備受壓力。雖然他們已統一口徑，以琉球乃日本屬國，廢琉球為縣純是日本的內政作辯詞，但因缺乏實證，也就難以令人信服。

一 日本的〈說略〉和向德宏的〈節略〉

外務卿寺島宗則為顯示吞球有理，遂指令他的部屬引用史書，以至援引從琉球調來（也許用「奪取過來」更為合適）的文獻，包括薩摩藩強加給琉球的〈掟十五條〉等，撰成〈說略〉，以證明琉球自古以來就是日本的屬國。同時，還舉出琉球的語言、文字、信仰以及風俗等，都不是由日本南傳就是受日本影響，全屬不可否定的事實。這道〈說略〉於八月二日，經駐華公使宍戶璣發送到總理衙門。

中國與琉球的關係，有禮部存檔的文獻可查；又有各冊封使的《使錄》為記。但琉球和日本的交往，清廷所知者幾乎一片空白。總理衙門不知〈說略〉是否有據，只好發到李鴻章處由他查校。李鴻章是眾多官員中對琉球認識至深的一位，但他也沒有這方面的認識，亦告啞然。幸好他想到一個多月前，琉球紫巾官向德宏（幸地親方）在福州密告日本阻貢，苦候三年無結果，近再接急報，謂日本已廢球為縣，國亡主辱，乃喬裝至津，直奔相府向李鴻章泣告（詳本書第十章）。李鴻章暫將他安置。今遇上難題，向德宏是琉球高官，可就〈說略〉作「閱覽辯駁」。向自然也深悉此亦救國之舉，不負所託當下二話沒說，奮筆書成〈覆寺島來文節略〉（以下簡稱〈節略〉），一一駁斥了〈說略〉的日本專屬論。後來總理衙門回覆〈說略〉的照會，就是根據向德宏的〈節略〉作出增刪而撰成的。

由於〈節略〉論證有據，扼要地講述了琉球的立國和發展歷程，反擊〈說略〉的謊言，可謂針針見血，拳拳到肉，精采之處教人擊節稱賞。為此，特將〈節略〉全文附於本章之後，並加疏解以共細讀，亦藉此刊留名篇。

當時，為了針對〈說略〉自詡琉球是日本的專屬，向德宏又將《沖繩志》呈給李鴻章參閱。此《沖繩志》的著者是伊地知貞馨，他是領銜外務省六等、內務省六等而出任處分琉球的官員。數年前他著成《沖繩志》，書中的自序和貢獻志皆承認琉球為兩屬之國，尤其〈貢獻志〉更詳述「琉球自明清以來，世世受其封爵……故琉球世世而為兩屬之國。琉球雖為蕞爾小國，但具備有自主之國體。」[1]於是李鴻章便奏請總理衙門，引用《沖繩志》來駁斥日本所謂的專屬論。此舉彷彿由伊地知貞馨代總理衙門給寺島宗則摑了一記耳光！

二　清邀日商球案但不撤回〈照會〉

上一章談到格蘭特在明治天皇前唸出他寫給恭親王的信函，獲同意雙方派員議商。其後，恭親王和李鴻章疊奉格蘭特、楊越翰來函，隨即覆函致謝，並提到撤回何如璋的〈照會〉宜擱而不談，相機而行。如：「何公使那件文書尚是小事，琉球業經日本廢滅，要他回頭使中國面上過得去正自不易」[2]；又如覆楊越翰函：「何公使前給外務省照會，措詞過火，此一時言語之失，誠如尊論：『係屬細故，球事了結與否及如何了結，均與照會無干』……如其另派大員會商，前項照會撤銷，尚是易事」[3]。同樣，恭親王的覆函，也是「將何公使照會一節輕筆放過」[4]，李鴻章亦極表贊同。

恭親王和李鴻章不馬上撤回〈照會〉，是對何公使堅持正確，不作妥協做法的支持，其實，也可推想到上文黃遵憲透露〈照會〉是得到恭親王、李鴻章首肯，甚至經過審閱才交付日本的，所以奕訢、李鴻章也不好推翻他們當時的決定，從而證明黃遵憲之言是可信的。至於何如璋，對日方在格蘭特面前大肆抨擊他的「外交失當」，依然蒙在鼓中，還在格蘭特離日前數天頻頻往訪。最後格蘭特終於接見了他，但可能亦是一種禮貌而已。據何如璋的報告說：「迭晤格總統，詢及球事，彼總沉默不發一語，但謂此事可無庸戰爭。」[5]

無論清廷和美、日如何看待他，何如璋依然無怨地四出奔波。他在八月十一日上函李鴻章，談到往見「美使平安（Jonh A. Bingham）」，獲悉他與格蘭特議出一個辦法：擬將琉球三分，中部（今天沖繩本島）仍歸琉球王復國，南部近台灣的宮古、八重島交中國，北部近薩摩割隸日本，以作新設之沖繩縣。[6]

這裏所提的三分琉球，跟下面談的二分琉球，有很大的差距，最終令談判破裂。歷來史家都不明三分之說從何得來，更質疑是否有此提議。筆者為解答此百年懸案，作了一番追查，終於找出源頭，並在本章第五節詳述，這裏略為帶過便是。

格蘭特前總統離日後，總理衙門根據他來信的提議，「摘錄原信要語」[7]，照會日本外務省。總理衙門是要把何的〈照會〉輕筆放過，所以去函外務省的表述是這樣的：「琉球一案，將從前論辯各節置而不提，願照美國前統領（即總統）從中勸解之意辦理」[8]，並請日本派大員來華妥商。

其時，日本的外務卿已改由井上馨出任。他較為溫和，令何如璋的工作較易開展。中日雙方經過近半年的書信往還，日本仍推說廢球是內政，不大願意派員赴華會談，甚至提出中國派員來東京談判。到第二年（光緒六年，一八八〇）二月，何如璋往晤井上馨，談及琉球案一事。事後，何如璋向李鴻章作報告：「（日本）情願退讓，擬以琉球南島歸中國，中島歸日本。又聞其政府將於三月間派員來華等語。[9]」這就是琉球二分法的出處。至於「派員來華」，並非談判的全權代表，而是先來摸底聽風向的委員竹添進一郎。

01

03

02

01 晚清重臣李鴻章，深得慈禧太后寵信。

02 總理各國事務衙門的恭親王奕訢。

03 日本外務卿井上馨。

三　日提二分琉球和改通商條約利益均沾

這位竹添進一郎（一八四一至一九一七年，在中國簡名進一）的父親是醫師，他作為熊本藩士奔走國事。後來，他加入明治政府。一八八〇年初，被委為特派委員至天津與李鴻章商談。其後，改任天津領事，後又轉至北京任公使館的書記官。一八八二年調升為駐韓辦理公使，扶植親日勢力介入甲申事變。一八八五年辭任公使，棄政從文，在大學執教，是有名的漢學者。他曾於一八七九年為救濟中國大饑荒，在日本募捐購得六千石大米親自送至中國，因而與李鴻章訂交。他雅愛漢學、詩文，與李鴻章筆談兩國外交之餘，還不忘談詩論書，雅致非常。

光緒六年（一八八〇）正月，竹添進一郎至天津，二月十六日（三月二十六日）與李鴻章舉行琉案談判的準備會議。二人筆談了半天，竹內才面呈日本的〈說帖〉。其內提到願退讓琉球南島，跟何如璋從井上馨處聽來的無異，但卻增添修改通商條約之事。該〈說帖〉云：

> 會美國前統領格蘭氏遊歷我國，為我說曰：琉球南部諸島與台灣相接，為東洋咽喉，日本佔有之，若有寢偪之勢者，李中堂所憂，蓋在於此也！我聞斯言，始悟中國違言之所由起矣。[10]

這裏引格蘭特之言，轉述李鴻章憂慮琉球南部的宮古和八重島為日本所佔，遮斷中國東出太平洋的門戶。曾見格蘭特和楊越翰多次引用上述李鴻章的顧慮，如楊越翰覆述格蘭特斡旋的來函：「又將中堂前說琉球是各國與中國通商要路，為台灣前面門戶。向伊藤等開導謂：非設法另立章程保住中國要路門戶，恐此事不能了結。」[11]

李鴻章能有這樣宏大的識見，能看通東海與太平洋之間的航道而作出這樣的見解，還能抱有這樣的憂慮，但這些見解都是美方的轉述，找不到李鴻章或清政府的直接表述，令筆者有所懷疑。筆者曾研究「黑船事件」，明白美國於一八四八年在墨西哥戰爭中取得了加利福尼亞州，便馬上開闢西岸航線橫渡太平洋，直達中國東南沿海的大城市，而不必從東岸出發，橫越大西洋，繞好望角經印度洋而來[12]。所以由太平洋進入中國東南沿海對美國來說更為重要。換言之，無論是中國還是日本封鎖了太平洋進出中國東海的這道門戶，都會給美國帶來不便。於是筆者便推想美方（以格蘭特前總統作代表）是假李鴻章之口，爭取打開這一海上通道門戶以利美國。事實上後來商議對宮古、八重兩島的割讓，中國一直不表興趣，只是想着交還琉球復國之用，即可證明李鴻章等人無此宏觀遠見和海防意識。最後，筆者發現一條可資證明是美國渴望打開太平洋通道的資料，這回反由何如璋來轉述。事發於格蘭特從日光返回東京之際，何如璋於八月四日往美國公使館打聽消息。楊越翰出見，詳述格蘭特在日光向伊藤博文等調處球案，並謂：

亞細亞中東（即中日）兩國總須和好，此事兩國各少喫虧，伊等必調停，使兩國各有體面。統領（格蘭特）再三引伸此意，彼未嘗不稱善也。……又言：琉球中南兩部之間為太平洋商船出入要道，自未便聽日本專據，有礙美國通商之局云云。[13]

太平洋進出東海的要道不能被封阻，非由李鴻章提出，而是美國為保自身利益另有所圖，只不過他們利用居中調處之機，借李鴻章之口來索開通之門。

再閱竹添呈來的〈說帖〉，原來大有文章：

中國於西洋各商使均得入內地貿易，而我商民獨不得同其例，是疑於厚彼薄我……中國大臣果以大局為念，須聽我商民入中國內地，懋遷有無，一如西人，則我亦可以琉球之宮古島、八重山島定為中國所轄，以劃兩國疆域也。二島與台灣最相接近，而距沖繩本島九十里程大約當中國五百里強。度其員幅，殆琉球全部之半，實為東洋門戶之所存。今以屬人，於我國為至難之事。而一面我勉強為此至難之事以表好意，一面兩國奉特旨增加條約，中國舉其所許西人者以及於我商民……。[14]

日本請求與西方各國一樣，商民可以進入中國內地貿易。這是舊事重提，要從一八七〇年九月，日本派遣柳原前光來議約談起。對於日本要求立約修好通商，初期清廷是冷淡待之，其後熟思，若卻之，恐成為尋釁口實，重現嘉靖年間倭寇之亂。既然聯之則為友，拒之則為敵，且同是東方鄰國，正西方列強東漸，兩國皆受欺壓，倘能結盟共同抵禦歐美諸國，正是當時李鴻章要制定聯日政策的構想。但甫開始，日本拋出的條約草稿已學足西方的不平等規條。他們在第二款定出：均照泰西各國優典無異；第五款又云：悉照與外國所立通商總例辦理；第十一款說：兩國從前與泰西各國定約，歷有成例，均可遵照。[15]

這些不平等條約，是「從前中國與英、法兩國立約，皆先兵戎，而後玉帛，被其迫脅，兼受蒙蔽，所定條款，喫虧過鉅……厥後美、德諸國及荷蘭、比利時諸小國，相繼來華立約。斯時中國於外務利弊未甚講求，率以利益均沾一條，列入約內。一國所得，諸國安坐而享之；一國所求，諸國群起而助之。[16]」這是李鴻章的憶述。他還談到恩師曾國藩的建議，將「均沾一條刪去」[17]。其後，他和日本全權大使伊達宗城往復商議，甚至在瀕於破裂時，李鴻章強硬地說：「貴國既有戒心，自可無庸相強，夫中國非有所希冀，欲與貴國立約也。」[18]

最後，伊達宗城惟有照李鴻章之議，於一八七一年九月簽署了《中日修好條規》和《通商章程》。但日本仍垂涎中國內地的龐大市場，所以條約簽成墨未乾，已要求改約。其後幾年，仍然纏着希望能改約，讓日本商民進入內地貿易，李鴻章又記：「屢欲翻悔，均經駁斥」，而他所慮者：「一開此例，勢必紛至沓來，與吾民爭利，或更包攬商稅，為作奸犯科之事。明代倭寇之興，即由失業商人勾結內地奸民，不可不防其漸。」[19]

李鴻章就〈說帖〉再約晤竹添筆談。首先他仍然拒絕改約或加約，認為日本商民「無須入內地」。而分島割讓之議，李鴻章在向總理衙門告稟時，舉出何如璋於「上年六月間函稱美使與格統領密議三分球島之說，格統領並未向日本政府言明，抑或美使背後有此議，而日本未甚畫諾。因摘錄子峩前函要語出示，俾相質證。看竹添語氣，若聞所未聞也者。[20]」另一方面，李鴻章對日本二分球島之議，則明確回覆：「中國之爭琉球，原為興滅繼絕、護持弱小起見，毫無利人土地之心，乃貴國居之不疑，並分南島與中國，中國必不敢受。至謂割南島有傷貴國體面，無論肯割與否，中國體面早為貴國傷盡！」[21]

最後，竹添以試探李鴻章的持論已告竣，便留書李鴻章啟程返日。他首先說明〈說帖〉中所述南部二島居琉球全部之半者，是就中南二部言之；若合北部而言，僅居三分之一。這裏很可能竹添受到質疑，而不得不作出澄清。最後，他認為「美使所說，恐非前統領之意，抑何大人與美使言語不通，重譯之人無乃或失其旨乎？若使美使果有此言，敝國必不能俯就！」[22]

對此議，恭親王奕訢也上奏：「臣等思南島歸我是格蘭忒（特）原議，而抹去中島復球一層，與中國欲延球祀之命意不符，且無端議改從前屢請未許之條款，均屬事不可行⋯⋯李鴻章遂嚴詞拒之而去。」[23]

密使竹添進一郎失望回國，向外務省匯報此行情況。

四　琉球案議結，條約底稿呈審批

一八八〇年四月十九日，總理衙門再照會日本，詢球案開會事。日本再不能推延，於六月二十九日決定不另派大員會談，取其便，由駐華公使宍戶璣作全權代表。另回覆總理衙門，表示不再提撤銷〈照會〉事：「先撤行文及派員（即由中國派員至東京）二事，貴國既不喜，敝國以保全和好為旨，必不要求貴國所不喜。今將商辦事宜任之宍戶璣，希秉公由恕與之商議，使兩情浹洽。」[24]日本已委出談判代表，但奕訢不敢擅作主張，向慈禧奏請聖裁。諭旨回覆，由總理各國事務衙門辦理。這樣就輪不到李鴻章作談判代表，而是由恭親王奕訢任命總理衙門大臣沈桂芬、景廉、王文韶代表與日談判。

其時，俄國在新疆一帶連番干擾，據伊犁不還。一八七九年十月，吏部左侍郎崇厚只知取回伊犁城，簽下《里瓦幾亞條約》、《愛琿專條》和《兵費及卹款專條》，割讓霍爾果斯河以西和新疆塔城地區等一大片土地，又賠伊犁兵費及卹款二百八十萬兩，更免去俄商在蒙古、新疆的貿易稅。崇厚簽約後即自行回國，朝廷和民間聞悉條約割地賠款違訓越權甚大，不與承認。朝廷更不滿崇厚不候諭旨即起程回京，遂將崇厚關押，候斬定監。翌年二月，改派駐英公使曾紀澤為欽差大臣，前往俄國交涉改約。[25]中俄在新疆潛在開戰危機，日本趁勢佯裝與俄親近，報章亦散播出日俄結盟的傳言，令清廷有腹背受敵之憂。日本也就利用這個時機，通知中國在北京開球案談判會議。

一八八〇年八月十八日，兩國代表在北京開始舉行會議，談判往返多輪。而在此期間，總理衙門收到各大臣的進言：詹事府右庶子張之洞擔心日俄聯手，催促「商務可允者早允」，可免二國結盟，則俄在西北之勢自阻[26]，困局可破。南洋大臣劉坤一初期的獻言也和張之洞一樣，為防日俄東西夾擊，宜盡快了結球案。其後，他再上奏：「以南兩島重立琉球，俾延一線之祀，庶不負『存亡繼絕』初心，且可留為後圖」[27]。而李鴻章本意如答覆竹添進一郎之言，主張球案和改約分開。當時在分島上他也不甚瞭解南島（八重山和宮古）的情況，又竹添第一次說南島已是琉球之半，不再細察竹添再來信解釋南島僅佔琉球三分一（其實三分一也不到），急於達成聯日防俄構思，便奏謂：「南部兩島交還，已割琉球之半。此事中國原非因以為利，應還球王駐守。就此定論，或不至於俄人外再樹一敵。」不過，李鴻章已略有所聞，尚泰王未必接受以南島來復國，故李鴻章續稟：「若球王不復，南島枯瘠不足自存，中國設官置防，徒增後累。」[28]

綜合各大臣早期的意見，就是早結球案，既可破除日俄聯手之慮，更可籠絡日本，共同抵禦西方列強。但在了結球案方面，「皆以存球祀為重」[29]，也就是「興亡繼絕」之思。不過日本交出南島，條件是不改約也得加約，內容都一樣：「一體均沾」，取得西方國家在中國的特惠。恭親王奕訢熟思後上奏：「如一體均沾一條，其勢不能不允者允之……凡此，皆為顧全大局、聯絡日本起見。」[30]

為慎重計，在談判上向日本申明：兩島交中國後，其土地則為中國土地，其人民則為中國人民，中國政府如何處分，貴國不得異論。[31]

清廷甘願讓出內地自由通商等利益給日本，以換取八重山、宮古二島供琉球復國，惹來不少歷史學家、特別是日本的學者批評清朝「那是為了維持面子、為了存續琉球王國的朝貢國身份，以保持中國的宗主國地位。」[32]

其實不然，中國自漢以後尊崇儒學，曾謂：「半部《論語》可以治天下。」奕訢等大臣所說的「存亡繼絕」、「以存球祀」和「興滅繼絕」之語，可在《論語．堯曰》得見。其原句曰：「興滅國，繼絕世，舉逸民，天下之民歸心焉。」相信上自天子，下至科舉出身的士大夫，無不熟讀這些金玉名篇，牢記於心，並施之於政。

據程樹德對《論語》的集釋：「興滅國」的「國」，是諸侯之意，「滅國」是人無土，意謂：將被滅之國重興起來。「繼絕世」的「世」，原指卿大夫，後泛指賢者父傳子、子傳孫之世系；「絕世」是有土無人，意謂：賢人的祭祀，因世系斷絕而廢，立其旁支以為之，使其祭祀可以繼續。[33]

所以清廷對琉球的「興滅繼絕」是有其傳統思想根源的。作為宗藩關係的天朝，有責任保護屬國，只是當年國弱力微，更未敢渡洋遠征，倘是鄰接的藩屬如朝鮮和越南，就不會退縮，出兵馳援。因此，助琉球「興滅繼絕」，願意讓出本國的利益——讓日本享受西方列強條約的「一體均沾」，以挽回琉球國的土地，絕非面子問題（也許只能算是幾分薄面），同時加上防俄的因素，遂於十月二十一日和日本達成〈球案條約〉。該條約的內文，從日本外務省的檔案可看到：

> 球島一案，兩國以專（尊）重和好，故從前議論，置而不提。茲
> 　大清國
> 欽命總理各國事務王大臣
> 　大日本國
> 欽差全權大臣動二等宍戶
> 　各奉
> 上諭，籌商辦理，言歸於好，又酌加條約，益敦鄰誼，均得善當。即將所立條款，畫押為據，
> 　以昭信守。
> 　　第一款
> 大日本國將琉球南部宮古、八重山二島，屬之
> 大清國管轄，以劃兩國疆界，永遠不相干預。
> 大清國從

大日本國所求，不待屆辛未（一八七一）年所訂重修之期，酌加下文條約，以互表明好意。[34]

第二款是增約，即加上一體均沾的最惠國待遇；還有〈憑單〉，訂明與其他國家修約時，彼此酌議。恭親王奕訢奏稟中的〈球案條約〉擬稿，其內容如下：

大清國、大日本國以專（尊）重和好，故將琉球一案所有從前議論置而不提。大清國、大日本國公同商議：除沖繩島以北屬大日本國管理外，其宮古、八重山二島屬大清國管轄，以清兩國疆界，各聽自治，彼此永遠不相干預。

大清國、大日本國現議酌加兩國條約，以表真誠和好之意。茲大清國總理各國事務王大臣、大日本國欽差全權大臣勳二等宍戶，各憑所奉上諭便宜辦理，定立專條，畫押鈐印為據。

現今所立專條，應由兩國御筆批准，於三個月限內在大清國都中互換。光緒七年（一八八一）正月交割兩國後之次月，開辦加約事宜。[35]

另有增約和憑單，這裏從略。

但值得注意的是，條約須經兩國御筆批准，而且，沈桂芬提出希望暫緩十天才簽字，因為尚有內奏手續要呈報。宍戶璣表示理解，同時提出三個月內互換批准書。[36]

〈球案條約〉雖已達成協議，但沈桂芬非常審慎，沒有馬上簽字畫押，表示要有十天期的奏報確認。何以如此審慎？可能是去年十月，崇厚與俄國談判，議結後即簽字，原來結果與朝廷的期望差距很大。崇厚失職被關押候斬，帶來的震動不可謂不小。所以沈桂芬採先奏報，俟通過後才簽字。這麼一拖，〈球案條約〉便無法簽成，遂令球案變成至今未解的懸案。

五　二分琉球中琉同反對談判破裂

光緒六年（一八八〇）十月二十一日達成的〈球案條約〉，須暫緩十天簽字。沈桂芬攜同條約的草案向奕訢匯報。九月二十五日（十月二十八日），奕訢連同〈球案條約〉的草案（見上文）奏請御准。因清廷除朝議外，包括各地的總督大臣皆可參議。緊接着的第二天，右庶子陳寶琛就馬上上奏，提出〈倭案不宜遽結摺〉。他甫啟奏即直言：「倭案不宜遽結，倭約不宜輕許，勿墮狡謀而開流弊。」強調：「中國意在興滅繼絕，尚未可義始而利終」。陳寶琛掌握了南島難以立足的情報，故不屑地說：「況所割南島皆不毛之地，置為甌脫，則歸如不歸。」他對聯日拒俄持不同看法，並分析說：「一旦中俄有釁，日本之勢必折而入於俄者……萬一中國為俄所挫，倭人見有隙可乘，必背盟而趨利便者。」陳寶琛認為日本是一個沒有信義的國家，他直斥道：「使日本而能守約，則昔歲無台灣之師（指一八七四年出兵台灣），近年無琉球之役矣。何也？此二事皆顯背條約者也。」他建議如去年日本用拖延不與商議的手法來待之：「暫用羈縻推宕之法待。去年以此法待我矣，今我不急與議，彼又何辭！」[37]

其時，惇親王等曾酌議，贊成照總理衙門所奏處理。旋又有左庶子張之洞上奏，認為：「日本商務可允，球案宜緩。」在一片爭議聲中，最後旨令由《中日修好條規》原議人李鴻章來統籌全局，而且他「於日本情事素所深悉」，速將善全之策具奏。[38]

李鴻章從開始就指出分島與改約應分開處理。及後，雖然他無奈接受分島之議，但當他從向德宏處得知南島不能自立，在達成〈球案條約〉草案前的兩天（十月十九日），李鴻章在回答總理衙門來詢時，便已呈上〈請球案緩結〉。所以筆者認為「球案宜緩」的最早提出者是李鴻章，而非右庶子陳寶琛，而且陳寶琛所掌握的南島情況，估計也是參考自比他早稟報的〈請球案緩結〉。因此推倒〈球案條約〉的，不是歷來所說的陳寶琛，而是更早提出「緩結」的李鴻章。

去年喬裝至津，為李鴻章作〈節略〉駁寺島外務卿的向德宏（幸地親方），原來是尚泰王的姐夫，故被委以重任，以密使身份來乞師。他懇得李鴻章安置在大王廟內暫住，以避日本人耳目。由於在談判時，宍戶璣一再強調日本不會釋還尚泰王與及在東京的兩位王子，並似有所指地說：琉球有向、馬、翁、毛四大家族，而向氏為王家之族，且在琉球「向、尚同音」，暗示向氏可立為琉球國主[39]。宍戶這番話，令人想到有分化尚泰王與向德宏之嫌。對於這次談判，李鴻章尋詢於向德宏，然後轉錄在〈請球案緩結〉：

向德宏確係球王族屬至戚，前為紫巾官，亦甚顯，明白事體，忠義有守，可謂賢矣！若圖另立，無逾此者。然所稱八重、宮古二島，土產貧瘠，無能自立，尤以割南島，另立監國，斷斷不能遵行，竟又伏地大哭不起，仁賢可敬，而孤忠亦可憫！尊處如尚未與宍戶定議，此事似以宕緩為宜。

又分析說：「從中國之力，實不敵俄，寧可屈志於俄，亦何必計及日本之有無扛幫耶？」復再否定增約：「而以內地通商均沾之實惠，易一甌脫無用之荒島，於義奚取？既承下問，敢貢其愚。」[40]

李鴻章接旨要統籌全局之後，揆度時勢，審視約稿，思索數天，書成〈覆奏球案宜緩允摺〉，於十一月十一日呈奏。〈覆奏〉長達三千字，首述各大員意見；繼述通商條約不宜輕讓日本「利益均沾」；再複述日本廢滅琉球，兼談琉球原有三十六島，今聞南島歸中國，即傳詢向德宏，並已函告總理衙門，宜緩結球案。又道及何如璋詢訪球王後的來書：

詢訪球王，謂如宮古、八重山小島另立王子，不止王家不願，闔國臣民亦斷斷不服。南島地勢產微，向隸中山（中山王），政令由其土人自主，今欲舉以畀球，而球人反不敢受，我之辦法亦窮……今得南島以封球，而球人不願，勢不能不派員管理，既蹈義始利終不嫌，不免為日人分謗。

李鴻章續分析，即使不改約而僅分南島，亦是「進退兩難」，但如果「議改前約」，「竟釋球王俾以中、南兩島復為一國，其利害尚足相抵，或可勉強允許。」[41]

最後，李鴻章總結：「俄國之能了與否？實關全局。」既然如此，「何如稍讓於俄」。至於「球案條約及加約，曾聲明由御筆批准，於三個月限內互換。竊謂限滿之時，准不准之權仍在朝廷。此時宜用支展之法，專聽俄事消息以分緩急。」[42]

李鴻章受西太后器重，其〈覆奏〉的建議獲得旨准。於是傳諭曾紀澤在談判時，「稍讓於俄」；對〈球案條約〉的簽字，則以「支展之法」應之。

李鴻章〈覆奏〉是在十一月十一日，已超逾暫緩十天內奏後簽字之期（十月三十一日）。宍戶璣當然頻頻來催簽字，因為日本也是覷準中國東西受壓，將會被迫早日簽字。十一月十七日，總理衙門派總辦葉毓桐到日本公使館，遞交照會：

欽奉諭旨……擬結琉球一案各摺片，着交南北洋大臣等妥議具奏，俟覆奏到日，再降諭旨，欽此。[43]

當時，南洋大臣是劉坤一，北洋大臣由李鴻章兼任。後來劉坤一上〈奏陳中外各國事勢片〉[44]，才三百餘言，扯東及西持論不清，難怪不受重視。不過，交南北洋大臣合議，只是支展延宕之法而已。

對此，日本當然大表不滿。外務卿井上馨聞悉，向宍戶璣發出訓令，着轉知總理衙門：

兩國全權特任之大臣，意見相同之後，即可簽字。簽字結束之後，即可請求批准，理應如此。簽字之前，恭請上諭及聽取南北洋通商大臣之意見，毫無必要。45

十二月二十七日，宍戶璣向總理衙門照會：「須期十日有所咨答。」翌年一月十一日，宍戶公使至總理衙門通報即將回國。總理衙門向宍戶璣解釋：在締結條約之際，無論何國，也會召開上下議院進行議論。中國交給南北洋大臣討論，其理同此；又延期簽字，各國不乏先例。但宍戶璣堅持說：「然兩國秉權大臣既經議結，其大臣不以全權畫押，卻讓他人參與此事，卻是未聞有此一說。如此則表明秉權大臣之無權，是以無權充有權，等於欺騙對方之使臣。」並指斥說：「（此為）貴國慣例，乃一國之私法，非萬國會商之通義。」46

誠然，各國締約，議結後待簽字，是否就如宍戶璣所說那樣，不再生變？答案當然是「不」！觀乎國與國的談判，儘管達成條約草案，被國會推翻的絕非罕見；就算簽字後也不獲通過的，比比皆是。莫說百多年前的清末，今天的國際社會更如是。

一八八一年一月十七日，宍戶公使通知總理衙門，宣稱琉球談判破裂，責任在於清國一方。一月二十日，他悻然離開北京，回國覆命。47

迨二月二十四日，曾紀澤幾經努力終與俄國達成協議，在聖彼得堡簽訂《中俄伊犁條約》（又稱《中俄改訂條約》），跟之前的《里瓦幾亞條約》比較，少割了地，但多賠了錢，好是好了些，但終歸又增一條不平等條約。

按照絕大多數王親大臣的想法，「稍讓於俄」實際是向俄讓步，換取一條新約，避過開戰，舒緩西北面的緊張局勢，便可以不用向日本多作妥協。

光緒七年（一八八一）二月初六（三月五日），清帝頒上諭：

原議商務一體均沾一條，為日本約章所無，今欲援照西國約章辦理，尚非必不可行。惟此議因球案而起，中國以存球為重，若如所議劃分兩島，於存球祀一層，未臻妥善。着總理各國事務衙門王大臣，再與日本使臣悉心妥商。俟球案妥結，商務自可議行。欽此。[48]

只是日本一直未允重開會議，最終招至球案未結。所以嚴格來說，琉球國的歸屬仍有爭議，仍然是懸案一宗。

再說〈上諭〉提出：可「再與日本使臣悉心妥商」，但宍戶璣已歸國，遂將旨意轉至駐日何公使，命他跟宍戶璣接洽。然何如璋覆稟：宍戶璣回國後已解公使職，因此宜向外務卿井上馨通報。但據云井上因病離開東京休假，故一時未知照會何人。何公使續陳己見：

又查地球諸國交鄰通義，凡所商未經畫押蓋印，即不為定約。宍戶之將歸也，多方催迫，謂我欺詐，不過趁中俄事急，乘機要盟，藉此鼓弄耳。及至悻悻而去！[49]

對於宍戶璣的辭歸，日本也有評論責宍戶行事冒昧。[50]

六　琉球君臣對分島的看法

中日兩國為琉球的爭議而舉行談判，在日本方面認定要吞滅琉球，化為自己的沖繩縣，並軟禁尚泰王及王子在東京。而清廷是一心為扶助琉球復國——興滅繼絕。李鴻章首先注意到琉球君臣的意願。當他聽到球王姐夫向德宏泣告八重、宮古二島貧瘠，不能自立，便馬上請總理衙門緩結球案，可說是推翻前議，重新談判。這時，李鴻章省悟起三分琉球，要力爭中島（沖繩本島）復國——興滅國；又要議出承嗣之人——繼絕世。於是，他指示駐日公使何如璋，詳查尚泰王的後嗣。

何如璋認真地訪查，然後有〈復總署總辦論為球王立後書〉。內云：

承命詳訪球王後嗣。查此間所知者，球王有中城王子、宜野灣王子，去歲隨王東來，其餘均未能悉。因即書具密函，陰投隨王之法司官馬兼才，詳問一切。接到覆函稱：王長子尚典，年十七歲；次子尚寅，年十五歲，均在東京。四子尚順，年八歲；王叔尚健，年六十三歲；王弟尚弼，年三十四歲。其他尚有從兄弟親族，均仍在球。惟稱與球王商議，於南部宮古、八重立小王子，王意不欲。[51]

「不欲」的原因，何如璋經查訪後，始明白除「各島零星，地瘠產微」外，從前只派數名官員連同當地土人自主管理。所以「僅此區區之土，欲立一君，固難供億。使之奉一少主，慮島民亦未必服從……在球王固自不願分一少子不能成國，非其所欲，亦猶人情。」[52]

尚泰王之意是南島地小且貧瘠，島民又多不服，憐子年少，難以勝任駕馭，反害親兒。

何如璋歎謂：「中部諸島，日人終不願交還。及今而有南部歸我之議，我欲舉以畀球，而球人反不敢受！是我之意志俱隱，而辦法亦因之而窮。」[53]

其間，何如璋曾談到去夏日本傳言將首里城還球王，讓他世守宗廟、陵墓，則「球祀亦可不斬」。但終歸亦僅是傳言，日本政府既否認、更拒絕此議。

最後，何公使大膽建議：「似應請將此南部諸島聲明內屬，以絕歐西諸國佔地之意。然後再覓球王親族，使之治理，與從前雲貴等處之土司一體，則我無貪其土地之名，彼球王亦可分衍其支派。而此刻不必設官，亦尚無難辦也。」[54]

何如璋的積極建議，絕非虛罔之思，也許受各種條件所限，故未被採納。另何公使的〈覆書〉中，詳述宮古、八重山的群島名，極具參考價值，謹詳列如下：

查宮古雖合九島，為稱：宮古島（一）外，平良峰（二）、來問（三）、大神島（四）、地間島（五）、水納島（六）、惠良部島（七）、下地島（八）、多良間島（九），總稱曰宮古島。而周迴不及二百里。[55]

何如璋筆錄此九島名有兩處可能是後來手民之誤：來問（三）應為「來間」；地間（五）應為「池間」。考琉球紫金大夫蔡鐸於康熙年間撰著的《中山世譜》，首卷有〈琉球輿地名號會紀〉，內收〈琉球三十六島〉及〈輿圖〉。其中記宮古島僅載七島（若包括宮古島合共八島），沒有「下地島」。[56]何公使續記：

八重雖合十島，為稱：石垣島（一）、小濱島（二）、武富島（三）、波照間島（四）、入島（五）、鳩開島（六）、黑島（七）、上離島（八）、下離島（九）、與那國島（十），總稱曰八重山島。而周迴不及百里，且各島零星，地瘠產微，向隸中山（琉球中山王）。[57]

《中山世譜》的〈琉球輿地名號會紀〉對八重山的載錄，共為九島，其中石垣、小濱、武富、波照間、鳩間（何如璋誤為鳩開）、黑島、與那國七島相合；何公使所記的入島（五）、上離島（八）、下

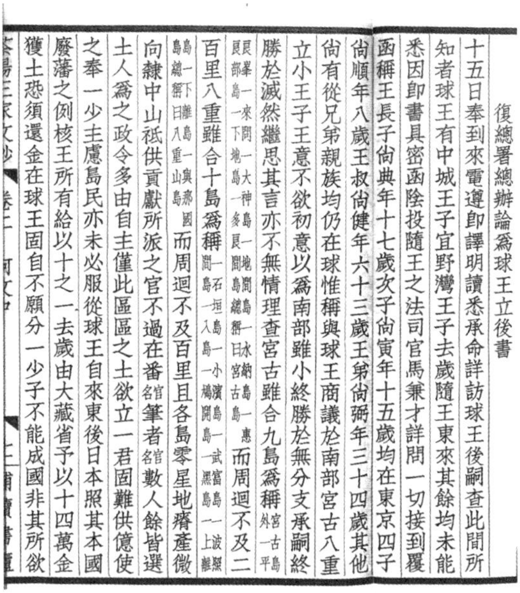

復總署總辦論為球王立後書

十五日奉到來電遵即譯明讀悉承命詳訪球王後嗣查此間所知者球王有中城王子宜野灣王子去歲隨王東來其餘均未能悉因即書具密函陰投隨王之法司官馬兼才詳問一切接到覆函稱王長子尚典年十七歲次子尚寅年十五歲均在東京四子尚順年八歲王叔尚健年六十三歲王弟尚弼年三十四歲其他尚有從兄弟親族均仍在球惟稱與球王商議於南部宮古八重立小王子王意不欲初意以為南部雖小終勝於無分支承嗣終勝於滅然繼思其言亦不無情理查宮古雖合九島為稱（宮古島外一平良峯一來間一大神島一地間島一水納島一惠良部島一下地島一多良間島總稱曰宮古島）而周迴不及二百里八重雖合十島為稱（一石垣島一小濱島一武富島一波照閭島一入島一鳩間島一黑島一上離島一下離島一與那國島總稱曰八重山島）而周迴不及百里且各島零星地瘠產微向隸中山祇供貢獻所派之官不過在番（官名）筆者（官名）數人餘皆選土人為之政令多由自主僅此區區之土欲立一君固難供億使之奉一少主慮島民亦未必服從球王自來東後日本照其本國廢藩之例核王所有給以十之一去歲由大藏省予以十四萬金獲土恐須還金在球王固自不願分一少子不能成國非其所欲

茶陽三家文鈔　補讀書廬

05

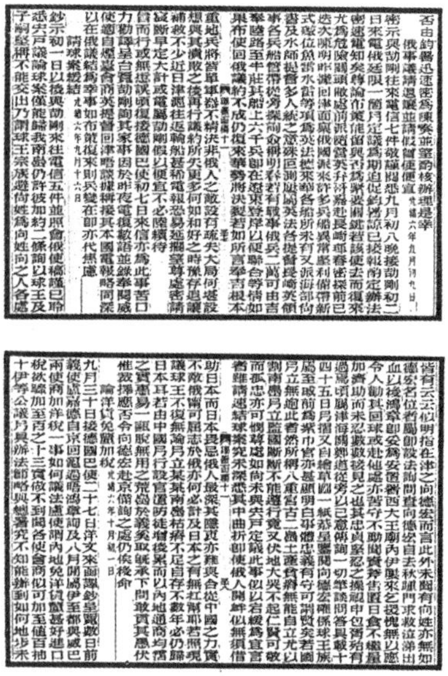

04

04　李鴻章引述琉球紫巾官向德宏所言，認為八重宮古二島貧瘠，不能立國。（引自《李鴻章全集》）

05　何如璋經訪詢後向朝廷呈上〈復總署總辦論為球王立後書〉。（引自《茶陽三家文鈔》，**1925** 年出版，香港中央圖書館藏）

離島（九）是《中山世譜》所無，而《世譜》的「古見」和「新城」，則是何〈覆書〉中未載，也許是同島異名，這裏不再詳考。

筆者摘引這些資料，是想提請注意：《中山世譜》的〈三十六島〉及〈輿圖〉，都沒有釣魚島名，那是康熙三十六（一六九七）年的記述；將近二百年後的一八八一年，何如璋向琉球官員訪詢〈琉球條約〉草案中擬劃分的南島——即宮古和八重山，雖分別有九島和十島，也一樣沒有釣魚島名。據此可知，琉球國的版圖，自古以來就沒有收錄過釣魚島及其列嶼，因為釣魚島從來都不是琉球國的海島、領土，這應該是十分清晰和明確的。

何如璋在東京跟尚泰王及其近臣等秘密接觸，並聽取他們在南島復國的意見，喜舍場朝賢亦有追記當時的情況：

> 琉球分島之事，明治十四（一八八一）年，清國政府駐在東京的公使來示：日本政府答應可將宮古、八重山兩島割讓給清國，然舊藩王已敘列（日本）華族，不能放歸，宜立其他王族為王。清國公使隱秘地向駐留在東京的舊藩官吏打聽，試探是否可行？眾官吏經商議，結果分為兩派。一派拒絕接納，因島嶼太小，難以立國；另一派認為可暫立新王，在兩島建國，待清國重現如乾隆帝般英明的君主，就可征伐日本，奪回琉球全島，國家當能中興。舊藩王並不高興此議，更謂：事成之後，另立新王，不再奉我為王，將棄我而去乎？[58]

歷來有關琉球的談判，史家多集中使用中、日兩方的檔案、文獻，忽略了琉球這個被「處分」[59]國家的聲音。喜舍場朝賢作為尚泰王的侍從文書，他以上的追記應是事實。然則宮古、八重山二島不能作立國之地，尚泰王也帶有一分私心，就是擔心將來成功之後，他的王位不保。其實他的球王稱號早被日本廢去，何以不令有為者當之？而那些誠心等待將來有像乾隆大帝般的英主來打救的想法，倒令人覺得有點可愛！

一八八一年年底，何如璋曾兩訪日本右大臣岩倉具視，聞有重開琉球案談判之意，並可「再讓若干」。同時，也曾跟外務卿井上馨晤談。另一方面，已成為天津領事的竹添進一郎又往找李鴻章筆談，探詢處理琉球有何新法？結果雙方未有讓步，堅持前議，開會無期。最後，何如璋在向李鴻章匯報時總結說：「復國立君一層，實在不能辦到，固已窺見癥結。」[60]

中國第一任駐日公使何如璋，一八七七年十一月抵日，尚未履任即已沾手球案。終其四年任期，因琉球問題與日交涉，無疑最為吃重。一八八二年二月底卸任歸國，琉案日趨惡化，更不利於復國，但重溫這段歷史，可知責不在何如璋！

七 破解由誰提三分琉球之說

一八八〇年八月在北京舉行的球案會議，中日雙方本已達成條約草案，但在暫緩簽字十天限期前的兩天，李鴻章從向德宏得知宮古和八重山二島貧瘠，縱收回也不能復國，便緊急提出「球案宜緩」。往後，李鴻章代表清廷，拒絕二分琉球，重提何如璋來函說的三分琉球。這二分和三分之爭，就直接釀成談判的破裂。二分琉球是日本計劃好的談判策略；三分琉球僅見於何如璋呈報給李鴻章的函件。內容概略見於上文，為免翻找，今詳引如下：

再接子峩六月二十四日（八月十一日）來函，以往見美使平安，謂已與格總統商一辦法，擬將琉球三部：中部仍歸球王復國，中東（中日）各設領事保護；南部近台灣割隸中國；北部近薩摩割隸日本，其新設之沖繩縣即移駐北部，彼尚可以收場。格總統欲將大局說定，然後回國。其詳細節目交與美使妥辦，另立專條等語。想並達知鈞署。今閱格蘭忒（同格蘭特）疊次親筆信函及楊副將函，並未稍露割島分屬之說，或若輩背後私議，或與日本密商未經允定，抑或美使以斯言誑子峩（如璋），均不可知。[61]

何如璋轉述美使平安的話，擬將琉球三分，並相信李鴻章的官署也收到這個建議。但李鴻章收到的格蘭特等的信函，卻未見此分島之說，所以作出很多「或許」的推想，甚至說：「格蘭忒人甚誠篤，其不肯與子峩面商此事，並不欲令美使接辦此議，又不欲令兩國駐京（指東京）各使干預此事，用意深遠。」[62]

當李鴻章和竹添進一郎作準備會議時，看到竹添的「二分琉球方案」，即表示異議，並出示何如璋從美使平安得來的「三分琉球方案」。竹添從沒有聽過，抄錄後速送回國。日本政府也大為緊張，「立刻命令日本駐美公使吉田清成，照會住在美國伊利諾伊州伽雷納地區的格蘭忒。結果，格蘭忒回信說他不知道這件事，濱噶姆（平安）公使同樣如此。」[63]

兩位當事人均告否認，不禁令人生疑。於是，有日本的學者為文質問：「這封信是何公使捏造的，還是李鴻章牽制日本的一個計策？不得而知，最後是不了了之。」[64]

台灣的張啟雄先生亦謂：「琉球三分案到底是美方所首倡者？抑何公使所藉以獻策者？迄今並無進一步史料可資佐證。」[65]

筆者深信何如璋不會捏造「三分琉球」的方案，他犯不着，同時量他也沒有這個膽色。因為謊報軍情、製造假情報，皆要治重罪。為免何公使蒙上不白之冤，也為免此疑案「不了了之」，筆者決定展開追查和搜證。

首先筆者要請出歷來被忽視了的一位關鍵人物麥嘉締出來，這樣就會水落石出。

麥嘉締（Divie Bethune McCartee，又寫作麥嘉諦，一八二〇年一月十三日至一九〇〇年七月十七日），美國北長老會傳教士兼醫生。一八四四年來華，在寧波傳教，一做就是二十八年，故能熟通中文，因而為自己加別字為「培端」。其後，他一度當上美國駐寧波領事。不久轉往東京，在開成學校（東京大學前身）教授英語、博物、經濟、生理和拉丁文，前後四年，故又通曉日文。一八七七年再來華，出任美國駐上海副領事。七個月後，獲聘為中國駐日公使館的參贊。一八八〇年返回美國，到一八八八年以長老會傳教士身份再到日本，並從事翻譯工作，又在明治學院授課，名作家島崎藤村也是他的門生。他在日本備受尊重，獲授功勳。一八九九年回歸祖國，翌年在三藩市病逝，終年八十歲。在華期間，他曾撫養了一位女孩，名金韻梅（Dr. Yamei Kin），後來，送她到美國學醫，是中國第一位畢業於美國醫學院的女子。她曾任清末天津婦女醫院院長。66

高才碩學的麥嘉締，通曉多種語言，且能用中文撰稿，他是如何受聘加入駐日使團的呢？筆者找到他的《回憶錄》，聽他細說當年：

> 當使團抵達上海，張大人（斯桂）來見，推薦我出任駐日公使的顧問（等同參贊），跟隨他們一同赴日。聘任期三年，月薪四百兩。美國駐上海總領事聞悉，同意我前去。於是我就接受了這個職務。67

如此說來，張斯桂副使與麥嘉締一定有舊。張斯桂是浙江慈溪人，而麥嘉締在浙江寧波傳教二十多年，結交的機會甚多。而且張與另一位美國傳教士丁韙良（William Alexander Parsons Martin）有深交，他曾為丁韙良的著書作序。基於這些原因，張斯桂便能和麥嘉締訂交。而月薪四百兩，可說是天價延聘，因為當年巡撫的年薪，也僅在一百八十兩左右，其高薪是教人咋舌。但從後來麥嘉締所發揮的作用，足可證其身價非虛！

中國首次派使駐日，除了外交儀禮之外，還要覓地購房開設公使館，這些使用外語的契約，因為同行的中國翻譯未能勝任，結果均由麥嘉締操筆[68]。就譯員一事，何如璋也非常煩惱地奏報：「惟前隨帶西學繙譯自美國人麥嘉紳（締）外，只有沈鼎鐘、張宗良二員，經三處分派，繙譯即不敷用……請總理各國事務衙門派同文館繙譯學生前來……至東學繙譯最難其選，因日本文字顛倒，意義乖舛，即求精熟其語言者，亦自無多……。」[69]

麥嘉締已意識到中日之間為琉球的爭議會漸趨激烈，他盡責地做了前期的準備工夫：「四出走訪東京的舊書肆，將觸目所及的有關書籍和地圖全部購歸，並細心閱讀研習。公使大人看到，開玩笑地說我太認真，勸我稍為寬緩。」[70]

麥嘉締又談到何如璋寫了一道用詞尖銳的〈照會〉給日本外務卿。他向何如璋暗示，日本收到此〈照會〉後，會向琉球加大壓力。結果如他所言。其後，格蘭特受恭親王、李鴻章所託，乘來日訪問之際向日本斡旋。為此，李鴻章去函何如璋，囑他早日「將此案本末緣起摘要譯呈」格蘭特。這些翻譯工作，也就非麥嘉締莫屬。[71]

當格蘭特偕同夫人、兒子和副將楊越翰等抵登日本，東京裝扮得比節日時還要華麗，以歡迎前美國總統到訪。日本的官商名流輪番設宴款待，而由居留在日本的美國人組成的「美國會」（Committee of the American）當然不會怠慢，舉行了熱烈的歡迎盛會。被推舉為「美國會」主席的，正是麥嘉締[72]。換言之，麥嘉締有着雙重身份可以見到格蘭特，而且作為「美國會」主席，更形顯貴。毋怪麥嘉締也說，這次在日本見到格蘭特的日子，比在美國還要多。

格蘭特和楊越翰聽過李鴻章講述中琉關係後，在日本又聽到另一種說法，孰是孰非？他們除了向駐日美國公使平安瞭解之外，最佳人選就是曾在中日兩地生活過而且對琉球頗有研究的麥嘉締。

格蘭特坦言，他本人對琉球的歷史和地理沒有充分的認識，但卻擔當起調停人來。言下之意，頗為困惑。麥嘉締便出示日文書《沖繩志》和《沖繩歷史》（主要是大琉球島），並告訴格蘭特：「兩方似乎都不願意讓步。儘管我很討厭戰爭，但我看不到有甚麼辦法可以和解，除非在沖繩島最南端劃一條線；另一條線劃在 Mujishoshima（筆者按：拼寫可能有誤，這裏應該是指宮古島 Miyajima）或八重山群島最北端，使分隔成一條大約有六十海里的狹窄通道。雖然這樣的分割並不公平，但我看不到有其他和解的辦法。」[73]

這是麥嘉締在其《回憶錄》所述的劃線建議，他的意思是：在沖繩本島的最南端劃出一條線；同時在宮古群島或八重山群島的最北端劃出一條線，在這兩條線之間的洋面約有六十海里闊，成為一條狹窄的通道。看來這是「二分法」。雖然如此，但麥嘉締沒有詳細說明哪一部分交哪一國，哪一部分又歸誰。

「二分法」被首先提出。按麥嘉締的《回憶錄》所載，格蘭特是親耳聽到的。與會者有楊越翰副將（詳後），至於平安公使有否出席，暫無這方面的資料。這「二分法」也許已成為格蘭特心目中的一個方案，並曾向日方提及，試探日本會否讓步交出宮古、八重山列島。

說到這裏，仍然只有「二分法」出台，那「三分法」究竟是誰提出的呢？倘無證據，何公使就有捏造之「罪」，一時間也教人束手無策。後來，筆者再細閱格蘭特文書檔案第二九卷二〇三頁，其中在「我曾聽聞讓中國能夠打通進出太平洋通道」的句子後面，有註釋「九」的標註，於是翻到二〇九頁，看到註釋是這樣寫的：

一八七九年七月十六日，麥嘉締致函楊越翰，表示經過與清朝的高級官員會商，並得悉李鴻章對處理琉球的見解而作出對十二日所提建議的修正。雖然我曾經很小心表述過，但我仍然願意修正我所提出的方案。我本身是沒有足夠的權力來談這件事的——有關中國願意讓琉球與日本——我建議在這些群島中劃分一條狹窄的通道，那就是將北緯二十六度以南交給中國，因為它們靠近台灣；——而位於北緯二十九度以北的群島和海洋，就屬於日本（同時可將此稱作沖繩縣），因為它們非常靠近薩摩——而在北緯二十六度和二十九度之間的群島和海洋，建成為一個中立國（恢復琉球王的君權，而這裏的領土曾是他長時期統治過的）。這個中立國同時由中國和日本聯合保護。[74]

麥嘉締寫這信給楊越翰時是在七月十六日，他要修正四天前的建議。四天前所提的建議或方案，是甚麼內容？會否就是他和格蘭特商談得來的「二分法」？因還未發現這「四天前的建議」，所以只能作此推想。但單獨去看七月十六日的修正案，可以得到如下的信息：

一、修正案顯然是打算將琉球群島三分；

二、比起早前的「二分法」，此修正案更加清晰，建議用北緯二十六和二十九度來劃線是較科學的做法；

三、具體說明北緯二十六度以南靠近台灣的島嶼交給中國；北緯二十九度以北的群島和海洋歸日本；北緯二十六度和二十九度之間的群島和海洋便交回琉球復國。（但劃線仍有誤，詳後。）

用緯度線來劃分，當然是十分科學的，但實領哪些島嶼才是各方最所關心的。於是在談判時，就列舉出歸屬島名來。具體而言：

一分北緯二十九度以北的與論島、沖永良部島、德之島、大島和喜界島共五島交日本，並可將沖繩縣移至於此；二分北緯二十六度和二十九度之間的沖繩本島（亦是談判時所常說的琉球中部），交回尚家王朝復國；三分北緯二十六度以南的宮古和八重山群島（談判時常說琉球極南的南島）予中國。

這三分琉球的建議，楊越翰是藉來信而知悉的，他有沒有轉告格蘭特將軍和平安公使，不得而知，結果就是鬧出「羅生門」來。

猶記何如璋呈書李鴻章，提到三分琉球，後來被誣為捏造的報告：「往見美使平安，謂已與格總統商一辦法，擬將琉球三部中部仍歸球王復國，中東各設領事保護；南部近台灣割隸中國；北部近薩摩割隸日本……」[75]而值得注意的是「中東（中日）各設領事保護」句，正與上文麥嘉締致函楊越翰說：「這個中立國（將琉球建成中立國）同時由中國和日本聯合保護」相吻合。可證麥嘉締確與二分琉球或三分琉球有關，甚至就是提出用緯度來劃界之人，因為在這方面他的科技知識是最高的。

從何公使的報告來說，格蘭特和平安是知道有三分琉球這回事的。但竹添進一郎看到李鴻章抄示何的三分琉球報告後，即上報外務省，由外務省電令日本駐美公使吉田清成求詢格蘭特。格蘭特的回覆是他不知道有這件事，美國駐日公使平安亦作同樣的答覆。[76]

日本拿出格蘭特和平安的回覆，真令何如璋百詞莫辯。但從上述引文來看，何如璋和麥嘉締都是知道有三分琉球的。但格蘭特和平安硬是不認，何如璋便被蒙上捏造之寃，筆者試作假設：當何如璋前往美國公使館打聽格蘭特調停琉球的進展時，有兩個可能的情況發生：

一、格蘭特和平安真的不知道有三分琉球這個提議。但平安跟何如璋討論球案時，複雜的劃線再加上傳譯的表達問題，導致何如璋也認為平安說的是三分琉球，因此在向李鴻章發的報告書中便把三分琉球寫了進去；

二、格蘭特和平安都有從楊越翰方面獲悉三分琉球方案，但事隔八個月後，格蘭特可能不想更多地介入此爭議，所以便說「不知道」。在格蘭特的文書檔案中，也曾提及過：「有一些建議不是十分成熟，不適宜公開，所以不在這裏記述。[77]」當平安得悉格蘭特的態度後，他亦緊隨老總統，同聲說「不知道」。

上述的假設推想，當然以第二條較為接近事實。後來，當筆者重校上文的引書時，在筆記本中錄有琉球史學家赤嶺守前輩的一篇論文，當時匆忙間沒有詳細閱讀。該文發表於一九九〇年舉行的「第三屆中琉歷史關係國際學術會議」，論文名〈脫清人與分島問題〉。今檢出細閱，不禁大為驚喜，因為前輩的論文可以成為拙文的註腳（如此說或是有點不敬，謹在此致謝）。

赤嶺先生從《琉球所屬問題關係資料》中，查找出一八八〇年四月五日竹添致井上馨的密函。該函的主要內容是抄錄李鴻章出示何如璋的三分案，而且用的是漢文，茲轉引如下：

如璋於二十日往見美使，美使言：事必須了，且必須兩國俱有光彩，方為好看。我與統領熟商一辦法，查琉球本分三部，今欲將中部歸琉球復國立君，中東兩國共設領事保護，其南部者近台灣，為中國必爭之地，割隸中國，其北部者近薩摩，為日本要地，割隸日本，未知貴國允許否云云。[78]

此書函所說的三分琉球，其內容和麥嘉締致函楊越翰與及李鴻章的〈密論何子峩〉（見上文）等資料相符。但赤嶺教授也和其他學者一樣，提出同樣的疑問：三分琉球如何劃線分割？以及三分案是怎樣提出來的？赤嶺氏又從台北中央研究院近代史研究所藏的《清季外交檔》中，檢出《琉球檔》來。他發現裏面有詳述三分案的書函，內云：

三分案是在北緯二十七度和二十五度劃線，將琉球分成三部分。何如璋以北緯二十七度以北的大島、德之島、鬼界島、沖永良部、與論島的島嶼已割隸薩摩，現歸屬於日本，設為沖繩縣，這對中國來說，不傷體面。而靠近台灣商船橫渡太平洋的航道位置，將北緯二十五度以下的宮古和八重

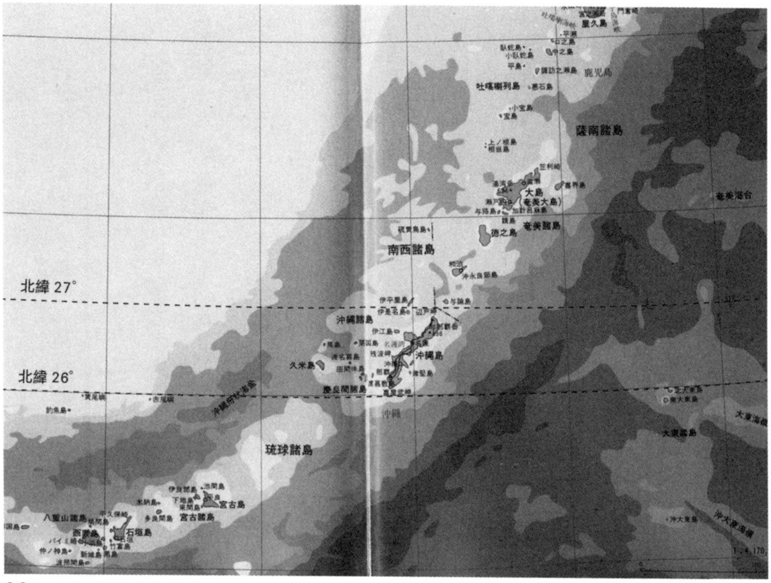

06

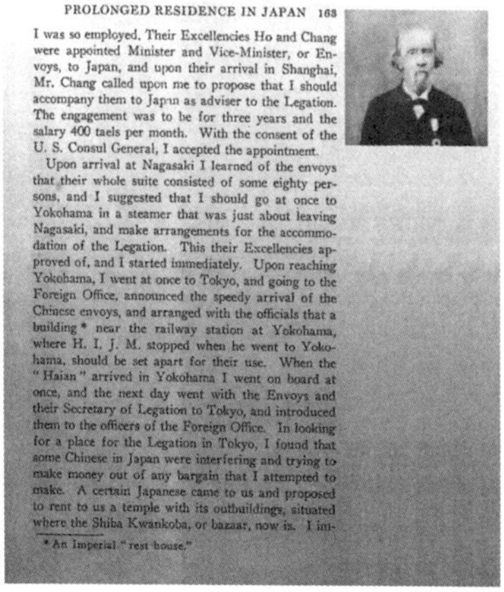

PROLONGED RESIDENCE IN JAPAN 163

I was so employed. Their Excellencies Ho and Chang were appointed Minister and Vice-Minister, or Envoys, to Japan, and upon their arrival in Shanghai, Mr. Chang called upon me to propose that I should accompany them to Japan as adviser to the Legation. The engagement was to be for three years and the salary 400 taels per month. With the consent of the U. S. Consul General, I accepted the appointment.

Upon arrival at Nagasaki I learned of the envoys that their whole suite consisted of some eighty persons, and I suggested that I should go at once to Yokohama in a steamer that was just about leaving Nagasaki, and make arrangements for the accommodation of the Legation. This their Excellencies approved of, and I started immediately. Upon reaching Yokohama, I went at once to Tokyo, and going to the Foreign Office, announced the speedy arrival of the Chinese envoys, and arranged with the officials that a building * near the railway station at Yokohama, where H. I. J. M. stopped when he went to Yokohama, should be set apart for their use. When the "Haian" arrived in Yokohama I went on board at once, and the next day went with the Envoys and their Secretary of Legation to Tokyo, and introduced them to the officers of the Foreign Office. In looking for a place for the Legation in Tokyo, I found that some Chinese in Japan were interfering and trying to make money out of any bargain that I attempted to make. A certain Japanese came to us and proposed to rent to us a temple with its outbuildings, situated where the Shiba Kwankoba, or bazaar, now is. I im-

* An Imperial "rest house."

07

06 二分琉球與三分琉球的劃分，其最大分別就是二分琉球沒有北緯 27° 這條分界。

07 麥嘉締（Divie Bethune McCartee）在《回憶錄》中述及他受聘為公使顧問的經過。(引自網上圖書館藏書)

山等諸島割隸中國。中部以沖繩本島為中心，是「宗朝」的所在地，讓琉球復國，置於中日兩國保護之下。此三分案是得到平安（公使）的明確支持的。[79]

赤嶺先生再分析，認為受僱於中國駐日公使館的麥嘉締是十分關鍵的人物。只可惜赤嶺先生僅考出麥嘉締是一名翻譯。他認為何如璋的三分琉球方案，是通過麥嘉締取自平安公使的情報，然後作成報告書上呈李鴻章的。所以赤嶺先生強調三分琉球案不是何如璋捏造，也並非李鴻章的私案，而是經由麥嘉締的聽聞而傳回來的。但後來井上外務卿直接向平安公使問詢時，平安氏的回覆是：在公在私都沒有向何如璋談及過。而格蘭特回答日本駐美公使吉田清成說：有關具體的分島案，在寄給中國的書函中，從無觸及過。[80]

何以會否認？尤其是平安公使，在無法理解的情況下，赤嶺先生也只能說：也許在翻譯上發生過一些誤解。

對赤嶺教授的考證，最令筆者注意的是三分琉球所提到的緯度——北緯二十七度以北和北緯二十五度以下（即以南）。

筆者打開多種日本印行的沖繩縣地圖，對照緯度的劃線，如以北緯二十七度來劃，剛好在沖繩本島北面和與論島之間的海洋穿過，這樣就可以由與論島開始，包括以北的四個島（沖永良部、德之島、大島、喜界島）割隸給日本。也就是說，北緯二十七度以北的劃分是符合信函陳述的。而北緯二十五度以南的宮古和八重山的劃線，就出現宮古島的一些島嶼是在北緯二十五度線以北，和陳述的割隸有所抵觸。

筆者又再檢視七月十六日麥嘉締寫給楊越翰的書信，提出要修正四天前的建議，（筆者認為這四天前的建議是二分案，而這次修正是三分案。台北中研院藏的《琉球檔》的記錄，因為在八月七日，如沒

圖解二分琉球和三分琉球之說

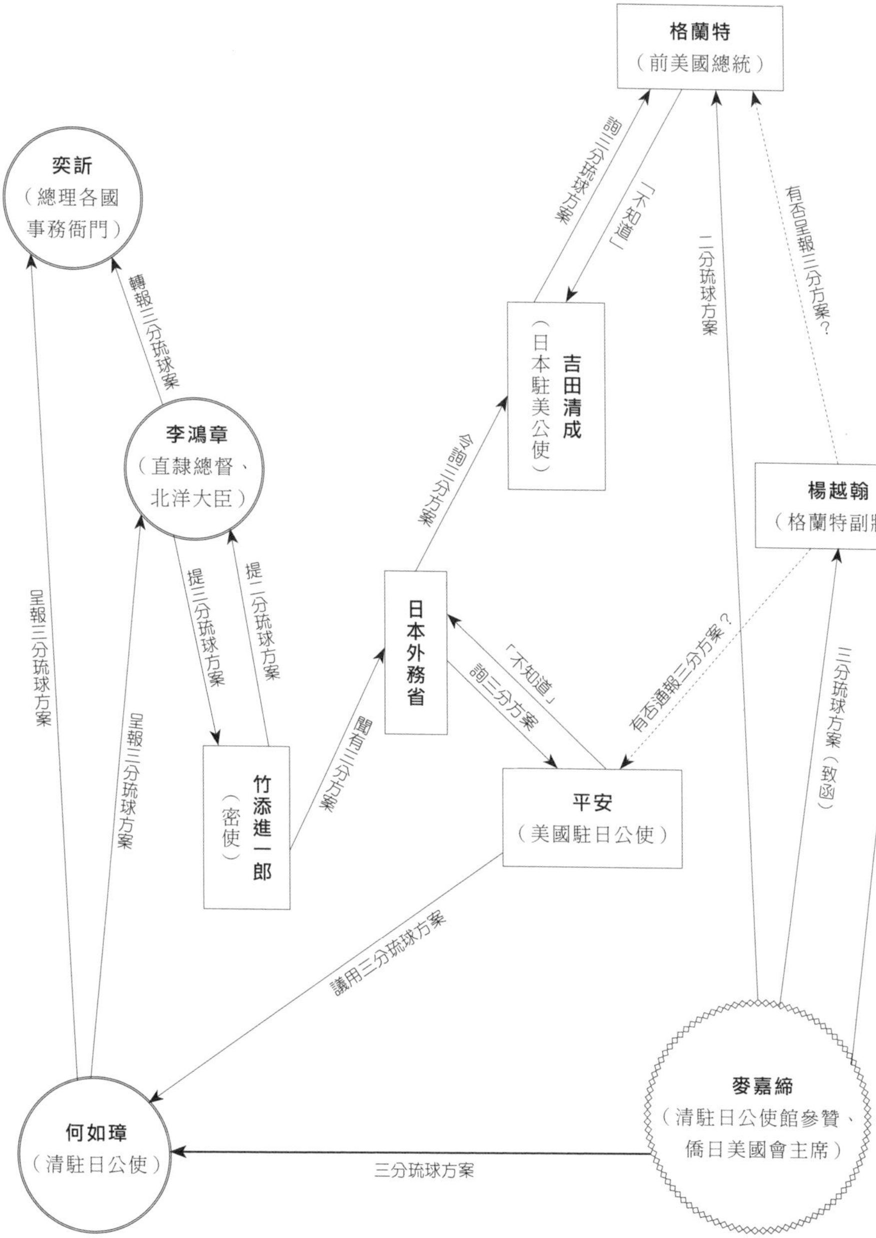
格蘭特
（前美國總統）
奕訢
（總理各國事務衙門）
詢三分琉球方案
「不知道」
二分琉球方案
有否呈報三分方案？
轉報三分琉球案
吉田清成
（日本駐美公使）
李鴻章
（直隸總督、北洋大臣）
令詢三分方案
楊越翰
（格蘭特副將）
呈報三分琉球方案
提三分琉球方案
提二分琉球方案
日本外務省
「不知道」
詢三分方案
有否通報三分方案？
三分琉球方案（致函）
二分琉球方案
呈報三分琉球方案
竹添進一郎
（密使）
聞有三分方案
平安
（美國駐日公使）
議用三分琉球方案
何如璋
（清駐日公使）
三分琉球方案
麥嘉締
（清駐日公使館參贊、僑日美國會主席）

有推算錯誤，這是又一次的修正）。其修正建議是將北緯二十六度以南的宮古和八重山劃歸中國，這樣的劃線剛好在宮古諸島以北穿過，是符合三分案的陳述。而北五島就以北緯二十九度以北來劃線，這是完全錯誤的，因為北五島全部位於二十七度至二十八點五度之間，向北上移至二十九度，已經是薩南諸島了。

麥嘉締這次修正，依然有誤。迨八月七日，何如璋再掌握到的三分案，又輪到南部劃線由對的劃成錯——由北緯二十六度向南劃至二十五度。何以會一再重複犯錯？筆者認為除了因為當年的測繪技術之外，最重要的是一些芝麻小島，其位置和島名還沒掌握得十分清晰，稍一遷移，就真的造成差以毫釐，失之千里。

雖然在劃分琉球的緯度上一再有錯失，卻可證明三分琉球案有過反覆的討論。至於格蘭特和平安何以否認提過三分琉球案，可能出於多方面的考慮，才會作出諱莫如深的答覆。但筆者總算為何如璋翻了案，不致被日本某些史家誣為捏造，並追查出二分琉球、三分琉球的緯度劃線者，正是中國駐日公使館的洋參贊麥嘉締。

八　小結

經過查證，琉球三分之說並非虛構已如上述。下面再歸納幾點，以為本章的結語。

一、在舉行談判前，日本做了準備工作，甚至兩次派竹添進一郎來向李鴻章摸底，並有意無意間指定駐華公使宍戶璣作談判全權代表，做成會議地點首選公使駐地的北京，可避過強硬的談判對手（當時來說）李鴻章。畢竟早前簽訂的《中日修好規條》，由李鴻章主談，是取得成功的。結果奕訢是按常例由他的總理各國事務衙門來派員作談判代表，沒有舉薦李鴻章。而派出的大臣沈桂芬、景廉、王文韶，可說對琉球毫無認識，又乏談判技巧，就聽從二分琉球之說，並同意隨後可改《通商章程》，使日本能享有「一體均沾」的條款。及至談判結束前，始由李鴻章上奏〈請球案緩結〉，才緊急煞停，然後交還李鴻章統籌全局，使談判陷於被動局面，要以「支展之法」來推翻前議之草案。倘若一開始便由熟悉琉球情勢的李鴻章來談判，也許有不同的結果。

二、中國十分尊重琉球國的意願，聽了琉球密使向德宏的稟報之後，還再電令駐日公使何如璋親向琉球君臣作諮詢，聽取他們對南島（宮古、八重山）不能復國之困，然後按照他們的訴求，再在談判桌上力爭。這種充分尊重關與國（或是被侵略國）訴求的做法，是值得稱許的。

三、在中華帝國的宗藩體制下，天朝懷遠施仁，毫無機心，不掠土奪利，以顯大國仁德。藩屬有急，在力所能及的情況下，必揮軍馳援，唐朝和明朝力保朝鮮便如此。至琉球案，雖無力渡海迎救，為能「興滅繼絕」，不惜讓出「利益均沾」，試圖換取日本對三分琉球的首肯。日本的史學界常說琉球的談判，是中國因着西面與俄國的簽約與否而有所調整，當成功簽了《中俄伊犁條約》，便推翻琉球條約草案。其實主要問題不在於此，而是能否接納三分琉球方案？在中俄訂約前，李鴻章已提出：「界以中、南兩島復為一國，其利害尚足相抵，或可勉強允許。」這種「讓利救屬（盟）」，顯示出中國自古以來對四鄰的護持與睦愛。

四、中、日就琉球案談判破裂，令中國無法挽救琉球復國；但日本也無法從正式的條約中取得琉球。到今天仍然可以說是未解的懸案。而楊越翰副將似乎預感到談判會破裂，他覺得中國的表現是無愧的：

> 萬一不能了結，中國於球事始終有禮，亦無愧於各國。中國先願與日本商量球事，足見中國重

視和約，不肯輕啟兵端。[81]

最後要說明的，就是整個談判的二分琉球和三分琉球方案，所有提到的島名，全部沒有釣魚島名，從而知道琉球的極南部（南島）是不包括釣魚島的。所以若用琉球群島來延伸至釣魚島去解釋為領土的一部分，是妄說，而且是完全站不住腳的。

附：向德宏登覆寺島來文〈節略〉[82]

六月二十一日，琉球紫巾官向德宏准鈔日本寺島外務大臣來信，遵諭謹將逐件詳細條陳，開列於左，仰祈憲鑒。

一、日本謂敝國屬伊南島，久在政教之下，引伊國史，謂朝貢日本事實在中國隋唐之際，此謊言也。考敝國在隋唐時，漸通中國，嘗與日本、朝鮮、暹羅、爪哇、緬甸通商往來。至明萬曆間，有日本人孫七郎者，屢來敝國互市，頗識地理，因日本將軍秀吉著有威名，孫乃緣秀吉近臣說秀吉曰：儻赴琉球告以有事於大明，彼必來聘。秀吉聽之，致書琉球，略曰：我邦百有餘年，群國爭雄，予也誕降，以有可治天下之奇瑞，遠邦異域，款塞來享，今欲征大明國，蓋非吾所為，天所授也；爾琉球宜候出師，期明春謁肥前轅門，若懈愆期，必遣水軍，悉鏖島民。敝國懼其威，因修聘焉。若據日史所言，則敝國隋唐時已屬日本，何以至大明萬曆年間尚未入聘？其言之不實、不辨自明矣。國史附會，何所不至。至引所載太宰府遣使於南島以下云云，安知非日本人在敝國為市者，將敝國地圖畫歸，送呈日史館，故鋪揚而張大其說乎？且赤木為敝國地產木，至今尚無進與日本，如當隋唐時有貢，何今日反無之？事隔千餘年，久遠無稽，日本任意捏造，那有窮乎？

（這裏是反駁日本，為達成琉球早已是日本屬國的目的，竟任意捏造史話，胡說琉球早在隋唐已朝貢日本。按當時簡易的通商有之，如已成為屬國，向德宏質問何以到豐臣秀吉之時，又要再來聘？而太宰府（在今福岡市）的遣使，也不過是通市的商人，卻用來誇大胡扯，都一一予以駁斥。但琉球與暹羅、爪哇等東南亞國家的通商，要待明朝洪永以後，非隋唐時所能航及，這是要澄清的。）

二、敝國距閩四千里[83]，中有島嶼相縣亙，八重山屬島近台灣處，相距僅四百里。《志略》所謂：去閩萬里，中道無止宿之地者，誤也。距薩摩三千里，中有島嶼相縣亙，敝國所轄三十六島之內，七八島在其中。萬曆三十七年，被日本佔去五島，亦在其中。《志略》所謂：「與日本薩摩州鄰，一葦可杭（航）者」，誤也。今日本以敝國當薩摩州一郡邑，謂久屬伊南島，實屬混引無稽之詞，成此欺人之譚。

（日本寺島外務大臣舉出《志略》來，試圖加強薩摩與琉球的「鄰接」，僅「一葦可航」；又刻意疏離中國，指「去閩萬里」。向德宏直斥為「欺人之譚」，特意拿八重山來說明，距台灣僅四百里（約合二百三十公里），並非萬里之遙，此一誤。又連消帶打的指控在萬曆三十七年（一六〇九）被奪去五島，才稍為靠近薩摩，正確來說不是「一葦可航」，而是三千里之距，此二誤也。）

三、敝國世紀載：開闢之始，海浪氾濫，時有男名志仁禮久，女名阿摩彌姑，運土石，植草木，以防海浪，穴居野處，是為首出之君。迨數傳而人物繁殖，智識漸開。間出一人，分群類，定民居，稱天帝子。天帝子生三男二女，長男稱天孫氏，為國君始；二為按司，官始；三為百姓始；長女為君君，次女為祝祝，均掌祝祭之官。天孫氏傳二十五世，為權臣利勇所弒。浦添按司名尊敦者，起兵誅利勇，諸按司推戴尊敦為君，即舜天王。舜天王父源為朝，乃日本人，遭日本保元之亂，竄伊豆大島，嗣復浮海至琉球，娶大理按司之妹，生尊敦，即舜天王也。自舜天王至尚泰王，凡三十八代，中間或讓位於人；或為所奪。如此者，幾易五六姓，舜天王之統，三世已絕矣。察度王洪武年間賜琉球名；巴志王永樂年間賜姓尚，至尚泰王，或雖有嗣承，同係天朝賜國號受姓之人。尚泰王之祖尚圓王，伊平屋島之人，乃天孫氏之裔也。日本何得認為日本之後耶？總歸時異世還，斷不能妄援荒遠無稽之論，為此神人共憤之事！如按此論，則美國百年前之君為英吉利人，刻下英吉利能強要此美國之地乎？地球內如美國者極多，紛紛翻案，何有窮乎？

（日本為了證明與琉球有很親密的關係，不惜拉關係，講血緣，說到舜天王之父是日本人源為朝，他是因保元之亂而逃到琉球，娶按司之妹而生舜天王。這是江戶初期日本鼓吹「日琉同祖」而編寫的一些志書，但都是無據可考的天方夜譚之說。向德宏在反駁日本的〈說略〉時，首先記述琉球開國之始，這和很多國家一樣，都帶有神話色彩。其實，琉球國要晚至中國的南宋或元朝，才開始發展成國家的規模。傳舜天王之父經保元之亂來琉，那也是公元一一五六年以後的事，更何況向德宏指出舜天王的統治，僅歷三世而已。所以與尚王朝談不上有血緣關係。反而向德宏給我們重溫了洪武年間，太祖將「瑠求」賜名為「琉球」[84]；又在永樂年間賜國主姓尚的史事。）

四、尚寧王被捦（同擒）事固有之。蓋因豐臣氏伐朝鮮之後，將構兵於大明，以敝國係日本鄰邦，日本前來借兵、借糧。敝國不允所請，日本強逼甚嚴，尚寧更不承服。嗣後，（島津）義久召在薩摩球僧，親諭日本形勢，還告尚寧王速朝德川。尚寧王不從，遂被兵，尚寧王為其所擒，此逼立誓文之所由來也。厥後，歲輸八千石之糧於薩摩，以當納款。此蓋尚寧王君臣被困三年，不得已屈聽之苦情也。今據日本伐朝鮮事，蓋不便以騷擾中國為言耳。然事在明萬曆三十七年，是時敝國久已入貢中朝，即以所逼誓文、法章而言，亦無不准立國阻貢天朝之事。且天朝定鼎之初，敝國投誠效順，迄今又二百餘年，恪遵會典，間歲一貢，嗣王繼立、累請冊封。日本向來亦稱琉球國中山王甚為恭順，皆無異說。乃自同治十年以來，謬改球國曰球藩，改國王曰藩王，派官、派兵前來，此乃起釁天朝之所由來也。

（向德宏申訴琉球一直朝貢中國，至萬曆年間，尚寧王不肯屈服於日本的無理威逼，致被擄三年，雖簽下誓文，但入貢中國，從未受阻。至近年才有阻貢廢琉球王，爭端便由此而起。）

五、神教則自君君、祝祝掌祭祝之官，時敝國已有神教。據云：島祀伊勢大神等出自日本，不知敝國亦祀關聖、觀音、土地諸神，何嘗出自日本也。

（琉球的神教，有自己獨特的祝祭儀式，當然也有受日本影響的地方，但並不可以說成是源自日本。向德宏不服氣地舉出日本不常拜祀、但琉球卻十分盛行祭祀的關帝、土地來，以示非源於日本。）

六、風俗，則敝國冠婚喪祭均遵天朝典禮，至席地而坐，設具別食，相沿已久，亦天朝之古制，經典詳載也。焉知非日本之用我球制乎？如日本以古制私為己物，則日本亦可為天朝之物矣。至云蒸饗用伊小笠原氏之儀，尤為無據，如按此論，亦可云小笠原氏之儀，乃引用敝國之儀矣。

（日本將琉球的風俗和生活習慣凡與日本近似的，都說成源自日本，向德宏認為日本毫無根據，反問日本的器物是否源於中國、來自琉球？）

七、四十八字母，敝國傳自舜天王。舜天王雖日國人所生，然久已三傳而絕，何得據此為日本之物？且敝國亦多用漢文字，並非專用四十八字母也。如以參用四十八字母為據，則日本之向用天朝漢文不止四十八字母者，日本亦可為天朝之物矣，有此牽強之理乎？

（日本繼續吹他們的「日琉同祖論」，而向德宏每每以去日本化來反擊。其實，總的來說，日本和琉球所書寫的文字，都深受中國的漢字影響，在這方面可以說雙方的文字都是同祖於漢字。）

八、言語，敝國自操土音，間有與日本相通者，係因兩國貿易往來，故彼此耳熟能道。若未經與日本通商，則日本不能通敝國人之言語，敝國亦不能通日本人之言語。據日本以敝國稱國為屋其惹，為沖繩形似浮繩，故曰沖繩。始祖天孫氏，天孫氏天帝之子所生，非日本人也。此言語與日本何涉？不待辨而誤見矣。如按此論，則日本能操敝國言語，敝國亦可云日本為敝國之物也。

（兩國長久通商互市，語言和習慣都會互為影響，漸次通曉對方語言，是人類文化發展的常軌。歐洲各國土地鄰接，其例多矣！但萬萬不能說對方能操本國的語言，則與對方的國家同源，就可以成為本國之物。若此邏輯可行，則世界大亂矣！）

九、日本謂敝國有饑，則發帑賑之；有仇則興兵報之，以為保庇其島民。此語強孰甚焉。敝國荒年，雖嘗貸米貸粟於日本，而一值豐年，便送還清楚，無短欠。在日本只為恤鄰之道；在敝國只循乞糴之文，如即以此視為其島民，則泰西各國近年效賑天朝山西地方，以及天朝商人之施政奧國，則天朝可為泰西之地耶？奧國可為天朝之地耶？至台灣之役，彼實自圖其私，且將生端於琉球，故先以斯役為之兆，何嘗為敝國計哉？敝國又何樂日本代為啟釁哉？

（日本向琉球賑濟，不是贈米賑粟，而是貸米貸粟，待豐年好收成，就須奉還。施這樣的小惠，日本便無限放大，將琉球民納入為自己的國民，豈是恤鄰之道？又藉牡丹社事件，打着保護島民的旗號，說是「有仇則興兵報之」。但向德宏代表國家明確地指出：琉球並不高興由日本代為出兵去台灣開戰。）

十、日本謂敝國國體、國政皆伊所立，敝國無自主之權。夫國體、國政之大者，莫如膺封爵、賜國號、受姓、奉朔、律令體制諸鉅典。敝國自洪武五年入貢，冊封中山王，改琉求國號曰琉球，永樂年間，賜國主尚姓，歷奉中朝正朔，遵中朝禮典，用中朝律例，至今無異。至於國中官守之職名，人員之進退，號令之出入，服制之法度，無非敝國主暨大臣主之，從無日本干預其間者。且前經與佛、米、蘭三國互立約言，敝國書中皆用天朝年月，並寫敝國官員名，事屬自主，各國所深知，敝國非日本附庸，豈待辨論而明哉？

（日本常常口口聲聲說琉球是他的附庸國，派員駐那霸，每年收租稅，是實質管治的明證；中國的冊封，僅虛囂而已。身為琉球國的紫巾官向德宏，難容日本信口雌黃，嚴詞反詰。他首先列舉國體、國政中的重要鉅典，當推冊封、賜國號、奉正朔，遵禮典，頒律例，而這些重要體制，都來自天朝、學自天朝——中國。至於國內的官守職名、人員任免、發施號令等，皆由國君和大臣來決定。再論到與美國、法國、荷蘭簽立修好條約，用的年號是「大清咸豐」，署名是琉球的總理大臣尚宏勳、布政大夫馬良才[85]，若非獨立自主的國家，如何能簽訂國際條約？以上種種，足證琉球絕非日本的附庸國。）

註釋

1 參見赤嶺守著〈琉球歸屬問題交涉與脫清人〉，收錄在《第九屆中琉歷史關係國際學術會議論文集》，北京海洋出版社，二〇〇五年，頁三三九。

2 參見《李鴻章全集》，中國海南出版社，一九九七年，頁三一四六，〈譯署函稿〉卷十〈覆美國前總統格蘭特‧光緒五年八月初九〉。

3 同註2引書，頁三一四七，〈譯署函稿〉卷十。

4 同註2引書，頁三一四六，〈譯署函稿〉卷十。

5 同註4。

6 同註2引書，頁三一四三，〈譯署函稿〉卷十〈密論何子峩〉。

7 同註2引書，頁三一四一，〈譯署函稿〉卷九〈譯送美前總統來函‧光緒五年七月二十二日〉。

8 同註2引書，頁三一五八，〈譯署函稿〉卷十〈與日本委員竹添進一筆談節略〉。

9 同註2引書，頁三一五八，〈譯署函稿〉卷十〈議球案結法〉。

10 同註2引書，頁三一六一，〈譯署函稿〉卷十〈日本竹添進一說帖〉。

11 同註2引書，頁三一三七，〈譯署函稿〉卷九〈譯美國副將楊越翰來函〉。

12 參見黃天著〈《滿清紀事》、《日本日記》的逆輸入和增田涉的有關研究〉，收錄在復旦大學歷史系、出版博物館合編《歷史上的中國出版與東亞文化交流》，二〇〇九年，頁一五八至一五九；又黃天著〈日本物語之黑船事件〉，香港《大公報》，一九八八年三月九日至二十日。

13 同註2引書，頁三一三八，〈譯署函稿〉卷九〈何子峩來函‧光緒五年七月初四日〉。

14 同註10。

15 參見王璽著《李鴻章與中日訂約（一八七一）》，台北中央研究院近代史研究所，二〇〇六年，頁四〇。

16 參見台灣銀行經濟研究室編《李文忠公選集》上，台灣省文獻委員會，一九九七年，頁三五三，〈妥籌球案摺〉。

17 同註16。

18 同註15引書《李鴻章與中日訂約（一八七一）》，頁一〇七。

19 同註16。

20 同註2引書《李鴻章全集》，頁三一六二，〈譯署函稿〉卷十〈勸竹添進京〉。

21 同註2引書《李鴻章全集》，頁三一六三，〈譯署函稿〉卷十〈與日本委員竹添進一筆談節略·光緒六年二月二十五日〉。

22 同註2引書《李鴻章全集》，頁三一六五，〈譯署函稿〉卷十〈日本委員竹添進一來書〉。

23 參見《清光緒朝中日交涉史料》，台北文海出版社，一九六三年，頁二〇〈總理各國事務衙門奏請派員商辦琉球案摺〉。

24 同註23。

25 參見閻崇年、田珏、韓恒煜編著《中國歷史大事編年·清近代》，北京出版社，一九九一年，頁六〇八至六〇九。

26 參見《清光緒朝中日交涉史料選輯》，台北台灣省文獻委員會出版，一九九七年，頁二五。

27 同註26引書，頁二七。

28 同註27。

29 同註27。

30 同註26引書《清光緒朝中日交涉史料選輯》，頁二八。

31 參見張啟雄著〈論清朝中國重建琉球王國的興滅繼絕觀〉，收錄在《第二屆中琉歷史關係國際學術會議論文集》，台北中琉文化經濟協會出版，一九九〇年，頁二八五；又《清光緒朝中日交涉史料選輯》頁二七也有：「載明分界以後，彼此永遠不相干預，庶以中國如何設法存球，日本無從置喙。」

32 同註31引張啟雄著〈論清朝中國重建琉球王國的興滅繼絕觀〉，頁二八六，引三國谷宏之言。

33 參考自程樹德撰《論語集釋》四，北京中華書局，一九九〇年，頁一三六二至一三六三。

34 參見吳天穎著《甲午戰前釣魚列嶼歸屬考》，北京社會科學文獻出版社，一九九四年，頁五四。《日本外務省檔案目錄》的〈兩分琉球〉方案的圖照。

35 參見《清光緒朝中日交涉史料》，台北文海出版社，一九六三年，頁二四〈附件一總理各國事務衙門錄呈球案條約底稿〉。

36 參見安岡昭男著，胡連成譯《明治前期日中關係史研究》，福建人民出版社，二〇〇七年，頁一一三。

37 同註26引書《清光緒朝中日交涉史料選輯》，頁三一至三四，〈陳寶琛奏倭案不宜結摺〉。

38 同註26引書《清光緒朝中日交涉史料選輯》，頁三六，〈軍機處寄直隸總督李鴻章上諭〉。
39 同註31引張啟雄著〈論清朝中國重建琉球王國的興滅繼絕觀〉，頁二八五。
40 參見《李鴻章全集》，中國海南出版社，一九九七年，頁三一八五，〈譯署函稿〉卷十一〈請球案緩結〉。筆者作句讀。
41 參見《清光緒朝中日交涉史料》，台北文海出版社，一九六三年，頁二六至二八，〈直隸總督李鴻章覆奏球案宜緩允摺〉。
42 同註41。又同註26引書頁四一。
43 同註36引書《明治前期日中關係史研究》，頁一一三引《日本外交文書》。
44 同註41引書《清光緒朝中日交涉史料》，頁三〇，〈劉坤一奏陳中外各國事勢片〉。
45 同註36引書《明治前日中關係史研究》，頁一一三至一一四引《日本外交文書》。
46 同註36引書《明治前日中關係史研究》，頁一一四至一一五引《日本外交文書》。
47 同註41引書《清光緒朝中日交涉史料》，頁三一至三二〈總理各國事務衙門奏日本使臣宍戶璣回國摺〉。
48 同註26引書《清光緒朝中日交涉史料選輯》，頁七三〈上諭〉。
49 參見溫廷敬輯錄《茶陽三家文鈔》，一九二五年，〈復總署論球案暫緩辦理書〉。筆者作句讀。
50 同註49。
51 同註49引書〈復總署總辦論為球王立後書〉。筆者作句讀。
52 同註51，筆者作句讀。
53 同註51，筆者作句讀。
54 同註51，筆者作句讀。
55 同註51，各島前有「一」字，是古書列舉之號，今刪去，在各島之後加括號數目，以便於說明。
56 參見橫山重編纂《琉球史料叢書》第四卷《中山世譜》首卷〈琉球輿地名號會紀〉，東京美術出版，一九七二年。
57 同註55。
58 參見喜舍場朝賢著《琉球見聞錄》，東京東汀遺著刊行會，一九五二年，頁一四九，原文為日文，筆者據意譯出。
59 日本好用「琉球處分」來表示「廢王為藩」、「廢球為縣」。但在琉球而言，不是「處分」，而是受害國。
60 參見《李鴻章全集》，中國海南出版社，一九九七年，頁三二一七〈譯署函稿〉卷十三〈論球案並覆核越南條議〉。

61 同註2引書《李鴻章全集》，頁三一四三，〈譯署函稿〉卷九，〈密論何子峩〉。筆者作句讀。

62 同註61。

63 同註36引書《明治前期日中關係史研究》頁一一一；又同註31張啟雄著〈論清朝中國重建琉球王國的興滅繼絕觀〉，頁二八二引夏威夷大學圖書館藏《琉球所屬問題》。

64 同註36引書《明治前期日中關係史研究》，頁一一一。

65 同註31引書〈論清朝中國重建琉球王國的興滅繼絕觀〉，頁二八二。

66 參見中國社會科學院近代史研究所翻譯室編《近代來華外國人名辭典》，中國社會科學出版社，一九八一年，頁二九八；又岩波書店編集部編《岩波西洋人名辭典》增補版，東京岩波書店，一九八一年，頁一四二五。

67 *A Missionary Pioneer in the Far East: A Memorial of Divie Bethune McCartee*, New York, Chicage: Fleming H. Revell Company, 1922, pp.163.

68 同六七引書，頁一六四，麥嘉締說：兩名中國譯員僅在日本營商一段短時間，所以顯得不够熟練，令到我不單是公使的翻譯，還要將法國的契約翻譯成中文。

69 參見《清光緒朝中日交涉史料》，台北文海出版社，一九六三年，頁一五，〈何如璋等奏請在日本横濱等處分設理事官等摺〉。

70 同註67引書，頁一六四。

71 同註2引書《李鴻章全集》，頁三一二〇〈譯署函稿〉卷八〈覆何子峩〉，又頁三一二八，〈譯美前總統幕友楊副將來函〉：「昨據何欽差之參贊來見，將琉球事始末文卷譯送我，即轉呈前主閱看。」

72 同註67引書，頁一六五。

73 同註67引書，頁一六六。這裏向格蘭特出示的《沖繩志》，應是伊地知貞馨的新著。

74 *The Papers of Ulysses S. Grant*, Volume 29, Edited by John Y. Simon, Carbondale: Southern Illinois University Press, pp.209.

75 同註61。

76 同註63。

77 同註74引書，頁二〇八。

78 參見《第三屆中琉歷史關係國際學術會議論文集》，台北中琉文化經濟協會，一九八一年，頁四八一，赤嶺守著〈脫清人與分島問題〉。

79 同註78，原件應為中文，赤嶺守作了日譯，今筆者又將日文譯為中文。

80 同註78引文，頁四八二至四八三。原文為日文，筆者據意譯出。

81 同註2引書《李鴻章全集》，頁三一四二，〈譯署函稿〉卷九〈譯美國副將楊越翰來函・光緒五年（一八七九）七月二十一日〉。

82 同註2引書《李鴻章全集》，頁三一三三至三一三五〈譯署函稿〉卷九，成稿於光緒五年（一八七九）六月廿四日（八月十一日）。其內各條統一用舊式的「一」作起段，今為清晰起見，改用數字作序，共得「十條」，可謂「十駁寺島」。筆者除作句讀外並作疏解，以括號區別。

83 一華里等於五百五十九點八公尺。

84 參見桑江克英譯著《球陽》，沖繩球陽刊行會，一九六九年，頁一三。

85 參見《博物館展示ガイド》，沖繩縣立博物館、美術館編輯出版，二〇〇三年，頁五七。高良倉吉、田名真之編《圖說琉球王國》，東京河出書房新社，一九九六年，頁一一八，《琉球美國修好條約》圖照。原件藏於日本外務省外交史科館。

第十章

向德宏哀稟求援
林世功死諫乞師

一八七五年七月十四日，內務大丞松田道之威武地來到首里城，宣讀太政大臣三條實美的「琉球處分令」，震動了整個琉球王國。最令他們痛心的是割斷與天（清）朝的封貢關係，仰天長歎，五百年恩德情義安可一朝忘棄！尚泰王呈上陳情書，懇請收回成命、又派池城親方（毛有斐）、與那原親方（馬兼才）和幸地親方（向德宏）等為陳情使，上東京呈遞請願書。他們雖然備受冷待或橫遭斥退，但在一年裏面，下氣低聲地呈上十五道請願書。池城親方以明治政府未允所請，終致心力交瘁憂鬱而死。池的後繼者續向何如璋公使和歐美駐日公使請願。最後，因有何如璋代表中國向日交涉，而日本又對駐留東京的陳情使嚴密監視，琉球在東京的救國請願行動惟有偃旗息鼓。後來，這股力量轉移到中國，持續請願求援乞師長達十年。這些秘密出走、逃脫到清國去請願的琉球士人，日本稱之為「脫清人」。他們到了中國，顧不上生計，忍辱為國，跪門哀懇，可說聞者心酸，見者動容！

一　向德宏在華領導救國請願運動

向德宏（幸地親方）曾聯同池城親方等人，在東京呈遞陳情書。一八七六年六月，向德宏被安排回琉球，於年底率都通事蔡大鼎、通事林世功，攜同尚泰王的〈密咨〉潛逃出境，幾經波折才於翌年四月抵登福州。向德宏等的成功逃脫，是為最早的脫清人。向德宏旋將〈密咨〉和稟狀呈交福建布政司，當清廷獲悉日本阻止琉球進貢之事，即指示行將出使的何如璋，抵日後妥辦球案，其詳情已見上文。

至於向德宏等人，加上最後的朝貢使毛精長[1]及其隨員，只能按照清朝的接待管理規條，待在福州琉球館，靜候朝廷的回音。但苦候兩年多，僅聞清廷從外交途徑向日本交涉，呈膠着狀態。

一八七九年三月二十七日，廢球置縣令頒到首里城，並嚴令尚泰王在三月三十一日遷出王居。日本滅球的消息，很快便由那霸久米村的士族湖城以正潛登國吉船，裝作海難漂流來到福州，急告向德宏[2]。驚聞巨變，向德宏馬上派毛精長和蔡大鼎、林世功北上京城告急。但第二報又於六月六日馳至。那是代父先行至東京的世子尚典，將亡國之事書成密函，託閩商帶至福州，交既是紫巾官、又是舅父的向德宏親閱[3]，令迅速北上陳情。向德宏不敢怠慢，即薙髮改穿清服扮成商人，延邀通事，不顧福州待命之規，星夜奔馳，直趨天津李鴻章相府，哀哀稟報：

敝世子擬即稟明欽差大臣，而日人查禁甚嚴，不能通達消息。不得已，託閩商帶回密函，飭宏迅速北上，瀝血呼天，萬勿刻緩。如不能收復，（世子）惟有絕食而死，不能辱國負君，淚隨筆下。宏泣讀之餘，肝膽幾裂，痛不欲生……主憂臣辱，主辱臣死，宏等有何面目復立天地之間。生不願為日國屬人；死不願為日國屬鬼，雖糜身碎首，亦所不辭。在閩日久，千思萬想，與其曠日持久，坐待滅亡，曷若薙髮改裝，早日北上；與其含垢忍辱，在琉偷生，不如呼天上京，善道守死……效楚國申包胥之痛哭，為安南裴百耆之號求……伏維中堂威惠播於天下，海島小邦久已奉若神明，必能體天子撫綏之德，救敝國傾覆之危。籲請據情密奏，連賜拯援之策，立興問罪之師。不特上自國主，下及臣民，世世生生，永戴皇恩憲德於無既。[4]

當時，日本曾傳令駐華使館，監視和捉拿「脫清人」。向德宏惶恐中又患水土病，便懇請李鴻章安頓收留，恩賜保護。李鴻章憐其落魄苦困，乃將他安頓於督府西側的大王廟內。後來，因為日本發來寺島外務卿的〈說略〉，清廷不懂回答琉球與日本的關係，便由李鴻章交向德宏作〈節略〉來回駁。〈節略〉可見本書第九章。向德宏呈遞〈節略〉時，附上第二次哀稟（與前次哀稟相距二十天），在悲憤之餘，激動地表示「願充先鋒」，「效力軍前」：

琉球國陳情孤臣紫巾官國戚向德宏為慼泣瀆稟，求解倒懸事……如得興師問罪，即以敝國為鄉（通嚮）導，宏願充先鋒，使日本不敢逞其兇頑。宏於日國地圖言語文字諸頗詳悉，甘願效力軍前，以洩不共戴天之憤……[5]

上文提到向德宏初接湖城以正的急報後，即派毛精長、蔡大鼎、林世功三人北上告稟。其後，向德宏接世子尚典的密函，馬上動身北行。及至毛精長等人南返福州，又有王弟尚弼從那霸派出向廷槐，再詳告日本的巡查異常兇暴。八月初五、初七（九月二十、二十二日），又先後有向好問、金德輝、楊逢春等奉尚弼之命來閩，再三告急。毛精長深知情勢危急，故又率蔡大鼎、林世功等上京。據蔡大鼎在其《北上雜記》中憶述：

業於己卯（光緒五年，西曆一八七九年）八月十四日（九月二十九日），率同蔡大鼎、林世功、大文李文達、茂才蔡以正、傳譯通事謝維垣，驅使篤實之人陳學誠，從人仲村渠等，三更時分，坐駕河船，萬壽橋放棹，次日黎明到馬尾，轉搭海定輪船，即日開洋。十七日（十月二日）至上海……二十七日（十月十二日）移寓河北宏威客店，即與紫巾官（向德宏）議事。（紫巾官於本年五月，至李中堂署請救，寓大王廟）時聞有美國前總統已與日王相議割給琉球三分之一。將次日王派官來津，與李中堂妥商。九月初二日河北啟程……初五日（十月十九日）四十里至都，由沙鍋門進城，寓西河沿福來客棧。[6]

就在宏威客店，向德宏得與眾人匯合，交換近況。向德宏又告以哀稟之事，並已聞說「三分琉球之案」[7]（何如璋的書函已送到李鴻章處）。向德宏分析了情勢，遂指示毛精長等人入京請願，而他則繼

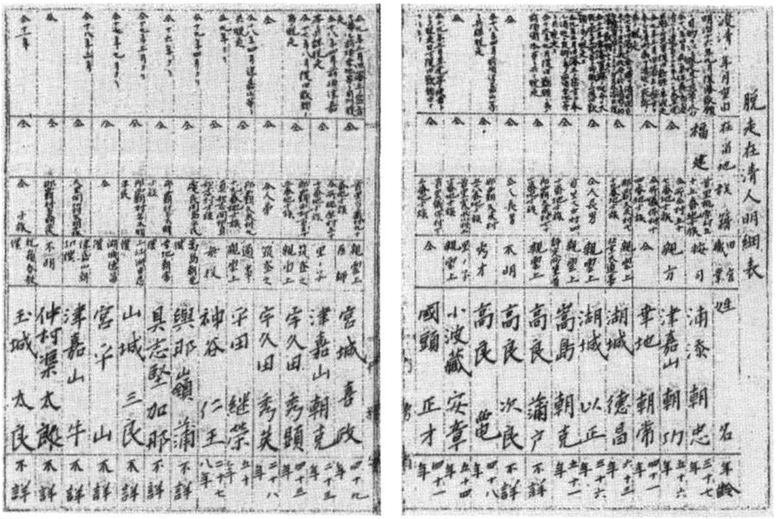

01

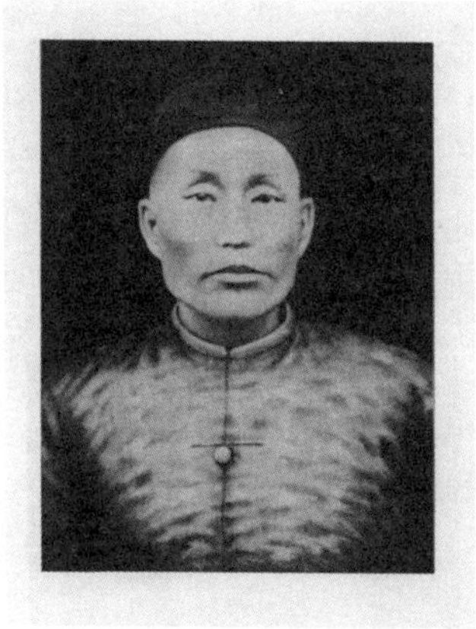

02

01 「脱清人」名表（部分）。

02 苦命駙馬向德宏（1843 至 1891 年），乞師不成，飲恨而終。

續留在天津向李鴻章哀懇。向德宏在東京曾追隨池城親方向明治政府陳請，挽救國家，今番轉至中國，繼續未竟之業，更身負領軍之責。

二　毛精長、蔡大鼎等跪門請願

毛精長、蔡大鼎、林世功等人入住福來客棧之後，即趕忙撰寫請願書，三天後的十月二十二日，他們前往總理各國事務衙門，呈遞哀稟，首述國滅主執，民不聊生，再痛陳日人闖進世子宮，召來「巡查數十名，毒打各官，直行脅去，至天朝欽賜御書、匾額、寶印，亦恐被其奪掠……日人封豕長蛇，既吞國執主，復囚官害民。苛責掠奪，無所不至……一聞之下，肝膽崩裂，相共飲泣……伏乞總理諸位大人俯憐二百年來效順屬藩，被倭凌虐，待拯孔亟，恩准據情奏請皇上，宣揚天威，迅賜救存，以復貢典。」[8]

毛精長等馬不停蹄，兩天之後又再攜稟前赴禮部哀求。稟詞內容，與呈送給總理衙門的稟狀基本一致。總理衙門和禮部將毛精長等的哀稟轉奏朝廷，並提出安頓的建議。禮部奏云：

毛精長係光緒元年進貢正使，蔡大鼎係同治十二年進貢都通事，林世功係同治八年入監官生……此次來京寓居正陽門外旅舍，恐不足以資防護，而示懷柔可否仰懇天恩，准照該國貢使來京之例，令其暫在四驛館居住，給與口糧食物，一面由臣部飛咨直隸總督，迅派妥員來京，護送回閩，用彰我國家優恤遠人之至。[9]

禮部施仁，擬暫收留於回驛館。但總理各國事務衙門則不同意，他們於九月十一日（十月二十五日）傳召毛精長三人：「見該球官等俱中國服色，伏地哭拜不起，所言與稟內大略相同。官等善言撫慰，諭以爾國之事迭經奏明設法辦理，且宜靜候。該球官等唯唯而出。」經撫慰後，即以「別生枝節」為由，乃「公同量酌，擬由臣衙門發給川資銀三百兩，派弁送至天津，再由李鴻章派員護送回閩。」[10]

總理衙門是要毛精長等人立即離京，並經軍機處傳諭旨照准。毛精長等聞悉大驚，懇留不從。經總理衙門勸說，「該球官等始則不領川資，經臣衙門章京逐層諭慰，雖將川資領去，仍是求准在京暫住。」雙方就此問題再三諮議。其後，聞「球官等伏地哀求，聲稱目下無國可歸。此次數千里來京乞援，若即出京，恐本國加罪等語」[11]，已有所軟化，再以毛精長卧病在牀，難以催令起行，便請旨准留。也許是「無國可歸；有病在身」，足令清廷大發同情心，特旨批准。

毛精長、蔡大鼎、林世功等人從一八七九年十月進京後，至一八八二年五月一日止的兩年半歲月裏面，一再上稟乞援。據西里喜行教授所查知的，共有十六道[12]。在這些哀稟中，雖然都是重複陳述：「國亡主辱、日人兇暴、百姓受虐；國主世子被執，君民失所塗炭；奏請天恩，迅賜救存」等語，但也有因着時局的發展而作出相應的請願。如再延期不敢回閩，是「深恐日人錯認天朝已將琉球事件從緩辦理，益肆鴟張」[13]；又當球案條約底稿擬定之際，毛精長等擔心分南島立國，即上稟力陳不可：

> 敝國內有三府[14]，東西寬處不過數十里，南北長不足四百里，外有三十六島，其中八島業於前明萬曆年間被倭佔去，現有二十八島皆海中拳石，窮荒特甚，土復磽瘠，物產絕少，人戶稀疏，其一切衣食器物莫不仰給於三府焉。夫以三府二十八島而立國尚難，況割土分島，將又何以立國，既不足以立國，則雖名曰存，何異於亡？[15]

所持論調，與向德宏一致，應是北京、天津時有聯繫，互為呼應。

當時球案條約草案已出，琉球的陳情使不知清廷會否簽約，焦急之餘，便上稟請向日本公使談判，並施加壓力：「傳召駐京倭使，諭之以大義，威之以聲靈，妥速籌辦，還我君王，復我國都。」[16]

毛精長等在京苦候兩年多，雖經十多次哀稟，清廷依然按兵不動，僅從外交途徑與日交涉。至一八八二年四月底，毛精長等獲悉新任駐日公使黎庶昌與尚泰王有書函來往，黎公使轉告尚泰王，謂日本廢球為沖繩縣已多年，「欲全境歸還，難以如願。」毛精長深明國主不欲分島，所以再上稟強調：「不復全境，不足以立國」，而且似有不耐煩地說：「若非宣示天威，無敢帖服聽命。長等告急乞救，守候都下。」[17]

無論毛精長等人如何「臨稟涕泣，無任延頸待命之至」，也無法打動王公大人之心。結果乞師不成，飲恨終生！

毛精長等的哀稟，言詞懇切，時而慷慨，時而悲愴。他們自謂：「恭詣京師，匍叩轅下泣懇救難，計今已逾二年」[18]。其悽苦之情，實堪憐憫。

清末毛澂穉見而憐之，復以詩為記：

飛章北渡求援夜，長跪東華請命時；
容得包胥連日哭，當年豈不畏吳知？
（自註云：）琉球遺臣跪東華門外，伺大臣入朝，痛哭求救。慰之云：禁聲，恐日本使臣聞之也。[19]

春秋時代楚國大夫申包胥，以吳軍攻楚勢危，包胥至秦求救，哭於秦廷七日夜，打動秦王之心，出兵救楚，擊退吳軍。

毛精長等人，確曾效申包胥，「跪東華門外痛哭七日不起，我朝終絕之。」[20] 長跪七日，哀稟兩年，毛精長等人的哀求，較申包胥尤為悲切，奈何所求者——清國，亦飽受列強侵凌，自顧不暇，難以學強秦出兵救楚。

有評述禁慰問之聲，恐日本公使知之，是過於畏事。但試想一下，亡國孤臣，寄人籬下，還有求於人，倘再招惹麻煩，恐難以立足，反誤了大事，其苦心又有多少人知曉？

三　林世功泣血死諫乞師

跪門痛哭七天，也未能打動清廷按兵不發的本意。陳情通事林世功，最後以死來乞師。

光緒六年（一八八〇）九月十八日（十月二十一日），琉球條約談結，奏旨待批。當時的〈琉球條約〉是以二分琉球來定案，而李鴻章諮詢過向德宏，獲知宮古、八重山地小貧瘠，不足以復國，故早在九月十六日（十月十九日）已上奏〈請球案緩結〉。向德宏擔心祖國就此二分了結，便將〈條約〉內情通知留居京城的毛精長、蔡大鼎和林世功等人，着他們從速行動，阻止〈條約〉的通過，於是便有了後來跪門痛哭哀懇的悲情場面。

二分琉球，僅剩宮古和八重山，國不成國。林世功自愧無力扭轉乾坤，悲痛欲絕，便想到用死諫來作最後的乞求。

正當清廷各部大臣和總督議論是否讓出「利益均沾」的條款來簽訂〈琉球條約〉之際，李鴻章則於十月九日（十一月十一日）提交〈覆奏球案宜緩允摺〉，但不到十天，林世功就於十一月二十日清晨，泣血寫下絕命〈稟詞〉，然後自盡。

林世功的絕筆〈稟詞〉，字字泣血，句句悲切，為紀其忠義，敬錄全文如下：

琉球國陳情通事林世功謹稟：為以一死泣請天恩，迅賜救主存國，以全臣節事。竊功因主辱國亡，已于客歲九月，隨同前進貢正使耳目官毛精長等，改裝入都，疊次匍叩憲轅，號乞賜救各在案。惟是作何辦法？尚未蒙諭示。昕夕焦灼，寢饋俱廢。泣念功奉主命，抵閩告急，已歷三年。不圖敝國慘遭日人益肆鴟張，一則宗社成墟；二則國主、世子見執東行；繼則百姓受其毒虐，皆由功不能痛哭請救所致，已屬死有餘罪。然國主未返，世子拘留，猶期雪恥以圖存，未敢捐軀以塞責。今晉京守候，又逾一載，仍復未克濟事，何以為臣？計惟有以死泣請王爺暨大人俯准，據情具題，傳召駐京倭使，諭之以大義，威之以聲靈，妥為籌辦，還我君王，復我國都，以全臣節，則功雖死無憾矣！謹稟。[21]

林世功明白自己一死容易，且會惹來捐軀塞責之誚，但為了急於改變清廷對〈琉球條約〉的簽批，縱然心情矛盾，也不惜以死相諫。林世功的殉義，有說是自刃，亦有說是痛飲水銀，然後由高地躍下而死。[22]

林世功又擔心自己的死諫會連累上司、同僚，故又作小啟數語，交代因由和自己的遺願：

此稟並無與人牽涉之語，雖遞無妨，祈諸公裁奪施行。如曰無補於事，不必投遞，則功亦未如之何。雖然與其事後遞稟，有名無實，曷若事前以死請救，以全臣節裁。再：功謂奉主命告急，五載於茲，乃上不能救君，下不能存都，何以覆主命？何以對國人？世子如問父王，又將何以為對？

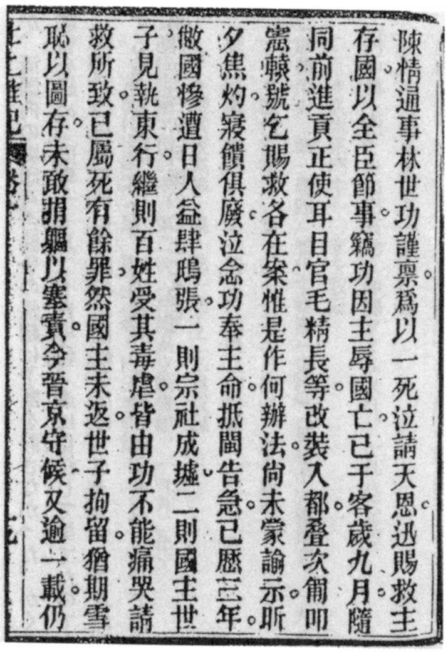
陳情通事林世功謹禀爲以一死泣請天恩迅賜救主
存國以全臣節事竊功因主辱國亡已于客歲九月隨
同前進貢正使耳目官毛精長等改裝入都叠次俯叩
憲轅號乞賜救各在案惟是作何辦法尚未蒙諭示昕
夕焦灼寢饋俱廢泣念功奉主命抵閩告急已歷三年
敝國慘遭日人益肆鴟張一則宗社成墟二則國主世
子見執東行繼則百姓受其毒虐皆由功不能痛哭請
救所致已屬死有餘罪然國主未返世子拘留猶期雪
恥以圖存未敢捐軀以塞責今晉京守候又逾一載仍

04

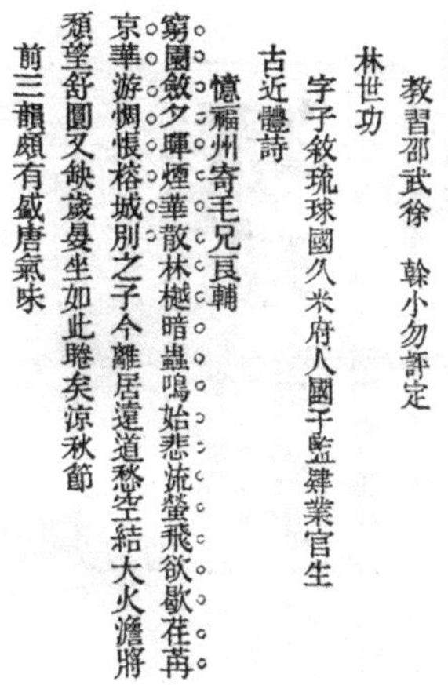
琉球詩錄卷之一
教習邵武徐　幹小勿評定
林世功
字子敘琉球國久米府人國子監肄業官生
古近體詩
憶福州寄毛兄良輔
窮園斂夕暉煙華散林樾暗蟲鳴始悲流螢飛欲歇荏苒
京華游惆悵榕城別之子今離居遼道愁空結大火瞻將
頹望舒圓又缺歲晏坐如此睠矣涼秋節
前三韻頗有盛唐氣味

03

05

03 同治十二（1873）年出版的《琉球詩錄》，內收林世功詩作多首。（沖繩縣立圖書館藏）

04 蔡大鼎的《北上雜記》刊於光緒十（1884）年，正林世功自盡後四年，內收林世功泣血死諫的請願書。

05 紫禁城的東華門，毛精長、祭大鼎、林世功曾在此門長跪乞師。

此功所以捐生請救也！伏望諸公憐其愚而宥其罪。臨命痛哭，箋此謹白。[23]

與林世功艱苦奮戰多年、同哭同泣的蔡大鼎，驚見同僚殉死，悲慟萬分，為遂遺志，強忍淚水，即日將林世功的絕筆〈稟詞〉逕送總理衙門，並附數語報明：

琉球國陳情都通事蔡大鼎，為報明事切，陳情通事林世功業於十月十八日辰刻自死，理合報明，並附呈該功親筆稟詞一道。

光緒六年十月十八日（一八八〇年十一月二十日）[24]

後來，蔡大鼎在其《北上雜記》中有〈林子敘在京辭世記〉紀其事：

林子敘，諱世功，在京辭世，享年四十歲。《記》有之：死有重於泰山。然林君專顧國家之存亡，乃於庚辰十月十有八日，即將其手書稟詞呈遞列憲，以死叩懇，具奏興滅。列憲歎曰：此誠忠臣也！實屬可憫，乃賜白銀二百兩，以為棺衾之資也。及二十日，輓其靈柩，送葬於張家灣，嗚呼悼哉……[25]

當時的京報聞有此義節之事，亦紛紛以「忠臣殉義」來頌惜之。[26]及至周年忌日，蔡大鼎不再忍隱不語，將亡友的絕筆〈稟詞〉抄錄，發送與有心人，並作〈先子敘一周祀日記〉。記云：

光緒七年，歲在辛巳十月十有八日，乃子敘一周祀日也。其逝猶昨，哀痛迫切。茲將子敘呈遞總署手書稟詞，以及贈同僚兄弟各啟詩，玩索數次，不勝慙感之至。往古來今，有幾人在焉？何人讀之不泣！其忠至大，而兼孝弟，則不可得而名矣。今無廣知人士，故特登載。其稟曰（已錄如上）……[27]

考林世功實為明賜三十六姓閩人後裔，世居有「唐營」之稱的久米村，曾在北京國子監留學近六年，歸為世子尚典的侍講。茲將其傳略整理如下：

林世功，字子敘，琉球的姓氏官銜稱號為「名城里之子親雲上」，又有「官生新垣」名於世。生於一八四一年。父奕保，母鄭氏真鶴，皆閩人後裔，世居唐人聚居的久米村。

林世功生性聰慧，一八六五年已入選官生科（準留學生），在首里研習漢學、詩文四年。一八六八年（同治七年），與兄世忠，及首里的貴族毛啟祥、葛非慶同被派往中國留學。但毛啟祥卻死於由閩晉京的途中。三人入讀北京國子監。兩年後，世忠和葛非慶又相繼病故，僅剩林世功繼續苦讀。一八七四年（同治十三年）學成歸國，旋任久米村塾師，講授詩文經書。翌年，即被譽為國學宗師，延為世子尚典的講師。迨一八七六年（光緒二年）十二月，風雲急變，日本阻貢，尚泰王派向德宏攜〈密咨〉潛往中國陳情告稟，林世功和蔡大鼎亦奉命同行[28]。哀哉！此去三人皆成不歸之客。

林世功德學兼備，一片孤忠。他漢學淵深之外，詩才更出眾，當年國子監的教習徐幹批閱其詩作，多有溢美之詞，茲擇引如下：

擬杜工部登樓

落葉西風感遠遊，蕭條殘照上簾鈎；

燕台秋色連關塞，薊野雲陰接驛樓。
萬里身依天北極，三更夢落海東頭；
恩波碧水深如此，肯為蓴鱸動客愁。

教習評語：起從鄉思說起，收從鄉思反收，結構嚴矣，而一種忠愛深情，活現紙上，真不愧少陵嫡派。若第賞其音節，雄闊猶是皮相。

秋日雜感

長安為客幾時歸，魂夢空隨落葉飛；
萬里白雲親舍遠，三秋紫塞雁行稀。
西風何處寒吹角，明月誰家夜擣衣；
惆悵遊人眠不得，一鐙孤影照書幃。

評語：工雅。

落葉

雨聲頻打萬重林，半落階前黃葉深；
寄語西風莫吹盡，留防冷氣護巢禽。

教習評為：得味外味。[29]

前輩楊仲揆先生雅愛韻語，他引林世功詩後，作出品評：「余考清初康熙年間，琉球曾有政治家鴻儒學者如：蔡溫、程順則、蔡鐸、周新命、曾益等人，蔚為琉球史上文風鼎盛時代。然讀諸人詩學作品，均遠不如林世功詩之精深高遠。惜以琉球亡國，子敘壯烈殉國，客死他鄉，未得回國宏揚文教，綰領一代風騷。時耶命耶？」[30]

林世功寫這些感懷詩時，才三十出頭，其才情確不可多得。可惜慘遭亡國之變，其悽苦較之杜工部尤甚。楊仲揆先生說他的「半落階前黃葉深」句，似「應兆於琉球之亡國」[31]。但筆者反留意他身處北京國子監那段歲月，正焦慮中國被西方列強侵凌，有着一種同憂共憤的情懷，隱約在詩中吐露出來。如〈落葉〉那首：「雨聲頻打萬重林，半落階前黃葉深。」跟着那句「寄語西風莫吹盡」，何以用「西風」？可有含意？又〈秋日雜感〉也有：「西風何處寒吹角」句，亦教人沉思片時。當然，這「西風」到了後來的愛國詩人丘滄海就不再含蓄了，而是直接吟出「西風吹起神州恨」來。

林世功除遺下絕筆〈稟詞〉和〈遺啟〉外，還附有兩首辭世詩，讀之感人心脾，天下同悲！

其一

古來忠孝幾人全，憂國思家已五年；
一死猶期存社稷，高堂端賴弟兄賢。

其二

廿年定省半違親，自認乾坤一罪人；
老淚憶兒雙白髮，又聞噩耗更傷神。[32]

辭世詩悲愴地道出盡忠不能盡孝，當經過痛苦抉擇之後，又自罪自責。林世功可說是典型的儒家信徒，他亡身殉節，令人欽佩。雖然有評他的辭世詩，其藝境不及早前之作，但絕命詩已無暇細想，此際直言心境更勝含蓄，品詩亦應止於此。

琉球的救國請願運動，在東京有池城親方（毛有斐）憂憤而死。如今運動轉到中國，又有林世功之死諫乞師，其悲壯尤為過之。林世功作為三十六姓閩人的後裔，為琉球國殉死，與萬曆年間同為閩人後裔的鄭迵誓死不降引頸受斬，一樣可歌可泣。他們雖已是琉球人，但華裔英靈不可忘，可風可傳，是以加筆詳記。

前有向德宏向李鴻章反映宮古、八重山不足以立國；繼有何如璋回報尚泰王拒絕在南島復國，最後林世功又以殉死來勸阻，懇請再傳召倭使曉以大義，乞師救國。這種種強烈的反應，對清廷中止簽訂〈球案條約〉，無疑起着積極的作用。

四　八重山官員到福建求援

向德宏自從一八七九年夏接奉世子尚典的密函後，直奔天津李鴻章相府，然後受庇於大王廟內。他為爭取清朝救援，稽首哭稟，費盡心血，兩年下來，未獲允准。而清廷又常催令回閩靜候，遂於一八八一年秋，離開天津，返回福州。但他仍未灰心，在福建一年，與陸續流亡而來的琉球人（所謂「脫清人」）展開救國請願工作。

當時琉球的愛國人士，特別是士族階層，紛紛起來反對日本的高壓管治，遠在南面的宮古和八重山也有抗爭之聲。為了表達反對分島案，富川親方（全名富川盛奎，漢名毛鳳來，位至三司官，當年派向德宏潛往中國，他是合議人之一。琉球被吞併後，他是反日運動的領袖人物）決定潛往中國。中途他轉至宮古和八重山，串連島上的士族。由於此二島嶼是分島案中首當其衝的部分，故毛鳳來的通告，造成了一定的影響。[33]

光緒九年（一八八三）六月初八，八重山的官吏佯裝遇風，飄至福州，與時在琉球館的向德宏商討，然後據情向總督、巡撫稟報，請派援軍救琉球。該〈陳情書〉的聯名報稟除向德宏外，還有留在福州的都通事蔡德昌和代辦存留事務蔡錫書。

稟狀作如下陳情：

> 本月初八日，敝國屬八重山島官憲英演，坐駕土小船，飾為飄風來閩。據稱光緒五年間，日人……廢國為縣，並派人員盤據本島，剝取民財，妄勞民力，種種慘迫情形，不可言狀……敝國前明洪武五年間輸誠入貢中國，八重山、太平兩島亦慕王化，貢入敝國，久為敝國管轄……舉國人民苦日苛政，數年來未知如何淒楚。茲以僻處島官，痛念君民遭日毒楚，目擊心傷，奮發來閩。並聞太平山島官不日亦將來閩，其餘各屬島均不屈服於日；上自內地，下至外島，敵愾同仇，仰望天朝征日，……迅賜與一旅之師，救倒懸之苦……[34]

這是首次有南島的八重山直接提請救援，並提到「太平山島官不日亦將來閩」。太平山島即宮古島，太平島官其後有否至閩，因再無紀事可據，未能作實。但稟狀內的用詞，有值得注意的是：「敝國屬八重山島」、「其餘各屬島」；又有「本島」、「內地」、「外島」等詞。這裏試作解釋如下：

以紫巾官向德宏為琉球國的代表，撰寫這篇稟狀，行文用上「本島」，當是沖繩島；「屬島」是相對而言，指的是八重山和宮古島及其先島諸島。又「內地」，也是指沖繩、首里；而「外島」則指宮古、八重山等島嶼。何以有「內外」之分，「本屬」之別？其實遠在西南的宮古和八重山初不隸琉球國，後來才向琉球納貢，冀從朝貢中取利。其情況就如琉球之對中國。但至明弘治年間，八重山因不滿琉球苛索貢品[35]，有謀變之心，尚真王遂派兵船討伐：

琉球國管轄之島名曰宮古、次曰八重山，每歲納貢，當此二、三年間，八重山島變心謀叛，將攻大宮古。此事傳聞於首里。國王急命大里親雲上等九員為將，撥軍船大小四十六艘，弘治十三年（一五〇〇）庚申二月二日，那霸開洋。十三日到八重山石垣……二十日甲辰，四十六艘之舟，分為兩隊，一隊攻登野城；一隊攻新河，於彼地兩邊相戰。終官軍得勝，奏凱而歸。[36]

八重山島被征服，納貢如常。但琉球國長期以來僅派三數官員駐島，一切政務，基本上是自治。所以何如璋詳詢法司官馬兼才，得悉：宮古雖合九島，周迴不及二百里；八重山雖合十島，周迴不及百里。且各島零星，地瘠產微，所派之官，不過數人，餘皆選土人為之。政令多由自主。[37]回看這段歷史，宮古島和八重山雖隸入琉球國，但孤懸西南海角，地小而貧瘠，因以「外島」視之。而昔日交通落後，在管治上有鞭長莫及之歎，所以基本上讓其自治，頗有別於本島，故以「屬島」稱之。

基於以上的地理條件和歷史源流，如在此二島復國，國家的規格大降，尚泰王不作考慮是有其體面原因的。畢竟他不是勾踐能臥薪嘗膽；而日本勇武更勝夫差，一切便由日本主導，成為定局。

五　請撥朝鮮、越南援兵救琉球

上文提到三司官之一的毛鳳來，潛往福州時，途經八重山。其後，他抵閩，即北上具稟請願。其稟狀未見《琉球國請願書集成》有收錄，僅能從禮部光緒九年（一八八三）十一月初十日的奏摺中看到：「又光緒八年，據該國陪臣法司官毛鳳來等在臣部具稟，復經臣部據情轉奏」[38]。同奏摺還附有光緒九年的另一道由向文光上的陳請書。

向文光（琉球名富島親雲上）是同治七年（一八六八）的琉球進貢使。他在光緒九年七月，接到尚泰王傳來的密咨，令往中國陳情告急。於是他便偷渡到福州，先據情向福建督、撫兩院具奏，復薙髮換清裝北上，分別向總理衙門和禮部呈稟。其措詞大抵和向德宏等的哀稟相若，如對日人的指控：

> 且日人所行苛政日甚一日，闔國人民苦其暴行。父離子，子離父，朝夕不勝悲歎之至。況顧日人虺蝎心腸，鬼蜮行徑，敝國主暨世子既有刻刻失措之憂，而臣民又時時遭其荼毒。現刻盼天威，責申日罪，以復藩邦，猶赤子之待其父母而日急一日也……亟賜天討，復國復君，永為中朝一屬，仍修貢職，以守封疆……[39]

琉球情況是日急一日。而這裏的用詞有一字之異是十分值得注意的：「永為中朝一屬」的「一」字。自一六〇九年被薩摩侵攻之後，琉球怯於薩藩，被迫「兩屬」。及至明治廢球為縣，再不談兩屬，硬是要吞球。琉球國根本就不願意被吞併，亦已討厭「兩屬」，一心想追隨仁高義厚的中朝（中華天朝），所以在復國復君之後，決定「永為中朝一屬，仍修貢職，以守封疆」。

然而，今日的天朝，已非昔日的康乾盛世，可以文攻武略，顧盼自雄，而是上無英主，下無賢相，淪為貪污腐敗的一個病弱中國。西方列強則爭先恐後地東來分割。法國覬覦中國滇桂多年，但首要佔取越南，遂有中法之戰。

從一八七三年起，法軍已進犯越南，幸有劉永福的黑旗軍所阻。但至一八八三年，法軍攻佔順化，迫清廷簽署《順化條約》。一八八四年六月，法軍又攻取諒山。由於越南亦為中國的朝貢國，逼於無奈，清廷一面派張之洞南下主持戰局，又令李鴻章與法使談和。一時間和戰無計，自然進退失據。

法軍攻佔諒山後，續揮軍侵犯廣西。他們又派孤拔率領遠征艦隊進入福建馬尾軍港。其時，由日本駐節回來的何如璋，出任船政大臣，張佩綸則任海防大臣。他們為免影響李鴻章的和談，竟天真到見有敵艦泊港也不備戰。結果在八月二十三日，慘遭襲擊，死傷七百多人，毀軍艦七艘，運輸船沉沒近二十艘，福建海軍在半小時內如做夢般覆滅，何、張後來被革職。驚聞遇襲，清政府匆匆於八月二十六日向法國宣戰。法國海軍艦隊轉航攻台，奪基隆港。猶幸南面陸戰反擊勝利。翌年（一八八五）二月，清將潘鼎新棄守鎮南關，老將馮子材率部奮戰，並圍截法軍。三月二十五日發動總攻，斃敵千餘人，法軍全線崩潰。鎮南關大捷，乘勝收復諒山。而劉永福在臨洮又取得大勝。雖然如此，李鴻章卻於六月九日，與法國公使巴德諾在天津簽訂了又一條不平等條約——《中法新約》，正式承認法國侵佔越南。查實這場戰爭是：中國不敗而敗；法國不勝而勝。用今天的話來說，真是「烏龍戰果」，毋怪當時國人都大為氣憤！

中法開戰，法國海軍取得勝利。日本趁機活動，曾一度邀法國海軍合作，同往朝鮮，雖不成功，但仍然策動親日的開化黨（日本稱「獨立黨」）政變。一八八四年十二月四日，開化黨在日本公使竹添進一郎的指揮下，並由日本軍配合，攻佔王宮。支持閔妃的后黨即事大黨，向駐朝清軍求援。兩日後，吳兆有、張光前率清軍三千，殺入王宮，驅逐日軍。日本公使館被焚，竹添公使逃往仁川。其間，丁汝昌率超勇、揚威二艦及旅順陸軍抵朝。對此次事件，史稱「甲申事變」。

事後，日本作勢準備從長崎發軍艦前往朝鮮。其時，李鴻章正忙於處理中法戰爭的攻守，驟聞朝鮮吃緊，即向日本解釋是前線擅作主張的行動，希望和談解決。

首先在一八八五年一月九日，朝日簽訂了《漢城條約》，朝鮮對日謝罪、賠償、懲兇。而心煩意亂的李鴻章，四月三日與伊藤博文在天津會談，可能為集中精力和法使談判，迅速於四月十五日便與日本簽訂了《天津條約》，訂明雙方同時撤兵，今後朝鮮如再生事故，兩國或一國派兵，必須事先知照。這樣就等同承認中日共同保護朝鮮，同時也為日本在發動甲午戰爭埋下一條伏線。

這時，琉球的救國人士看到清廷在中法戰爭中為越南而出兵；「甲申事變」中又派軍為朝鮮平亂，打退日軍，令他們精神為之一振，感到曙光初露，只要再努力請願哀稟，「天兵」就會飛渡。他們又探得在新疆收復伊犁的陝甘總督左宗棠正巡訪天津，他對外作風強硬，新任為欽差，將會調派到福建督辦海軍。向德宏等五人，於光緒十年（一八八四）十月初二趕赴天津，攔門哀稟：

> 嗣因欽差侯中堂駕蒞津門，宏復叩轅稟見……侯中堂為朝廷之柱石，茲以法事節鉞臨閩，德威所播，自塞法心。況日人於敝國及朝鮮先肆蠶食，故法人於越南即欲鯨吞，乃朝鮮、越南均蒙保護。敝國效順二百餘年，一旦為日所滅，宗社永為邱墟，君民久罹荼毒，慘無天日……泣懇侯中堂體皇上懷柔之至仁，憫屬國滅亡之慘慟，奏請皇上廣德，被越南之宏恩，復波及於敝國，移征討法夷之天兵，以討平乎日人……[40]

具稟人除向德宏和都通事蔡德昌、鄭輝煌和金德輝外，還有一年前剛從琉球潛逃到來的宗室按司向有德（浦添朝忠），他在琉球也是反日運動的領導者之一。

此次具稟，因應形勢，提請移援越之兵往救琉球。他們痛感此際正是琉球國的一線生機，期盼清廷乘勢調兵救琉，不致厚彼薄球，所以在接着而來的三個月，向德宏等八次上稟（如加上此稟，共為九稟，參見附表），哀求出兵救球。從現存資料來看，這一連八稟，可以說是他們在華救國請願運動的最後衝刺、最後哀鳴！

向德宏等五人在天津叩謁轅下，五日後獲覆示已收。他們感激不已，寄厚望於左宗棠。又緊隨左相的旌旗南下至福建，於光緒十一年（一八八五）二月廿四日（四月九日）二次上稟，除覆述亡國之慘，更諫請兵船赴球，與琉球人民合力驅逐日人：

> 簡派兵輪船二、三艘，先往敝國問罪日人。敝國雖懦，人民久矢敵愾同仇，仰見王師下臨球境，自當揭竿斬木，效死前驅（駒），盡逐日人出境。[41]

同時又述說向有德會在琉球作內應；向德宏熟知日本情況，可充嚮導。而此時中日正就甲申事變在天津舉行談判。向德宏和向有德為爭取左宗棠支持調兵，於同日聯名再上〈密稟〉，「透露」軍情，更獻計征日，還附呈〈琉球全圖〉。該〈密稟〉首先闡述琉球地理位置的重要性：「敝國雖孤懸海外，自閩、台灣經敝國屬島八重山、太平、姑米、馬齒等山直達琉球，實與中國氣脈貫通外，各國往來中國者，均通敝國洋面。」又透露已有帶水在閩，而首里城日兵不過一、二百人：「敝國海道頗為艱難，已選熟習水道者留閩，以備引導。陸地則首里城郭地勢高聳，城垣頗堅，現雖為日所據，日兵不過一、二百人。預遣幹員入城，盡驅出城。人民久苦日虐，敵愾同仇，亦當效死從事。若日船、輪船續到為助，則彼國空虛，中國自上海、天津等處直取日本，攻其無備，易如反掌……敢冒死獻芻蕘（蕘）之見，當否？俯賜裁奪。謹附琉球全圖一副，恭呈鈞覽。」[42]

游說中國出兵，當然極言取勝之易。筆者則注意到「自閩、台灣經敝國屬島八重山、太平、姑米、馬齒等山直達琉球」句。屬島八重山、太平（即宮古島）已詳上文；而姑米又名古米，今之久米島（詳見本書第一章），是琉球與中國間的海界島。在姑米之東、沖繩本島以西就是馬齒（全稱馬齒山、今慶良間）。向德宏等陳述的這條海道，從中國福建、台灣經過琉球的屬島，有的是「八重山、太平、姑米和馬齒」，就是沒有釣魚島及其列嶼。向德宏是紫巾官兼尚泰王的姊夫，亦即是有宗室關係的按司，他們對本國版圖及屬島方位瞭如指掌，所說「直達琉球」，其實按閩、台開洋往琉球本島，是不必南下至八重山和宮古島的，但他們為了詳細告知中國，故列出西南諸島來。至於不是琉球屬島的，當然不會胡亂列出，所以自然不會有釣魚島、黃尾嶼、赤尾嶼等的島嶼名。總而言之，向德宏和向有德在〈密稟〉中的陳述，是起着官方文書的作用。而這一年正是光緒十一年，即一八八五年。

上述向德宏等人向左宗棠連發稟狀和〈密稟〉的同時，又向閩浙總督楊昌濬呈稟，其內容大致和呈給左宗棠的稟狀一樣。

這裏要略述一下琉球本國的反日運動。反日運動使日本施政維艱，為緩和關係，一八八四年八月日本讓闊別家鄉五年的尚泰王返回首里祭廟拜陵、看望臣民，但要他勸阻官員和士族停止反日活動。尚泰王照做了，但有否認真勸說，真是天曉得。其中反日的主要領導者津嘉山親方（向龍光）和尚泰王展開了論戰，似乎尚泰王是無法說服津嘉山，因為後者認為「就算沒有君令，為了國家依然會抗爭！」一八八五年一月二十四日，尚泰王離開那霸回東京後，津嘉山親方便於四月九日率都通事鄭輝炳等，從與那原津乘小船偷渡出境，於四月十七日成功抵達琉球館。向龍光迫不及待馬上和向德宏、向有德等八人聯名上稟，懇請左宗棠賜助，趁「日使在京議朝鮮事，請將敝國之事一併受議。倘日人仍然狡逞，乞天朝迅賜援逞，震奮處霆，掃清雲霧，敝國得復國復君。」[43]

雖然連番向左宗棠上奏，但左宗棠正為重建福建水師而籌謀，難以分神處理球案，況權力亦有所限。此時，向德宏意識到李鴻章正與伊藤博文在天津會商朝鮮之案，便「由福州星馳北上」，匯同一直在津「守候有年」的向文光，再向李鴻章泣稟，很不滿地指出「朝鮮有事，兩蒙王師恩佑」，琉球卻落空：

敝國與朝鮮均列天朝屏翰，世沐皇仁。朝鮮有事，兩蒙王師恩佑，轉危為安。敝國獻琛納貢，史不絕書，亦復罔有缺失，乃倭人作威肆虐，真如火熱水深，不聞有一旅一戎興言征討。天朝之萬幾（機）鮮暇既知之矣。正恐倭燄益張，為患日大……伏求天使大人迅賜密請皇猷，聲罪致討，鋤暴安良，俾敝國重整河山，國王再見天日，永守藩封之舊恪，修貢職之常則……[44]

李鴻章與伊藤博文的談判，只花了十二天時間便簽訂了《天津條約》，雙方還訂明同時撤兵。翻閱李鴻章與伊藤正式會談留下的記錄〈答問節略〉，是無一語言及琉球[45]，難怪會令琉球的救國者大失所望。但他們刻不容緩，再由三司官之一的毛鳳來帶領蔡大鼎和王大業，在京城向慶郡王奕劻哀稟，懇求「中外為家，一視同仁」，出兵征日。稟狀中亦充滿怨憤之詞：

朝鮮有事，天朝兩次立賜發兵定亂，彼國家危而復安。敝國被難多年，尚未蒙救援，深恐倭口議認天朝已將琉球置於不顧，益肆鴟張，禍患滋生。[46]

同一時期（光緒十一年五月），向德宏和都通事魏元才，在天津再向李鴻章叩稟，悽惋地說到：「宏奉主命來津求援，瞬將十年」，繼述中法戰事已息，「瀝情再叩相府，呼號泣血」，懇將留球之「日人盡逐出境」。[47]

忠鯁的向德宏，上了這道稟狀之後，前思後想，感慨萬千，再奮筆直書，單獨具名，速呈李相府。

這道哀稟，是目前所知琉球救國人士在華遞呈的最後稟狀。當然，這絕非是最後之稟，將來或許會再有發現。向德宏獨名哀稟的內容，基本上與早前和向有德聯名上給左宗棠的〈密稟〉相同，如安排帶水在閩聽候，又透露日本在首里的駐兵和獻上琉球地圖等。而稍有異於前者，是中法已簽約，故強調：「茲幸法事已定，各處海岸概見無虞，早移備法之兵攻日，時勢可乘一大機會也！」[48]

無論琉球的愛國人士如何跪門哀稟，泣血求懇，老朽的清朝亦已任由列強宰割，對慘遭滅亡的琉球國，就更難渡海打救了。

六　清廷密議東征結球案

清王朝是否真的厚朝鮮而薄琉球，甚至對琉球的哀稟充耳不聞，完全不議不論，無動於衷呢？此又非也！在光緒八年（一八八二），清廷曾有過派船艦挽救琉球的密議。

光緒八年，朝鮮發生「壬午政變」。是年七月二十三日，守舊的大院君李昰應反對閔妃的改革，利用部分軍隊的不滿，殺入王宮奪權，又殺掉日本軍事教官。閔妃向清廷求援。日本外相井上馨率艦往朝鮮，中國亦出兵。八月十日，丁汝昌率軍艦趕至仁川，二十日吳長慶率部抵朝鮮，誘捕大院君，復閔妃政權，擒殺亂黨數百人，將政變平息。雖然清廷扶持了閔妃政權，但日本取得了朝鮮的賠款，並聲稱與中國同樣有出兵平亂之權。

「壬午政變」中國出兵快速，是得力於新敷設的電報，使通訊、政令的傳遞較之飛馬加急快得多。有此小捷，工科給事中鄧承修便上奏：朝鮮亂黨已平，請乘機完結球案。他滿有信心地說：

（日本）水師不滿八千船艦，半皆朽敗；陸軍內分六鎮，統計水陸不盈四萬，又舉非精銳。然彼之敢於悍然不顧者，非不知中國之大也，非不知中國之富且強也，所恃者，中國之畏事耳。

然後述說平定朝鮮政變之快速，可以：

> 宣示中外，特派知兵之大臣駐紮煙台，相機調度。不必明與言戰，但厚集南、北洋戰艦，勢將東渡，分撥出洋梭巡……佈置已定，然後責以擅滅琉球，肆行要挾之罪。臣料日人必有所憚而不敢發，不惟球案易於轉圜，即泰西各國知吾軍勢已張，不諱言戰……[49]

鄧承修主張中西之交「不妨虛與逶迤」，但對日本「不宜有纖毫遷就」[50]。其強硬敢幹之風可取，但仍然認為中國富且強，是不講事實的諂媚之詞。

果然，慈禧馬上傳諭軍機處，着李鴻章、張佩綸酌度情勢，妥為奏覆。張佩綸識見不高，說了一大堆陳腔濫調的話，接着提出：「李鴻章、左宗棠均中興宿將，粵、捻、回三役卓著勳勞，可否飭令該大臣等會同彭玉麟及沿海各督、撫，迅練水陸各軍，增置鐵船，慎選將領，必備進窺日本。」[51]

到最後又是由李鴻章來解說。居喪百日後復出的李鴻章，先分析了北洋、南洋、福建各個艦隊的情況，然後推說難以抽調艦船到煙台。他又稱曾晤左宗棠，左亦說：「長江要口乏船分佈，礙難再調。」李又作出比較：中國各艦隊「分隸數省，畛域各判，號令不一，似不若日本兵船統歸海軍卿節可以呼應一氣。」他稍作總結說：「且所謂知兵大臣者無夙練之水師，無經事之將領以之為用，船少力孤，情見勢絀，不能服遠，轉恐損威。」同時，他又推翻移駐煙台之議。因為煙台尚未架設電報，呼應不靈，旬日難得回音。[52]

其後，李鴻章再奏答，更明言東征無把握：「若必跨海數千里與角勝負，制其死命，臣未敢謂確有把握。」[53]

李鴻章未敢跨海東征，首先是看到各艦隊的總督擁兵自重，不想招致損失，萬一強令出征，不聽號令，或遲疑不合作，斷難取勝。而最重要原因，是李鴻章深知中國當時的艦隊數量、裝備雖絕不遜於甚至稍優於日本，奈何沒有將才、尤其是善打海戰的將領，試問又有誰敢請纓上陣，率艦隊跨海東征？他說沒有把握，自係實情。但又深刻反映出清廷已無可用之將才，特別是懂得西方戰術，能統領艦隊作海戰的，可以說是完全點不出名來。

七　盡忠飲恨不歸客

從一八八二至一八八四年，有大批琉球愛國者（以士族為主）衝破日本的封鎖，流亡到中國，參加救國請願運動。這時期逃到中國的琉球人（日本稱「脫清人」），據統計約有一百二十四人[54]。造成這麼多人逃往中國的原因有三：一是廢球為縣，開始改革，琉球的士人失去自己原有的權益，有人留在琉球進行反日抗爭；也有人逃往中國，進行請願救國運動。二是中日在談判中有分割琉球之議，為游說中國不可簽約，士人便紛紛西渡。三是中國先後出兵馳援越南和朝鮮，為推動中國同樣用武力來介入球案，士人便跨海前赴福州請願。這些人在中國四出請願，跪門求稟，泣血申訴，窮困潦倒，尊嚴全失，不少更飲恨終生，成為不歸之客。下面引其中幾位苦命人與大家相見。

一　向德宏

向德宏，琉球官爵名幸地親方朝常，生卒年不詳。他是尚泰王的姊夫，故深受信任和重用。一八七五年一月，向德宏奉召到東京聽取斷絕與清朝封貢關係的通知，另有二官員是池城親方和與那原親方。其後，向德宏協助池城親方在東京向明治政府請願，請撤消阻貢以延續與中國五百多年的宗藩關係。一八七六年底，他攜尚泰王〈密咨〉潛赴福州，向督撫咨稟。同行還有蔡大鼎和林世功。向德宏在福州苦候兩年餘，至一八七九年五月，聞悉琉球被廢而亡國，尚泰王被脅迫上東京而為臣虜，向德宏薙髮穿清裝，直奔天津李鴻章府，伏地哀稟，「涕泣出血」[55]。李鴻章憐其「資斧（行旅費用）告匱，日食不繼，量加濟助」，更讚歎說：「其忠貞堅忍之操，視申包胥殆有過焉」；實在「仁賢可敬」[56]。但往後的日子，更是苦不堪言，向德宏作為救國請願運動的領導者，南來北往，顛沛流離，哀稟又哀稟，其間左右了二分琉球的草案簽署，但無力改變清廷的既定國策——堅拒渡洋出兵，致復國無望。大概在一八八六年之後，向德宏盡忠飲恨，客死異鄉。

以上有關向德宏的生卒年和身世，因為時代更替而多有掩埋而不詳。直至二〇〇一年，有學者在夏威夷的向德宏後人家中，看到向德宏的靈牌位，才訪得較多的生平紀事。

向德宏於道光二十三年（一八四三）九月二十八日在首里儀保出生，逝於光緒十七年（一八九一）四月十七日，時年四十九歲[57]。其父向統績（幸地朝憲）曾出任三司官，有此顯赫地位，因而向德宏獲婚配尚育王的女兒兼城翁主（尚泰王之姊）。婚後，育有三男二女，長子朝瑞，與父向德宏同渡清，追隨左右。[58]

向德宏雖貴為駙馬，但不敢驕縱，益勤勉奮發，且才思過人，故能累官至「親方」。他銜命潛赴中國，陳情哀稟，乞師救國，雖未能求得積弱的清朝出兵，但他已是「鞠躬盡瘁，死而後已」。他上稟李鴻章時曾泣書：「生不願為日國屬人，死不願為日國屬鬼」[59]。而此誓立下，不作渝改。向德宏誓言不死無歸[60]，與遠在首里的公主妻房頓成苦命鴛鴦，實在悲情得可以。

如其矢誓，向德宏於一八九一年在中國飲恨而終。其子朝瑞將他安葬在福州，然後返回故鄉。但向德宏的忠骨並非就這樣長眠異國他鄉，因為太孤苦了。一九一四年八月，向德宏的夫人兼城翁主亦告壽終。看來朝瑞是不忍雙親到死不能相見，而死後仍然要分葬異地，於是重赴福州，將父親向德宏的遺骨遷送回那霸，與兼城翁主合墓於幸地家族墓園。但後來因開路、再遷葬至沖繩大學附近的長田墓地。[61]

向德宏的愛國情操令李鴻章亦深表敬佩。而另一方面，著名的愛國詩人黃遵憲由日歸來，也許因為和向德宏有過幾面之緣，二人又同是憂懷國事的丹心赤子，他對向德宏的心境十分憐憫，並有詩為記：

> 波臣流轉哭途窮，猶自低徊說故宮；
> 中有丹書有金印，蠻花仙蝶粉牆紅。

黃遵憲並有詩註：「向德宏。向、馬皆世族。德宏僅一微官，然間關渡海，屢求救援，國亡後誓死不歸。或言今猶寓閩中云。王宮有花名胡蝶紅，亦德宏所言。」[62]

向德宏悲情的一生，令人欷歔再三！

二　蔡大鼎

蔡大鼎，琉球名伊計親雲上。他是明賜閩三十六姓的後裔，字汝霖，生卒年亦不詳，但據上里賢一從《北上雜記》蔡大鼎的自述來推算，他生於一八二三年[63]。同治七年（一八六八），琉球派向文光為進貢使，蔡大鼎被委為都通事隨行，同船還載着四名官費留學生，其中一人便是林世功[64]。蔡、林二人因此有舊，故在一八七六年底再同船隨向德宏往中國時，便成為莫逆之交。其後，二人受向德宏指派，隨毛精長往北京向總理各國事務衙門陳情，曾長跪東華門，苦苦懇求，最終林世功死諫殉節。蔡大鼎為戰友呈遞絕命稟詞，復繼承其遺志，哀稟乞師，直至倒下。估計他是在一八八六年以後客死北京。蔡大鼎也能詩，一八四八年已有《漏刻樓集》，隨貢使訪華後，先後成《閩山遊草》和《續閩山遊草》，一八七六年又有《北燕遊草》。最後的著述就是哀稟陳情的《北上雜記》[65]。而蔡大鼎亦有子蔡錫書同行，故其遺稿得錫書攜返，並整理梓行。

三　毛鳳來

毛鳳來（一八三二至一八九〇年），琉球名富川親方盛奎。他是琉球最高品位的三司官之一，也曾在東京聯同馬兼才（與那原親方）奔走陳情，進行了兩年多的琉球救國運動。一八七九年日本廢滅琉球，他一度出任沖繩縣廳的顧問，但至一八八二年四月，藉機亡命中國。他與向德宏匯合，分頭出動請願陳情。毛鳳來主要在北京指揮請願工作。他滿身愛國熱誠，是不折不扣的熱血男兒，也可能是終日熱淚盈眶，終致雙目失明，在北京放浪多年，成為不歸之客。

四　毛精長

毛精長，琉球名國頭親雲上盛乘。同治十二年（一八七四），他率貢使團至北京。翌年，日本嚴令琉球斷絕與清朝的封貢關係，毛精長有去無回，留在中國協助向德宏進行救國請願運動。他南北奔走，耗盡心力，一八八四年十月，客死福州琉球館，終年五十九歲。[66]

亡國恨，復國難，飲恨終，客死異鄉的琉球愛國魂，又豈止上述數人，有更不幸的是父子雙亡，如被稱為反日領袖的向龍光（津嘉山朝功），於一八八五年偕同長子向廷選潛至中國，雙雙成為不歸客；又另一位領袖向志禮（義村朝明），也與長子向明良一起，於一八九六年亡命中國，結果先後在他鄉身故。[67]

八　小結

雖然有一些史家評說萬曆三十七年（一六〇九）薩摩藩擄王逼簽降書，琉球已經亡了國，因政治、經濟大權操控在薩藩之手，無獨立國格可言。琉球國隱忍不向明、清明言，是三百年的大騙局[68]。但筆者並不認同此說法，因為琉球仍然可以自主地管理國家，對外還可以請封，維持與中國的封貢關係，更能獨立地與歐美等國家簽約，都足以顯示出國家的獨立自主。

琉球的真正亡國，是在一八七九年日本廢琉球國並劃為日本的沖繩縣，強制琉球王至東京幽禁，直至老死。[69]

琉球五百年來慕華崇儒，故深受忠君愛國的儒學影響，陳情使和「脫清人」的救國、復國之心熾熱。他們亡命偷渡到中國，跪門泣血，哀稟乞師，遠超申包胥哭秦廷七天。

他們都是苦命人，沒有國家，沒有尊嚴，沒有前途，窮困潦倒，到最後飲恨終生，成為不歸之客。本來他們有的是風骨節義，但都隨着國亡家毀，亦未能廣為傳流。

面對琉球的哀懇乞師，甚至自盡死諫，清廷只有憐憫，始終兵戎不動。另一方面，朝鮮求援，對手國同樣是日本，清廷卻迅速出兵救助，令琉球一眾救國者失望、憤怨。究其原因，中國與朝鮮陸地接壤，越南也是，但與琉球則隔洋相望。本已衰弱的清廷，對外戰爭幾乎每戰必敗，尤不善於水戰，渡海遠征，連強如元世祖忽必烈也兩遭慘敗，又有誰敢泛海征戰呢？雖然一八八二年朝鮮的壬午事變之後，給事中鄧承修曾提出集南、北洋軍艦往征日本，但和議無人，遂成紙上談兵而已。後來更加上法國海軍在馬尾港將福建艦隊全殲，於是謝絕渡洋救琉球幾乎已成為既定方針。就算在外交層面上，也表現得十分軟弱。李鴻章拉攏日本，一再讓步，在與伊藤洽談天津條約時，更不提球案，是有負琉球的重託。

最後再補述毛精長、蔡大鼎和林世功在北京多次向總理衙門跪稟，其時正舉行球案談判。但恭親王以至談判的全權大臣沈桂芬、景廉、王文韶等，並沒有像李鴻章般傳訊向德宏，找來毛精長等人詢問琉球的地理情況，以及有何意見、要求？一般來說，做足會談前的準備工夫，就能掌握談判的節奏和進退。但官僚的總理各國事務衙門王親大臣就是瞧不起琉球的亡國遺臣，沒有徵詢傳見，終至談了一個二分島案來不獲接受，須以延宕之法來補救。如此官僚、馬虎、不負責任的王親大臣滿佈朝廷，何只負了琉球，同時也誤了自己的國家！

表六　琉球向清朝求援呈稟一覽表——引自西里喜行著《琉球救國請願書集成》，並作整理和翻譯。謹向西里教授致謝。

編號	提出日期	呈遞官署	提請者	稟狀內容提要	收錄稟狀出處
一	一八七六年十一月卅日 光緒二年十月十五日	福建等處承宣布政司	琉球國中山王尚泰	因日本阻貢，故未能派出接貢船和慶賀使，並通知派出向德宏等詳告情狀。	松田編《琉球處分》一七一至一七二頁。《沖繩縣史》一五，四〇至四三頁。
二	一八七九年七月三日 光緒五年五月十四日	北洋大臣李鴻章	琉球國紫巾官向德宏	接獲世子密函、驚悉琉球已遭滅亡。請速賜拯援，興問罪之師。	《李文忠公全集》譯署函稿九。王芸生編，長野等譯《日支外交六十年史》第一卷，一八四至一八五頁。
三	一八七九年七月廿三日 光緒五年六月五日	北洋大臣李鴻章	琉球國紫巾官向德宏	為求復國，請興問罪之師，向德宏願當嚮導，甘作先鋒。	《李文忠公全集》譯署函稿九。王芸生編，長野等譯《日支外交六十年史》第一卷，一八七至一八九頁。
四	一八七九年十月廿二日 光緒五年九月八日	總理衙門恭親王奕訢等	毛精長、蔡大鼎、林世功	王弟尚弼派員來閩傳述日人在首里囚官害民，請速賜救存，以復貢典。	沖繩縣立圖書館東恩納文庫藏《北京投稟抄》。
五	一八七九年十月廿四日 光緒五年九月十日	禮部恩承、徐桐等	毛精長、蔡大鼎、林世功	內容同四呈遞總理衙門相若。	《北京投稟抄》。《清季外交史料》卷十七。《清光緒朝中日交涉史料》卷一。
六	一八七九年十月廿九日 光緒五年九月廿七日	總理衙門恭親王奕訢等	毛精長、蔡大鼎、林世功	請求暫准留京，莫強遣回閩。	《北京投稟抄》。

編號	提出日期	呈遞官署	提請者	稟狀內容提要	收錄稟狀出處
七	一八七九年十一月十日 光緒五年九月廿七日	總理衙門恭親王奕訢等	毛精長、蔡大鼎、林世功	懇請體恤恩准暫留北京，若未能成事，即行回閩，是罪上加罪。	《北京投稟抄》。
八	一八八〇年一月二日 光緒五年十一月廿一日	總理衙門恭親王奕訢等	毛精長、蔡大鼎、林世功	國滅主辱，來京告急，已及三月，請速賜拯救，以存藩土。	《北京投稟抄》。
九	一八八〇年八月十三日 光緒六年七月八日	總理衙門恭親王奕訢等	毛精長、蔡大鼎、林世功	琉球再傳來日人苛政慘狀，請速賜救存。	《北京投稟抄》。
一〇	一八八〇年九月八日 光緒六年八月四日	總理衙門恭親王奕訢等	毛精長、蔡大鼎、林世功	疊次冒叩，惟念守候多年，賜救無期，請傳召駐京倭使，諭以大義，還我君，復我國。	《北京投稟抄》。
一一	一八八〇年九月廿八日 光緒六年八月廿四日	總理衙門恭親王奕訢等	毛精長、蔡大鼎、林世功	聞有分島之案，倘如此不足以立國，何異於亡。	《北京投稟抄》。
一二	一八八〇年十一月十八日 光緒六年十月十六日	總理衙門恭親王奕訢等	毛精長、蔡大鼎、林世功	請再傳召駐京倭使，諭之以大義，還我王，復我國。	《北京投稟抄》。
一三	一八八〇年十一月廿日 光緒六年十月十八日	總理衙門恭親王奕訢等	林世功	以死相諫乞師，留絕筆稟詞。	《北京投稟抄》。《尚泰侯實錄》四二八頁。《北上雜記》。

編號	提出日期	呈遞官署	提請者	稟狀內容提要	收錄稟狀出處
一四	一八八〇年十一月廿日 光緒六年十月十八日	總理衙門恭親王奕訢等	蔡大鼎	稟報林世功自盡，並留下親筆稟詞。	《北京投稟抄》。
一五	一八八一年二月廿二日 光緒七年一月廿四日	駐日清國公使許景澄	毛精長、蔡大鼎	出使日本之後，請與日本政府談判將琉球復舊。	《北京投稟抄》。
一六	一八八一年三月十五日 光緒七年二月十六日	大學士、左宗棠 禮部、總理衙門	毛精長、蔡大鼎	反對太平山、八重山另立世子為王，請派一旅之師解救倒懸之困。	《北京投稟抄》。
一七	一八八一年四月十六日 光緒七年三月十六（十七）日	禮部、總理衙門	毛精長、蔡大鼎	慈安皇太后崩逝，因遭國難，未敢擅自舉哀，待命謹稟。	《北京投稟抄》。
一八	一八八一年十一月十七日 光緒七年九月廿六日	總理衙門恭親王奕訢等	毛精長、蔡大鼎	泣懇救難以逾二年，倘得天朝一旅之師往討，全土可復。	《北京投稟抄》。
一九	一八八二年五月一日 光緒八年三月十四日	總理衙門恭親王奕訢等	毛精長、蔡大鼎	新任駐日公使黎庶昌詢及分島之事，特請總署轉示黎公使反對分島，請賜一旅收復全土。	《北京投稟抄》。
二〇	一八八三年 光緒九年	禮部恩承、徐桐	毛鳳來	（內容未詳）	《清光緒朝中日交涉史料》卷五，一九〇頁。

編號	提出日期	呈遞官署	提請者	稟狀內容提要	收錄稟狀出處
二一	一八八三年七月卅日 光緒九年六月廿七日	福建當局	向德宏、蔡德昌、蔡錫書	向德宏引八重山官吏憲英演來閩，親述島民亦亟盼清廷興師救琉球。顯示內地外島敵愾同仇。	竹原孫恭《城間船中國漂流顛末》，九三至九四頁。
二二	一八八三年十二月三日 光緒九年十一月四日	禮部恩承、徐桐等	向文光、魏元才等	向文光接奉琉球王密咨，即轉呈督撫，復上京至禮部陳情，懇早日賜救，永為中國之一屬。	《清季外交史料》三七卷。外務省外交史料館藏《清國外交秘史》卷三。
二三	一八八四年十二月 （一八八五年一月） 光緒十年十一月	督辦福建軍務左宗棠	向德宏、向有德、蔡德昌、鄭輝煌、金德輝	請以征討在越南法軍之師，往討日本，保護琉球。	台北中央研究院近代史研究所藏《清季外交檔》（「琉球檔」）。
二四	一八八五年四月九日 光緒十一年二月廿四日	督辦福建軍務左宗棠	向德宏、向有德、蔡德昌、鄭輝煌、蔡以讓	請簡派兵輪二、三艘往琉球問罪日人，琉球國民必揭竿而起，可盡將日人驅逐出境。	《清季外交檔》（「琉球檔」）。
二五	一八八五年四月九日 光緒十一年二月廿四日	督辦福建軍務左宗棠	向德宏、向有德	密稟左宗棠，請派兵輪救琉球，茲已安排帶水在閩聽候，又述說琉球的日本駐兵僅一、二百人，並獻上琉球全圖，冒死進言。	《清季外交檔》（「琉球檔」）。

編號	提出日期	呈遞官署	提請者	稟狀內容提要	收錄稟狀出處
二六	一八八五年三（四）月 光緒十一年二月	閩浙總督 （楊昌濬？）	向德宏、向龍光、向有德、蔡德昌、鄭輝炳、蔡以讓、楊紹榮	越南、朝鮮有事皆已出兵救助，請亦出兵救琉球。	《清季外交檔》（「琉球檔」）。
二七	一八八五年四（五）月 光緒十一年三月	督辦福建軍務左宗棠	向龍光、向德宏、向有德、蔡德昌、鄭輝煌、鄭輝炳、蔡以讓、楊紹榮	新從琉球偷渡至閩的向龍光，陳述琉球人被虐慘狀，並企盼能像處理越南和朝鮮般出兵救助。而正於京城議商朝鮮之事，請與日使也談論解決琉球一案。	《清季外交檔》（「琉球檔」）。
二八	一八八五年五（六）月 光緒十一年四月	清國全權大臣李鴻章	向德宏、向文光、魏元才	朝鮮兩蒙王師救助，但琉球正處水深火熱之中，卻不聞有一旅一戎派遣，請賜王師，俾能重整山河復國救君。	《清季外交檔》（「琉球檔」）。
二九	一八八五年六（七）月 光緒十一年五月	總理衙門慶郡王奕劻等	毛鳳來、蔡大鼎、王大業	朝鮮有事，朝廷兩次派兵平亂，請中外為家，一視同仁，乞將防守法軍之師移征日本，救主復國。	《清季外交檔》（「琉球檔」）。

編號	提出日期	呈遞官署	提請者	稟狀內容提要	收錄稟狀出處
三〇	一八八五年七月十日 光緒十一年五月廿八日	北洋大臣李鴻章	向德宏、魏元才	中法戰事已息，應是琉球復蘇之時，再泣血叩請出兵，將駐守琉球之日兵盡逐出境。	《河北第一博物院畫報》第七〇期（中華民國廿三年八月十日）。
三一	一八八五年七月十日 光緒十一年五月廿八日	北洋大臣李鴻章	向德宏	詳述閩、台赴琉球所經之島嶼，極具戰略意義，請即派兵船征日，已安排帶水在閩聽候，並獻上琉球全圖，盼早日賜助。	《河北第一博物院畫報》第七一期（中華民國廿三年八月廿五日）。

註釋

1 毛精長，琉球名國頭親雲上。他是一八七四年底按兩年一貢慣例來到中國的進貢使。但翌年日本即強令琉球斷絕與清朝的封貢關係，因此琉球無法派出接貢使船。毛精長等人無船接載回國，滯留福州，後來便加入向德宏的請願救國隊列中。

2 據向德宏的請願告稟所述，他是在閏三月接到湖城以正的急告。按閏三月當在四月二十一日以後之事。

3 向德宏娶尚泰王之姊（尚育王四女）為妻，故向德宏在上請願書時，有以國戚自稱。

4 參見《李鴻章全集》，中國海南出版社，一九九七年，頁三一三一至三一三二，〈譯署函稿〉卷九〈琉球國紫巾官向德宏初次稟稿・光緒五年三月十四日〉。筆者作句讀。

5 同註4引書頁三一三二至三一三三〈譯署函稿〉卷九〈琉球國紫巾官向德宏二次稟稿・光緒五年六月初五日〉。

6 參見楊仲揆著《琉球古今談》，台灣商務印書館，一九九〇年，頁八二；又參閱《林世功・林世忠集》，京都オフィス・コシイシ出版，一九九八年，頁四七。

7 參見赤嶺守著〈脫清人と分島問題〉，收錄在《第三屆中琉歷史關係國際學術會議論文集》，台北中琉文化經濟協會，一九九一年，頁四八四；又《林世功・林世忠集》，頁四七。

8 參見西里喜行編《琉球救國請願書集成》，東京法政大學沖繩文化研究所，一九九三年，頁五四，筆者作句讀。

9 參見《清光緒朝中日交涉史料》，台灣文海出版社，一九六三年，頁一八，〈禮部奏錄呈琉球官毛精長等稟詞摺〉。

10 同註9引書，頁一八，〈總理各國事務衙門奏琉球耳目官毛精長到京乞援摺〉。筆者作句讀。

11 同註9引書，頁一九，〈總理各國事務衙門奏琉球官不願出京片〉。

12 同註8引書。

13 同註8引書，頁六二。

14 三府是指沖繩本島分為島尻、中頭、國頭三府。

15 同註8引書，頁七一至七二。

16 同註8引書，頁七四。

17 同註8引書，頁九〇。

18 同註8引書《琉球救國請願書集成》，頁八八。
19 同註6引書《琉球古今談》，頁八二，楊仲揆引彭國棟著《中琉詩史》。
20 同註19引書，頁八三。
21 同註8引書《琉球救國請願書集成》，頁七五至七六並扉頁圖照；又同註6引書，頁八四。
22 參見阿波根朝松編《琉球育英史》，那霸琉球育英會出版，一九六五年，頁六三。
23 同註6引書《琉球古今談》，頁八五。
24 同註8引書《琉球救國請願書集成》，頁七八。
25 同註6引書《琉球古今談》，頁八三至八四。
26 參見池宮正治、小渡清孝、田名真之編《久米村——歴史と人物》，那霸ひるぎ社，一九九三年，頁二二六。
27 同註6引書《琉球古今談》，頁八四。
28 參考自註26引書，頁二二四至二二五；又同註22引書《琉球育英史》，頁六二至六三及七六。
29 以上各詩引自楊仲揆著《琉球古今談》，頁八七至九〇；又《林世功．林世忠集》，京都オフィス．コシイシ出版，一九九八年，頁六五至二四四。
30 同註6引書《琉球古今談》，頁九〇。
31 同註6引書《琉球古今談》，頁八八。
32 同註6引書《琉球古今談》，頁八五；又同註8引書《琉球救國請願者集成》，頁七八；同註22引書，頁六四。
33 同註8引書《琉球救國請願書集成》，頁九八。
34 同註8引書《琉球救國請願書集成》，頁九五。
35 參見崎間敏勝著《海東小國記》，那霸系洲安剛出版，一九六七年，頁二四四至二四六。
36 參見《蔡鐸本中山世譜》，沖繩縣教育委員會，一九七三年，頁一四一至一四二。原文為漢文，筆者作句讀。
37 參見溫廷敬輯錄《茶陽三家文鈔》，一九二五年，卷二〈復總署總辦論為球王立後書〉；又第九章已詳細引錄。
38 參見《清光緒朝中日交涉史料》，台北文海出版社，一九六三年，頁九六，〈禮部奏琉球因遭日本陵虐稟請天討復國據情轉奏摺〉附件。

39 同註38；又同註8引書《琉球救國請願書集成》，頁九九至一〇〇。

40 同註8引書《琉球救國請願書集成》，頁一〇三至一〇四。

41 同註8引書《琉球救國請願書集成》，頁一〇九。

42 同註8引書《琉球救國請願書集成》，頁一一三。

43 同註8引書《琉球救國請願書集成》，頁一二二。

44 同註8引書《琉球救國請願書集成》，頁一二八。

45 參閱《李鴻章全集》卷十六、十七〈譯署函稿〉收錄多篇〈與日使伊藤問答節略〉。

46 同註8引書《琉球救國請願書集成》，頁一三三。

47 同註8引書《琉球救國請願書集成》，頁一三七。

48 同註8引書《琉球救國請願書集成》，頁一四〇。

49 參見《清光緒朝中日交涉史料選輯》，台北台灣省文獻委員會，一九九七年，頁七八至七九。

50 同註49。

51 同註49引書，頁八〇，〈翰林院侍讀張佩綸奏請密定東征之策以靖藩服摺〉。

52 同註49引書，頁八三至八六，〈北洋通商大臣李鴻章等奏遵議鄧承修條陳球案摺〉。

53 同註49引書，頁八九，〈北洋通商大臣李鴻章覆奏宜先練水師再圖東征摺〉。

54 參見赤嶺守著〈琉球歸屬問題交涉與脫清人〉，收錄在《第九屆中琉歷史關係國際學術會議論文集》，北京海洋出版社，二〇〇五年，頁三四二。

55 同註45引書，頁三一八五，〈譯署函稿〉卷十二〈請球案緩結〉。

56 同註55。

57 參見後田多敦著《琉球救國運動：抗日の思想と行動》，沖繩出版舍 Mugen 出版，二〇一〇年，頁一四一，引琉球大學比屋根照夫等的報告書。若以足齡計算，向德宏逝世時是四十八歲。

58 同註57引書，頁一四一。

59 同註4引〈琉球紫巾官向德宏初次稟稿〉。

60 同註57引書《琉球救國運動：抗日の思想と行動》，頁一四六。

61 同註57引書《琉球救國運動：抗日の思想と行動》，頁一四六，一五〇。

62 同註57引書《琉球救國運動：抗日の思想と行動》，頁一四八，引自《人境廬詩草箋注上》，上海古籍出版社，一九八一年，頁五八七。「波臣」是指琉球陳情使向德宏。「故宮」是指已亡國的琉球首里王宮舊苑。「中有丹書有金印」，是指明、清天子所贈的聖旨、墨寶，並欽賜國王金印。

63 參見上里賢一著〈蔡大鼎——琉球復舊運動を展開〉收入在《久米村——歷史と人物》，那霸ひるぎ社，一九九三年，頁二一九。

64 參見赤嶺城紀著《大航海時代の琉球》，沖縄タイムス社出版，一九八八年，頁四五。

65 同註63引書，頁二二〇。

66 參見那霸市史編集室編《那霸市史通史篇》第二卷，那霸市役所出版，一九七四年，頁一四三。

67 同註57引書《琉球救國運動：抗日の思想と行動》，頁一五八。

68 同註6引書《琉球古今談》，頁六七。

69 琉球末代君主尚泰王於一九〇一年八月十九日在東京薨逝，享年五十九歲。死後運回他的故國（現沖繩縣），安葬於尚王朝的玉陵。

第十一章

甲午戰敗絕琉球
沖繩血戰成煉獄

日本一步步吞滅琉球，琉球為求復國首先派出陳情使在東京呼號，懇請明治政府收回廢球為縣的命令，一切復舊，結果自然是被日方斥退。他們轉而向駐日外國使館求助，但又為日本從中擋隔，西方諸國也就默不作聲。而在中國進行的救國請願運動，如上章所述，清廷終因無把握跨海遠征而棄用軍事介入，照舊以外交談判來爭取琉球復舊，在拒簽〈球案條約〉之後，談判遂告中止。至於琉球國內，雖無武裝反抗，但也掀起過一場反日復國運動。

一　琉球國內的反日復國運動

一八七九年四月，松田道之強令尚泰王遷出首里城之後，便開始推行新政，但遭到琉球的官員和士族抵制，拒絕遵守政令。松田便想到由尚泰王來發令，呼籲臣民遵從新政。但三司官回覆尚泰王已備受屈辱，還有何顏面再發號施令。雖然松田曾威嚇：藩王如不合作，是違抗日本的命令，會受到處分。縱然如此，琉球君臣硬是不順從，松田一時間也不敢使蠻。

當時，前三司官龜川親方盛武為反日抗命派領袖，琉球舊官罷政後，常聚在龜川家共商救國大事。琉球人二多年來懼薩摩如虎，生性懦怯，所以他們沒有提刀握槍來反抗，而是採取不服從明治政府政令的消極抵抗方式。各士族聯署血書，誓死不當新政府的官吏，有違者殺無赦。如因此慘遭日本毒手，便將籌集好的安家費撫恤其妻兒[1]。他們的信心所以如此堅定，主因是深信清廷一定會派兵來救援。

一八七九年八月，首任沖繩縣令鍋島直彬不再懷柔容忍，以鐵腕對付不合作、不服從命令的反日人士。他為了立威造勢，將龜川派的的主要幹將與那城按司、津嘉山親方（向龍光）和澤岻親方等十餘人抓起來，又在各區搜捕了多名活躍份子，施以嚴刑拷問。其中最廣為人知的刑訊手段，就是將雙手反縛，懸吊在屋樑下，然後用棍棒拷打，使受刑者皮肉綻破，哀叫之聲傳至遠街，令人聞之戰慄震懾[2]。就這樣持續施以各種酷刑，直至反日人士「悔悟」為止，但仍須簽下〈恭順聲明〉，表明今後聽令合作，才可獲釋。

其實，這是棍棒打出來的恭順，僅是一紙虛文，表面順從而已。他們之中有很多人趁機潛逃往中國，成為一大批「脫清人」。如一八八二年一月，富名腰朝衛和與那嶺真雄，在新垣乘船脫逃到福建。同年三月，三司官富川盛奎（毛鳳來）、國場大業（王大業）亦潛逃到閩。同一時期，湖城以恭、國吉蒲戶、阿波連承陰等，亦登上國吉船偷渡到中國。

這些脫清人逃到福建後，申訴日本人的酷刑拷打：「上自法司等官，下至紳耆士庶，外而屬島監守官……等，多被倭人劫至各處衙署，嚴行拷審，或有固執忠義自刎而死者……」[3]

也有人逃到中國參加救國運動之後再回返琉球，即被日官探悉拘捕，慘遭嚴刑拷問。其中龜山里之子親雲上，便是於一八七九年六月歸國，被日警逮捕後，嚴刑迫供致死。[4]

另一方面，日本的自由民權運動愈演愈烈[5]，由於自由民權動有志之士對琉球被吞併、分割表示同情，給琉球的士族階層帶來了憧憬。特別是在一八八四年朝鮮的甲申事變後，自由民權運動家植木枝盛聞說日本和中國要兩分琉球，即提出強烈反對。他認為這是「殘忍酷虐」、「野蠻不文」之舉。植木進一步指出應該讓琉球獨立，中國和日本宜攜手並進，開創出亞洲的「同等主義」和「開明主義」[6]。但最終自由民權運動未能奪得日本政權，令琉球的士族階層一朝夢碎。

也是在甲申這一年，西村捨三接任沖繩縣令。他一方面以鐵腕對待反日復舊運動，宣佈復舊運動等同「國事犯」。另一方面，他又施展以柔制剛之策。二月十六日，先讓尚泰王嫡子尚典還鄉，四月尚典回東京後，明治政府更破例批准尚泰王回琉球祭祀王陵、探視臣民。但行前須立下誓文二則：一是不得蠱惑人心，更要對士族舊官作出勸諭；二是人心不穩出現亂局之際，必須馬上直接返回東京。[7]

明治政府這一着，就是要利用尚泰王來收攬琉球人心。八月，當尚泰王回到闊別五年的故國，出迎的臣民雲集渡頭，歡欣雀躍。接下來是一個個迎接舊主的盛宴，君臣對飲，徹夜達旦，弦歌高奏，煙火耀天。如此歡樂情景，仿如隔世往事。為求與民同樂，在那霸灣三里，擺放了三十六個大罎，盛滿琉球佳釀發泡酒，讓人民縱情痛飲。[8]

經過連番的酬酢宴飲，尚泰王談到自己雖幽禁在東京，但生活卻十分自怡，備受明治政府關注和護佑，所以對明治新政表示擁護。他更發出「諭達」，呼籲舊士族支持明治新政，不要再作「脫清人」，逃到中國去進行復舊運動。又傳召士族的主腦小波津親方、津嘉山親方（向龍光）、神山親雲上三人，詳述明治政府的恩厚，所以應該停止復舊請願運動，並敦囑神山親雲上將「諭達」轉告給舊親方龜川及有關人士。[9]

沖繩縣的警部武石氏見狀，便洋洋得意地說：今後是聽君命還是聽津嘉山的命令？但士族中有識之士仍反駁稱：舊君因幽囚於東京，不得不按大和（日本）政府的命令發出「諭達」，是有所忌憚之故。這是表面工夫，所以還是要聽津嘉山的命令。[10]

事實上，志士的氣概是敢違君命的。他們慷慨憂國之餘，縱身萬里波濤，潛逃赴清，尋求復國之道。當尚泰王回國探視滿一五十天之後，於一八八五年二月，再登船辭國而去。過了一個月，津嘉山親方（向龍光）也潛逃往中國，違反所謂的君令，在中國進行救國請願運動。對這些堅持救國復舊的志士，西村舍三向東京呈交報告書時，咬牙切齒地稱之為：「不懂時勢之頑物」。[11]

尚泰王作為舊士族的君王，卻否定復舊運動，令眾士族頓感孤立困惑。後來他們也認清情勢和尚泰王的處境，以其諭達和密函作比較，便可知是委曲之詞。並非舊君的真正精神。為了復國，他們不聽君令，反而希望盡快解救出囚中的君主，復興社稷。

無論是在中國進行救國請願運動的苦命人，或是留在琉球堅持救國復舊運動的志士，他們寄予一絲

02

01

03

01 龜川親方。

02 廢藩置縣之後的琉球士族。

03 1896 年印行的《沖繩風俗圖會》，其中描寫已成沖繩縣人的琉球遺風。

希望的，就是中國出兵救援。

二　甲午戰敗後清不再談球案

自從一八八〇年〈琉球條約草案〉被清廷擱置拒簽之後，日本就採取避談球案之策，關起談判的大門，反正琉球已被劃為本國第四十三個縣，完全沒有急於談判的需要。雖然在一八八二年的二、三月間，李鴻章和日本駐天津的領事竹添進一郎、以及黎庶昌公使在東京跟井上馨等外務官員，均談及如何解決琉球的方案。李和黎更具體地表示可以接受分宮古和八重山二島，但要讓出中島的首里城給尚泰王，以達成興滅國、繼絕祀。這當然為日本所拒。當中法戰爭激戰之際，黎庶昌擔心日本趁機進軍，情急之下曾提出過放棄琉球以換取日本不干涉朝鮮國事的建議。但這並非清廷所定的談判策略[12]。後來黎庶昌第二次出任駐日公使時，提出新建議：「趁修改條約之際，將球案一宗彼此說明，別訂一親密往來互助之約。」[13]

自從甲申事變之後，中日都意識到朝鮮半島稍有異動，即會引起兩國兵戎相見。而朝鮮方面也懂得靠近英、美大國，可以得到護佑。同時，俄國亦在北面虎視眈眈。局勢如此複雜，中國和日本都在加強海軍裝備。

清廷為加強統一指揮海軍，於一八八五年十月成立「總理海軍事務衙門」，任命醇親王奕譞為總理海軍事務大臣，慶郡王奕劻和李鴻章會同協理。計劃是首先加強北洋水師，然後再發展南洋、粵洋水師。三年過後，這個海軍事務衙門的大權已落入李鴻章手中。他向英、德購買鐵甲軍艦增強北洋海軍，又開辦水師學堂，建軍港，加炮台。

表七　一八九〇年中國北洋艦隊和日本常備艦隊的比較——一八九〇年三月二十八日[14]

清北洋艦隊

艦名	噸數	馬力
定遠	七四三〇	六二〇〇
鎮遠	七四三〇	六二〇〇
來遠	二八五〇	三六〇〇
敬遠	二八五〇	三六〇〇
清遠	三三五五	二八〇〇
到遠	二三〇〇	五五〇〇
超遠	一三五〇	二六七七
靖遠	二三〇〇	五五〇〇

日本常備艦隊

艦名	噸數	馬力
浪速	三七〇九	七三二八
高穗	三七〇九	七三二八
扶桑	三七七八	三九三二
大和	一四七六	一六〇〇
葛城	一四七六	一六〇〇
武藏	一四七六	一六〇〇

善於學習外來文化的日本，明治維新改革效法歐美，首先普及教育，繼而在經濟上加快殖產興業。軍事上推行富國強兵，取得飛躍進展。他們同時也學會了西方的帝國主義，對外擴張侵略。他們爭奪朝鮮半島之心，早已圖窮匕現，也明白早晚一定要和中國開戰，而且將來還要攻取中國，實現當年豐臣秀吉的遺願。因此，日本也制定了侵略擴張的「大陸政策」。為達成這一宏願，便大力擴充軍備，特別加速發展海軍。為了進一步加強海軍裝備，一八九〇年特意公開日本艦隊和中國北洋艦隊的戰力比較（見表七），以表示敵強我弱，需再撥軍費增購戰艦。

同時，《東京日日新聞》還指出，北洋艦隊之外還有南洋艦隊，總數合起來，中國艦隊約共六十艘。[15]

戰力雖是如此，但行軍佈陣，還得看將才的運籌帷幄。而且日本已處心積慮，密謀出兵，一心只候時機的到來。

迨一八九四年春，朝鮮東學黨起事，發動民眾大敗官軍。韓王見勢危，急向中國求援，盼能如前平定甲申事變般出兵救助。中國擔心出兵之後，日本按照中日《天津條約》的協定亦跟隨出兵。於是再三向日本說明，是應韓王所請派兵馳援，平亂後當即撤軍。日本表示理解，更希望中國「速代韓戡亂」。原來日本早已部署好，誘使中國先行出兵，他們便暗中調派更多的軍隊前往朝鮮，然後藉詞不撤軍，要將朝鮮半島控制。其內情是：

六月二日，日本駐朝鮮代理公使杉村濬打電報給外務省，告知韓王已向中國請求援兵。日本內閣馬上召開擴大會議，請參謀總長熾仁親王、參謀本部次長川上陸軍中將列席，商議派兵朝鮮。並將閣議呈明治天皇，取得諭准。「因此我（外務大臣陸奧宗光）便要大鳥圭介公使（駐朝鮮公使）作隨時返任所的準備，並與海軍大臣（西鄉從道）密商，令大鳥公使搭乘軍艦八重山，要該艦多載若干海軍士兵，訓令該艦及其海軍士兵統受大鳥公使之指揮；同時由參謀本部密令第五師團長，要其抽調一部分軍隊，趕緊作出兵朝鮮的準備。更密令徵用郵輪公司等的運輸及軍需，很短時間內完成了一切所需的準備。由於這些廟算皆屬於外交軍事機密，局外人自無從得悉。」[16]

而中國在六月七日，才訓令駐日公使汪鳳藻照會日本，表示按照《天津條約》的協議，知會出兵朝鮮事。但實情是日本已於六月五日，密令大鳥公使乘軍艦八重山由橫須賀出發，並電令數艘停在釜山港的軍艦速往仁川。[17]

中、日同時出兵朝鮮，平定東學黨後，須為雙方撤軍問題展開談判，又請來英、美公使調停。但這時（六月底），日本結集在朝鮮的兵力已有萬人，正伺機發動戰爭。就在七月二十五日，集結在牙山口外的日本軍艦，突襲中國運兵船，擊沉高陞號，溺死千餘人。一味求和避戰的清廷，被迫對日宣戰。但李鴻章等人始終決心不足，其部屬虛與委蛇，採觀望態度，招致平壤潰敗，惟左寶貴頑抗戰死。接着大連旅順失守。九月十七日便有中日黃海大戰，兩軍正面交鋒：丁汝昌率北洋艦隊（共十三艘）為運兵船護航完畢折返，遇上日本聯合艦隊（共十二艘），雙方佈陣發炮激戰五小時，是為十九世紀亞洲最激烈的一場海戰。北洋艦隊火力佔優，日本則勝在船速高，易於回旋。結果北洋艦隊有四艦被擊沉，主力定遠和鎮遠艦均受創，日本的旗艦松島也受到痛擊，但未有戰船沉沒。儘管黃海之戰北洋艦隊損失較重，但未致大敗。最關鍵在於威海衛炮台被攻佔：一八九五年一月三十日，日軍發動總攻，奪取了威海衛的南北炮台，然後反過來聯合海上的日艦，從海陸兩面夾擊，炮轟泊在港口的北海艦隊，令整支艦隊慘遭殲滅。

甲午戰爭之敗，在於李鴻章長期求和懼戰，到最後退無可退，才臨急應戰，完全缺乏部署，加上大多將領貪生怕死，軍紀鬆懈，早為日本悉破，故敢於開戰。正是將帥無謀，累死三軍。而甲午戰敗後，加速了清朝滅亡。同時，日本亦試出中國如暮年的老拳王，不堪一擊。在往後的五十年裏，瘋狂侵略中國，就是看到中國已經病弱至毫無招架之力。

甲午戰敗後又換來一紙不平等條約——《馬關條約》。其中包括向日本賠償軍費二萬萬兩白銀，並割讓遼東半島、台灣島及其所有附屬島嶼和澎湖列島。

中國甲午戰爭失敗，頓時令琉球復國夢破。他們一直盼望「天朝」出兵救援，詎料僅此一戰，大清帝國海、陸軍同告敗北，而且敗在吞併他們國土的日本手上。中國亦自身難保，賠款又割地，割出的台灣島比琉球國還要大十數倍。琉球的救國人士，痛感時不予我，是無望，更是絕望！

復國無望，琉球人最後作出新的請願。一八九六年，由公同會發起沖繩島共七萬人聯署，要求釋回尚泰王出任沖繩縣知事。他們派出九名代表前赴東京，向明治政府遞信請願。日本內閣當然明白這是變相的降格復辟，一口便拒絕了[18]。此後至第二次世界大戰止，琉球的復國運動便轉趨低沉，僅餘微弱之聲了。

三　日在琉球施行殖民同化管治

首先在這裏簡單地回顧一下琉球被吞滅前的經濟狀況。自從一六〇九年薩摩藩進犯，將尚寧王擄去迫寫降書後，薩藩向琉球強收租稅，沾手對明、清的朝貢貿易，攫取大部分的利益，又阻止琉球出船跟南洋諸國貿易。在薩藩的高壓盤剝之下，本來是海商小王國的琉球，失去了朝貢貿易和在南洋互市的豐厚利潤，還要繼續承擔接待冊封使來琉球的巨額開銷，更要支付參謁薩藩和江戶幕府的龐大費用，因而國庫空虛。在地理上，琉球處於颱風北上的通道上，每年夏季，迭遭颱風侵襲，嚴重影響農作物的收成，加上種植技術落後，所以常常出現糧荒。如一七〇九年的大饑荒，當時琉球人口約十五萬，餓死者竟達三千人[19]。早在一六〇五年，琉球進貢船的官員總官野國，從福建帶回蕃薯種子移植到琉球，自此蕃薯幾乎成為琉球人的主食。但連蕃薯也長不出來的日子，便以非食用的蘇鐵來充飢。生產力方面，琉球國享受俸祿的士族不少，佔人口近分之二十。無俸祿的民家，男的不事生產，由婦女來支撐，造成生產力不足，經濟嚴重落後。而琉球的輔國賢相自蔡溫之後，年來竟無治國之才可用，國力日衰，經濟崩潰，民不聊生，國家前路一片徬徨迷惘。

迨一八七九年日本廢球為縣，早期在推行新政時亦舉步為艱，遇到不少阻力。甲午戰爭後，琉球人復國的希望化為泡影。已是形勢比人強的日本，遂大力推行殖民統治，實施同化教育。

日本首先進行土地整理，收回食祿俸地，與日本各縣同制：耕地民有，山林盡歸官有。同時開拓新的農地，大量種植甘蔗。經過大力開拓，一八九九年的琉球耕地面積已是十一年前的三倍。甘蔗產量提高，製糖業隨之發展起來。蓋建廠房、購置機械的資金則是來自縣外，即日本各縣到琉球投資發展，並得到縣政府的優惠待遇和保護，從中剝奪了當地農民的生產成果，是不折不扣的殖民地經濟侵入。同時發展起來的，還有漆器、陶瓷和泡盛酒製造業等。

雖然農、工業取得發展，但琉球人的生活並未有大改善。因為他們的報酬被壓得很低。根據統計，沖繩農民的收入僅為全國平均值的四分之一[20]。這些微薄的收入，還得繳付繁重的國稅，加上日本接連用兵，不斷增加軍費，雜稅繁重加之物價上漲，沖繩農民生活十分困苦，有八成的農家負債，其苦況可想而知。[21]

在教育方面，日本加強推行普及小學義務教育，其用意是要同化琉球人。日本皇民化教育包括：使用國定教科書，教授日本標準語，提倡忠君（明治天皇）愛國，鼓吹國家主義。在戰時更力推軍國主義教育。中日戰爭爆發後，馬上將內閣會議決定的「國民精神總動員實施要綱」落實到學校去。一九三九年，更規定青年學校（滿十三歲以上至十八歲）進行軍事訓練義務化，而小學五年以上的男童須接受武道為正課。這些戰時教育的措施，《那霸市史》毫不諱言地稱之為「軍國主義教育」[22]。學校內進行軍訓，首里市第三國民學校更指揮學童耕作，經營起「建國農場」來，又強迫捐款獻金，每月奉獻蕃薯一次，以支持前線。[23]

亡國的琉球人，又慘受歧視。他們在沖繩縣內找不到生計，便遠走他鄉，甘願從事最低下的工作。最熱門的謀生地點是大阪，其次是和歌山、東京等。他們待遇微薄，飽受歧視，有一些公司門前還掛上「嚴禁沖繩人和朝鮮人」的木牌[24]，因而造成很多糾紛。為了反歧視和保護同鄉的權益，他們成立了「關西沖繩縣人會」，更在大阪、京都、兵庫、和歌山等紡織廠設立了支部。而這些抗爭，又與日本的左翼勞工運動結合起來，不少「沖繩人會」的領袖，也加入了日本的社會主義政黨，融入日本的全國勞農運動中去。[25]

也有不少琉球人漂洋出海，前往中國（包括台灣）、南洋和夏威夷、巴西等地做苦工。

夏威夷本來也是一個王國，但於一八九八年八月十二日，與琉球遭逢同一命運，為美國所吞併。因為美國距夏威夷頗為遙遠，為加速開發，所以大量接納移民。沖繩縣更在夏威夷被吞併前訂立了「合約勞工移民」，所以在一九〇〇年便有第一批共二十六人的沖繩勞工出發到夏威夷。其後，乘着「自由移民」的政策，更多的沖繩人漂過大洋，前往夏威夷謀生。另一方面，到南洋和巴西的人也非常多。

根據統計，一九四〇年日本留居海外的國民以縣別計，最多的是廣島縣民，約有七萬二人；次為熊本縣民，第三位就是沖繩縣，約有五萬七人。若再以人口比率計，廣島縣是分之三點八八，熊本縣是分之四點七八，而沖繩縣則是分之九點九七，高踞首位。換句話說，即十個沖繩縣人，便有一人移居海外[26]。又有誰料到這五萬七移居海外的沖繩人，幸運地避過了慘烈的沖繩浴血戰。

四　美軍狂攻沖繩，琉球人四死其一

日本取得甲午戰爭勝利之後，信心大增，再銳意加強軍備。一九〇四年的日俄戰爭令歐洲強國俄羅斯也告俯首稱降，震驚了全球。日本更加驕橫矜肆，窮兵黷武，走上了軍國主義之路。往後吞併韓國，連番侵華，終於爆發中日戰爭。其間，日本更出兵南洋，偷襲珍珠港，掀起了太平洋戰爭。第二次世界大戰末期，德國投降，美軍回師反攻日本，奪取了硫磺島之後，便與日本展開爭奪沖繩島的激烈戰爭。

日本是一個島國，不能從陸路進攻，但大洋遼闊，需有基地作暫駐和補給。以美國為首的盟軍，作了戰略上的部署，就是欲攻本州，先取沖繩。日本亦深悉美軍劍指沖繩島。一九四四年八月，日本制定了「決號作戰計劃」，將沖繩佈置為本土決戰的「前緣陣地」，派出第三十二集團軍駐防。他們的計劃是：如果能給來攻的盟軍一個痛擊，便可以展開「一擊講和論」。不過他們也預料到自己勝算不高，終歸要全力死守，將一草一木也發揮出戰鬥力來，為「本土決戰」爭回準備的時間，所以沖繩島的防守戰僅是一着「捨石」而已。[27]

前琉球國被利用為「捨石」，他們經歷了三個月的慘烈戰爭，死於炮火的軍民人數達到二十萬。後來由於美國出動兩顆原子彈，日本不得不放棄「本土決戰」，宣佈無條件投降。因此沖繩島之戰，也就成為日本本土惟一的地面戰，這對被捲入這場不義戰爭的琉球人來說，不但是一場惡夢，更是刻骨銘心的烙記。

戰雲密佈，美國軍艦麕集外洋，惡戰難免。一九四四年七月七日，沖繩縣政府決定安排十五歲以下的學童和六十五歲以上的老人疏散離開沖繩島，前後共八萬多人分批乘船離去。同年八月二十一日，對馬丸載着撤離的婦孺學童、老年病弱者合共一千七百八十八人，當離開那霸港後，即為美軍潛水艇追及，發射魚雷襲擊，僅八分鐘對馬丸便告沉沒。死難的學童達到七百六十七人（僅五十九人獲救），其他死難者也有六百八十八人（另船員二十四人，炮兵隊員二十一人）[28]。這一慘劇也就成為沖繩島攻防戰的序幕。

同年十月十日，美軍發動空襲，由清晨六時三十分至下午二時四十五分，連續五輪轟炸，彈如雨下，那霸市徹底被燬，焚燒三晝夜，王城寺廟等古建築頃刻變為廢墟，全市九成建築物化為頹垣敗瓦，遇害軍民六七十人。這次「十・十」空襲毀滅性的破壞，令處身沖繩島的軍民精神大受打擊。

負責守島的第三十二集團軍，由多個師旅團和大隊組成，配備了野戰高射炮、野戰重炮和迫擊炮等防禦武器，共約七萬人，由牛島滿中將任總司令，統率全軍。[29]

大敵當前，為了加強防禦，急令全島深挖戰壕和防空洞。如此浩大的軍事工程，司令部和縣政府啟動了〈國家總動員法〉，召集全島居民，不分男女（十六歲至六十歲，婦女至四十五歲止）參加防衛工事。後來，婦女還擔負食糧、燃料的供應隊，而女子高中和師範學校的學生被編配到陸軍醫院當護士生，在戰事最火熱時，一位護士生要護理三十名傷重者，其心身之疲勞可想而知。至於挖壕修工事的粗重勞務，每日出勤十一小時，更是疲累不堪。

一九四五年三月，日軍又徵集十七至四十五歲的男子，運送彈藥和糧食，但戰情緊急時，這些後勤兵亦扛槍上陣。根據紀錄，這些被徵召的後勤兵約有二萬二人。[30]

以美軍為首的盟軍，經已取得制空權，並包圍了沖繩島。所派出的兵力，教人吃驚：戰鬥用的艦艇三一十八艘，補給艦艇一千一百三十九艘，官兵共約五十萬人，登陸作戰十八萬三千人，堪稱亞洲海軍陸戰史上最強大的陣容。為了灣泊艦艇並取得據點，一九四五年三月二十三日，美軍開始進攻慶良間諸島，艦隊隔海炮轟，空軍低飛掃射，很快便拿下了渡嘉敷島、座間味島和慶留間島等小島。四月一日晨，美海軍陸戰隊四師團六萬人搶登沖繩島中部讀谷山村、北谷山村的海岸。兩日後，抵達中城灣，將沖繩島橫向分割，然後分兵向南北挺進。四月五日，在宜野灣村大山高地和日軍開戰，四月九日，戰線

04

05

04 1945 年 4 月 1 日美國進軍沖繩島，圖為正於讀谷海岸搶灘登陸的艦群。

05 美軍的砲火照亮黑夜，交織如網，又似是雷打電閃。

延至嘉數高地，炮火連天，激戰半月，美軍才奪得此高地。其時，北部亦已蕩平，美軍集中兵力，調派坦克裝甲車、野戰重炮，部署南下總攻。日軍拚死頑抗，據險還擊，令美軍難得寸進。其後，美軍發動一輪又一輪的總攻，更出動火燄炮、燃燒彈來掃蕩，令埋伏於戰壕和防空洞內的日軍難以逃躲，葬身於火海。五月十一日，美軍迫近首里，再與日軍大戰。五月二十五日，美軍第八次空襲總攻，兩天後，日本第三十二軍司令部撤出首里，經津嘉山移至摩文仁。美軍窮追不放，六月十三日，日本海軍駐在沖繩小祿的根據地被圍，全軍被殲滅，大田少將自盡。六月十八日，第三十二軍司令部以大勢已去，向上級第十方面軍發出〈訣別電文〉。就在這一天，美軍司令巴克納中將（S. B. Backner Jr.）赴前線視察時，被射來的冷炮轟開的巨石擊中身亡。但三天後，美軍已控制全島，發出佔領沖繩的宣言。六月二十三日，第三十二軍最高司令牛島滿中將和參謀長長壽吉少將，在最南端懸崖邊的司令部戰壕入口處切腹自盡。隨着牛島滿的自盡，仿如人間煉獄的沖繩島爭奪戰亦告結束。[31]

這場慘絕人寰的「替身戰」[32]，將琉球人送上了戰場，慘成炮灰，死亡人數極為驚人。參戰的日軍幾乎死盡，但原來島上的居民即沖繩人死得更多，只是因為這場仗對日本來說不是十分光彩，說到底是有愧於沖繩人（琉球人），所以有很多史書沒有提出很明確的統計數字，一些史家也避而不談。猶幸沖繩島的學者陸續將他們的研究發表出來，筆者藉此參考了一些有數字記述的專著，整理如表八，以作比較。

表八　沖繩浴血戰的死亡人數統計

序號	美軍死亡人數	日軍死亡人數	沖繩縣人死亡人數	引典
一	-	-	非戰鬥人員一六五〇〇〇人（筆者註：這裏應該包括很少部分的外縣人。）	《沖繩——新風土記》，岩波書店出版，一九五八年，目次頁。
二	-	-	平民一〇〇〇〇〇人（筆者註：這裏應該包括很少部分的外縣人。）	《一億人の昭和史（三）太平洋戰爭》，每日新聞社出版，一九七〇年，二二四頁。
三	-	軍人、軍屬約九四〇〇〇人（其中沖繩縣出身者二八〇〇〇人）→	協助戰事五五〇〇〇人 一般居民約三九〇〇〇人 二八〇〇〇人 合約一二二〇〇〇人	《歷史家はだぜ〝侵略〟にくだわるか》，日本歷史學研究會編輯出版，一九八二年，頁四一。
四	-	陸上兵力一二〇〇〇〇幾乎全部陣亡	-	《日本近現代史辭典》，東洋經濟新報社出版，一九七八年，頁七七。
五	-	軍民死亡人數共約一八八〇〇〇 →	其中約有一〇〇〇〇〇人	仲里効、高良倉吉著《沖繩問題とは何か》，弦書房出版，二〇〇七年，頁八六。
六	一二五二〇人	軍民死亡人數共一八八一六六人 →	其中 沖繩縣出身軍人軍屬二八二二八人 沖繩縣參與戰鬥五六八九一人 沖繩縣一般居民三七一三九人 合計一二二二五八人	沖繩縣平和紀念館。

序號	美軍死亡人數	日軍死亡人數	沖繩縣人死亡人數	引典
七	一二〇八一人	一八八一三六人 →	其中 沖繩縣出身軍人軍屬二八二三八人 沖繩縣參與戰鬥五五二四六人 沖繩縣一般居民三八七五四人 合計一二二二三八人	柏木俊道著《定本沖繩戰》，彩流社出版，二〇一二年，頁一八八引自「沖繩縣生活福祉部援護課」的一九八〇年調查數據。

據上述統計可知日軍死亡人數是美軍的十倍以上，幾可說是全軍覆滅。而沖繩縣人的死亡人數，有流傳說是十四至十五萬，而官方認定的是十二萬多，但其慘況可與原子彈下的廣島和長崎並列（如以軍民死亡人數合計則過之）：

廣島原子彈下的亡魂約十四萬人（誤差±一萬人，其中軍人二萬）。

長崎原子彈下的亡魂約七萬人（誤差±一萬人）。[33]

若用當時沖繩縣的人口計算，這場殘酷的戰爭令沖繩人（本來是琉球人）四死其一，甚至有說三死其一[34]。出現異議的原因，主要在於戰時沖繩島上究竟有多少人口。

根據沖繩縣出生的島越皓之所述，在一九三〇年代，沖繩縣的人口已達六十萬[35]。驟聞此數字，似覺不吻合，但稍作分析，將陸續移民往夏威夷、南洋、巴西和其它國家的五、六萬人減去，留下來的有五十多萬人，其後疏散了八萬多人到其它縣避難，剩下便只有四十餘萬人。所以柏木俊道在其著述中也說：「一九四五年初，沖繩本島還有縣民四十萬以上，主要集中在中南部居住。[36]」綜上所述，沖繩島在開戰前住着四十萬人可成定說。同時還有可作支持的數據：就沖繩戰結束後三個多月的十月十日人口統計，共有三十二萬五千七百六十九人[37]，這正是四十多萬人減去戰死、遇難的十二萬二千餘人所得的

06

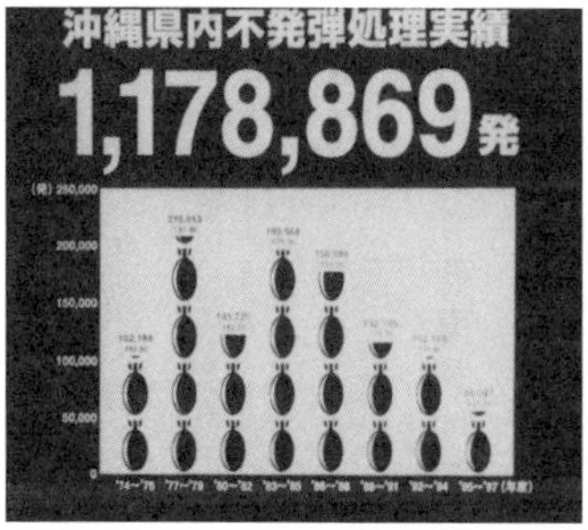

08

07

06 經過狂轟濫炸的那霸市，再難找到一棟完整房舍。

07 姬百合女學生曾藏身的洞穴（筆者攝）。

08 戰後歷年處理未爆的砲彈共計超過一百一十七萬個，可以想像其中戰況之慘烈。

倖存者人數。

用開戰前住有四十多萬人來計算，確是四死其一，但原有人口六十萬，就不能算作四死其一。這是對的。但如果以十五年侵略戰來作統計，沖繩人參軍和到南洋開拓而死於異國的亦有二萬多人，合計起來，沖繩縣的死亡人數共為十四萬九二三十三人[38]，也接近六十萬的四分之一。

花了這麼長的篇幅來述說沖繩縣人在這次戰禍中死去十多萬人，主要是痛惜琉球被吞滅後，琉球國民才會被捲入這場不義的戰爭中，而且悲慘至四死其一，所以有研究者傷感地說：相信全民（全縣民）沒有人是不與死難者有着親屬的關係，故全民皆是遺屬！

五　戰事餘波：強制集體自殺的訴訟

日本自明治維新後，富國強兵，對外用武，勝戰連場，軍國主義遂告抬頭。他們灌輸忠君愛國思想，歌頌軍人的高尚情操：「寧死不屈」、「寧作玉碎，投降可恥」、「苟活不如殉國」。所以在沖繩爭奪戰中，日軍死亡數字如此巨大，就是戰死的戰死，自盡的自盡，幾至全軍盡歿。同時，參與救護和支援工作的中學生，在結束抵抗解散之後，仍然也有很多作無謂的犧牲——自盡。其中最為慘烈的是充當陸軍醫院護士生的女學生，她們肩負一人照護三十個傷患將兵的重務，這對正職的護士來說也是無法支撐，何況是十五、六歲的少女。她們飽受煎熬，隨軍東撤西逃，部分死在槍炮之下，但解散後，不幸地又走上自盡之路。為紀念這批純潔的女學生，沖繩縣立下「姬合之塔」來祀之[39]。這些「姬合女學生」和另外由青少年學生組成的「鐵血勤皇隊」，在無情的戰爭中，結束了他們年輕的生命。在統計上，他們被列入「參與戰鬥」（或協助戰事）死者的一部分（見表八）。

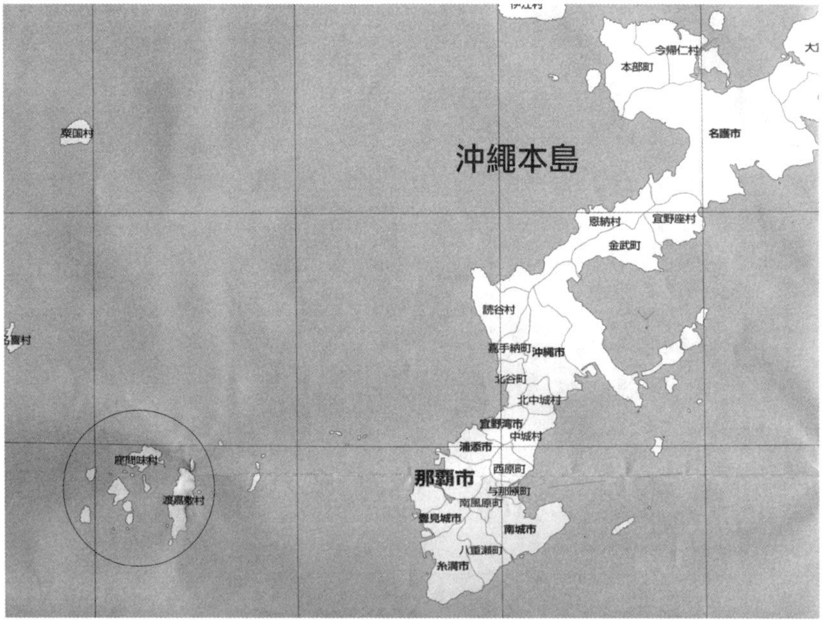

09

11

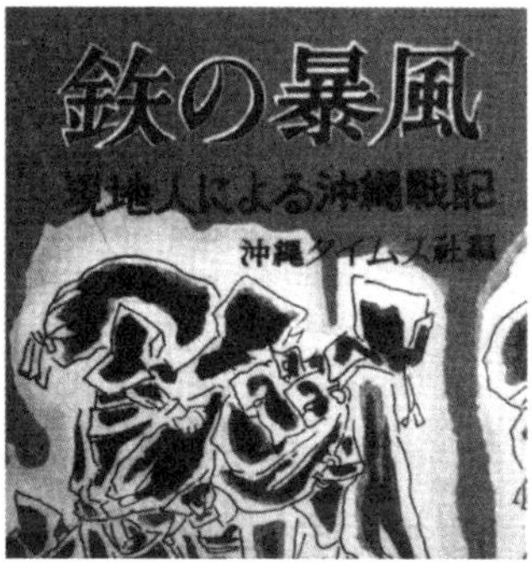

10

09 座間味島和渡嘉敷島位置圖。

10 1950 年出版的《鐵之風暴》。

11 有「沖繩學之父」稱號的伊波普猷。

「寧為玉碎，自盡殉國」是某些軍人的追求，但平民姓也被強制「集體自決」，竟成為戰事的餘波，六十年後更引發訴訟。

原來死於戰爭中的沖繩縣住民，並非全部為美軍所殺；有部分人反而是被自己的軍隊——日軍所逼死的。

自從「十．十」空襲後，日本第三十二軍深感美軍強大——兵力三倍於己以上，而且武器精良。死守沖繩島，拖延美軍進攻本土，已是東京大本營交下的軍令。在戰爭年代，軍人可以操控一切。其時，沖繩縣的糧食配給，也由軍方插手管理。他們為求守得更加長久，便下達「軍官民共生共死」的命令。首先揭露有此命令發佈的是沖繩國際大學名譽教授安仁屋政昭。他在一九八八年二月為家永教科書訴訟案出庭，以研究沖繩戰學者身份作供[40]，他的證言極具權威性和受到尊重。沖繩島戰役展開後，日軍根本無法抵禦，形勢極為惡劣。他們為了集中力量打所謂的「持久戰」，將物資和糧食優先供給軍隊，又拒絕讓平民姓躲入戰壕，因為這樣會妨礙佈防，更極端的是飭令非戰鬥人員早些自盡，以確保軍人有多些食糧可以持久作戰[41]。在軍國主義橫行的時勢下，軍人為達到他們的目的，冷酷無情地迫令村民「集體自盡」[42]。據不完全統計，在沖繩島和附近島嶼被迫集體自盡的村民，約有數千人[43]。他們很多都是全家自殺，共赴黃泉，當時悲慘的情狀，經歷者大多不想再憶述：父殺子、子殺父、棒殺親兒、勒斃愛女、手刃妻子後自刎……。聽之已令人震慄——戰爭是何等的恐怖，人性因此而扭曲！

發生在座間味島和渡嘉敷島的強制集體自盡，是集體自盡中的典型事例，早為傳媒報導，史書記述，亦因此而惹起訴訟。

一九四五年三月二十六日，美軍先攻沖繩本島東南部的慶良間諸島（由十餘島組成），以作為後勤據點，策略上首取座間味島。但在前夜，島上村民已接到急赴忠魂碑前集合的命令。後來，在「產業組合壕」等八個壕坑內，發現大批集體自殺的屍首，有用手榴彈一齊自轟而死的；也有用布帶勒斃的。而玉城校長夫婦因未被手榴彈炸斃，校長以剃刀割妻子頸項，於心不忍，力有不足，致妻子呼叫：「爸爸（夫君之意），還是不行，還是不行！」最後雙雙刎頸而盡，情景實在駭人，聞者每每悲痛至不能平復。事後統計，座間味島集體自盡者共為一百七十八人。[44]

翌日（二十六日），又有慶留間島民眾集體自盡。三月二十八日，美軍準備向座間味島東南面的渡嘉敷島進攻。是夜，守島最高指揮陸軍海上挺進第三戰隊隊長赤松嘉次命令島民到陣地前集合，約有八百人到來，獲分發手榴彈，着令集體自盡。結果有三百二十九人同時自殺，佔當時島上人口的四分之一。[45]

後來，美軍攻上渡嘉敷島，隨軍記者在北山發現六至八處地方被手榴彈炸裂，當時仍然冒着燄火硝煙，倒下的婦孺頸上都絞纏着布帶，衣服被炸得破碎，在屍叢中還傳來氣息將斷的小孩哭叫聲。這是難以想像的悲慘情景。消息迅速發出，四月二日美國的《洛杉磯時報》搶先刊登，令世人大為震驚。[46]

戰後，《沖繩時報》兩名記者經過採訪和蒐集資料，於一九五〇年撰寫成《鐵之風暴》，是早期有關沖繩戰爭的重要紀實著作。後來，家永三郎教授撰述的《太平洋戰爭》和諾貝爾文學獎得獎作家大江健三郎撰著的《沖繩筆記》（一九七〇年出版，以後續有再版），都不約而同地引用了《鐵之風暴》的資料，然後深刻地對「強制集體自盡」這一人類黑暗史作出批判。

戰後六十年，當年駐守座間味島的第一戰隊隊長梅澤裕（年近九十），聯同駐防渡嘉敷島的第三戰隊隊長赤松嘉次的胞弟，入稟大阪法院，控告作家大江健三郎和岩波書店，在其出版的《沖繩筆記》中，「誣指」他們（梅澤、赤松）下命令要島民集體自盡，與事實不符，名譽因而受損，追究責任，並要求賠償。他們所持的理據是：當年沒有下過命令，也沒有證人、證據可以證明他們曾發過迫使島民集體自盡的命令。島民的自盡，是不願被擄受辱，寧可殉國死也要力保尊嚴。

這宗所謂「沖繩集體自決冤罪訴訟」，何以在戰後六十年才提起？而大江健三郎的著述，亦早在一九七〇年已出版，因何在三十五年後才興訟？同時何以不控告其他的著作和作者？（而且有更加早的著述，特別是《鐵之風暴》）這一連串問題，初時令人有丈八金剛摸不着頭腦之想。但經過分析，除了可以接納原告所說有些出版物的作者已逝去而不予控告外，推遲的原因主要是當年的知情者多已故去，而原告經多年來在一些證人、證供上做了手腳，從而具備翻案的「證供、證詞」。

另一個隱藏的目的，就是政治上的「歷史修正」。且看支持「沖繩集體自決冤罪訴訟」的團體，就可略知一二。他們包括：「自由主義史觀研究會」、「昭和史研究所」和「靖國應援團」等。

由於被告是獲諾貝爾文學獎的大作家大江健三郎和著名的學術出版重鎮岩波書店，因而官司備受矚目。背景不同的傳播媒介，早已壁壘分明地在法庭外大打筆戰。

二〇〇五年十月二十八日首度開庭，雙方請來學者、作家或作供，或提報告，更重要的是找出當年的倖存者來憶述提證。正當庭上針鋒相對，想不到庭外的「戰」火更加激烈、震撼！

因為有了「沖繩集體自決冤罪訴訟」，文部科學省在審定二〇〇六年度教科書時，對已成通說的「強制集體自盡」提出審查意見，認為「沖繩戰的實態描述恐怕有誤」，目的是要刪除集體自盡有關「軍令」的用語。原來我們熟悉的日本篡改教科書問題，在日本右翼人士中常常提出要嚴防「自虐史觀」，他們神經最緊張的是「南京大屠殺」、「慰安婦」和「沖繩強制集體自盡」這三大問題。所以有篡改之說，是因為有不少執筆撰寫歷史教科書的教授、學者忠於史實，有良知地秉筆直書。但送檢後，往往遭到文部省（今改為文部科學省）的教科書調查官留難，提出「修正」、刪改，致三改四易其稿也不獲通過。因而便有家永三郎教授興訟，控告教科書的審定制度違憲。所以我們必須明白現在日本採用的教科書，在編寫過程背後是有一批有良知的學者長期與審查官角力的，但前者往往被審查官刁難，以致出現篡改的情況。

回說文部科學省因為有訟爭，發出指引要刪除集體自盡的有關「軍令」的用詞。但當時案件尚在審理中，成說是否有誤，有待裁定，沒必要馬上更易。但文部科學省固執不聽。消息傳出，抗議聲四起，各地紛紛舉行集會、論壇。二〇〇七年四月，國會也為此而展開論戰。雖然右翼的刊物為此次教科書的審定搖旗吶喊，但沖繩縣的人民亦愈加憤慨。二〇〇七年九月二十九日，沖繩縣十一萬民眾在那霸市集會，要求文部科學省「撤回審定意見」。如此聲勢浩大的抗議集會，是沖繩人的怒吼，亦是一九七二年交回沖繩後最大的一次群眾運動。

再說法庭上的戰況，雙方經過十三輪的激烈答辯，二〇〇八年三月二十八日，大阪地方法院作出判決：原告人梅澤、赤松二氏敗訴。法官深見敏正的判詞指出，雖然沒有證據證明梅澤、赤松有直接下命令着島民集體自盡，但從種種證供，特別是分發手榴彈給各人，在當時來說，手榴彈是重要的武器，受到嚴格管理，倘無戰隊隊長的命令，絕不會那麼容易分派給島民，同時又沒有教他們殺敵，所以分發手榴彈是叫他們自盡，是可以推想為命令。[47]

很多倖存者還憶述當時分發手榴彈共兩顆，教以一顆用來炸來捕的敵人；另一顆用來自盡。他們更帶着怨憤說：「沒有日本軍駐紮，就不會發生集體自盡這樣的慘事！」（粟國島和渡名喜島就沒有發生這樣的慘劇）[48]。但事情最諷刺的是，那兩位「叫人去死」的戰隊隊長並沒有自盡殉國，竟落在美軍手上，並一直活到高齡。

但梅澤和赤松二人不服輸，上訴至高等法院。同年十月三十一日，大阪高等法院二審判決：因無可靠的新證供，故維持一審的判決。[49]

大江健三郎聽聞判決結果後發表感言：「我三十八年前寫成的《沖繩筆記》，是我自覺有責任去認識沖繩的民眾在日本近代化歷史中，付出了多方面的犧牲。在沖繩戰爭中，渡嘉敷島和座間味島的七百島民，是因為軍方的參與（通過新證供的陸續披露，無疑是近乎強制性的）才會集體自盡的，這可說是沖繩民眾犧牲的顯例……我對這次裁決的基本態度是，至今仍然希望以一個作家的身份來維護《沖繩筆記》可以繼續得到閱讀。原告興訟的政治目的是十分清楚的。那些『殉國死』、『美麗尊嚴死』是蒙騙悲慘犧牲者的言辭，並企圖以此來復興民族的氣運。經過這次鬥爭，我餘生無多，但仍打算以作家的寫作為生。」[50]

六　小結

甲午戰敗，是中國繼鴉片戰爭失敗之後，造成的又一次重大衝擊，也因為這一戰的潰敗，壯了日本的膽，往後五十年瘋狂地一次又一次殺入中國，令中華民族陷入前所未有的災劫。

甲午戰爭失敗，中國割地賠款求和，自身難保，也就無力爭球。與此同時，因為割讓了台灣，日本更肆無忌憚地掃走琉球至台灣之間的諸島、列嶼，其中當然包括釣魚島列嶼，釀成以後的爭端（拙著《釣魚島主權論考》再作詳細論析）。而當一九一〇年日本又強行吞併朝鮮之後，便完成了李仙得給他們獻策的「明月彎戰略」——西取朝鮮，南吞琉球，再佔台灣，和本身日本四主島合起來，呈彎月形，圍鎖中國東海及其沿岸。

琉球不能再祈求中國來打救，中國亦已有心無力。復國無望，琉球國已成過去，筆者的筆鋒亦被歷史的輪軸帶動，由「琉球」寫作「沖繩」。日本將琉球收編為縣，進行殖民統治，教育上推行普及的皇民化教育，民智得到提升；經濟上進行土地改革，減少了特權階層的土地佔有和不事生產的寄生人群，生活似較薩摩藩欺壓琉球時舒泰。有「沖繩學之父」稱號的伊波普猷（一八七六至一九四七年），出生於廢球置縣前的琉球。他認為琉球人在薩藩的欺壓下，馴服地過了三年奴隸般的生活。而一八七九年廢球置縣是琉球人的一種奴隸解放[51]；他歡呼般的說：「琉球王國已經營養不良，半死的琉球王國正在壞滅，所以琉球民族蘇生是值得高興的，這樣一來，就要歡迎廢藩置縣（琉球處分）了。[52]」他又強調：「琉球處分的結果，是所謂琉球王國滅亡，但琉球民族加入日本帝國後，從此得到蘇生。」[53]

但沖繩島的毀滅戰，令本來是一個和平的琉球王國無辜捲入戰災。平民有參戰而死；有強制集體自盡而全家喪生；有被趕出戰壕被美軍轟死；有被誣指為間諜而遭殺害，導致縣民（琉球人）四死其一。而島上亦遭毀滅性的破壞，林木大部分被燒燬，雜草於戰火後蔓生，影響了生態。至於城鎮村落，「悉為廢墟，家不似家，再難找到一戶似樣的家宅。[54]」此際的伊波普猷對一直謳歌奉承的帝國、聖天子大感失望，首先同意將「報國沖繩協會」的會名中「報國」二字摘去。到了一九四五年十二月九日，他在東京的「救濟回流民眾沖繩縣人大會」上，甫開口即憤怒地叫罵：「發動無謀之戰，讓國民倒下、受傷，遭受家破食糧缺的煩惱；尤以我沖繩本島幾乎全化灰燼，我們的兄弟現今如何生活，是否安危？仍未能確知。」他一反擁護軍國主義的態度，發出「要用民主主義來重建沖繩」的呼叫聲。[55]

當然，沖繩縣人民是絕對不會忘記這場悲慘的戰禍的。他們痛恨戰爭，在十一萬人的大會上（二〇〇七年）一次又一次的呼喚：「不要再有戰爭！」他們希望美軍基地撤出沖繩，因為這是會觸動他們傷痛的神經的。今天，沖繩問題、美軍基地問題，似乎仍未完全解決。

註釋

1 參見喜舍場朝賢著《琉球見聞錄》，東京東汀遺著刊行會，一九五二年，頁一三二。
2 同註1引書，頁一四四。
3 參見西里喜行編《琉球救國請願書集成》，東京法政大學沖繩研究所，一九九三年，頁五四、五八。
4 參見那霸市史編集室編《那霸市史》通史篇第二卷，那霸市役所出版，一九七四年，頁一二九；又同註1引書，頁一三九。
5 日本的自由民權運動（一八七四至一八八九），是日本最早的一場資產階級革命運動。一八七四年他們提出建立民選議院，後來歸納為三大訴求：開設國會、減輕地租和改正不平等條約；同時要求確保人權，打破官僚專制。運動的骨幹除了士族民權家外，還有下野的板垣退助、江藤新平、副島種臣等。運動席捲全國，結社集會，自發舉辦學習會、討論會，更發動了激進的奪取地方政權的革命運動，先後爆發了群馬事件、加波山事件、秩父事件、飯田事件。最後，雖然運動的訴求未能全面取得實現，但對日本以後的文化運動、思想運動起着深遠影響。
6 參見色川大吉著《自由民權》，東京岩波書店，一九八一年，頁一二七至一二八；又註4引書，頁一二九至一三〇。
7 同註4引書，頁一三五。
8 同註7。
9 同註4引書，頁一三七。
10 同註9。
11 同註4引書，頁一四〇。
12 日本有一些史學家以黎庶昌公使曾談過用放棄琉球來換取日本不插手朝鮮事務，來質疑中國堅持存「球祀」的信心。
13 參見台灣銀行經濟研究室編《清光緒朝中日交涉史料選輯》，台北台灣省文獻委員會出版，一九九七年，頁一〇〇收入〈出使日本大臣黎庶昌密陳日本近日情形片・光緒十六年十一月廿一日〉。
14 參見武藏直大編註《新聞記事に見る激動近代史》，東京ブラフ社，二〇〇八年，頁一一七收錄一八九〇年三月二十八日《東京日日新聞》。
15 同註14。

16 參見陸奧宗光著，陳鵬仁譯《甲午戰爭外交秘錄》，台灣海峽學術出版社，二〇〇五年，頁三。「廟算」，即內閣的謀算。
17 同註16引書，頁九、一一。
18 參見同註4引書，頁二八六至二八七；又東恩納寬惇著《南島論考》，東京實業之日本社，一九四一年，頁二。
19 參見鳥越皓之著《琉球國の滅亡とハワイ移民》，東京吉川弘文館，二〇一三年，頁五四。
20 同註4引書，頁五五二。
21 同註20。
22 參見同註4引書，頁六八三至六八五。
23 同註4引書，頁六八五。
24 同註4引書，頁五七七。
25 同註4引書，頁五七五至五七九。
26 同註19引書，頁一五。
27 「本土決戰」是指在「本州島決戰」。這樣的用語，似乎和沖繩島依然有內外之別。「捨石」是日本下圍棋的用語，即「棄子」之意。
28 參見柏木俊道著《定本沖繩戰》，東京彩流社，二〇一二年，頁五二。
29 同註28引書，柏木俊道著《定本沖繩戰》，頁三八〔表一—四〕。圖表列出各師旅團的人數，並沒有作統計，筆者加算其總數為六萬八五二十人。當然在戰爭時還會遣兵調將，人數會有差異。
30 同註4引書，頁六九八。又同註28引書《定本沖繩戰》頁六〇，人數作二萬二二二十人。
31 參考自柏木俊道著《定本沖繩戰》，頁二五九至二六〇的〈沖繩戰年表〉。
32 參見楊仲揆著《琉球古今談》，台北台灣商務印書館，一九九〇年，頁二六七。
33 參見《原子爆彈の記錄——廣島．長崎》，東京被爆の記錄を贈る會編輯出版。
34 參見讀賣新聞西部本社文化部編《沖繩問題とは何か》，東京弦書房，二〇〇七年，頁八二。著者之一仲里効出生於沖繩縣南大島，認為沖繩之戰，縣民四死其一；另一方面栗原佳子著《狙われた「集団自決」》，東京社會評論社，二〇〇九年，頁一三：「四十萬縣民之中，有十五萬人犧牲」若以此計算，就是三死其一。

35 同註19引書《琉球國の滅亡とハワイ移民》，頁五八，但移民數字有其他學者的不同統計數字，可參閱本書〈總論〉的第二節。
36 同註28引書《定本沖繩戰》，頁五三。
37 同註4引書《那霸市史》，頁七三三。
38 筆者視訪沖繩縣和平紀念碑，並抄錄碑上所刻的數字。又參見《定本沖繩戰》，頁一九七。另外補充說明當時日本發動大東亞戰爭，除揮軍征戰外，更動員甚至強制國民前往佔領區進行拓殖，既負責開拓生產，又可推行殖民地統治。
39 同註4引書《那霸市史》，頁七二二。
40 參見栗原佳子著《狙われた「集団自決」——大江、岩波裁判と住民の証言》，東京社會評論社，二〇〇九年，頁四〇。
41 同註40引書，頁二三，引中野好夫、新崎盛暉著《沖繩問題二十年》，頁四。
42 日文原寫作「集団自決」，筆者現譯為「集體自盡」。「集體自盡」一詞前面，是否要加上「強制」或「軍隊命令」等定語，否則暗示「集體自盡」是出於整體的自願，這是與史實不符的，因而在日本教科書審議上長期出現爭議。
43 同註40引書，頁一三、四六。
44 同註40引書，頁四七、一六一。玉城校長夫婦的自盡，由目擊的生還者憶述。
45 同註40引書，頁五八、一七五。
46 同註40引書，頁一八二至一八三。
47 同註40引書，頁二一七至二一九。
48 同註40引書，頁九、一一二。
49 同註40引書，頁二六二。
50 同註40引書，頁二六五，原文為大江健三郎感言，筆者據日文翻譯。
51 參見伊波普猷為《琉球見聞錄》所作的〈代序——琉球處分是一種奴隸的解放〉。
52 同註19引書，頁六三引伊波普猷著《古琉球》。
53 參見西里喜行著〈琉球＝沖縄史における「民族」の問題〉引《伊波普猷全集》第二卷四九三頁。西里論文收入在《新しい琉球史像——安良城盛昭先生追悼論集》，沖繩榕樹社出版，一九九六年，頁一九七。
54 參見伊佐真一著《伊波普猷批判序說》，東京影書房，二〇〇七年，頁八六，引一九四五年六月三日《每日新聞》特派員在沖繩的報導。

55 同註54引書，頁一一六，引伊波普猷在大會上的發言。伊波在一九四七年八月十三日腦溢血而終，享年七十一歲。但他自執筆開始便一直諂媚日本帝國，多番形容日本吞併琉球是使琉球人從奴隸中得到解放，所以戰敗後，他如何面對曾經頌歌的軍國？有伊波的後輩，亦批判他的表達有不少曖昧之處，甚至難以置信。

第十二章

聯國託美管琉球 戰略部署球交日

自一九三七年七·七盧溝橋事變之後，日本全面發動侵華戰爭，先後攻佔了中國東南各省，半壁河山瞬即淪陷。日軍所到之處，瘡痍滿目，姦淫殺戮，其暴虐行徑令人髮指。中華民族慘遇空前災劫。際此民族存亡之秋，中國人民再無退路，惟有冒死頑抗，保衛河山，縱未能一朝光復，但已作好持久戰之思。

中國的全面抗戰，不乞降求和，令日本的圖謀大失預算。他們一心原以為可以勢如破竹，兩三年就能征服中國全境，然後大舉揮軍東南亞，圓其現獨霸亞洲的夢想。但遇上中國頑抗打持久戰，百多萬大軍如泥足深陷，不能拔走。中國作為同盟國的成員，對消耗主要軸心國日本的戰力，起着巨大作用。因此，在舉行開羅會議和簽訂《波茨坦公告》時，積弱百年的中國，亦獲得超級強國的邀請，參與有關工作。

一　日本投降接受《開羅宣言》和《波茨坦公告》

一九四三年中，以美、英、蘇為首的同盟國，在歐洲戰場上已基本將德軍制壓。八月，美國總統羅斯福和英國首相丘吉爾在加拿大魁北克密會，討論今後國際時局的發展，並同意召開美、英、中、蘇四強會議。

同年十一月二十三至二十七日，美、英、中三國高峰會議在埃及首都開羅舉行。因蘇聯持不同意見未有出席，改而參加稍後於伊朗德黑蘭舉行的美、英、蘇峰會。是次開羅歷史之會的出席者有：美國總統羅斯福（Franklin Delano Roosevelt）、英國首相丘吉爾（Winston Churchill）、中華民國政府主席蔣介石（由夫人宋美齡陪同赴會）。會議討論了歐戰即將結束，接着如何集中盟軍的力量圍攻日本，同時制定處置日本的基本方案。十一月二十七日，商定《開羅宣言》的內容。十二月一日，由美國白宮統一向世界公佈[1]；十二月三日，中文本亦見於中國各大報章。

茲錄《開羅宣言》的全文如下：

羅斯福總統、蔣介石委員長、丘吉爾首相、偕同各該國軍事與外交顧問人員，在北非舉行會議後，發表概括之聲明如下：

三國軍事方面人員關於今後對日本作戰計劃，已獲得一致意見，我三大盟國決心以不鬆弛之壓力，從海陸空各方面加諸殘暴之敵人，此項壓力已經在增長之中。我三大盟國此次進行戰爭之目的，在於制止及懲罰日本之侵略，三國決不為自己圖利，亦無拓展領土之意思。三國之宗旨，在剝奪日本自從一九一四年第一次世界大戰開始後在太平洋上所奪得或佔領之一切島嶼；使日本所竊取於中國之領土，例如東北四省、台灣、澎湖群島等歸還中華民國；其他日本以武力或貪慾所攫取之土地，亦務將日本驅逐出境；我三大盟國稔知朝鮮人民所受之奴隸待遇，決定在相當時期，使朝鮮自由獨立。

以上所認定之目標，並與其他對日作戰之同盟國目標相一致。我三大同盟國將堅忍進行其重大而長期之戰爭，以獲得日本之無條件投降。[2]

《開羅宣言》是三大同盟國領袖商討對日作戰和打敗日本後對日處分的聲明，這次會議並非分贓會議；也不同於以前帝國主義在會上瓜分別國版圖，而是要取回日本在第一次世界大戰後所搶奪的領土，僅將失去的奪回，所以「無拓展領土之意思」。但用詞上頗帶憤怒，如「剝奪日本自從……」；又如「務將日本驅逐出境」。至於亟欲奪還的領土，可分為三部分：

一、「日本自從一九一四年第一次世界大戰開始後在太平洋上所奪得或佔領之一切島嶼。」這批島嶼，主要是英、美二國原先在東南亞擁有的殖民地，同時也包括原由荷蘭佔有的印尼諸島。二次大戰後，這些島嶼亦已紛紛獨立。

二、「使日本所竊取於中國之領土，例如東北四省、台灣、澎湖群島等歸還中華民國。」這裏沒有言明一九一四年第一次世界大戰之後，而是「所竊取於中國之領土」，有包括一切竊取中國領土之意，特別提到「東北四省」，這四省是「奉天、吉林、黑龍江和熱河」合組而成的「偽滿州國」，是日本先侵佔然後建成的傀儡政府，不能視作「非中國領土」而由其獨立，所以點名歸還。更特別提出歸還「台灣、澎湖群島等」，因為這是甲午戰爭失敗後，按《馬關條約》割讓給日本的。但那是在強壓下簽訂的不平等條約，應予廢除，務須交還。同時，最重要的是，釣魚島列嶼是由台灣管轄的，所以「台灣、澎湖群島等」的歸還，是包括釣魚島列嶼的。

三、「其他日本以武力或貪慾所攫取之土地，亦務將日本驅逐出境」。這裏沒有明確指出土地的名稱，事實上日本為建立他們的「大東亞共榮圈」而攫取了大批土地，在當時一片戰亂的局面，同盟國亦不能一一列出具體地名，所以便寫成「以武力或貪慾所攫取之土地」來概括，亦即是「不義取得」、「武力取得」的都要交還，並被「驅逐出境」。這裏不禁使人聯想到琉球。

最後指名提到「稔知朝鮮人民所受之奴隸待遇，決定……使朝鮮自由獨立」，因朝鮮被日本侵佔前是一個王朝，所以沒有收回這回事，而是讓朝鮮自行獨立。

現時坊間流傳一種說法，稱開羅會議期間，羅斯福總統曾詢問蔣介石是否想收回琉球，蔣介石沒有答「是！」反而建議與美共管，徒令千載難逢之機失之交臂！

有關這段傳聞，日本專門研究戰時外交史的田村幸策，曾在《波茨坦公告》發佈後，冒着生命危險寫下密函，轉呈當時的首相鈴木貫太郎，扼要地分析了時局，懇請接受《波茨坦公告》，不要成為毀滅日本的大罪人。他在其專著《太平洋戰爭外交史》中說：「一九四三年十一月二十三日晚上八時，羅斯福總統和蔣介石總統（筆者註：即委員長，下同）單獨會談（丘吉爾首相沒有參加），並就日本將來極其重要的事項交換了意見……但美國後來沒法找回這份單獨會談的記錄。至一九五六年，由中國政府（筆者註：即台北）提供該次會談紀錄的中文及其英譯文本，現收錄於美國外交文書檔案中。」[3]

是次會談紀錄涉及的重大問題凡十項，這裏摘出有關中國領土和琉球部分：

「五、有關領土的歸還，蔣總統和羅斯福總統同意將日本用武力奪取得來的東北四省（奉天、吉林、黑龍江、熱河）[4]、台灣、澎湖（群）島於戰後一定歸還中國；同時一定包括遼東半島和旅順、大連二港。接着，羅斯福總統談到琉球諸島問題，並一再詢問中國想不想要琉球。蔣總統回答：『琉球由中美兩國共同佔領，最終是由國際機構信託統治，希望交由中美兩國聯合施政。』進而羅斯福總統提到香港問題，對此，蔣總統表示：審議本件之前，請總統（羅斯福）先和英國當局商議。」[5]

細味蔣介石和羅斯福的談話，可以理解蔣介石的態度為：

一、凡被日本奪去的中國領土就一定要歸還，沒有半點含糊；

二、對收取琉球一案，表現得謹慎，不想被羅斯福（美國）感覺到中國有領土的野心，而這也是貫徹過去中國對屬國的既有立場。

從今天看當年，有評論蔣介石的答話是錯失良機。但有誰知道其後局勢的發展錯綜複雜，最終還是由有實力的一方來主導。

至於沒有邀請丘吉爾首相參加，原來涉及香港的問題。羅斯福總統是想先聽取中國方面（以蔣介石為代表）的意見，再經過歸納調整，才舉行中、美、英三國元首會談，便於達成協議，作出重要的《開羅宣言》。

對於《開羅宣言》，日本早期是嗤之以鼻的，因為當時的戰情，日本並未處於劣勢。但隨着盟軍大反攻，戰事逆轉，一九四五年三月，以美國為首的盟軍群機盡出，狂轟東京、橫濱、名古屋、大阪和神戶等大城市，造成重大傷亡，單是三月十日的「東京大空襲」，便有近九萬人被炸死或燒死。其間，雖然羅斯福總統於四月十二日突然急逝，但繼任的杜魯門總統（Harry S. Truman）並無放鬆，繼續加壓，並於六月二十三日攻取了沖繩。而在此之前的五月八日，德國向盟軍投降。七月十七日，美、英、蘇三國元首（杜魯門、丘吉爾、斯大林）以勝利者的姿態，踐登德國，在波茨坦舉行高峰會，商討戰後國際新秩序方案。七月二十六日，美英兩國首腦邀同中國蔣介石委員長聯名，對日本發佈了《波茨坦公告》（又稱《波茨坦宣言》），催促日本早日接受《公告》，無條件投降。但日本內閣中強硬派的軍人仍佔多數，拒絕無條件投降。八月六日、九日，美國接連向廣島和長崎投下原子彈，予日本毀滅性的打擊，加上蘇聯亦在八月九日對日宣戰，進軍偽滿州國。八月十四日，日本舉行御前會議，在面對不但亡國還可能滅族的極度危機下，由裕仁天皇「聖斷」，接受《波茨坦公告》，無條件投降。

一九四五年七月二十六日發佈的《波茨坦公告》，是針對日本發動侵略戰爭促其早日投降接受懲處的重要歷史文件，具有巨大的法律效力，影響深遠，同時可以釐清今日的爭端，因此有必要全文引錄如下：

波茨坦公告

一、余等美國總統、中國國民政府主席、及英國首相，代表余等億萬國民，業經會商並同意，對日本應予以一機會，以結束此次戰爭。

二、美國、英帝國及中國之龐大陸海空部隊，業已增強多倍，其由西方調來之軍隊及空軍，即將予日本以最後之打擊。此項武力，受所有聯合國之支持及鼓勵，對日作戰，不至其停止抵抗不止。

三、德國無效果及無意識抵抗全世界所有之自由人之力量，所得之結果，彰彰在前，可為日本人民之殷鑒。此種力量，當其對付抵抗之納粹時，不得不將德國人民全體之土地、工業及其生活方式摧殘殆盡，但現在集中對付日本之力量，則較之更為龐大，不可衡量。吾等之軍力，加以吾人之堅決意志為後盾，若予以全部實施，必將使日本軍隊完全毀滅，無可逃避，而日本之本土，亦終將全部摧毀。

四、現時業已到來，日本必須決定是否仍將繼續受其一意孤行，計算錯誤，使日本帝國已陷於完全毀滅之境之軍人統制，抑或走向理智之路。

五、以下為吾人之條件，吾人決不更改，亦無其他另一方式，猶豫遲延，更為吾人所不容許。

六、欺騙及錯誤領導日本人民，使其妄欲侵服世界者之威權及勢力，必須永久剷除。蓋吾人堅持，非將負責之窮兵黷武主義驅出世界，則和平安全及正義新秩序勢不可能。

七、新秩序成立時，及直至日本製造戰爭之力量業已毀滅，有確實可信之證據時，日本領土經盟國之指定必須佔領，俾吾人在此陳述之基本目的，得以完成。

八、《開羅宣言》之條件，必將實施，而日本之主權必將限於本州、北海道、九州、四國、及吾人所決定其他小島之內。

九、日本軍隊在完全解除武裝以後，將被允許返其家鄉，得有和平及生產生活之機會。

十、吾人無意奴役日本民族，或消滅其國家，但對於戰罪人犯，包括虐待吾人俘虜者在內，將處以法律之裁判，日本政府必須將阻止日本人民民主趨勢之復興及增強之所有障礙，予以消除，言論宗教及思想自由，以及對於基本人權之重視，必須成立。

十一、日本將被允許維持其經濟所必需及可以償付貨物賠款之工業，但可以使其重新武裝作戰之工業，不在其內。為此目的，可准其獲得原料，以別於統制原料，日本最後參加國際貿易關係，當可准許。

十二、上述目的達到，仍依據日本人民自由表示之意志成立一傾向和平及負責之政府後，同盟國佔領軍隊當即撤退。

十三、吾人警告日本政府，立即宣佈所有日本武裝部隊無條件投降，並對此種行動有意實行，予以適當之各項保證，除此一途，日本即將迅速完全毀滅。[6]

《波茨坦公告》的內容，較之《開羅宣言》更加具體、更加清晰，也更加堅決。有一些所謂學者硬指《開羅宣言》沒有聯署簽字，僅用新聞來發佈，其法律效力成疑。究竟是哪些人想將《開羅宣言》漂洗為白紙，是不言而喻的。試問三國元首將會談的決議聯名公佈還能沒有制約力嗎？問題的關鍵在於被針對的日本是否接受三國元首發的《宣言》？如果不接受、不承認，就仍然可以爭議，但最終日本接受了同是美、英、中三元首發出的《波茨坦公告》[7]，無條件投降；而《波茨坦公告》第八條清楚訂明：「《開羅宣言》之條件，必將實施。」

據此，日本就須遵照《波茨坦公告》的第八條延伸承認《開羅宣言》。換句話說，《開羅宣言》已成為《波茨坦公告》內容的一部分，所以強指《開羅宣言》沒有法律效力是徒勞的！

《開羅宣言》明確公佈：「使日本竊取於中國之領土，例如東北四省、台灣、澎湖群島等歸還中華民國。」而釣魚島列嶼是由台灣管轄，所以「台灣、澎湖群島等」的歸還，毫無疑問是包括釣魚島列嶼的，那是五十年前甲午戰爭失敗後割讓台灣時一併被奪去的。

第八條後一段的條文，更嚴格訂定日本投降後的領土範圍：「而日本之主權必將限於本州、北海道、九州、四國、及吾人所決定其他小島之內。」既然這四島之外的土地和島嶼已非日本的主權範圍，釣魚島列嶼當然非日本主權，就連「廢球為縣」的沖繩縣，也由聯合國交美國託管，成立了「琉球政

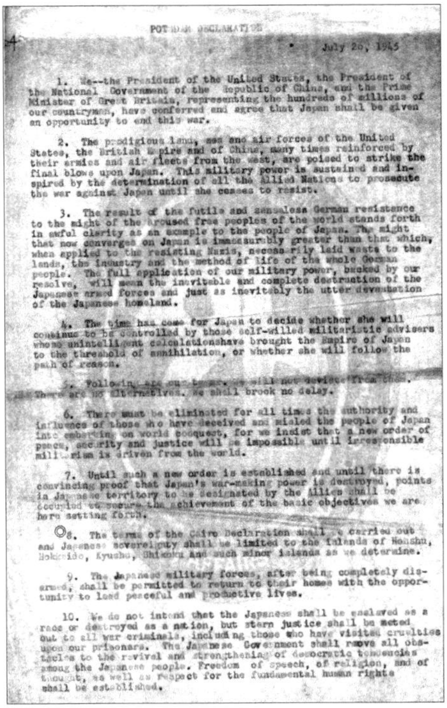

POTSDAM DECLARATION

July 26, 1945

1. We--the President of the United States, the President of the National Government of the Republic of China, and the Prime Minister of Great Britain, representing the hundreds of millions of our countrymen, have conferred and agree that Japan shall be given an opportunity to end this war.

2. The prodigious land, sea and air forces of the United States, the British Empire and of China, many times reinforced by their armies and air fleets from the west, are poised to strike the final blows upon Japan. This military power is sustained and inspired by the determination of all the Allied Nations to prosecute the war against Japan until she ceases to resist.

3. The result of the futile and senseless German resistance to the might of the aroused free peoples of the world stands forth in awful clarity as an example to the people of Japan. The might that now converges on Japan is immeasurably greater than that which, when applied to the resisting Nazis, necessarily laid waste to the lands, the industry and the method of life of the whole German people. The full application of our military power, backed by our resolve, will mean the inevitable and complete destruction of the Japanese armed forces and just as inevitably the utter devastation of the Japanese homeland.

4. The time has come for Japan to decide whether she will continue to be controlled by those self-willed militaristic advisers whose unintelligent calculationshave brought the Empire of Japan to the threshold of annihilation, or whether she will follow the path of reason.

5. Following are our terms. We will not deviate from them. There are no alternatives. We shall brook no delay.

6. There must be eliminated for all times the authority and influence of those who have deceived and misled the people of Japan into embarking on world conquest, for we insist that a new order of peace, security and justice will be impossible until irresponsible militarism is driven from the world.

7. Until such a new order is established and until there is convincing proof that Japan's war-making power is destroyed, points in Japanese territory to be designated by the Allies shall be occupied to secure the achievement of the basic objectives we are here setting forth.

◎8. The terms of the Cairo Declaration shall be carried out and Japanese sovereignty shall be limited to the islands of Honshu, Hokkaido, Kyushu, Shikoku and such minor islands as we determine.

9. The Japanese military forces, after being completely disarmed, shall be permitted to return to their homes with the opportunity to lead peaceful and productive lives.

10. We do not intend that the Japanese shall be enslaved as a race or destroyed as a nation, but stern justice shall be meted out to all war criminals, including those who have visited cruelties upon our prisoners. The Japanese Government shall remove all obstacles to the revival and strengthening of democratic tendencies among the Japanese people. Freedom of speech, of religion, and of thought, as well as respect for the fundamental human rights shall be established.

02

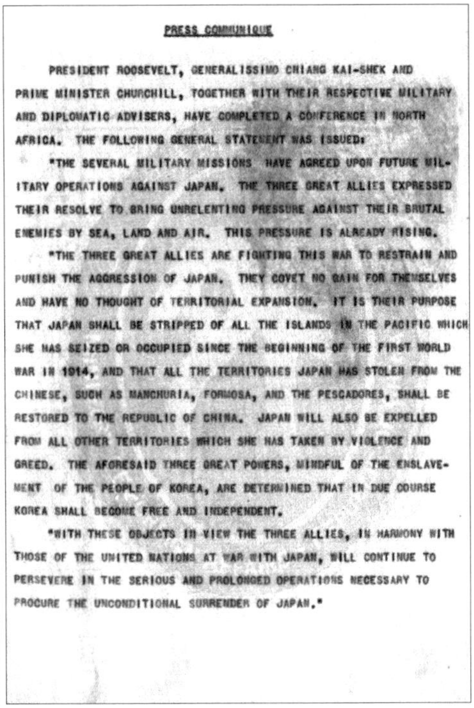

PRESS COMMUNIQUE

PRESIDENT ROOSEVELT, GENERALISSIMO CHIANG KAI-SHEK AND PRIME MINISTER CHURCHILL, TOGETHER WITH THEIR RESPECTIVE MILITARY AND DIPLOMATIC ADVISERS, HAVE COMPLETED A CONFERENCE IN NORTH AFRICA. THE FOLLOWING GENERAL STATEMENT WAS ISSUED:

"THE SEVERAL MILITARY MISSIONS HAVE AGREED UPON FUTURE MILITARY OPERATIONS AGAINST JAPAN. THE THREE GREAT ALLIES EXPRESSED THEIR RESOLVE TO BRING UNRELENTING PRESSURE AGAINST THEIR BRUTAL ENEMIES BY SEA, LAND AND AIR. THIS PRESSURE IS ALREADY RISING.

"THE THREE GREAT ALLIES ARE FIGHTING THIS WAR TO RESTRAIN AND PUNISH THE AGGRESSION OF JAPAN. THEY COVET NO GAIN FOR THEMSELVES AND HAVE NO THOUGHT OF TERRITORIAL EXPANSION. IT IS THEIR PURPOSE THAT JAPAN SHALL BE STRIPPED OF ALL THE ISLANDS IN THE PACIFIC WHICH SHE HAS SEIZED OR OCCUPIED SINCE THE BEGINNING OF THE FIRST WORLD WAR IN 1914, AND THAT ALL THE TERRITORIES JAPAN HAS STOLEN FROM THE CHINESE, SUCH AS MANCHURIA, FORMOSA, AND THE PESCADORES, SHALL BE RESTORED TO THE REPUBLIC OF CHINA. JAPAN WILL ALSO BE EXPELLED FROM ALL OTHER TERRITORIES WHICH SHE HAS TAKEN BY VIOLENCE AND GREED. THE AFORESAID THREE GREAT POWERS, MINDFUL OF THE ENSLAVEMENT OF THE PEOPLE OF KOREA, ARE DETERMINED THAT IN DUE COURSE KOREA SHALL BECOME FREE AND INDEPENDENT.

"WITH THESE OBJECTS IN VIEW THE THREE ALLIES, IN HARMONY WITH THOSE OF THE UNITED NATIONS AT WAR WITH JAPAN, WILL CONTINUE TO PERSEVERE IN THE SERIOUS AND PROLONGED OPERATIONS NECESSARY TO PROCURE THE UNCONDITIONAL SURRENDER OF JAPAN."

01

01 《開羅宣言》的英文文本。

02 《波茨坦公告》的英文文本。

府」，並沒有用上「沖繩」之名。

《波茨坦公告》明確規定了戰後亞洲的版圖和秩序，是所有關與國都應該遵守的，其中第八條仍然可以應用到今天中日釣魚島爭議上。還有第五條也是值得注意的：「以下為吾人之條件，吾人決不更改，亦無其他另一方法，猶豫遲延，更為吾人所不容許。」

「以下之條件」，是指六至十三條，都「決不更改」；日本在《降書》中也表示忠實執行：

六、余等茲代表天皇與日本政府，及其繼承者，擔任忠實執行《波茨坦宣言》之各項條款，並發佈及採取經盟邦統帥或其他經指定之盟邦代表，為實施宣言之目的，而所需之任何命令及任何行動。8

《降書》承諾「忠實執行《波茨坦公告》，以至其繼承者。」時至今天，重溫《開羅宣言》、《波茨坦公告》、《日本降書》這些極其重要的文獻，是有助於解決日本與中國和南韓的海島主權之爭，只是美國和日本的為政者別有用心地善忘了！

二　美國主導的舊金山對日和會與和約的簽訂

隨着日本投降，第二次世界大戰宣告結束，但戰火並未因此而熄滅，原因是被欺壓的各民族為掙脫殖民統治紛紛起來抗爭；亦有因為信奉資本主義和共產主義的不同而釀成內戰。中國國共之爭也很快打起來，到一九四九年十月，中國共產黨領導的解放軍，擊退裝備優良的國民黨軍，在北京宣告成立中華人民共和國，震動了世界。蔣介石領導的國民政府則敗守台灣。與此同時，東歐亦有很多國家共產化，並加入蘇聯的國際共產陣營。以美國為首的資本主義國家，開始擔心「赤化」會染遍全球，便密謀圍堵制裁，於是形成了戰後西方先進國和蘇聯共產國際的冷戰期。

日本投降後，盟國即派軍進佔日本。這支軍隊後來隨着聯合國的組成而改稱為聯合國派駐軍，但實際上一樣都是美國的軍隊。聯合國進駐軍的最高司令麥克阿瑟（Douglas MacArthur），儼然裕仁天皇的「太上皇」，極具君臨天下的氣勢。這個時期，日本已喪失主權（內無治權，外無建交權），直到一九五二年四月底舊金山和約生效止的六年八個月，日本史學界稱之為「佔領時代」。

麥克阿瑟首先將日本軍隊解體，逮捕戰犯，協助東京軍事法庭的開審，而最重要的工作是制定新的《日本憲法》，以取代充滿皇國思想及天皇絕對主義的《大日本帝國憲法》，推行民主，改革教育。但另一方面，對勞工運動的發展亦極其關注，甚至下達命令禁止「二．一總罷工」[9]。說穿了，就是因為擔心具有共產背景的工會組織會帶來影響。

不過，朝鮮半島的新情勢，就更觸動美國的神經。猶記《開羅宣言》第三項指明：「決定在相當時期，使朝鮮自由獨立。」當二戰結束，盟國曾計劃由中、美、英、蘇暫管，用五年時間培植出一個獨立自主的朝鮮政府。後因美、蘇對立，在北緯三十八度，即現在常說的「三八線」劃分南北。一九四八年八月十五日，南方的大韓民國成立，並選出李承晚出任總統；九月九日，北方亦由金日成率領，成立朝鮮民主主義共和國。一九五〇年，北朝鮮欲解放南北，統一半島，於六月二十五日，揮軍南下，三天就已攻取漢城，直指洛東江。美國見南韓勢危，急令駐日的聯合國軍（即美軍）出兵。九月十五日，麥克阿瑟派海軍陸戰隊由朝鮮半島西岸的仁川登陸，迅速越過三八線，僅一個多月，美軍已推進至鴨綠江和圖們江一帶，佔領楚山，炮彈也落到中國的領土上。中國審度形勢，決定派軍渡過鴨綠江，展開抗美援朝的爭奪戰。中國援軍面對美國先進的武器和空軍的轟擊，仍奮勇苦戰。一九五一年一月，力拒美軍，收復失地，重回三八線。接着，雙方在三八線爭持，邊打邊談判。

朝鮮半島激戰，日本便成為美軍的後勤補給基地。一時間急需物資如：有刺鐵線、燃料罐、各種車輛的零部件、衣履、毛毯、蔴袋，都得趕急大量生產，令戰後日本一蹶不振的製造業因「朝鮮特需」，帶來「特需景氣」，令日本取得戰後最大的經濟復蘇。「特需品」繼續有增無減，木材、士敏土等建造材料需求大增，及至舊金山和約簽訂前，美國已容許日本生產軍火，以供前線使用。[10]

麥克阿瑟因要調動駐日軍隊前往朝鮮半島，對日本的管治工作帶來影響，於是便放寬佔領期的政策，令日本徵募七萬五千人成立警察預備隊，同時建立海上保安廳，招募八千人。這無疑是替日本「鬆綁」。原來美國不但要為日本「鬆綁」，而且要使日本加入他們的反共隊伍，將日本建造成阻截中共的「防波堤」。但戰敗國的日本仍受《波茨坦公告》制約，為使日本走出「佔領時期」，得到獨立，重回國際社會，必須舉行和談，簽訂和約。其實美國早在朝鮮戰事爆發後三個月（一九五〇年九月十五日），杜魯門總統已發表了「對日講和構想」，見於當年的《紐約時報》：

（主要）有四項重點：一、對日本的重建軍備不給予任何限制，同意該國最大限度的經濟、通商自由，並促使其參加聯合國及反共共同體；二、為了保護日本免於遭受遠東之地的侵略，針對美軍駐守日本一事，尋求日本的許可；三、為了設置美軍基地，締結日美兩國之間的協定；四、由於沒有武裝和戰力的日本將成為遠東之地的「武力真空」，有誘使他國侵略的危險，所以重建一個「適當武裝」的自由國家日本，是美國的主要目的。[11]

消息傳出，各國皆議論紛紛。其中一個問題重點——是台灣的「中華民國」還是大陸的中華人民共和國代表出席和會？美國當然是支持台灣，但英國則認為新成立的中華人民共和國更具代表資格。西方陣營的老大和老二的意見竟然不一致，最後還是由老大美國拍板——乾脆不作邀請，沒有中國代表算了！

這就是不用講理的大國霸權主義，儘管很多國家質疑，蘇聯更帶頭反對，印度、緬甸也附和，但也阻擋不了美國的一意孤行。一九五一年八月十五日，中國總理兼外交部長周恩來，發表了〈關於美英對日和約草案及舊金山會議的聲明〉。〈聲明〉首先指出：

聯合國宣言（一九四二年一月一日）規定不得單獨講和，《波茨坦協定》規定「和約的準備工作」應由在敵國投降條款上簽字之會員國進行……竟由美國一國包辦了現在提出的這一對日和約草案的準備工作……美國政府這一違背國際協定的行動，在英國政府支持之下，顯然是在破壞日本與所有與它處於戰爭狀態的國家締結全面的真正的和約，並正在強制日本與某些對日作戰國家接受只有利於美國政府自己而不利於包括美日兩國在內的各國人民的單獨和約。[12]

接着，周恩來提出五項聲明與質疑，其中包括闡述中國人民在抵抗和擊敗日本的侵略是「經過了最長期的艱苦奮鬥，犧牲最大，貢獻最多」，但美英的草案卻將戰爭與賠償期規定在「一九四一年十二月七日起至一九四五年九月二日止，而將一九四一年十二月七日以前中國人民獨力進行抗日戰爭那一時期完全抹煞。[13]」同時，也提到有關賠償問題。

最後，周恩來代表中國作出嚴正聲明：「對日和約的準備、擬製和簽訂，如果沒有中華人民共和國的參加，無論其內容和結果如何，中央人民政府一概認為是非法的，因而也是無效的。」[14]

但在美國的主導下，舊金山和約會議如期在一九五一年九月四日舉行。出席會議的國家共五十二個，中國被排斥在外，印度和緬甸則不滿和約會議的安排，拒派代表參加。首日杜魯門總統作了開場演說，翌日，蘇聯外長葛羅米柯（Andrei Gromyko）在演說中抨擊美國主導會議，沒有打算從日本撤軍，將日本拉入反共陣營。九月八日《舊金山和約》簽訂，與會國中僅有蘇聯、波蘭、捷克拒簽。

說到舊金山和約會議是美國主導一點也不假，單看簽訂和約的前天，由戰敗國日本首相吉田茂發表同意和平演說的講詞，竟遭到美國方面的一再修改，才狼狽地謄寫，然後登台宣讀[15]，這就令人清楚明白何謂超級強國！

日本和四十八個國家簽署了《舊金山和約》之後，不到六個小時，馬上又和美國簽訂了《日美安保條約》。

由於對日戰爭中的最重要盟國——中國，被拒於會議門外，加上蘇聯的拒簽，全面講和未能算是得到實現，造成了以後很多紛爭。

《舊金山和約》是由序文、七章二十七條組成。七章順次為：和平、領土、安全、政治及經濟條款、要求及財產、爭議之解決、最後條款。在第二章領土和第三章安全是最具爭議的部分。

第二章領土內的第三條：「日本對於美國向聯合國提出將北緯二十九度以南之琉球群島、孀婦岩島以南之南方諸島（包括小笠原群島、西之島與火山群島）及沖之鳥島與南鳥島置於聯合國託管制度之下，而以美國為惟一管理當局之任何提議，將予同意。」[16]

這裏雖然訂明「日本對於美國向聯合國提出……（參照上引文）將予同意」，似是指琉球群島等諸島是與日本有着主權關係，但明顯與《波茨坦公告》的第八項有所抵觸，因為第八項明確標示：「而日本主權必將限於本州、北海道、九州、四國、及吾人所決定其他小島之內。」所以沒有簽約的國家就可質疑沖繩島的歸屬問題，何況《和約》第三條寫明「置於聯合國託管制度之下」，而美國卻未經聯合國批准和授權，擅將沖繩島交付日本，令沖繩島的歸屬未有足夠的法理支持。

第三章安全內的第六條甲：「各盟國所有佔領軍，應於本約生效後盡早撤離日本，無論如何，其撤離不得遲於本約生效後九十日之期。但本項規定並不妨礙外國武裝部隊依照或由於一個、或一個以上的盟國與日本業已締結或將締結之雙邊或多邊協定，而在日本領土上駐紮或留駐。」[17]

美國佈置好這一條文，亦預先跟日本談妥駐軍的《日美安全保障條約》（簡稱《日美安保條約》），所以便能在《和約》簽署後數小時，又再簽署《安保條約》。其主要內容有：

美國陸海空軍可在日本國內及其周邊駐留，《條約》的失效須要美國確認。駐留的美軍可出動維持遠東的和平和安全，並防止日本受到外來武力的攻擊；亦會接受日本政府的邀援協助鎮壓日本國內的騷動和內亂。

後來，美國以日本缺乏防衛能力，單方面依靠美國保衛，有違雙邊防務的法案[18]。於是美國便要求修訂條約，對日本政府來說，這真是求之不得，因為可以藉此發展自衛隊。一九六〇年一月，條約得到修訂，並更名為《日美相互協力及安全保障條約》。其主要改動為：日本基於日美相互援助，可盡力維持發展自衛能力，在日本施政的領域內，日美任何一方如受到武力攻擊，應共同對抗，行動一致。

新的《安保條約》改訂後，日本的自衛隊得到發展。但民間的有識之士卻並非這樣想，他們擔心日本會捲入美國的軍事行動中，而且美國的長期駐軍，攜帶核武器的軍艦泊港等問題，令日本的反《安保條約》運動，斷斷續續的進行了半個世紀。

回說《舊金山和約》在美國一手包辦下得以簽訂，中國外交部長周恩來再於一九五一年九月十八日發表絕不承認《舊金山和約》的聲明：〈中華人民共和國中央人民政府外交部部長周恩來關於美國及其僕從國家簽訂舊金山對日和約的聲明〉提到：

> 美國政府卻公然違反一切國際協議，排斥中華人民共和國，於一九五一年九月四日召開了一手包辦的舊金山會議，並於九月八日在這一會議上，簽訂了對日單獨和約。我全國人民對此無不表示

04

05

03

03 日本接受《波茨坦公告》無條件投降。**1945** 年 **8** 月 **30** 日，盟軍總司令麥克亞瑟踏進日本領土，領導軍管日本的工作。

04 沖繩島在戰後的五年，人們大多在收容所內渡過。

05 **1951** 年 **9** 月 **8** 日，在美國的操控下，舉行了舊金山和約會議。日本首都吉田茂親自與各國簽訂和約。

07

08

中華人民共和國中央人民政府外交部部長周恩來
關於美國及其僕從國家簽訂舊金山對日和約的聲明
（一九五一年九月十八日）

06

06 中國未被邀請參加舊金山和約會議。1945 年 9 月 18 日，中國總理兼外交部長周恩來發表聲明，拒絕承認舊金山和約。（引自 1951 年 9 月 19 日《人民日報》）

07 在美國的主導下，聯合國同意琉球群島由美國託管。美國便成立了「琉球行政府」。

08「琉球政府」之上還有美國軍方派員組成的「民政府」。

憤慨和反對。中華人民共和國中央人民政府認為有必要重申一九五一年八月十五日授權本人發表的〈關於美英對日和約草案及舊金山會議的聲明〉繼續有效，同時，並授權本人再就此事發表下列聲明。

該〈聲明〉共有四項，在第四項最後再強調：「舊金山對日和約由於沒有中華人民共和國參加準備、擬製和簽訂，中央人民政府認為是非法的、無效的，因而是絕對不能承認的。」[19]

三　美國強取託管琉球之權建永久基地

在無情戰火中歷劫餘生的沖繩人民，戰後面對一片焦土，既驚惶又悲痛，也難掩憤恨之情，甫抬頭，又覺前路茫茫，慌亂不知所措。後來，由美軍劃地收容，但都是上無片瓦，只能倒臥戰壕或家畜棚下蜷睡。雖然環境惡劣，但沒有槍炮聲的靜夜反可酣睡得似冬眠。

初期，沒有活可幹，由美軍分派微薄的救濟品度日。其後，開始為美軍洗濯衣物和清潔打掃，有能者，女的當上軍醫院的助護，男的當上運輸司機，是依存美軍為生的階段。

美國最主要目的是將沖繩作為基地使用，駐紮軍隊，因此對於沖繩的民事，希望讓當地人來自治。戰後不久，美國便成立了「沖繩諮詢會」，由居民選出，美國軍部再領導，分配主責事項。翌年四月，組成「沖繩民政府」。一九五〇年十一月，改組為「沖繩群島政府」。

隨着形勢的發展，美國召集舊金山對日講和會議，並一手包辦起草了對其有利的《和約》。根據該約的第三條：「將北緯二十九度以南之琉球群島……置於聯合國託管制度之下，而以美國為惟一管理當局之任何提議，將予同意。」美國是「託管制度之下」的「惟一管理當局」已成事實，與「強取」並無分別。其實，早在條約〈草案〉拋出之前，美國已於一九五〇年初成立「臨時琉球諮詢委員會」。一九五一年四月，〈草案〉出台的同時，「琉球臨時中央政府」亦告登台。迨《舊金山和約》即將生效，「琉球政府」已於一九五二年四月一日成立。

這裏有值得注意的地方，就是戰後的五年，使用的是日本吞併琉球後改稱的「沖繩」，但美國起草並通過的《和約》卻用上「琉球群島」，而非「沖繩」，是知美國還沒有忘記沖繩本來就是琉球國，同時亦參照了《開羅宣言》和《波茨坦公告》的條文，清楚分別開日本主權僅為四島——本州、北海道、九州、四國，其他掠奪的土地就回歸歷史。遵照《舊金山和約》，美國採用「琉球」名來成立政府，使消失了七十年的琉球，重回國際舞台。

朝鮮戰爭勃發，美國參戰，琉球（沖繩）本島成為重要後勤基地，當時日本承包製造軍需品，琉球則是美軍休假的樂園，於是服務美軍的行業便有機會發展起來。首先是洗衣業，接着有餐廳、酒吧、洋貨辦館，甚至押店當舖，無不大為興旺。依存美軍的服務業向廣度和深度發展。

經歷韓戰後，美國在遠東的軍事部署不再遲緩，尤其對琉球（沖繩）的利用，是作長期打算的。由於戰後的過渡期已結束，不能再以軍管為名來佔用基地，美國便透過琉球政府向民間大面積租用土地。初期，美國軍部是強行劃地租用，更壓價每坪（約合三點三平方米）年租一點八美元。後來，琉球人年年抗爭，租金才得到調整。據統計，一九七二年歸還琉球時，基地年租金總額約為一百二十三億日元，涉及的地主達到三萬七千人，若將基地租金、軍部僱員工資和軍人、軍屬的消費等合計，約有七百六十六億日元，是全琉球人收入的百分之十五點五[20]，這段時期被稱為依存基地生活階段。當然，琉球也逐漸恢復戰前的輕工業，如蔗糖、海產加工、陶瓷、釀酒等，美國每年亦會撥款資助琉球，一九五〇年，更在首里城興辦琉球大學，振興文化教育。

如非戰禍，琉球人都很長壽。攝影家比嘉康雄的祖母剛巧生於琉球被吞併的一八七九年，到劃歸日本的一九七二年，正高壽九十三歲。比嘉康雄打趣地問祖母：以曾經歷的「日本時代」和戰後的「美國時代」，何者較佳？他的祖母答道：「日本時代」沒吃的，沒穿的。現在（「美國時代」）有好東西吃，穿的衣物還很多哩！那當然是「美國時代」好！[21]

原來庶民百姓心中的好與壞就是吃得好，穿得好，生活好就這麼簡單！其他問題對他們來說，可能太複雜了。

四　琉球人民的反美、反基地和復歸運動

戰後，美國對琉球施政，初期主動實施民主政制。一九四五年九月，便已公佈婦女擁有選舉權和被選舉權，這比起日本本土來得還要早[22]。迨一九四七年五月五日，舉行了「沖繩建設懇談會」，與會者包括其後馬上成立的「沖繩民主同盟」的仲宗根源和桑江朝幸、山城善光，以及「沖繩人民黨」的瀨長龜次郎，「社會大眾黨」的平良辰雄，也有保守派的當間重剛等，都是後來四、五十年代活躍於政治舞台的人物。他們大部分在戰前已參加政治活動，是社會主義者，因此受到打壓，甚至被關押。其中有部分人曾在日本本島參加社會主義運動，受到日本共產黨的影響，戰後回到沖繩組織會黨。[23]

初期，各黨派對沖繩的前途問題紛紛發表了政論，但主張回歸日本的，意然一黨也沒有，幾乎全部舉手贊成沖繩獨立，儘管未能馬上獨立，經過一段時期的信託管治，待制定憲法，便可以成立沖繩人民自治政府，並由自治過度到獨立。其中，人民黨更提出日本要對受害的沖繩人民作出賠償；還妙想天開地希望麥克阿瑟領導的聯合國軍（美軍），「能像解放軍般能將他們從日本皇軍統制之下解放出來。」[24]

但時局丕變。一九四九年中國政權變天，由共產黨執政；不旋踵，韓戰爆發，令美國對遠東的戰略部署有了新的盤算。他們盯上了沖繩島，要讓這裏成為美國長期的軍事基地。這麼一來，沖繩人民黨等的美夢便變成泡影。

根據《舊金山和約》，美國是聯合國指定的惟一託管琉球的管理當局。《和約》簽訂後，美國馬上着手改組琉球的政治架構。他們於一九五一年底，將軍管政府改組為「琉球列島美國民政府」簡稱「民政府」(USCAR)，民政長官由駐東京的遠東軍總司令部(GHQ)首長兼任，派駐沖繩的是民政副長官。翌年四月一日，組成「琉球政府」，民政府頒佈了第十三號〈琉球政府的設立〉，明確公佈：「琉球政府在琉球可以全權行使政治權、但必須遵從民政府頒佈的佈告和法令來施行。」同時，「琉球政府的行政主席是由民政副長官任命」，又指明：「民政副長官在必要的情況，可以禁止、拒絕琉球政府和其他行政團體以及代行機關所制定有關法令的施行，從而命令公佈他認可和適當的法令。」換言之，琉球政府並非自治體制。一九五四年八月二日，美國總統更發出〈有關沖繩統治的指示〉，表明沖繩統治的責任歸國防部長，國防部長再委任陸軍長官以至遠東軍總司令來執行。[25]

美國在琉球（沖繩）試行民主政制，當遇到亞洲的共產組織活躍起來，就擔心「赤化」，致管制「先鬆後緊」。一九五四年，為了防共，美國民政府指示立法院提案成立「共產主義政黨調查特別委員會」，經過連番激辯，作出了〈人民黨與日本共產黨有聯繫〉的報告，令民政府可以藉機將人民黨的「外國人」（非琉球出生）驅趕出境。是年八月二十七日，在剛當選為豐見城村長的又吉一郎家中逮捕了人民黨員鼻義基，事緣鼻義基是「外國人」（奄美大島出生），且與共產黨有來往，須緝拿並驅逐出境。而又吉一郎涉嫌窩藏罪犯，同告逮捕。人民黨的總書記瀨長龜次郎，亦為立法院議員，也牽涉該案而被捕。十月二十一日，瀨長和其他十九人均被判有罪，瀨長的刑期為兩年。[26]

一九五六年四月九日，坐牢超過三分二刑期的瀨長獲釋，剛巧遇上補選那霸市長。他受黨員擁戴，出馬參選，與保守派的仲井間宗一競逐。美國民政府恐怕瀨長勝出，到處派傳單來抹黑、滋擾競選演說會場，手法卑劣。結果瀨長仍以多二千票險勝，當選為那霸市長。[27]

民政府就是不喜歡這位「紅色市長」，他甫上任，馬上開動一切機構來干擾施政。首先指示銀行凍結那霸市的存款，停發特別補助金，更發動財經界聯名反對瀨長出任市長，稱他因是共產主義者既反美又反民政府，所以拒絕與新市長合作，不作融資，不代存款。面對財經封鎖，瀨長的施政舉步維艱，但他仍堅持建立民主市政，每月舉行集會，向市民報告工作，受到廣大市民的擁護和支持。市民更自發增加稅率，趕快納稅支持市府的財政。一九五五年六月，民政府策動市議會對瀨長市長投不信任票，並獲得通過。瀨長沒有退卻，馬上解散市議會舉行大選。此時，人民黨與社大黨結成「民主主義擁護連絡協議會」，簡稱「民連」，參與大選，一躍而奪得十二席，令親美的保守派只有少數多數的十七席（市政府的議席共為三十席），再無法達到通過不信任案的三分二票數。美國民政府已沒有耐性，乾脆亮出他們的「尚方寶劍」來，緊急更改〈選舉法〉和〈自治法〉；一方面解釋只要有過半數的議員同意，便可通過不信任案；另一方面以瀨長曾重罪入獄，應剝奪其被選舉權，因此他的當選可視為無效。有了這兩條新法令，一九五七年十一月二十五日的不信任案自然順利獲得通過，瀨長即被革除那霸市長之職。[28]

美國號稱世界最民主的國家，向來對選舉力主公平、公正，但原來一旦觸動到他們的大國霸權利益時，也會不擇手段將非親美的當選者拉下馬來。今天重溫這段歷史，聽着美國在指點某地、某國的選舉不公，豈不是十分諷刺嗎？

重選市長，結果又由民連支持的社大黨支部長兼次佐一獲勝。緊接着舉行立法院選舉，民連由一席跳升至五席，社大黨也奪得九席。有評論認為這是瀨長市長帶來的「民連熱」，是琉球民主勝利的第一篇章。但政情多變，大好形勢下竟鬧出分裂：兼次佐一市長率同那霸支部的幹部脫離社大黨，創立「沖繩社會黨」。不久，兼次市長又與民連由分歧發展到對立，終至各走各路。[29]

美國受託管治琉球共二十七年，由一九四五年至一九五六年六月，是美國絕對權威的高壓管治期；一九五六年六月至一九六七年二月是反美抗爭期；一九六七年二月至一九七二年五月交付日本止，是為美國退讓期。

一九五五年，美國繼續強行租地，又相繼發生了「由美子事件」和「悅子事件」[30]，琉球（沖繩）反美情緒增加。一九五六年六月八日，美國就租地問題發表了普賴斯（M.C.Price）的調查報告，強調美國基於遠東的戰略部署，有必要在沖繩設置軍事基地，為此當然要徵用土地，而且貯藏原子彈頭等武器的權利也是不容推翻的。報告發表後，全島居民大為激憤，沖繩各地二十萬人（當年總人口約為八十萬）集會反對，提出租地四原則：[31]

一、堅決反對一次性付款，永久使用土地；

二、現已徵用的土地應作出適當補償，並應接納地主的合理要求，逐年評價，按價付租；

三、美軍所使用的土地，如受到破壞，應給與合理賠償；

四、已佔用的土地迄今仍未使用的，應從速發還地主。

但美國亦不示弱，陸海空三軍突然宣佈禁止美軍及其軍屬光顧酒吧、紅燈區、當舖及辨館等，當即令這些行業門可羅雀，大為驚恐。由於經濟受到震動，堅持鬥爭的決心也隨即動搖，而且運動內部出現分化，所以運動未算成功。

但到了一九五八年，《日美安保條約》即將進行修約，美國為緩和對立的氣氛，暫停執行一次性付款永久使用的辦法，又邀請琉球派代表到美國訪問，共商解決辦法。一九五九年一月二十二日，美國民政府宣佈成立「琉球列島美國土地裁判所」，處理基地租務的爭議，又成立土地評價委員會，評估基地的租金。美國的讓步，令琉球人小勝一場。

另一方面，在戰後十年，琉球曾發出過獨立的呼聲，但畢竟經過日本近七十年的殖民統治和皇化教育，此時琉球的有識之士，已沒有前代救國請願志士（如向德宏、林世功和毛鳳來等）般堅毅苦鬥。他們發出獨立的呼聲愈來愈微弱。也許他們除構思獨立之外，還有過三種考慮：

一是歸附中國。曾有記載說一九四六年十月二十八日，琉球青年同志會曾呈函國民政府，要求歸附。由於當時琉球正為美軍所佔，國民政府不便回應。至一九四八年，青年同志會也改組為琉球革命同志會，再為歸附的請求上函國民政府，蔣介石作出的批示是寄望琉球革命同志會取得琉球政權後，才能談得上歸附。其潛台詞依然是美國仍在管控琉球。及至一九四九年，國民政府敗退台灣，琉球歸附的考慮較前複雜，逐漸也淡退下來。

二是繼續由美國託管，依存於軍事基地；

三是回歸到日本。

其後，琉球人抉擇的過程如下：

一九五九年美國雖然在租用土地上作出了讓步，但他們駐軍的行徑仍然惹起民憤。六月三十日，美國戰鬥機墮落在石川市的宮森小學，造成十七學童死亡、二百多人受傷的慘劇；同年的十二月二十六日，又有婦女被射殺。於是一股「反美軍統治，不要基地」的民眾運動又活躍起來，同時結合日本「反安保鬥爭」的學生運動，以琉球大學生為主要力量的「沖繩縣祖國復歸協議會」於一九六〇年四月二十八日成立，並馬上給六月十九日來訪的艾森豪威爾總統（D. D. Eisenhower）一個尷尬的場面——琉球大學生發起「反基地」的抗議集會與軍警發生衝突，令總統的坐駕高速疾走。青年學生往往是群眾運動的先鋒隊。在日本各地就讀大學的沖繩學生紛紛結社立會。一九六三年，京都大學的十多名沖繩學生成立了「榕樹之會」，就着沖繩的前途問題，定期交流，出版刊物，其他大學的沖繩學生亦受到影響，組成學生會。其後，發展為關西沖繩縣學生會和東京沖繩縣學生會，並舉行由東京至鹿兒島的「沖繩返還行進」運動，更於一九六六年四月二十八日，在北緯二十七度線上舉行海上大會，宣示「復歸日

09

11

10

09 瀨長龜次郎出獄後參選，成為「那霸紅色市長」，但很快便被美國的民政府拉下台。

10 1959 年 6 月 30 美軍戰鬥機墜落在石川市宮森小學，釀成十七學童死亡的慘劇。

11 1960 年 6 月 19 日群眾和大學生向到訪的美國總統艾森豪威爾抗議，反對美國軍事基地的設立。

本」的要求，影響極其深遠。[32]

踏入六十年代，日本經濟進入明治之後的第二個高速成長期。百業興旺，人民生活得到改善，較戰前更見安穩。一九六四年東京首次舉辦奧運會，帶動經濟更加飛躍前進，而更為重要的是國民重拾信心，看到光明的未來。沖繩縣人（琉球國民）眼見日本列島一片欣欣向榮，回歸日本之心逐漸壓倒其他方案，成為主流。

恰在此時，美國又積極介入越南戰爭。一九六五年，美國出動B52重型轟炸機向北越狂炸。初期，美國謊稱B52轟炸機為避颱風而來到沖繩，其後轉為常駐，更由沖繩頻頻出動，飛往越南「北爆」。慘受其害的北越民眾，獲悉這些轟炸機是來自沖繩島，便怨憤地稱沖繩為「惡魔之島」。沖繩人亦感到如處身前線的基地，於是「反美、反戰、反基地」的呼聲就更加一浪高過一浪。[33]

一九六七年二月，為了控制教師和公務員參與政治活動，琉球立法院準備表決〈地方教育區公務員法和教育公務員特例法〉（簡稱〈教公二法〉），卻為一萬五千民眾所阻，令議員無法進入會場而流會。二月二十四日再表決時，二萬民眾將立法院包圍，並衝入大堂，與警衛發生衝突。議長中止會議，但議員仍不能脫身，便請琉球政府行政主席松岡政保致電美國民政府，請派直升機前來救援。但民政府以這是琉球內政問題，非他們所管，拒派機救助。松岡和議長聞言，大感錯愕。經此一役，美國已無心亦乏力管控琉球，便打算交與日本管治。這就是美國在琉球的退讓期。

一九六八年底，反美、反基地愈演愈烈，各團體聯合組成「保護生命縣民共鬥會」（又名「撤出B52，禁止原子能潛艇泊港縣民共鬥會議」）。翌年二月四日，定出全島總罷工計劃，以達到上述要求。當時剛當選的行政主席屋良朝苗，本來就是沖繩教職員會會長，面對自己原基層發起的運動，大為困惑。他多方調停，希望「共鬥會」給與美軍時間移走B52轟炸機；又表示日本正與美國交涉復歸問題，困難重重，所以請暫停總罷工。各團體聽從勸告，但又將運動訴求轉向「廢除安保，撤去B52，立即無條件全面回歸」，似有不勝無歸之勢。[34]

五　美作戰略部署擅將琉球交日本

美國積極介入越南戰爭，無疑是鑄成大錯。他們派出的地面軍隊，遇到北越頑抗，傷亡甚巨，為迫使北越早日投降，美國故技重施，出動B52重型轟炸機來瘋狂投彈，以收速戰速決之效。但北越以游擊戰來消耗敵人的戰力，令美國在越戰墮入泥足深淵。其實，不止沖繩人在反戰，美國國內反越戰的怒火更加熾熱，全球也掀起反美、反越戰之聲。美國在國際上窘態十足，經濟也告下滑。他們在沖繩不但要支付龐大的軍事基地費用，還要平息民憤，處處不討好，美軍對繼續使用沖繩島軍事基地，再重新檢討，調整策略。

日本方面，首相池田勇人於一九六四年九月急病住院，讓位佐藤榮作。新首相於翌年初訪問美國，擬為沖繩問題展開會談，但不得要領。佐藤為自己定下目標，要在任期內收回沖繩。一九六五年八月十九日，他作為戰後第一位訪問沖繩的首相，在那霸機場發表講話：「只要沖繩一天未能實現回歸祖國，就我國而言，戰爭便還沒有完結。」決心似是很大。一九六七年底，佐藤訪美，第二次與詹森總統會談。其間，佐藤在記者俱樂部發表演說，為美國的越南政策作了辯解，並表示支持，令詹森總統十分高興，所以回應了沖繩問題，表示可以「繼續協商」，「兩三年內」定出歸還的時間表。[35]

一九六九年初，共和黨尼克松（R. M. Nixon）大選勝出，就任第三十七任美國總統。尼克松在其任內，最為世人熟知的是一九七二年訪華，親自打開中國之門，全球矚目。而在日本人心目中，最深刻的當推歸還琉球群島。上述兩宗驚世之作，同於一九七二年上半年發生。

尼克松深明自己的首要任務是收拾越戰殘局，並有沖繩基地問題。但美國如欲繼續維持世界霸主的地位，他們認為沖繩軍事基地是絕對不能放棄。沖繩，即琉球，按《舊金山和約》第三條規定：聯合國委託美國為惟一的管理當局。也就是說，沖繩並非美國之物，美國僅是管理者。美國如要繼續管理沖繩，就得平撫島民，而島民的反戰、反基地，與美國保留基地的想法完全南轅北轍。倘若不當管理者，減少與島民的正面摩擦，而又能維持原有的基地，對美國來說是最理想的狀態。

沖繩本是琉球國，二次大戰後，曾有機會像其他殖民地或被吞滅的國家那樣得到獨立。是美國出於私心，假聯合國之名，用託管的形式來建造他們的軍事基地。現在管理得不好，按理是要將管治權交還聯合國，再由聯合國開會決定琉球的前途。但美國就是擔心聯合國的決定將會對自己沒有保障，於是乾脆不交還聯合國，自作主張，實行霸主定案。

將琉球交與誰？以尼克松為首的美國政府必曾作過多方考慮。其中當然少不了以下的方案：

一、交還琉球人民建國獨立

美國不是不知道沖繩原是琉球國，至少託管之地也是「琉球群島」，管治時成立的政府亦以「琉球」為名，因此讓其獨立是順理成章之事。對此作出反對的，相信只有日本而已。但作為美國，估計有三個方面考慮，一是琉球獨立後，會否願意繼續提供土地作軍事基地？似乎並不樂觀。二是獨立之後，以目前（即當時）琉球的形勢，左派組織力量強大，琉球極易倒向共產陣營，非美國和其他資本主義國家所願見。三是獨立後的琉球，難免有各種外國勢力前來伸手，屆時美國是否能夠繼續掌握琉球？不無顧慮。

二、將管治權交還聯合國

按照美國一手包辦的《舊金山和約》訂明：美國是惟一受託管理琉球的國家。美國受託之後，如不再管治琉球，理應交還聯合國，由聯合國開會決定處理方案。但美國擔心聯合國的決定會帶來難以預知的結果，屆時才反對，倒不如不交還。

三、託付給中國

中國與琉球有五百多年的宗藩關係，而且當琉球被日本吞併時，曾一再向中國求援，更願意歸入中國，所以將琉球交中國管治，甚有歷史情緣。但美國一定不會託付給敵對的中華人民共和國，至於台灣的「中華民國」，雖是盟友，但自從他們敗守台灣之後，美國對其能力已有所懷疑，他們能否管得好、保得住琉球？美國不無擔心。

也許評估了上述的情勢，美國再分析日本這個角色，認為日本曾管控琉球，有能力、有經驗，同時現階段的民眾運動中，要求回歸日本的呼聲也不小，而日本亦渴望取回琉球。於是美方就決計將琉球交付給日本，而且藉此可以加強和日本的結盟，並培養日本成為美國的永久追隨者。

戰略上將琉球交付給日本，但條件之一是美軍的基地一定要得到保留，兼可自由使用。這是美國鎖定與日本談判的策略。

日本方面一度擔心尼克松總統會否履行前任總統詹森約定「兩三年內洽定歸還日期」。後來經過接觸，得悉美國亦有意展開談判，不禁大喜。日本也訂出談判的底線，那就是可以保留軍事基地，但和日本本土相同，不貯留核武器。

然而美國卻堅持核武器的貯留，雙方就此問題展開談判。一九六九年十一月美日兩國首腦將舉行會談，並發表聯合聲明，期望事前的談判能達成協議。雙方外交部人員，包括特使，頻繁往來，經過大半年的洽談磋商，終能各取所需，達成協議。一九六九年十一月二十一日，美日兩國在華盛頓發表〈聯合聲名〉，表明美國決定於一九七二年將琉球諸島的施政權交付給日本。翌年兩國繼續為〈協定〉條文舉行會談，最終草擬成《關於美國和日本國之間就琉球諸島和大東諸島的協定》。一九七一年六月十七日，美國國務卿羅傑士（W.P.Rogers）和日本外相愛知揆一共同簽署了《協定》。

這個未經聯合國審議、批准、授權的《協定》，影響到後來中日釣魚島之爭，美國負有不可推卸的責任。既然該《協定》屬於紛爭之源，有必要檢閱一下具爭議的條文。

《關於美國和日本國之間就琉球諸島和大東諸島[36]的協定》，日本欣喜地將其簡稱為《沖繩返還協定》。《協定》全文共九條，開首說明訂約原因。爭議部分主要在〈第一條〉中提到的權利放棄與轉移，其他各條承接〈第一條〉，訂出美軍基地、美國之聲電台播放的保留，以及對沖繩土地的損毀、復原賠償等。以下將具爭議的〈第一條〉引錄如下：

第一條1美國以2為定義的有關琉球諸島和大東諸島於一九五一年九月八日在舊金山與日本國簽署的《和平條約》中的〈第三條〉所規定的一切權利和利益，自此協定生效日起即向日本國放棄。日本國同日開始，對此等諸島的領域和住民行使一切行政、立法和司法上的權力，並為此承擔起全部的權能和責任。

2此協定在適用上，就「琉球諸島和大東諸島」在行使行政、立法和司法上的一切權力，是基於與日本國簽訂的《和平條約》中的第三條規定給與美國所有之領土及領水，而此等權利之中，在一九五三年十二月二十四日和一九六八年四月五日，日本國和美國簽署了有關奄美諸島和南方諸島及其他諸島的協定，從而已歸還給日本的這一部分是不計在內的。[37]

《協定》第一條的1，訂明美國放棄《舊金山和約》第三條所給與的一切權利和利益，並自行轉讓給日本，完全沒有提到聯合國，當然也沒有經過聯合國的審議和批准，也許在美國的眼中，聯合國也不過是他們的傀儡。

第一條的2，指出在一九五三年十二月二十四日已將「奄美諸島」交還給日本。這「奄美諸島」就是一六〇九年薩摩藩擊敗琉球後，強令尚寧王簽署降書，割讓北方的與論島、沖永良部島、喜界島、德之島和奄美大島。後來的「三分琉球案」，曾以此北方五島作為日本所分得的部分。二次大戰後，由美國託管，但一九五三年杜魯門總統扮成聖誕老人，將「奄美諸島」作為聖誕禮物送了給日本。而一九六八年四月五日送還日本的「南方諸島」，據協定所指的範圍是「孀婦岩之南的南方諸島（包括小笠原群島、西之島及火山列島），以及沖之鳥島和南鳥島」[38]。因「奄美諸島」和「南方諸島」早已還給日本，所以一九七一年簽的《協定》，再申明前事，避免與前者重複，發生混淆。

上述《協定》所劃出的各諸島名稱及範圍，從未見有「尖閣諸島」這一敏感地名，後來何以會包含在內，留待拙著《釣魚島主權論考》再作詳細分析。

六 日美簽秘密協議，沖繩縣人被出賣

美國從本國的利益考慮，無視聯合國組織的存在，擅將琉球諸島的施政權交還日本。

一九七二年五月十五日的回歸式典中，屋良朝苗知事接受記者訪問時說：「首先有軍事基地問題，實際上還有很多未解決的問題遺留下來，故從縣民的角度來看，肯定不是十分滿意的。」屋良知事是按實情直說，因為在會場外的與儀公園，逾十萬人冒着狂風大雨集會抗議，他們的巨幅橫額上用漢字寫着：「自衛隊反對．軍用地契約反對．基地撤去．安保廢棄．『沖繩處分』抗議．佐藤內閣打倒」。[39]

原來在公開的《沖繩返還協定》之外，還流傳說有一份不可告人的秘密協議。究竟有沒有秘密協議這回事？日本官方一直否認，直至二十多年後，雲霧才漸漸吹開。

日本首相佐藤榮作以取回沖繩留名後世為首要職務，及至如願以償更喜沖沖地揚言：「沖繩是無償

得到歸還的！」

事實是否如此？一九七二年，《每日新聞》記者西山太吉追訪「沖繩施政權的歸還」背後可有密約簽署？到了三月，他從外務省女事務官蓮見喜久子處獲得一份高度機密的電文[40]，清楚寫着沖繩美軍基地復元費用四百萬美金由日本代付。但《沖繩返還協定》的〈第四條〉則訂明：「（美國）會為土地的恢復原狀自發支付費用」。原來桌面上簽署的《協定》無償是假，還有桌面下見不了光的密約，揭露出日本要用美鈔買單。西山的報導刊出，轟動朝野，外相愛知揆一等官員在國會接受質詢，但堅決否認有秘密協議。政府亦迅速拘捕了蓮見喜久子和西山太吉，蓮見被控以違反國家公務員法，罪名成立，判刑半年，緩刑一年；西山被控洩露機密，一審無罪，二審有罪，一九七八年六月，最高法院裁定有罪，判刑四個月，但可緩刑一年。事發後，西山辭去記者職務。但二十多年後，隨着美國的保密檔案解封，證明美日之間確有秘密協議，而且補償金額大得驚人，那四百萬美元還不到百分之一。西山遂於二〇〇七年提請民事訴訟，控告國家，要求賠償名譽損失，但法庭以追訴期二十年已過，令西山無法取得賠償。[41]

含冤逾三十年的西山太吉，以古稀之年徹底追查密約原貌，憤而寫成《沖繩密約》一書，為自己的名譽平反，廣受讀者歡迎，不到五年連印九版。西山在書中揭示秘密協議的補償談判，結果日本要向美國所支付的金額如下：

一、認購美國資產：一億七千五百萬美元；
二、因送還沖繩導致搬遷基地（包括西山早前揭露的基地復元費四百萬元、移除核子裝備等）所需費用：二億美元；
三、基地從業人員的社會保障費：三千萬美元；
四、貨幣交換後的補償和儲備金：一億一千二百萬美元；

五、其他費用：一億六千八百萬美元。

合計共為：六億八千五百萬美元，若以今天的物價換算，相當於三萬億日元。所以西山說：「沖繩是買回來的！」，佐藤的「無償歸還」完全是騙人的謊言。為此，當年佐藤還懇請美方幫忙，千萬要封口保守秘密。[42]

另外，日本還因應美國對紡織品帶來的巨大貿易赤字問題，進行「自主規制出口」，以作讓步，換取美國的歡心。

日本在經濟上雖已作出天文數字的補償，但美國並沒有答應沖繩成為無核區。因為美國的考慮分為：經濟上的補償是交還沖繩施政權的條件；而軍事基地和核武器的配置，則是戰略上的部署，而且這絕非條件那麼簡單，根本就是硬規定。

佐藤首相最初定下的談判指引是「非核三原則」：不製造、不擁有、不帶進。但談判進展並不理想，佐藤十分焦急，他亟盼能在任內完成此「壯舉」揚名後世。但他的首相任期受制於自民黨的總裁四連任制，而兩年一任他已三連任。一九七〇年，他將競逐四連任，若一九六九年底能與尼克松總統達成基本協議，發表聯合聲明，則四連任總裁當可穩操勝券，所以訂定歸還沖繩施政權於一九七二年，是他任期最後的偉業。佐藤為免好夢成空，他派出密使前往美國，與美方進行秘密談判。

佐藤的密使，單獨行動，連外務省也被架空。二〇〇九年十一月，原駐美國公使兼外務省美國局長的吉野文六，以九十一歲高齡接受日本ＮＨＫ採訪組的追訪，憶述四十年前舊事：「我們在美國的同事，都聽到或感覺到有『忍者』[43]在活動。後來，若泉敬的著作出版（一九九四年）後，才意識到這個人就是忍者。」[44]

原來若泉敬跟基辛格進行密談時，雙方約定此為高度機密，只有四人知悉：美方是尼克松總統和基辛格；日方是佐藤首相和若泉敬。結果佐藤和若泉敬恪守承諾，完全沒有知會內閣其他成員，但美方卻將密談的情況通報給各部門，使在談判時（如基地使用，紡織品貿易等）情報共享，故能取得主動權，節節領先。國與國的交往就是如此，爾虞我詐，真是無所不用其極。日本本是這方面的老手，竟亦被暗算。

被稱為忍者的密使若泉敬（一九三〇至一九九六年），福井縣人，曾留學美國，在美國政界有一定的人脈關係。六、七十年代，他列名京都產業私立大學教授，卻活躍於報紙、雜誌和電視的論壇上，更與吉田茂、岸信介、佐藤榮作、福田赳夫等重量級政治人物有交往。一九六九年若泉敬接受佐藤首相的重託，飛赴美國。

要想從別人手中取回土地永遠是最艱難的談判，何況若泉敬遇到的談判對手是機敏睿智的基辛格（Henry A.Kissinger）。當時他出任美國國家安全顧問，是尼克松總統的親信，所以會談至後期，督戰的基辛格親自和若泉敬晤面。

一九六九年七月十八日，若泉敬和基辛格晤談，反映佐藤對沖繩歸還後，公開承認美軍仍可自由使用基地是一道難題。若泉跟着提出總統和首相之間可以作出秘密的諒解協議[45]。其後，二人續為基地的存續和核武的配置展開緊密的會談。

美國方面亦已掌握佐藤首相亟欲於任內能完成沖繩歸還的情報，所以他急於在一九六九年十一月二十一日的聯合聲明中落實基本的條款和交還日期。十一月六日，佐藤將聯合聲明第八項的三個草案交若泉赴美作最後定案。十日，若泉與基辛格秘密會見，基辛格最後選了〈第二案〉。十五日，若泉風塵僕僕的趕返東京，回覆美國選用〈第二案〉。[46]

佐藤準備的〈第一案〉是日本首選的「沖繩的核兵器於歸還時全部撤走」。而〈第二案〉和〈第三案〉都沒有提到「核兵器」三字，只強調「日美安保條約的事前協議制度」。[47]

美國選取〈第二案〉，所謂「事前協議制度」，日本心裏明白，那是「Yes」的預約，絕對沒有「No」

這回事。

而更加狠辣的，還有那不能見光的秘密協議，其內容如下：

美國總統：

正如美日兩國的共同聲明所述，沖繩的施政權實際交還日本前，美國政府有意圖將所有核武器從沖繩撤走。至於以後就一如共同聲明所說，美日之間的相互協助和安全保障條約、以及與此有關的各種決定，均適用於沖繩。

但是，美國負有防衛包括日本在內的遠東國家的國際義務，為使之有效地得到施行，當發生重大而緊急事態之際，美國政府和日本國政府便會執行事前協議，有必要承認擁有再運載核武器進入沖繩、以及通過沖繩的權利。一切有關事前協議，美國政府是期待得到好意的回答（筆者註：此秘密協議言詞也是十分隱晦的，這裏說的「好意的回答」，答話就在下面日本總理大臣的第一段話）。而且美國政府在沖繩的現存核武器貯藏地，即嘉手納、那霸、邊野古、和導彈基地，將維持在任何時間都可供使用的狀態，以便在發生重大緊急事態時得到活用。

日本國總理大臣：

日本國政府對總統以上所述發生重大緊急事態時，對美國政府的必要行動表示理解，一切有關事前協議須要執行，不得遲延，並作出必要的配合。

總統和總理大臣就此協議製成兩份，分存於總統官邸和總理大臣官邸保管。同時，美國總統和日本國總理大臣之間必須作最高警惕，同意這是應該以最機密的文件來珍視之。

一九六九年十一月二十一日[48]

佐藤高叫沖繩無償回歸，確保沖繩無核三原則，結果其實有桌面下的交易，巨資購回，遇有緊急重大事態發生，核武自由進出，佐藤所制定的談判壁壘全被攻破。美國則慷聯合國託管之慨，私賣琉球，以緩和國內對經濟的不滿之聲，更取得沖繩島這塊基地，在有需要時可部署核武，可以說，美國在交付沖繩施政權給日本的談判中贏盡桌上的籌碼。

密使若泉敬，在沖繩回歸後卻顯得怏怏不樂。一九八〇年才五十歲的若泉決定離開東京，絕迹政壇，回鄉（福井縣）歸隱。晚年，若泉敬每年都會選擇六月二十三日沖繩慰靈日（沖繩奪島戰的終戰日），飛到沖繩和平祈念公園的慰靈塔前拜祭，往往於烈日下跪坐默禱半小時之久。最後，他開始執筆，將塵封守秘二十多年的機密史料吐露出來，一九九四年五月，以《真想相信再無其他辨法》為書名付即出版[49]。是書六百多頁，詳述秘密談判和兩國首腦簽訂密約的經過。著作出版後，若泉將三萬多藏書和筆記資料燒燬，行為異常。兩年後，若泉去世，逝世前一個月，儘管病重，暈倒入院，他仍強撐病軀，準於六月二十三日至沖繩拜祭。後來，日本ＮＨＫ採訪組追查若泉晚年著書的動機，以及他的一些怪異行為的背後原因。採訪組經過多年的訪查，訪問了若泉的摯友，終於明白若泉以自己作為密使、無法完成使命，為沖繩爭取到更好的回歸環境——軍事基地沒有縮小，核武器裝備未能完全撤離等憂慮，因而深深自責，乃至抱憾終生[50]。一九九四年他到沖繩拜祭後，曾寫信給沖繩縣大田昌秀知事，誠懇地向沖繩縣民致歉，自謂一九六九年的談判有不可推卸的「結果責任」，應如武士道般在墓苑前自決，但恐怕玷污墓苑，惟有跪拜請罪。[51]

奉若泉為老師的鰐淵信一憶述若泉生前的感歎：「沖繩回歸真的好嗎？沖繩的人會是怎麼想的呢？」[52]

作為密使的若泉敬，著書揭露當年的秘密談判簽訂了密約，而沖繩的美軍基地確據此運營。但日本的內閣由首相到大臣，皆矢口否認有簽署密約，硬說沒有文件為證，一如否定慰安婦時使用的伎倆，堅稱沒有軍政府簽發的文件，就不能說是日本強迫徵集。

但皇牌鐵證終於出來。二〇〇九年十二月二十二日《讀賣新聞》晚報，獨家刊出佐藤首相和尼克松總統所簽署的密約照片和記事，提供者是佐藤的兒子信二。據他說：一九七五年佐藤病逝後，家人收拾他愛用的書桌時，在其中一個抽屜內發現這高度機密的協議文件，曾通知外務省有關部門，但以屬私人文件，不能當作政府文件收藏為由而拒絕了。最後，經不起《讀賣新聞》記者的再三追訪，而外務省的前高官吉野文六也承認有密約簽訂，遂決定將此機密文件（即以上收錄的秘密協議）公開，也顧不上先父作何想法，因為這總歸是歷史事實。[53]

鐵證一出，不容日本內閣官員再砌詞狡辯，但沖繩居民有被出賣的感覺，當然大為憤怒。

七　基地使用問題爭議無休止

美國每每從本國的安全考慮來作出戰略部署，更在遠離美國本土的地區設置軍事基地，意在將防線推前，避免本土受襲。日本在第二次世界大戰戰敗後，可以說是得到美國的扶持和提攜，瞬即重新屹立起來，因此，奉行親美政策，一直服從於美國。在《日美安保條約》的協防條文下，美國在日本便建設起軍事基地來。

根據統計，美國在海外建設的軍事基地中，最龐大的二十幅基地中日本佔其八，而且前四位皆位處日本，順序為：嘉手納、橫須賀、三澤和橫田[54]。這些軍事基地，對當地的居民無疑構成巨大滋擾，對沖繩島來說更加是一種威脅，以致近年發出「無法容忍」的憤怒之聲！

首先沖繩島的居民十分不滿駐日的美軍基地竟有百分之七十四集中在該島之上，其面積合計約達二百三十平方公里（約佔沖繩縣面積的百分之十一），是英國美軍基地整體的八倍、意大利的十倍[55]。所以不期然會令本來是琉球人的沖繩居民，有被愚弄的不平之感。

雖然軍事基地會為沖繩島帶來可觀的經濟收入，但隨之而來的不安、不穩和治安問題，令當地居民始終生活在驚恐之中。

不安，是作為軍事基地部署了大量的戰機和導彈等武器，同時又不知道甚麼時候會裝配或貯藏核彈[56]。這樣的軍事部署，反過來也會成為對手國反擊的目標，屆時沖繩島的居民就如二次大戰那樣被殃及。他們意識到如同生活在軍火庫旁，而越是先進尖銳的武器，殺傷力越加厲害，驚懼不安便由此而起。

不穩，就是基地的軍事訓練常生事故，造成傷亡和破壞。在美國管治的年代，美國軍機墜落的事故時有發生，造成嚴重傷亡的當數一九五九年宮森小學的慘劇（見上文）。而二〇〇四年八月十三日，美軍 CH-53 大型運輸直升機在飛回普天間基地時，墜落鄰近的沖繩國際大學，幸地面無人受傷。但事後美國軍方以機密為由，封鎖現場一帶，拒絕任何人等包括當地政府官員、日本防衛廳、外務省派來的高官進入，一時間被日本傳媒指稱民用地竟可變為「美軍佔領地」，暗諷日本政府的軟弱無能。此外，美軍在沖繩的基地訓練時，多使用實彈，失誤損毀民居在所難免，也有誤傷平民，教人難以平穩過活。而實彈演習，往往釀成山火，既危險也破壞環境。而軍機飛航發出的震耳噪音，特別是夜間演練，令人無法安睡，導致居民失眠、頭痛、自律神經失調等，生活大受影響。

治安問題，更令沖繩人大為憤慨。美軍派駐各國的基地，其軍紀早為人所詬，尤以性犯罪可說無日無之。美國國防部在壓力下每年發表調查報告，二〇一〇年美軍全球的性犯罪有三千一百五十八宗；二〇一一年則為三千一百九十二宗。

居住沖繩島的女性，飽受這種性侵犯的威脅。以沖繩縣於二〇一一年發表的《沖繩美軍基地問題》

13

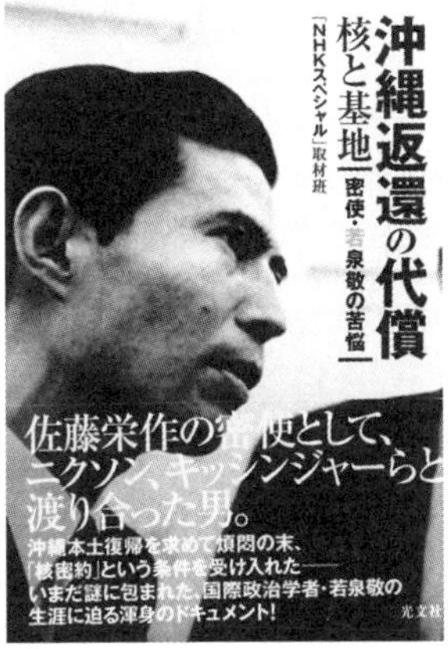

12

14

12 NHK 特別採訪組著《沖繩返還の代償》以密使若泉敬為封面。

13 1972 年 5 月 15 日，美國將琉球的施政權交回日本。日本即舉行新沖繩縣的復歸儀式。

14 1995 年 9 月 4 日又發生美軍強暴少女的事件。10 月 21 日宜野灣市海濱公園有八萬五千人集會，聲討美軍罪行，更提出將美軍基地撤離沖繩縣。

作參考，每月平均達到二十三宗。其中一九九五年九月女學生遭美兵輪姦一案最為震撼，其後每年都未間斷地發生，以致二〇一二年十月十七日的《朝日新聞》在標題上打出：「強姦致傷事件，容忍到何時」。該次事件發生於十月十六日清晨，廿餘歲的一名女學生在歸家途中被兩名美軍從後襲擊，扭傷頸項，復遭強姦。事件又一次震撼全島，沖繩縣民發出「已到容忍極限」的哮聲，縣議會罕有地全議員投票贊成「基地全面閉鎖」以示抗爭。[57]

美軍之所以能如此無法無天、肆意橫行，完全是受到「治外法權」的保護。

當年美國受聯合國所託，佔領、管治日本，享有「治外法權」。《舊金山和約》簽訂後，日本重新獨立，「治外法權」雖然得到解除，但日美雙方又簽訂了協定，訂明美軍在執行公務時所引發的事故，其裁判權交由美方審理。據日本防衛省的統計，從一九八五年至二〇〇四年的二十年間，美軍在「公務中」引發的事故約有七千宗，死亡人數二十一人，但美方的軍法會議裁定成立的僅得一宗，其餘都是從輕發落。[58]

至於公務外所引發的事故，據該協定的第十七條所定，日本享有第一次裁判權。但從歷來的審理數字來看，日本非常忍讓沒有行使該項優先裁判權，原因又是〈密約〉。這〈密約〉的重要條文是：日本國要考量在重要事件才行使優先裁判權；重要事件以外，則放棄行使。但日本官方一貫的作風，就是否定有〈密約〉的簽訂。二〇〇八年，美國國立公文書館公開該〈密約〉的影件，日本官方仍然一再否定，直至二〇一一年八月，才不得不承認，卻又詭辯說：會根據日本法律和證據來處理有關事件。[59]

那麼輪姦、闖入民居強姦婦女，是重要事件抑或是區區小事？從檢控的比率來看，便可得知是否視為重要事件。另一方面，當疑犯、肇事者逃回軍營，日本警方想要傳訊、逮捕，就像與虎謀皮，白費心機。於是美兵繼續橫行，沖繩人終於忍無可忍，要求將美軍基地撤離沖繩縣。

美國從霸主地位出發，十分重視沖繩島的軍事基地，說穿了，就是要賴着不走。而日本政府方面，可以說是不顧一切的親美，希望以此制衡中俄，不惜簽下不平等條約的〈協定〉和〈密約〉，讓美國隨心所欲地使用軍事基地。但卻令沖繩居民承擔了全日本境內軍事基地的百分之七十四所帶來的種種嚴重問題，以致難以安穩生活。他們不停的反對，要求將基地關閉、最終完全撤離沖繩。其中最迫切的要求是將設於宜野灣市中心的普天間基地撤走。經過多年的抗爭與談判，美日最終同意遷普天間基地至名護市邊野古地區，並在該處填海一百六十公頃，以作為新基地使用。安倍首相不惜使用銀彈政策，承諾由二〇一四年起，每年撥三千億日元支援沖繩縣，誘使縣知事仲井真同意。但沖繩縣居民馬上包圍了縣政府，強烈表示不滿。二〇一四年一月，名護市改選，一直堅決反對將普天間基地搬到名護邊野古地區的市長稻嶺進取得連任，也就令搬遷計劃如遇冰山阻擋。但普天間基地一日不關閉、不搬出，抗議之聲便不絕，要求所有軍事基地撤出沖繩的聲浪，只有持續，永無休止。

同時，沖繩縣近年大力發展旅遊業，復原、重建琉球的古建築，重新發展琉球的傳統文化，開拓海灘的度假活動，吸引遊客到訪，觀光事業帶來的收入已超過軍事基地的收益。據二〇〇九年的統計，軍事基地和派生出來的經濟收入為二千五十八億日元，佔沖繩島總收入百分之五點二；同期的觀光業收入總額為三千七百七十八億日元，佔百分之九點六。而基地從業員總數九千人，佔勞動人口僅百分之一點五。[60]

隨着經濟上逐年擺脫對軍事基地的依賴，要求關閉或縮小基地之聲將會越來越響亮。

八　小結

本章有一個特點，就是引錄了很多宣言、聲明、條約、密約，全部都是十分重要的文件，尤其是

《開羅宣言》和《波茨坦公告》，絕不能以陳年舊約等閒視之，這兩份文件對規範戰後國際的新秩序起着綱領性作用[61]。只是後來的超級大國——美國，出於一己之私，帶頭擱置這兩份文件。及至日本，當理屈詞窮時，就避而不談《開羅宣言》和《波茨坦公告》。倘若一切回到這兩份文件上，很多爭議皆可化解。

《開羅宣言》和《波茨坦公告》都是針對日本發動的侵略戰爭而發的。《開羅宣言》如同檄文般聲言要取回日本非法佔有的土地。《波茨坦公告》是對日本的最後通牒，促令早日無條件投降，並重申《開羅宣言》必將實施，更明確指出「日本之主權必將限於本州、北海道、九州、四國、及吾人所決定其他小島之內。」[62]

一九五一年九月，美國一手主導、包辦了《舊金山和約》的簽訂，將在抗日戰爭中作出巨大貢獻的中國拒諸門外。為此，中國總理兼外交部長周恩來於《合約》簽訂的前後，均作出了嚴正《聲明》，申明絕不會承認該《合約》。而美國就在《合約》中塞進了他們的「私人條約」，「挾持」聯合國要承認美國是琉球的惟一管理當局。

美國一心要將沖繩島構築成海外最大的軍事基地。（在本章中，「琉球」、「沖繩」常互用。戰後，當美國進駐沖繩，有意恢復其舊國名，成立「琉球政府」，是去日本化的一種表現。他們一度舉棋不定，最後才決定將琉球交到日本人手上。「沖繩縣」之名又得以復用。）在冷戰期間，不顧沖繩人民的反對，派駐B52重型轟炸機，更部署核武器。一九七二年又擅將琉球交與日本，但仍堅持沖繩島上的軍事基地可以在非常時期再部署核武，並簽下秘密協議，與日本政府一同瞞騙沖繩人民。

冷戰已於一九九二年結束，美國在海外構建的軍事基地不是關閉就是縮小，但在日本的基地仍然是美國在海外的軍事基地最集中、資產值最高的國家。而沖繩島又是高度集中的最中之最。有日本學者質疑長期任由外國軍隊駐留，會否造成對主權的侵害？而一般國民認為美軍的駐留可以協助日本的防衛工作，但長此下去，豈不是向美國放棄自己的主權，成為美國的屬國嗎？[63]

最後，再為琉球的歸屬問題作出整理：

根據《開羅宣言》，琉球（沖繩）被強行吞併，日本應該要交還出來，如果說《開羅宣言》沒有點出「琉球」之名，僅指出自從一九一四年開始，則《波茨坦公告》第八條就清楚列出「日本之主權必將限於本州、北海道、九州、四國、及吾人所決定其他小島之內」，琉球不屬於「日本之主權」是至為明確的。

美國在《舊金山和約》中塞入他的「私約」，成為惟一受託於聯合國管理琉球的國家。其後於一九七二年，美國擅將琉球交與日本，從無得到聯合國的批准或通過，視聯合國如無物，如此擅自受授，有違法理，換將商業社會，受託的物業管理公司也萬萬不能擅自將物業交與他人，更何況是一個琉球國！正因為法理依據不足，琉球國、亦即沖繩縣，其歸屬仍然未明，可以說仍是懸案一宗。

而美國又是何等的聰明！雖然將琉球交回日本管治，但《沖繩返還協定》的〈第一條〉訂明：日本國「對此等諸島（即琉球諸島和大東諸島）的領域和住民行使一切的行政、立法和司法上的權力」。簡單地說，也就是日本可以行使施政權，領土主權是欠奉的，如體現主權派駐軍隊，應該受到質疑，因為《協定》只列出行使「行政、立法和司法上的權力」。根據此《協定》，美國完全可以反口、翻案，辯稱只交了「施政權」，沒有將琉球的主權交與日本。

註釋

1 參見沈呂巡、馮明珠主編《百年傳承走出生活路：中華民國外交史料特展》，台北故宮博物院，二〇一一年，頁一九四〇，介紹文由外交部撰寫，蔣介石出席的名銜作「國民政府主席蔣中正」。

2 參見許倬雲、丘宏達主編《抗戰勝利的代價——抗戰勝利四十週年學術論文集》，台北聯合報社，一九八八年，頁一五六。筆者同時比較其他文獻資料，有三數用詞略作調整，但無損《宣言》原意。

3 參見田村幸策著《太平洋戰爭外交史》，東京鹿島研究所出版會，一九六六年，頁四九八至四九九。

4 奉天省是光緒末年所設。一九二九年改稱遼寧省，後來偽滿州國復稱為奉天，並將河北的承德稱作熱河省。

5 同註3引書，頁四九九至五〇〇。原文為日文，筆者據意譯出。

6 同註1引書，頁一九五；又同註2引書，頁一五七至一五八。這是《波茨坦公告》的標準中文譯文，翻譯用詞稍為舊式，那是可以理解的。

7 日本向同盟國簽署的《降書》，第一條就表示接受《波茨坦公告》的條款。第一條的原文是：「余等遵奉日本天皇、日本政府及日本帝國大本營之命令並為其代表，茲接受美、中、英三國政府首領於一九四五年七月二十六日在波茨坦所發表，其後又經蘇維埃社會主義共和國聯邦所加入之《公告》所列舉之條款。中美英蘇四國在此文件中將被稱為盟邦。」

8 參見《日本向同盟國投降文件》，收入於註2引書，頁一六〇至一六一。《波茨坦公告》又名《波茨坦宣言》。

9 一九四六年下半年，日本出現糧食危機，民間恐慌，聯結起來抗爭。翌年一月，國家和地方公家機構的工會，組成共同鬥爭委員會，準備在「二．一」發動二百萬人總罷工，其他產業的工會和民間組織也紛紛聲援加入。沒有警備的日本政府根本毫無辦法。就在罷工的前夕，麥克阿瑟發出禁止罷工的命令，將日本戰後第一次總罷工壓了下去。

10 參見太平洋戰爭研究會編，水島吉隆著《寫真で読む昭和史——占領下の日本》，東京日本經濟新聞出版社，二〇一一年，頁一七四至一七五。

11 參見原彬久著，高詹燦譯《吉田茂傳》，台灣商務印書館，二〇〇七年，頁一五九。

12 參見北京《人民日報》一九五一年八月十六日刊載：〈中華人民共和國中央人民政府外交部長周恩來關於美英對日和約草案及舊金山會議的聲明〉。

13 同註12。

14 同註12。

15 同註11引書，頁一八七。

16 參見北京《人民日報》一九五一年八月十六日刊載的〈美英對日和約草案〉。這是中國翻譯的中文本，但因屬草案，所以再參考了日本正式簽訂的《舊金山和約》日文本，見於兒玉幸多編《史料による日本の歩み．近代編》，東京吉川弘文館，一九六五年，頁二八四。

17 同註16所引《人民日報》，又《史料による日本の歩み．近代編》，頁二八五。

18 一九四八年六月，美國參議院外交委員長旺頓貝爾（A. H. Vandenberg）提出要令援助國增強軍事能力，以減少對美國的依賴。該法案獲得通過。

19 參見北京《人民日報》一九五一年九月十九日刊載：〈中華人民共和國中央人民政府外交部部長周恩來關於美國及其僕從國家簽訂舊金山對日和約的聲明〉。

20 參見仲里効、高良倉吉合著《沖繩問題とは何か》，日本福岡弦書房出版，二〇〇七年，頁二〇〇。

21 同註20引書，頁一九二至一九三。

22 戰前日本的選舉法規定男子滿二十五歲可享有選舉權，但女性並不擁有。戰後，日本本土到一九四六年四月十日的總選舉，才開放女子投票和參政的權利。

23 參見那霸市歷史博物館編《戰後をたどる——「アメリ世」から「ヤマトの世」へ》，日本琉球新報社，二〇〇七，頁一〇五至一〇六。

24 同註23引書，頁一〇五至一〇六。

25 同註23引書，頁一三三。原文為日文，筆者據意譯出。

26 同註23引書，頁一三七至一三八。

27 同註23引書，頁一二九至一三〇。

28 同註23引書，頁一三一至一三二，又頁一四〇至一四一。

29 同註23引書，頁一四二。

30 一九五五年九月，沖繩石川市六歲女童永山由美子被擄走，事後在美軍基地的嘉手納海邊發現由美子的遺體，經驗屍，其生前曾遭強暴後被殺害。一九五六年四月八日，越來村的主婦與那嶺悅子在基地附近拾荒，被美軍射殺。

31 同註23引書《戦後をたどる——「アメリ世」かち「ヤマトの世」へ》，頁一五三。

32 同註23引書《戦後をたどる——「アメリ世」かち「ヤマトの世」へ》，頁二一八至二二六。

33 參見西山太吉著《沖縄密約——「情報犯罪」と日米同盟》，東京岩波書店，二〇一二年，頁一八；又同註23引書《戦後をたどる——「アメリ世」かち「ヤマトの世」へ》，頁二三三。

34 同註23引書《戦後をたどる——「アメリ世」かち「ヤマトの世」へ》，頁二三八至二三九；又同註33引書，頁三六。

35 同註33引書，頁三一至三二；又同註23引書《戦後をたどる——「アメリ世」かち「ヤマトの世」へ》，頁二三六。

36 大東諸島實際上由三島組成，分別為北大東島和南大東島以及向南的沖大東島，位處沖繩島東方的北緯二十五度五十分，東經一百三十一度五十一分附近。前二島於一八八五年、沖大東島於一九九〇年編入沖繩縣。

37 參見池田文雄編《最新條約集（改訂・增補版）》，東京邦光書房，一九七二年，頁四六六。原文為日文，筆者據意譯出。

38 同註37引書，頁四二三的《南方諸島及びその他の諸島に関する日本國とアメリカ合眾國との間の協定》。

39 同註23引書《戦後をたどる——「アメリ世」かち「ヤマトの世」へ》，頁二四二至二四三。

40 同註33引書，西山太吉著《沖縄密約——「情報犯罪」と日米同盟》，編集部前言及頁一。縱觀西山全書，均沒有寫出提供機密電文的女事務官的姓名。筆者在楊仲揆的著書《琉球古今談》頁二四一看到有關記事，並說到洩露機密事件的是女秘書蓮見喜久子。

41 同註33引書，西山太吉著《沖縄密約——「情報犯罪」と日米同盟》，編集部前言及頁一。

42 同註33引書頁九〇至九三、九八。

43 日本江戶時代稱執行秘密任務、常在夜間行動的人為「忍者」。

44 參見「ＮＨＫスペシャル」取材班著《沖縄返還の代償》，東京光文社，二〇一二年，頁四三。

45 同註44引書，頁五二至五四，ＮＨＫ採訪組訪問《文藝春秋》雜誌的編輯東真史，看到若泉敬託東氏保管的文稿，裏面有他和基辛格會談的英文備忘，而這些備忘都是兩人正式確認的。

46 同註44引書，頁八六至八七。

47 同註44引書，頁八二至八三。
48 同註33引書，頁四九至五〇，原文為日文，筆者據意譯出。
49 若泉敬著書的原名為《他策ナカリシヲ信ゼムト欲ス》，筆者譯為《真想相信再無其他辦法》。
50 同註44引書，頁一六六至一七二，二一八。
51 同註44引書，頁二三。
52 同註44引書，頁二二〇。
53 同註44引書，頁四五至四八，原文為日文，筆者據意譯出。
54 參見前田哲男、林博史、我部政明編《沖縄基地問題を知る事典》，東京吉川弘文館，二〇一三年，頁三（前言）。
55 同註54引書，頁三；又仲里効、高良倉吉合著《對論「沖縄問題」とは何か》，福岡弦書房，二〇〇七年，頁三九。
56 據同註54引書，頁三四至三五所引的解密文書說，一九五三至一九五四年和一九五八年，台灣海峽情勢緊張之際，在沖繩的嘉手納空軍基地已部署了核武器，攻擊目標設定為廈門或上海。一九五九年的冷戰時期，針對蘇聯、中國、北朝鮮而部署的核彈，嘉手納就恆常有兩架裝備好的軍機，可在十五分鐘內配上核彈出發。
57 同註54引書，頁六七刊出的《朝日新聞》圖照；又同書頁八四。
58 同註54引書，頁八八。
59 同註54引書，頁八四至八五。
60 同註54引書，頁七四。
61 《波茨坦公告》（或稱《波茨坦宣言》）的第六條言明：「蓋吾人堅持，非將負責之窮兵黷武主義驅出世界，則和平安全及正義新秩序，勢不可能。」
62 參見《波茨坦公告》第八條。
63 同註54引書，頁三至四林博史的論述；頁九我部政明的評論。

總論

以上十二章闡述了琉球王國的興替衰亡，各章之後雖然作了小結論析，但上下六百年，更兼歷史長河又是何等的波瀾壯闊，所涉及的國家、人物、史事多如繁星，同時又有着連鎖的關係，因果的歸結，絕不能孤立對待，單獨視之。因此有必要縱覽橫觀，細心分析，作出總結，特別是以本書主題出發，道出中琉、日琉、美琉的關係；釣魚島並不歸屬琉球和沖繩，琉球的交替源於戰略地位，扼要地撰成總論如下。

一　中琉關係：五百年來仁與義

若論中國與琉球正式訂交，當從洪武五年（一三七二）遣使楊載往琉球招諭始，歷明、清二朝，至一八七九年日本強吞琉球止，長逾五百年。但琉球在滅國邊緣掙扎求存，展開救國請願運動，派陳情使到中國乞師，極其悲壯，盡顯兩國之仁與義，是中琉關係史休止符前的一大樂章。只可惜中國於甲午戰爭戰敗，被迫割斷與琉球王國的關係。

除楊載使琉球是由中國主動派遣之外，往後明至清共派出二十三次冊封使，皆琉球世子遣使請封，以守藩國臣服天朝之禮[1]。萬曆年間，福建巡撫許孚遠曾建議將冊封聖旨送至福州，由琉球派官來取，或改由武官偕同琉球的陪臣同至琉球[2]。但為琉球世子尚寧所拒。後來禮官余繼登提出封舟製造需時，且風濤凶險，而琉球又可免去接待之煩，何不依從前議。而當時的萬曆帝亦表讚同。但尚寧覆稟，請如祖制遣使，「仍請遣文臣」[3]。其忠誠恭順如此，遠蓋其他朝貢國，故屢受歷代皇帝嘉許為「守禮之邦」。

琉球恪遵聲教，世修職貢，並非中國有何嚴令、威嚇而曲為從之，乃是心悅誠服地稱臣事上。能使琉球歸心，是因為明、清二朝懷遠施仁，善待琉球。在朝貢獻方物上，中國的天子厚往薄來，大加恩賜，以數倍十倍計；對琉球的朝貢貿易，不但以高於市價來收購，其價更優於其他外藩。尤為重要者，就是賜閩人三十六姓，內中包括與鄭和同時代的優秀造船技工和航海舟師，助琉球發展海上遠航貿易事業，使能成為貿易的中繼港、轉口地，令琉球擺脫了貧困，所以他們能自豪地說：「以舟楫為萬國之津梁，異產至寶充滿十方刹。[4]」後來，更發展為海商小王國。其情況如同教之以捕魚，非送魚以濟之；可令其獨立，自找謀生路。

在賜閩人三十六姓中，另有部分是儒學之士，對琉球的傳譯和文教的推廣，均作出了貢獻。他們和他們的子孫，多被派到中國留學，入讀國子監，受到中國明、清兩朝的厚待，悉心栽培，入微照顧，費用全免，讓他們安心於學業，學成歸國，或任塾師，或在朝廷供職。其中傑出者，更成為一代大儒。

琉球人橫渡大洋，千波萬浪，時有颱風吹襲，每每造成海難，僥倖沒有葬身海腹的，隨波漂流他方。中國海岸線長，所以琉球啟航的貢船或商船遇到海難，大多漂流至中國東南沿海地方。明、清二朝，均定出救助的制度，首先是將琉球的船民送到福州的柔遠驛（琉球館），妥為安置，候接貢船送回琉球。而台灣自從鄭克塽受招撫之後，清廷陸續開放海禁，琉球商船頻繁往來，海難事故也多發，漂流船大幅增加，其中有的是漁船，有的則是往來琉球各島的船隻。但清廷對他們的撫恤，並沒有因此而收緊，反而更加優渥。倘是一般的琉球船隻，遭難的船民自安住館驛之日起，每人每天給米一升、鹽菜銀六厘，回國之日各人另給一個月行糧[5]。如遇難的是貢船，更會撥銀一千兩，由琉球使在福州僱員重造新船。如此優厚的救難撫恤措施，絕不遜於今天的國際救援標準。

中國五百年來柔遠施仁，不以大欺小，多方面扶助琉球王國，不惜強制移民——賜三十六姓閩人，遠赴琉球進行指導教化，沒有掠奪琉球資源，抽取賦稅，更從不干預內政，如此泱泱大度，與西方殖民主義者相比，可說是雲泥之別！毋怪琉球王國永懷覆載之恩，堅守節義之心。

中琉的宗藩關係，雖有上下之分，但不以武力脅之，而是恪守儒家的仁與義。兩國和睦共處五百多年。但打破這一和諧局面的是日本——野心吞滅琉球。儘管面對亡國巨變，琉球仍苦苦哀求不要斷絕他們與清廷的朝貢往來，痛陳：「其恩德情義，昊天罔極，何可背負，竟絕朝貢？」寧可國亡猶願當貢臣！以一國忠義之心堅貞如此，縱不絕後，亦屬空前矣！

至後來，向德宏等人跪門乞師、林世功死諫，清廷雖極表同情，奈何本身亦已殘弱不堪，無力出兵遠征施援，惟有從外交途徑來挽救，更不惜開放內地市場讓利給日本，以換取琉球獨立。但日本終歸不放過琉球，協議未能達成。最後當清廷爭取到南島的宮古、八重山供琉球復國，只是琉球尚泰王沒有應允，才會告吹。但從談判桌上的角力，已可看出清廷是盡了一切的努力，而且分得的宮古、八重山，清廷一再明言定會歸還給琉球，絕無領土野心（「中國之爭琉球，原為興滅繼絕，護持弱小起見，毫無利人土地之心……分南島與中國，中國必不敢受」[6]）。球案還未談結，日本趁甲午戰爭得勝，不用再閃縮，公然吞球。勢弱的清廷無法力挽狂瀾，眼巴巴就看着日本吞併了琉球。

日本一直承認琉球在歷史上兩屬於中國和日本，一八七九年日本單方面廢琉球為沖繩縣，琉球國反對，中國不承認。兩屬之一的中國，對日本「處理琉球」併為沖繩縣是絕對擁有過問權、甚至交涉權的。一九四三年十一月二十三日晚上八時，匯聚開羅的盟國三巨頭——美國羅斯福、中國蔣介石、英國丘吉爾。在舉行會議前，羅斯福跟蔣介石單獨會談，羅斯福一再詢問，中國想不想要回琉球？蔣介石的回答是：中美共同佔領，最終是由國際機構信託管治下由中美施政。[7]

若干年後，有評論指蔣介石當年沒有大膽明言取球，是失之交臂、痛失良機的元戎。但平心而論，蔣介石代表中國申明沒有擴張領土的野心，當日清廷也如此，足以昭示世人，鑑古而知今。中國與琉球，堪稱仁高義盛，並沒有甚麼錯失良機這回事。反而有些國家背信棄義，才使琉球問題懸而未決。

日本的中琉關係史學家赤嶺守教授亦十分重視蔣介石在開羅會議的表態，赤嶺守教授在其著書上說：琉球歸屬問題在外交上還沒有得到妥善解決，所以至今仍然是懸案。並謂：琉球王國的歷史殘影依然未消。[8]

二　日琉關係：侵略吞併強凌弱

日本在明治年間，曾大力鼓吹「日琉同文同種」，藉此掩飾吞併琉球王國的野心。地理上琉球是靠近日本的九州南部，遠在石器時代，琉球陶器的紋飾和日本繩文時代的紋飾近似，故被說成同一繩文文化圈。但石器時代的日本和琉球還沒有建立起國家，而後來琉球不再受日本文化影響，走上自己的文化歷史旅程。

公元七、八世紀完成的史書《日本書紀》[9]和《續日本紀》[10]，記述了九州以南島嶼（日本稱南島）的住民來日獻上貢物，又述及日本為尋找遣唐使船從九州南部出發往明州（寧波）的航道，派出了「覓國使」。他們在南島記下一些島名和停泊地，以作為航路標識。憑着這些記述，日本方面就說成對南島包括琉球在內擁有統治的史據。這樣誇大的胡扯，今天日本很多史學家也不附和。

至十二世紀，琉球開始進入農耕社會，稱為按司的部落首長紛紛建造城砦，以衛自己的家園和土地。後來，按司相互攻伐兼併，到十四世紀剩下三山鼎立。再經較量，最終出現第一和第二尚王朝一統琉球。

日本自從船舶的遠航能力增強之後，即覬覦琉球，薩摩島津家族更早已垂涎三尺，但獨夫豐臣秀吉有理無理一張軍令就將琉球國收為麾下，命令琉球出兵一同攻打朝鮮。琉球深知自己處在強鄰濱海旁，不能不小心應對，滿以為豐臣秀吉急病歸天便可脫難，孰料大禍接踵而來。原來儲心積慮的薩藩島津家久已覷準時機，於一六〇九年揮軍南下，攻破首里，擄了琉球王並擒回一眾大臣而歸。最終尚寧王簽下降書，答應願受監管，子孫永守。惟獨三司官鄭迵寧死不屈，慘遭斬殺，為琉球國在抗爭史上留下最悲壯的一頁。而鄭迵正是賜三十六姓閩人的後裔。

薩摩藩征服琉球後，控制了琉球對明、清的朝貢貿易，捲走了大部分利益，同時，丈地抽稅，就連遠至宮古和八重山也不放過，開徵了人頭稅[11]。琉球土地貧瘠，且是颱風橫掃的通道，以當時的農耕技術而言，生產無法提升，實在難以承擔薩藩的苛捐重稅。本來有過經濟黃金期的海上中轉口貿易，一方面受到德川幕府鎖國政策的影響，再不能航往南洋通市；另一方面對中國的朝貢貿易，亦為薩藩所操控，經濟便如江河日下，國庫空虛，不獨民不聊生，連王公大臣日子也是難捱！

一八七九年日本吞併琉球後，有「沖繩學之父」之稱的伊波普猷在很多場合撰文，歡慶琉球成為日本的沖繩縣，是把琉球人從奴隸的苦難中解放出來。但琉球人淪為奴隸，孰令致之？伊波應該明白這是江戶幕府、薩摩藩加諸琉球身上的。要說從奴隸的深淵中解放出來，伊波的喜悅，無疑是對薩摩藩摑了一記耳光！

日本廢滅琉球國，併為日本最南的一個縣。明治政府要把琉球人從薩摩的枷鎖中解救出來，先是減免租稅，繼而進行土地改革，使沖繩縣走向近代化。但他們的基礎教育不斷灌輸皇國國民思想和對軍國的服從；經濟上工商企業被來自日本本土的大財團所壟斷。當他們踏足日本各府縣，又飽受歧視，不少恥為亡國奴的琉球人，紛紛出國遠走，移民海外。倘若一切安好，何以沖繩會是全日本移民比例最多的一個縣？據一九三九年的統計，沖繩縣的海外移民主要分佈在：東南亞有三萬二千人；夏威夷有一萬九千八百人；美國一千二百人；秘魯一萬二千人；巴西二萬一千一百人[12]。單以上述的數字合算起來，已有八萬五千人，再不是鳥越皓之計算的五萬七千人，而推算出十人中就有一人移民[13]。數字以何者為準，仍有待探討。

日本發動侵華和太平洋戰爭，已成為日本國民的琉球人也被徵集上戰場，成為這場不義戰爭的犧牲者。當盟軍反攻，大軍壓境之際，日本為爭取本島作戰的準備時間，先將沖繩部署為「前緣陣地」，堅守至「一草一木」，那怕全境被摧毀，因為沖繩不過是他們的「捨石」（棄子）。經過三個月的激戰，一千二百平方公里的沖繩島，毀壞殆盡，想要找一座完好的房舍誠非易事，同時落在地上未爆的炮彈就有一百一十七萬八千多枚[14]，其慘烈情況可知。沖繩結果成為日本惟一本土作戰的戰場（其實是將沖繩視為併合後的次要土地），原是琉球人的沖繩縣人四死其一。他們之中有並非死在敵（美）軍槍炮下的，而是被誣指為間諜遭到殺害，或是被驅趕出戰壕被炸死，甚或被強制集體自殺。這樣慘絕人寰的悲劇，又是誰帶給琉球人的呢？

日本戰敗，無條件接受《波茨坦公告》。按照《波茨坦公告》和《開羅宣言》，日本的領土僅被認定為本州、北海道、四國和九州四島，其他侵奪得來的土地全部要歸還，或讓其獨立，因而琉球再也不是沖繩縣。一九四七年九月，裕仁天皇就美國的諮詢發回的口信說：擔心蘇聯帶來的威脅，為了日本和美國着想，還是請美軍佔領沖繩[15]。聯合國軍隊（實際是美國軍隊）進駐日本，主要工作是解除日本的武裝和監督重建日本文官政府。美國另外軍管琉球，是受聯合國的託管，有別於進駐日本的責務。這樣的差異，代表着琉球已脫離日本，沒有從屬的關係。

新敗的日本顯得較為恭順，他們為力保四島不可分，尤其憂慮多國派軍來分管，所以在此非常時期，不想有所僭越，遂將琉球交出。「琉球人已非日本人」，一九四六年七月十三日的《朝日新聞》社論就已道出：

前於三月十八日登記完畢的非日本人居留人數，經外務省統計，有達八十七萬八千多人。這裏所指的非日本人，是指朝鮮人、琉球人和中國人（包括台灣省居民）。[16]

日本再將琉球視為「捨石」，正是琉球脫離日本獨立的大好時機。只是美國無意讓琉球獨立，後來還要將「球」再傳回日本。

隨着遠東局勢的變化發展，美國在琉球陸續拓建了大大小小的軍事基地，已是無心施政。他們從戰略部署出發，於一九七二年沒有取得聯合國首肯，便擅將琉球的施政權交了給日本。

琉球二十七年後復為日本的沖繩縣。日本除了向美國支付巨款外，又與美國簽下秘密協議，承諾在非常時期，美國可以在沖繩島部署核武器。

曾被無辜捲入戰災的沖繩住民（原琉球人），他們抗拒島內貯藏核武，又質疑美國在日本構建的軍事基地，何以有百分之七十四是在沖繩，是否他們是次等日本人？故將大部分基地安插進來。而基地還帶來安全和美軍的性犯罪問題，令沖繩居民再無法忍受。這種種矛盾，表面上是美軍基地所帶來的，但日本中央政府的默許和袒護，更形成地方與中央的深層次矛盾。而這地方，是有着琉球王國的殘影的。

三　琉球王國版圖不領有釣魚島

現存的《使琉球錄》，以明陳侃撰寫的最早。其後，各冊封使步其後塵，或撰為《使錄》，或著成《琉球國志略》等，其中不乏文采斐然。這些《使錄》將籌備出航的過程，登舟後海途的險易，抵琉球後的冊封、外交，以及該國的山川風俗人物，都盡收書內。其目的是使以後的奉使者可以得到「擿埴索塗之助。[17]」

但是這些欽差使臣卻萬萬料不到他們的《使錄》在幾百年後，竟成為釣魚島主權爭議的重要文獻。這裏筆者集中利用這些《使錄》來說明琉球王國的版圖並不領有釣魚島，同時會加上其他史料來驗證。另外釣魚島的劃歸和爭議，則在拙著《釣魚島主權論考》詳作辨析。首先陳侃的《使錄》已清楚說出古米山（今久米島）是屬琉球的：「見古米山，乃屬琉球者，夷人鼓舞於舟，喜達於家。」其後出使的郭汝霖和李際春，在《使錄》中指出：「赤嶼者，界琉球地方山也。」陳侃說古米山是琉球的；郭汝霖則言明赤嶼是劃分琉球的界山。赤嶼和古米山便隔溝相望。（參見本書第一章）

當「過溝」，就是中外之界。汪楫的《使琉球雜錄》說：「薄暮過溝，風濤大作……曰中外之界也。」（參見本書第一章）

徐葆光著成的《中山傳信錄》及〈琉球三十六島圖〉，更加清晰地描繪出琉球王國的版圖。〈琉球三十六島圖〉的繪製，是琉球國王尚敬令紫金大夫程順則，協助徐葆光一同審定然後繪成的劃界圖，具有國際法效力。該圖詳列三十六島的分佈和島名，但沒有釣魚島列嶼（包括黃尾嶼、赤尾嶼的島名），是要避免與三十六島混淆，用意明顯。在最接近台灣的「八重山」（今八重山諸島），更標明「此琉球極西南屬界」。「極」是最、盡之意，因為再往西去，便是中國的台灣島，所以八重山是「琉球極西南屬界」。徐葆光在《中山傳信錄》中談到程順則的針路著書《指南廣義》時，在「取姑米山用單卯針」句下，作了雙行夾註：「琉球西南方界上鎮山」。亦說明「姑米山」（今久米島）是琉球的西南邊界山（島），因為再向西南方走，便是釣魚島列嶼的赤尾嶼，並不隸屬琉球王國，否則不會說姑米山是「琉球西南方界上鎮山」。（參見本書第一章）

《中山傳信錄》刊出三十年後（一七五一年），便被譯為法文，在巴黎出版。同時，《傳信錄》傳到日本後，再翻刻成書，在日本廣為流傳。日本天明五年（乾隆五十年，公元一七八五年），仙台的兵學者林子平作《三國通覽圖說》，內附〈琉球三省並三十六島之圖〉，是參據徐葆光的〈琉球三十六島圖〉繪成彩色的輿圖。

林子平主要參考徐葆光的三十六島的地理分佈位置，在繪製上卻有很大的分別。他的圖有標出緯度和回歸線，顯然是已經對西方的地圖繪製有了一定的認識。他將琉球三省[18]並三十六島全部着了黃色，配合了此輿圖的主題。同時，在海疆邊緣處，刻意附上文字說明。如在大島下的解說是：「自奇界至渡名喜十一島，皆大島管治。十一島的村落數二百六十。土人以小琉球自稱，但與台灣南面的小琉球山不同。」[19]又在太平山下作：「以上七島宮古支配（管治），琉球持有。」[20]再着八重山，其說明是：「以上八島八重山支配，琉球持有。[21]」這樣的着色描繪，很容易令人明白琉球的版圖、領屬。林子平又標示出琉球和福建間的兩條海道，這也是徐葆光的〈三十六島圖〉中所沒有的。兩海道分南線與北線。南線就是冊封使由福州出發常用的海道，林子平繪出的順序是：「花瓶嶼、彭佳山、釣魚台、黃尾山（嶼）、赤尾山（嶼），以虛線穿連，並都着了紅色。北線由那霸出發，經「南杞山、鳳尾山、魚山、台山里麻山」，亦用虛線穿連着了紅色。林子平同時將廣東省、福建省、浙江省、南京省（江南）、山東省繪上紅色。這樣用不同顏色（琉球諸島用黃色，中國各省和釣魚台等用紅色）作領屬的區別，「釣魚台、黃尾山、赤尾山」屬於中國是非常明確的。日本的歷史學家井上清教授，早在上世紀七十年代親閱林子平的〈琉球三省並三十六島之圖〉，經過考證，認為圖中所標示的「花瓶嶼、彭佳山、釣魚台、黃尾山、赤尾山」都屬中國無疑。

但日本的奧原敏雄卻撰文反駁井上之說，質疑若以顏色作領屬區別，為何台灣和朝鮮所着的顏色都是黃色？對奧原的反駁，中國的學者吳天穎和鞠德源的著書均予以還擊。其中鞠先生就着林子平的輿圖分析說：「台灣島與澎湖三十六島、小琉球、雞籠山等島嶼，雖然塗用黃顏色，亦屬於中國所有，因為圖上明確標示了〈台灣三縣之圖〉字樣。」又謂：「當年林子平繪圖的中心主題是表現〈琉球三省並三十六島〉，所以圖上要特別標示出琉球所有的島嶼和琉球管領的字樣……道理很簡單，林子平主要是繪畫〈琉球三省並三十六島〉，只要點明哪些島嶼是屬於琉球所有就夠了。」[22]

筆者十分贊同鞠先生的論點。既然林子平在「太平山」和「八重山」處均作了說明，強調是「琉球持有」，那麼比琉球還要大得多的台灣（琉球本島加上三十六島的總面積也僅是台灣的十六分之一），又在八重山之西，如果是由「琉球持有」，一定會加腳註說明。而事實卻非如此。

林子平的〈琉球三省並三十六島圖〉，是用較近代的西洋繪圖法描繪出琉球王國的版圖，而它是不包括釣魚島、黃尾嶼和赤尾嶼的。此圖影響甚大，江戶時代日本已有多種摹本，一八三二年法國也有摹本出版，更將說明譯為法文。

琉球王國一直視三十六島是自己的版圖。當琉球被廢滅，陳情使向德宏乞師時，應李鴻章之請，作成十駁寺島外務卿的〈節略〉，其中提到：「敝國所轄三十六島之內，七、八島在其中（這七、八島緜亙距薩摩三千里），萬曆三十七年（一六〇九）被日本占去五島。」李鴻章在其〈妥籌球案摺〉時，也述及琉球的版圖：「琉球原部三十六島，北部九島，中部十一島，南部雖有十六島，而周迴不及三百里，北部中有八島，早被日本佔去，僅存一島。」這樣的信息，李鴻章是得自代表琉球王國的國戚兼特使向德宏，具有官方權威性。另一方面，駐日公使何如璋奉李鴻章之命，訪查琉球王後嗣，獲法司官馬兼才覆函，其內談到在宮古、八重復國之事，並詳述宮古和八重所轄的島嶼（詳見本書第九章），亦沒有片言隻字提及釣魚島，當然亦無「尖閣」之名。

這裏再加插琉球官員對台灣主權的說明。同是向德宏，他向左宗棠乞師時分析航道的情況：「敝國雖然孤懸海外，自閩、台灣經敝國屬八重山、太平、姑米、馬齒等山，直達琉球。」[23]「自閩，台灣經敝國屬島八重山、太平……」句，指明從福建和台灣前往琉球，經過敝國（琉球）八重山、太平……直達琉球，都沒有「釣魚島」的地名。

從上述史事可知，琉球王國從來沒有管領過釣魚島列嶼，也從來沒有提出過釣魚島的主權問題。他們一直以三十六島作為自己的版圖，而三十六島的地理位置和名稱，就以徐葆光和程順則共同審定的〈琉球三十六島圖〉為據。後來，仙台林子平再據徐葆光圖，參以西洋繪圖法，製成〈琉球三省並三十六島之圖〉，使琉球版圖更加清晰明確，亦相對說明釣魚島列嶼並非琉球國所轄領。只是一八七九年日本吞併琉球後，野心無饜足，將手伸到釣魚島列嶼去了。

琉球王國不領有釣魚島列嶼此一史實，是不容否定的。日本專研琉球史的赤嶺守教授，在其著書中亦認同此論。[24]

四　美琉關係：義始利終軍為先

當年琉球成為海商小王國，遠航東南亞販商貿易，有機會接觸到由海路東航到亞洲的第一個歐洲國家——葡萄牙，其後又與荷蘭、英國等往來。因此，「琉球」之名早已遠播歐洲。新興的美國與琉球之交進展甚速，更於一八五四年互簽友好條約。

一直以來，美國若要到亞洲活動，都是從東岸的波士頓港解纜，橫渡大西洋繞過好望角東來，遙遠費時，大大增加貿易成本，削弱了競爭力。美國正為其地理位置發愁之際，一八四八年美國戰勝墨西哥，奪得西部加州的領有權，從而由加州的舊金山等港口橫渡太平洋，直指中國上海等商港，比歐洲國家東航來得更便捷。但以當時蒸汽輪船的遠航能力，沒有把握可以一口氣直達中國東岸，中途如能補給食水、煤炭等物資會較為穩妥，同時可以加做中轉貿易。而橫渡太平洋後，首先迎來的是日本本州等島嶼。但日本的江戶幕府正厲行鎖國政策，對歐美國家抱有戒心，僅開放長崎港供荷蘭泊碇貿易。而要日本開放門戶，並非一蹴而就之事。於是美國便作了後備方案——迫令琉球王國就範。

一八五二年，美國委任培理准將（M. C. Perry，一七九四至一八五八年）為遠東艦隊司令。翌年五月二十六日，培理率領四艘軍艦進入那霸港登陸交涉，直趨首里城，跟攝政的尚宏勳（其時尚泰才十一歲，並稱病不能出見）談開國事，更提交了外交文書，附呈漢文譯本，上款是給「琉球國總理大臣尚宏勳」，所用的年號為大清的「咸豐三年」（一八五三）[25]。此一外交文書，可以說是美琉官方交往之始，其內容主要是要求開港，又聲言再來訪時，便要簽訂《修好條約》。

一八五四年三月，培理跟日本簽訂了《日美和親條約》後再到琉球，於七月十一日跟琉球簽署了《美琉修好條約》。《條約》用上了英文和漢文兩個文本，其中漢文用的年號是中國「咸豐四年六月十七日」[26]，足見琉球國一直奉中國明、清正朔。其後一八五五和一八五九年。琉球先後又和法國、荷蘭簽約，使用的年號仍然是「清咸豐」。

後因美國亦令日本開國，航船使用日本的港口更有效益，所以與琉球雖有《條約》，但實效性不大。然而美國知有琉球國，並作出邦交，是不容否認的事實。而美國更查悉琉球同時臣事中國和日本。

一八七九年，日本吞併琉球，清廷向日提出抗議、照會，並邀請美國卸任總統格蘭特斡旋，冀使琉球復舊。格蘭特聯同美國駐日公使平安展開的斡旋活動，可以稱得上是美國對琉球的義助，並促成中日談判，雖然最終因「二分」和「三分」的方案相持不下而宣告談判破裂，但責不在美方。

琉球被吞滅，美琉關係也因此而告落幕。但琉球本來是一個獨立國，世人是知悉的，美國更曾與其有國事交往，否則一九四五年十一月的開羅會議期間，羅斯福總統就不會向蔣介石詢及琉球的處理問題。羅斯福的關注，也是義之所在。

一九四五年的沖繩島浴血戰，令琉球人捲入戰災，傷亡甚巨。但為甚麼會有這場慘烈的戰爭？是誰首先挑起戰事？才有以美國為首的盟軍搶登沖繩，所以哪些人須負上戰爭責任是一清二楚的。

第二次世界大戰之後，美國代表聯合國佔駐日本，並受託管理沖繩，恢復琉球之名。初期，美國有意帶領琉球實行民主政制，婦女的選舉權比日本來得還要早。但自從中國共產黨取得中國大陸政權並出兵援朝抗美之後，美國擔心共產紅旗在遠東到處飄起，急忙調整策略，重新部署。首先一手包辦、主導了舊金山會議，在中國缺席、蘇聯反對的情況下，簽訂了《對日和約》，既令日本加入到他們的陣營，又挾使聯合國將琉球交與自己（美）管理，將琉球部署為遠東的最大軍事基地。

美軍在琉球成立民政府，雖然讓琉球民選議員和市長，但當選出不是他們可信任的人物，就不顧甚麼民主選舉，粗暴地出手打壓，硬要將「非同道人」拉下台來，被認為是「紅色市長」的瀨長龜次郎便是顯例。但這麼一來，美國偽善的臉紗也被拉了下來。

美國為穩固自己的霸權地位，將琉球（沖繩）構築為美國在亞洲的前沿基地，在支援朝鮮半島戰爭之後，又成為越戰的出征平台，更於島上秘密部署核武器。他們已無心管治琉球，但又不想讓琉球獨立，因為他們極不願意看到琉球赤化。但基地問題叢生，當地反美情緒高漲，其中有一股要求回歸到日本的力量出現。同時，日本亦千方百計想着收回琉球，頻頻懇請美國談判。

猶記日本將沖繩當作「捨石」以阻擋美軍進攻日本本島。但美國自從佔取沖繩，反視之為「要石」，大有愛不釋手之勢。為緩和反美情緒，以及洗去長期霸佔的污名，美國便從本國的利益來考慮，把琉球交回日本。

若以《舊金山和約》的第三條來看，美國是受聯合國委託來管治琉球的，他們如要辭任，應將琉球的管治權交回聯合國，而不是擅將琉球的施政權交給日本。美國雖然能夠一言以閉天下口，但實際上，日本再將琉球編為沖繩縣，在國際法理上仍然是懸而未決的。

美國將琉球連同中國的釣魚島列嶼當作禮物送了給日本，表面上沒有收取甚麼利益，但在秘密協議中，日本既讓步，更付出了龐大的補償金額。根據秘密協議，美國得到他們所堅持的核彈部署——雖說是非常時期才裝置，但對此日本是無法抗拒的。沖繩（琉球）人民因為美國的戰略部署而成為潛在被攻擊的對象，難以過上和平的日子。

美國曾助琉球，但為了鞏固自己的利益，硬將沖繩變成永久的美軍基地，真可謂利始義終。

五　百年前「明月彎」戰略興風作浪

法裔美國人李仙得（Charles W. Le Gendre，一八三〇至一八九九），受過軍事教育，後畢業於巴黎大學。婚後入籍美國，參加了南北戰爭，退役後，被委派到中國出任美國駐廈門領事，遇台灣「羅發號事件」，李仙得與清朝閩、台官員交涉，數度深入山區踏查，繪出詳細的台灣地圖。後來，他被調任回國途經橫濱之際，獲日本力邀，成為日本的「御傭顧問」。

稱得上亦文亦武的李仙得，既為日本獻上出兵台灣之策，又出作外交顧問隨副島種臣到北京談判，在幕後授計日本，試探清朝對台灣番社的態度[27]。因此，很多史學家評李仙得為「西方涉台事務史上最具爭議的人物。」[28]

但另一方面，李仙得向日本政府提出的六件〈備忘錄〉（〈覺書〉）中，除上述出兵台灣的建議外，第四號〈備忘錄〉的「東亞明月彎」戰略，其影響更加深遠。[29]

「東亞明月彎」戰略，是李仙得向日本獻計，提出將朝鮮半島、琉球、台灣拿下，加上日本本島，連成一個半月形的區域，既可拱衛，又能封鎖中國從東海進出西太平洋。日本心中早已想侵佔這些島嶼，只是李仙得的戰略構思更加具體，突出了太平洋的出入口要道和對中國的封鎖。

當時能有這樣宏觀視野，絕非活動範圍主要集中在亞洲的東方國家所能思考得到的，反而是亟欲開發此航線的美國最為着緊。當格蘭特前總統斡旋琉球案時，常假李鴻章之言，向日本要價說：「琉球是各國與中國通商要路，為台灣前面門戶……謂非設法另立章程，保住中國要路門戶，恐此事不能了結。[30]」但其後，何如璋上函李鴻章轉述楊越翰的說話時，就可知道真正要令此門戶暢通的是美國——「又言琉球中南兩部之間為太平洋商船出入要道，自未便聽日本專據，有礙美國通商之局云云。」[31]

不過日本很快就實現了「明月彎」戰略。首先他們吞滅琉球，繼於甲午戰爭後奪取台灣，一九一〇年再強併朝鮮。其後，日本的擴張更遠超「明月彎」戰略。但物極必反，日本不義之師終告敗亡。

第二次世界大戰後，美國為圍堵紅色中國，扶持了韓國，偏幫了日本，為使琉球不染紅，便不讓其獨立，交回給日本，更附帶將釣魚島列嶼一併贈送給日本，別有用心地製造中日不和。至於台灣，長期以來為美國馬首是瞻，聯為一氣。

今天，在美國主導下展開的半月形區域圍堵中國，似有意無意間重拾李仙得的「明月彎」戰略。當年針對船舶的補給需要靠岸寄港，今日的船艦續航能力強，可以靈活地取得補給。但現在輪到空軍需要中途站來補給、停駐，所以沖繩島的軍事基地仍是如此重要。

半月形的圍堵，監視着中國進出西太平洋的船艦，這無疑是美國來到東亞，反客為主，聯同日本，以百多年前的「明月彎」戰略，在西太平洋的出入要道興風作浪。

六　琉球沖繩交替又交替

琉球經歷按司時代，繼而相互兼併而有三山鼎立，最後由尚巴志於一四二九年統一三山，建立了琉球王國。其間，雖有第一尚王朝和第二尚王朝之分，但四百五十年始終是單一政權。直至一八七九年，為日本所廢滅，化琉球國為沖繩縣。

日本這種帝國主義的侵吞，備受爭議，也遇到受壓迫民族的抗爭。迨第二次世界大戰後期，中美英發表了《開羅宣言》，其中指出：「其他日本以武力或貪慾所攫取之土地，亦務將日本驅逐出境」，這是包括所攫取的琉球在內。較此更為清晰的是一九四五年七月二十六日發出的《波茨坦公告》。其中第八條指明：「開羅宣言之條件，必將實施，而日本之主權必將限於本州、北海道、九州、四國及吾人所決定其他小島之內。」

據上述的《宣言》、《公告》，琉球於二次大戰後不再隸於日本，由以美國為首的聯合國軍進佔管理。這個時期，琉球是有望掙脫日本重再獨立的。但時局急變，美國調整策略，趕忙召開舊金山和約會議，主導各國簽訂《舊金山對日和約》，並炮製了〈第三條〉，硬要聯合國指定美國是琉球群島、孀婦岩島以南之南方諸島及沖之鳥島與南鳥島的惟一管理者。這樣的訂立，是不打算讓琉球像朝鮮那樣獨立，又沒有落實《波茨坦公告》第八條款；更沒有實施《開羅宣言》，使琉球脫離與日本的關係。而對日抗戰作出巨大貢獻的中國，又是接受日本降書上的簽字國，卻未被邀請參加是次和約會議，所以當年（一九五一年）的總理兼外交部長周恩來於九月十八日發表聲明，拒絕承認《舊金山對日和約》。

美國硬將琉球從聯合國手裏取回來單獨管治，但不管他們怎麼硬來，也沒有打出「沖繩縣」或「沖繩政府」的日本政區名來，卻用上「琉球政府」一名，似潛藏着一種主權獨立的考慮。

可是美國最終沒有培植這獨立的芽苗，更沒有先將琉球交回聯合國，再由聯合國開會決定其去向，反而視聯合國如無物，一言以閉天下口，狡稱將琉球的治權交與日本。但美國和日本卻簽訂了協議，放「琉球」給日本，條件是在沖繩島上保留美軍基地，甚至在非常時期可以部署核武。沖繩淪為美國永久的「軍事殖民地」，日本的學者認為這完全是由「美日共犯」所造成的。[32]

美國擅將琉球的治權交給日本，日本高興地說：沖繩（琉球）的主權本來就是日本的，現在將治權交回來，順理成章沖繩就真的回歸了。但美國那種單獨行動的霸權主義，說到底琉球仍然是懸案一宗，其理有四：

一是從舊金山和約召開開始，即拒中國於門外，已有違戰時同盟國間的協定；二是《舊金山對日和約》沒有落實執行《開羅宣言》和《波茨坦公告》；三是沒有簽約的中國據此否定《舊金山和約》的成效；四是美國擅將琉球交與日本而未獲聯合國會議通過或授權。

另一方面，根據中國和琉球的宗藩關係，以及多次受琉球懇託向日本交涉，促日釋放尚泰王讓琉球復國等的史事來看，中國對琉球的去留，仍是擁有一定的發言權的。

日本史學家赤嶺守也認同琉球的歸屬問題是一宗懸案[33]。近年，又掀起一場沖繩是否要獨立的爭論。著名的琉球史學家高良倉吉就說：「應否獨立？並非由歷史學家來論定，是由現今生活在沖繩的人來決定。」[34]

事實上，要求獨立之聲亦此起彼落。如一九九七年就有過「沖繩獨立可能性關注激論會」的舉行；同年，前沖繩市長大山朝常出版了《沖繩獨立宣言——大和（Yamato）並非應該回歸的祖國》，瞬即成為沖繩縣內的暢銷書。二〇〇六年三月五日，在宜野灣市海濱公園舉行的縣民大會上，就飄揚着「琉球獨立」和「琉球共和連邦」的旗幟。[35]

二〇一三年五月十五日，一批有着琉球人血統的社會活動家和學者，組織成立了「琉球民族獨立綜合研究學會」。發起人之一是日本龍谷大學教授松島泰勝。松島表示：創會之初，首先研究和探討沖繩的路向，希望早日實現撤除沖繩的美軍基地，至於琉球的獨立，應交由琉球民族來自決，這也是學會的長遠目標。琉球沖繩的交替，似還未完結，這裏試以圖表來示之：

美國擅將琉球交給日本，令日本重將琉球收編為沖繩縣是欠缺國際法依據的；同樣，美國將並非他所屬的島嶼——釣魚島列嶼，當作禮物般也一併送了給日本，亦是缺乏法理依據的。現在沖繩縣的主權是否歸屬於日本尚是疑問？那麼對釣魚島列嶼的主權，日本的手豈非伸得更遠了嗎？本書姊妹篇《釣魚島主權論考》，就會詳細解讀釣魚島列嶼的主權歸屬。

最後要重申一句，就是說釣魚島之爭不得不談琉球。因為釣魚島是冊封使船往琉球的航標地，從而被歷任冊封使記錄在《使錄》中，成為中國爭取釣魚島主權的重要文獻。

筆者近日啟悟到日本挑起釣魚島之爭，與沖繩縣民眾強烈反對美軍基地有着莫大關係。原因是近年日本和美國幾乎無法控制沖繩的民眾和縣政府反基地之聲——普天間基地盡快搬遷，最終目標是所有美軍基地遷離沖繩縣。這樣令堅持以沖繩為永久軍事基地的美國十分為難，雖然他們多次與日本拋出《日美安保條約》中日本有義務提供基地為由，但長期受壓的沖繩民眾，已忍受不了美兵的性犯罪、戰機的爆音（比噪音更難受）、軍事訓練失誤帶來的災難等，確令日本中央政府無法一次又一次的撫順民情。於是便製造中國威脅論，又挑起釣魚島之爭，最後再請美國奧巴馬總統說出兩國的《安保條約》是適用於釣魚島的。為保「國土」，軍事基地不可撤，所以沖繩的基地有存在的必要。如此迂迴曲折地保住沖繩基地，其用心可謂苦矣！

筆者之推斷，也許是快了一點，但期待將來美日兩國的檔案和文獻公開，可以驗證。

二〇一四年清明後於愧書劍齋

註釋

1 禮，是禮制、規範之意，並包括嚴格規定的儀式。

2 參見張廷玉等撰《明史》三百二十三卷〈外國四〉，北京中華書局，一九八四年，頁八三六八。

3 同註2。

4 公元一四五八年，尚泰久王鑄造「萬國津梁之鐘」，以示航船與各國貿易的交往，並懸於首里城正殿。此鐘重六百公斤，是戰火中倖存之物，今藏於沖繩縣立博物館。所引文句，見於鐘上銘文。

5 參見陳龍貴著〈院藏清代琉球檔案與中琉封貢關係〉，收錄於何傳馨主編《故宮文物》第三六二期，台北國立故宮博物院，二〇一三年，頁七七。

6 參見《李鴻章全集》第六冊〈譯署函稿〉卷十〈與日本委員竹添進一筆談節略〉，頁三一六三。

7 參見田村幸策著《太平洋戰爭外交史》，東京鹿島研究所出版會，一九六六年，頁四九九至五〇〇，引美國外交文書。

8 參見赤嶺守著《琉球王國》，東京講談社，二〇一一年，頁二一六。

9 《日本書紀》，由舍人親王等於公元七二〇年撰成的史書，共三十卷，編年體以漢文記述，是日本最古的官修史書。

10 《續日本紀》，桓武天皇命藤原繼繩和菅野真道繼《日本書紀》之後，續修由文武天皇（公元六九七年）至桓武天皇（公元七九一年）止的編年史，共四十卷。

11 薩摩藩大約在一六三七年開始徵收宮古和八重山的人頭稅。按年齡來徵收，男交米、女繳布。有傳說在平良市的海邊，有天然的直立石柱，高約一百四十厘米，於是以此石來定納稅準則，也就是高過此石便要交稅，再不計算年齡。所以此石又名「人頭石」。

12 參見又吉真三編著《琉球歷史總合年表》，沖繩那霸出版社，一九八八年，頁一六七，引《日本南方發展史》。

13 參見鳥越皓之著《琉球國の滅亡とハワイ移民》，東京吉川弘文館，二〇一三年，頁一五。鳥越所引的資料是《日本移民の地理學的研究》。其數字是按一九四〇年統計結果，以廣島縣最多，有七萬二千人，次為熊本縣，沖繩縣五萬七千人排第三。若以又吉真三引的資料，沖繩縣的移民數高逾九萬，應超過廣島而位居榜首。

14 戰後在沖繩縣內處理未爆炮彈的實數。筆者抄錄自沖繩「舊海軍司令部壕」展示的數字。

15 參見伊佐真一著《伊波普猷批判序說》，東京影書房，二〇〇七年，頁一八二。

16 同註15引書，頁二〇六至二〇七。

17 參見陳侃著《使琉球錄》的〈序文〉。

18 三省是指本島（即沖繩島）的三個區域，仍按以前「三山時代」來劃分，即山北、山中、山南。

19 參見吳天穎著《甲午戰前釣魚列嶼歸屬考——兼質日本奧田敏雄諸教授》，北京社會科學文獻出版社，一九九四年，圖版二。筆者以放大鏡參看原文再作翻譯。其中「渡名喜」的「喜」字較模糊，稍為存疑。

20 同註19引書的圖版二。筆者按日文直譯。

21 同註19引書的圖版二。筆者按日文直譯。

22 參見鞠德源著《釣魚島正名》，北京崑崙出版社，二〇〇六年，頁三二九至三三〇。

23 參見西里喜行編《琉球救國請願書集成》，東京法政大學沖繩文化研究所，一九九二年，頁一一三。

24 同註8引書，頁六。

25 參見山口榮鐵編著《外國人來琉記》，那霸琉球新報社，二〇〇〇年，頁一五八至一五九刊錄的漢文外交文書圖照；又ペルリ提督編著、土屋喬雄、玉城肇譯《日本遠征記》（二），東京岩波書店，一九八二年，頁一七、二七。

26 此條約正本現收藏於日本外務省外交史料館，其圖照見於又吉真三編著的《琉球歷史總合年表》，那霸出版社，頁一一九；高良倉吉、田名真之編《圖說琉球王國》，東京河出版社，頁一一八；沖繩縣博物館、美術館出版《博物館展示ガイド》，頁五七。

27 李仙得在閩台跟進「羅發號事件」時，清朝的地方官員曾表示事發於「深山生番」之區，官軍也難以緝辦。李仙得便藉詞指清朝未能有效管治該區，其他國家便可插手云云。李仙得持此態度，與日使同到北京，授計向清廷的毛昶熙和董恂查詢，以套取有利於他們的言詞。

28 參見愛德華．豪士著、陳政三譯《征台台紀事——牡丹社事件始末》，台北台灣書房出版，二〇一一年，頁三一；又 Charles W. Le Gendre 著，黃怡譯《南台灣踏查手記》，台北前衛出版社，二〇一二年，頁二二。

29 同註28引書，頁三一。

30 參見《李鴻章全集》第六冊〈譯署函稿〉，中國海南出版社，一九九七年，頁三一三七，〈譯美國副將楊越翰來函〉（光緒五年六月三十日。）

31 同註30引書《李鴻章全集》，頁三一三八，〈何子峩來函〉（光緒五年七月初四）。

32 參見仲里効、高良倉吉對論《沖縄問題とは何か》，福岡原書房，二〇〇七年，頁一九七。

33 參見赤嶺守著《琉球王國》，東京講談社，二〇一一年，頁二一六。

34 同註32引書，頁二三四，高良倉吉的對話。

35 同註32引書，頁一二三至一二四、一二七至一二八。

附篇

從琉球國向明清請封、奉正朔比較中日的管治權威

引言

二〇一三年一月二十日，安倍內閣官房參與（外交事務）谷內正太郎在香港一個名為「中美對話」的研討會上，提交了發言稿，指責中國在釣魚島問題上用武力提出要求，「是對規則導向的國際秩序的侵犯」，還神氣地問：「我想知道中國領導人會回答是還是否？」筆者閱讀後，頗感不快，於是執筆寫成〈就釣魚島問題答谷內正太郎〉，於二月一日交《澳門日報》發表。拙文扼要地舉出史實，然後回答谷內：「就算日本強行吞併了琉球國改編為沖繩縣，也不能因此就將釣魚島撥入沖繩縣下。更何況中國從來沒有承認過日本吞併琉球之事……嚴格來說，琉球也可算是一宗懸案。試問琉球妾身未明，又何來『尖閣』女兒的歸屬呢？」文章反應頗佳。後來，筆者獲邀於三月二十六日在香港城市大學作專題演講[1]，集中談到：釣魚島之爭還看琉球。本文初稿就是當日演講的講稿，後來再加增訂，並將論文名改如上。

其實，在這方面的研究，台灣有不少出色的學者，發表了很多鴻文巨篇。其中張啟雄先生的〈「中華世界帝國」與琉球王國的地位——中西國際秩序原理的衝突〉[2]，通過分析比較，批判了日本對琉球的「實力管轄領有論」。筆者承接他的研究成果，再檢出一些有力的史料，加以補充、闡釋，用以反駁日本所謂的「實力佔有琉球」。在這裏，筆者也是要感謝張啟雄先生的。

在撰寫次序上，先有本論文，然後才執筆續寫本書稿——《琉球沖繩交替考》。在內容上，本文有部分會跟本書出現重複，但為求完整，所以就不作刪削，還請察諒。

一　中琉關係：明清柔遠，琉球恭順

十九世紀中葉以前，中華帝國在亞洲可以顧盼自雄，儼然東亞諸國盟主。數千年來，燦爛的中華文化在東方閃現，逐漸形成大中華思想，傲視四鄰，以蠻夷來稱鄰邦異國，自視為天朝上國，構建成一套華夷體制。這樣的體制，其思想根源來自儒家的王道與霸道。中國歷朝的君王，特別是漢族的皇帝，在取得天下以後，建立起中央政府，對待周邊鄰國，多捨霸道而取王道，也就是不以武力攻佔征服，而是以懷柔通好，以德服「夷」。只要願意來朝接受中華帝國冊封，便成為華夷體制中之一員。而中華帝國的天子，對待前來朝貢的藩屬，賞賜倍於貢物，甚至多達數倍、十倍，既優且渥，更免徵來往貨物稅收，令每次來朝均能得益。因此各藩屬皆樂於來朝，既能受天朝庇護，亦可以從封貢貿易中獲取巨利，而最令諸王國放心的是「華夷分治」。換句話說，就是天朝除了冊封之外，不會干與內政，任由藩屬王國自治。

下面就舉一些事例來說明明清兩朝的懷柔和琉球的恭順。

明太祖朱元璋，以琉球國貧苦落後，渡海來貢，所用舟船，簡陋單薄，不堪風浪，致損壞極甚。太祖體恤其苦，或贈船回歸，或賞銀在福建購造。最後，考慮到他們的落後，決心助琉球解困，詔令福建三十六姓閩人[3]，合二百多人，分批移民到琉球，助琉球發展，改變他們落後的情況。這三十六姓閩人，包括熟練的舟師和木工，更有儒學者和技師等[4]，使琉球的經濟、文教、吏治等都取得飛躍的發展，特別是那些造船的木工，可說是當時世界上最優秀的造船工人，因為與他們同代而留在福建的同工，其後就參加了建造鄭和的龐大船隊。移民琉球國的三十六姓，世代聚居在「久米村」（琉人稱作「唐榮」或「唐營」）。他們的後裔，很多被送來中國，入讀太學。學成回琉球，出仕任官，主持封貢、文教，守禮盡忠，成為琉球國歷年的中流砥柱，也為中琉的友好作出巨大貢獻。萬曆朝的冊封使蕭崇業，感佩地說：「賜閩人三十六姓，令與俱矣，其意遠矣，豈將所謂用夏變夷者耶！」[5]

特別要提的是，這三十六姓移民琉球，是明朝毫無私心地協助琉球的一種懷遠柔人睦鄰政策，完全有別於西方的殖民掠奪策略。而這樣的輸出能人技工援助貧窮小國，在明、清再難找到第二例，足見明朝對琉球國的懷遠深仁有別於其他朝貢國。

明初，琉球國來貢方物，有馬匹和琉磺。及後，明朝局勢漸趨平穩，不再渴求馬匹，琉球無物可進，竟然貢來幾名閹人，令朝廷啼笑皆非。永樂帝拒絕收下，告誡說：「彼亦人子，無罪刑之，何忍？」[6]着令送還，但恩賜不減。對於慕華來學的留學生，除如唐代食宿外，更「賜中服靴條、衾褥帷帳」，令禮部尚書呂震亦慨歎唐太宗之賜也「未若今日賜予之周也。[7]」至於來華琉人觸犯法紀，亦多獲寬赦。如：「通事私攜乳香十斤、胡椒三百斤入都，為門者所獲，當入官。詔還之，仍賜以鈔。[8]」又「山南使臣私齎白金詣處州市瓷器，事發，當論罪。帝曰：『遠方之人，知求利而已，安知禁令。』悉貰之。」[9]再如貢使「擅奪海舶，殺官軍，且毆傷中官，掠其衣物」[10]，明朝官軍將違紀者捉拿，僅將為首者處死，「餘六十七人付其主自治。明年遣使謝罪，帝待之如初，其修貢益謹。」[11]

一六四四年，天朝易主，大清滅明取而代之。琉球國遣使進貢請封。康熙二年（一六六三），派張學禮為冊封使，齎詔赴球。同時，又賜印信一顆，使用清制，左滿文、右漢篆，印文為：「琉球國王之印」[12]。康熙七年（一六六八），命福建督撫重建柔遠館驛，以接待琉球使臣[13]。至於對待來華的琉球官生，較之明朝更為優渥：官生三人，「日給一雞、肉二斤、茶五錢、（豆腐）一斤、椒、醬、鹽菜等俱備。」而且春秋賜袍褂褲帽，每月還給與紙筆墨文具費[14]。而貢船貨物，禮部曾奏請「一體納稅」。康熙帝不同意：「若進貢者亦概稅之，殊乖大體，且非朕柔遠之意。[15]」此後，貢船所帶貨物，一概免除關稅。清代中期以後，海上交通頻繁，琉球船隻遇海難漂流至中國東海岸的事故，幾乎每年都有發生，清朝已有既定制度來撫恤處理。首先按例護送海難人員至福州琉球館驛安頓，每人給米一升、鹽菜銀六厘，回國之日，各人另給一月行糧[16]。如果毀壞的是貢船，還會特別在公銀內撥支一千兩，以便購料造船[17]。清代對出入口的商品有嚴格的管制。乾隆二十四年，再明令禁止絲斤出洋，更不准琉球國收購綢緞。後來，琉球王懇請購買綢緞等二千斤，以便織紝。乾隆體恤其情，硃批：「此何不可之有。」[18]

天子有懷柔深仁之心，臣下亦不忘行義施恩。嘉慶十三年（一八〇八），齊鯤和費錫章出任冊封琉球的正副使。他們宣旨冊封完畢，不作久留，俟好風之便，即登船回朝覆旨。他們在奏報中述說早日還朝的因由：「臣等仰體皇上懷柔至意，恪遵聖訓，一切概從減損。因思隨行員弁、兵丁、匠役人數較多，少住一日，即該國省一日供應。[19]」其體恤關愛之情，教人感佩！

琉球國深受明清兩朝懷遠仁愛隆恩，銘感拜謝，按期入貢賀朝，兩國情同父子，非一般宗藩關係可比。所以當日本藉廢藩吞併琉球，禁止他們再向清請封和斷絕朝貢時，琉球即作出哀懇，以極其真摯的筆觸，寫出令人動容的陳情書，真是如泣如訴：

> 自前明以來，撫我甚為優渥。每當國王纘統，不憚波濤險阻，遣欽差，賜王爵，隔年進貢，則又賞賜綵幣物品，不勝枚舉。逮及清朝，更為優厚，其恩德情義，昊天罔極，何可背負，竟絕朝貢？……若離清國，則必失自由權利而召掣肘之累，國家豈可永保？父子之道既絕，累世之恩既忘，何以為人？何以為國？[20]

中琉兩國相交，情深義厚至如此，誠世之所罕！

二　日琉關係：薩摩侵琉，明治吞球

琉球國孤懸東海，與日本薩摩（今鹿兒島縣）為海鄰，早有通交，也有貿易往來。其時，琉球受到明帝的優待，准與來華朝貢貿易。日本也爭相進入寧波互市，爭取豐厚的利潤。但至嘉靖二年（一五二三），細川高國和大內義興在寧波發生「爭貢事件」，雙方廝殺起來，趁機搶掠附近的村鎮，殺害當地的官民。明廷大為震怒，遂中斷與日貿易。後來，倭寇大舉作亂，明朝頒令海禁，跟日本絕市。

迨一五九二年，日本豐臣秀吉揮軍渡海，攻打朝鮮，派使向琉球徵兵一萬五千，復飭令繳付糧餉。琉球以國小力薄無法徵集來拖延。秀吉和薩摩藩當然不悅。但延至一五九八年，秀吉身故而撤兵，琉球得以逃過拉夫上陣之劫。

琉球此番只是避得小劫，反而巨劫難逃。薩摩藩主島津家久早因多次要求琉球向中國說項，請開禁通商而屢遭拒絕，懷有宿怨。當德川家康一統東瀛之後，島津徵得德川允准，即於一六〇九年發兵三千，南下殺登那霸。武備不修的琉球，瞬被攻破。薩摩軍在王城搜掠多日，尚寧王伏降，連同王子、鄭迵等三司官和數十官員，被押解至鹿兒島。[21]

被俘的尚寧王，翌年由薩摩藩主島津家久親自押解北上，覲見德川。德川家康以島津家久破琉球有功，遂將管控琉球之權賜與家久。

明萬曆三十九年（一六一一）九月，薩藩將擄回兩年的尚寧王、王子、鄭迵和一眾官員等押至大興寺，着令各人在降書上簽押，方可獲釋回國。然而位居宰相又是閩三十六姓的鄭迵不屈，慘被處死[22]。尚寧王等簽署降書後，獲釋歸國[23]。但這一刻，山河已經變色。首先是北面的與論島、沖永良部島、德之島、奄美大島、喜界島共五島，已全部歸薩摩藩奪去。同時，琉球須送王子或王族的人員至鹿兒島作人質，致使琉球王不敢輕舉妄動。而薩摩藩更仿效中國，令琉球王向薩摩藩提交效忠書，並直接控制三司官，一面代替國王執政；一面又監視琉球王。但他們依然放心不下，徑派「在番奉行」，長駐那霸。至天啟初年，更派藩士分駐琉球各地，稱為「大和橫目」，以監視庶民大眾。[24]

經濟方面，薩摩向琉球收取賦稅，橫徵暴斂，由抽取產量的八分之一，到後來常以「國用不足」增加賦稅，抽取高達琉球總產量三分之一。令本來就貧瘠的琉球，經此壓榨剝削，全國庫房空虛民生凋敝。而本來琉球與朝鮮、暹羅、爪哇與及日本的幾個小島一直保持通交互市，可補國用。但薩摩除容許與日本小島繼續貿易外，其他一律禁止互市，令琉球國更加困厄，其慘可知！[25]

然則日本何以不乾脆把琉球併吞呢？原因是薩摩藩要利用琉球跟中國的朝貢貿易來套取更大的利益。一口氣將琉球併吞不可能再有琉球與中國的朝貢貿易，而這樣的特許貿易，利潤非常豐厚，能長期利用，較一口吞下上算得多。於是薩摩藩就讓琉球的尚王朝繼續向中國請封。當明清的冊封使來到首里，薩摩藩派在首里的監官便會撤到近郊，連王廷內能看到的日本文書也要收藏起來，以瞞過中國來的天使[26]。日本這樣苦心的隱瞞，完全着眼在巨大的利益上；琉球國忍辱同瞞，正合「皇帝在遠、拳頭在近」這句諺語，是身不由己的偷生之法。琉球這樣臣事二國，由明入清，直至一八七九年為止，日本史學界稱之為「兩屬時代」。

在薩摩藩的監控下，琉球國出航往福建的朝貢船須要得到薩摩藩的批准。琉球這時的貢品和商品，日本可以作出調度，薩摩藩更會撥出「渡唐銀」（往中國購貨的資金），以便在中國大量購買日本所需商品，擴大利益。當然，朝貢貿易所帶來的巨額利益，絕大部分落到薩摩藩手中。由此可見薩摩藩藉琉球為搖錢樹，從朝貢貿易中榨取龐大的財富，使薩摩藩逐漸強大起來，成為江戶時代的「強藩」。反過來，曾經依靠朝貢貿易致富，成為海商小王國的琉球，其財路被薩摩藩所劫奪，還被日本譏為「奈良的鷺鷥」。[27]

琉球從一六〇九年尚寧王被俘虜至一八七九年正式被吞併止，凡二百七十年，雖為「兩屬時代」，但琉球國仍然沾溉到明清的冊封和眷顧，這不能不說是儒家的仁愛之心，因而令琉球對中國始終是懷恩抱忠。但日本對他們的壓榨盤剝，使其經濟陷於崩潰，不但人民生活苦困，就連王朝的財政也異常拮据，全國過着貧困悲苦的生活。

隨着十九世紀西方列強東侵，日本的江戶幕府因內外交困而倒台。一八六八年，明治天皇在倒幕志士的擁護下，遷都江戶，改名東京，開展了明治維新的西化革新運動。

明治四年（一八七一），日本繼「版籍奉還」後，再推出「廢藩置縣」的政策來削掉各藩的地方力量。是年十一月，將全國改編為一使（北海道開拓使）三府七十二縣。九州的薩摩藩亦被改編為鹿兒島縣。一直由薩摩藩控制的琉球國，其從屬去向又當如何處理？琉球仍然是一個國家，日本的「廢藩置縣」完全是內政，本不應有所牽涉。可是日本包藏數百年的野心，當然不作如是想。但為免操之過急引來反彈，先施計着琉球王尚泰派王子捧表至東京，慶賀明治維新。一八七二年，明治天皇接賀表後，即下詔：「……世世為薩藩之附庸，而爾尚泰，能致勤誠，宜與顯爵，着陞為琉球藩王，敘列華族。[28]」也就是說，全國廢藩，趁勢硬將琉球國「封」為日本的藩屬，用意是使琉球失去獨立國的地位。

就在廢藩置縣的一八七一年底，琉球宮古島的船民遇上海難，漂流至台灣東南端的八瑤灣，被當地牡丹社等土著搶掠，五十四人遇害。翌年五月，日本才獲悉此事。但當時還未廢琉球王為藩王。只不過日本很快就於一八七二年十月把琉球王廢去，「轉封」為藩主，強行納入日本體制內，並有計劃地於一八七四年五月二日，點兵出征台灣，聲言要討伐殺害琉球藩船民的台灣土著。這明顯是藉詞出兵之舉，用意是表示琉球國已是日本的藩屬，所以有義務保護琉球民。但這宗海難後來釀成琉球船民被牡丹社山地土著殺害的事件（有稱作「牡丹社事件」），是在「廢王封藩」之前一年發生的，日本還談不上宗主國，出師無名。然而侵略者並非法學家，不必論因由。是年五月初，他們派遣以舊薩摩藩為主力的三千六百多兵員，分乘船艦，開抵台灣。五月二十二日，由西鄉從道指揮，攻打牡丹社等高山土著，一度展開激戰，日軍焚村掃蕩，最終獲勝。清政府和日本展開談判。其間，駐中國的英國公使也曾作出調停，並向清政府施壓。十月三十一日卒達成和議，其結果是懦弱的清政府以屈辱來換取和約，竟承認日本的侵台是保民的義舉，顢頇地稱琉球船民為「日本臣民」，並需賠償五十萬兩，日本才於十二月三日撤兵。[29]

日本此次侵台，有預謀地施展了一石二鳥之計：一是向清朝顯示日本已是琉球的宗主國；二是試探清朝新敗於西方列強之後的作戰能力。

既然進軍台灣獲認同為保民義舉，日本遂於翌年（一八七五）派出內務大丞松田正之到琉球去威嚇，促其早日歸順。此時，清朝接到琉球的通報，提出抗議，並否認日本對琉球擁有宗主權。琉球亦派出王子到東京，圖向西方列強陳情，請求援助，制止日本的野蠻侵略。而在一八七七年底，中國首任駐日公使何如璋抵日履新，即聯同琉球的官員，展開外交的爭辯。就在這時，日本寺島外務卿就亮出萬國公法的「先佔原則」，而引伸到「實力管轄領有論」來。[30]

一八七九年三月，日本無視清朝和琉球的抗議，派出熊本鎮台的兩個中隊前往琉球，強橫地執行廢藩置縣令。四月，將琉球國改編為「日本沖繩縣」。日本新增了沖繩縣，也就是正式吞併琉球王國。而對日本吞併琉球，清朝是堅決不與承認。

三　侯服有度、不敢僭稱：琉球再三請封

封貢制度上，冊封之前，先有請封。請封的原因，往往是老王逝去，請求天子冊封繼位的世子。琉

球國對天朝的冊封，尊崇而且謹遵，琉球王薨逝後，世子不能馬上即位，須派使請封，天使一天還未抵琉舉行冊封典禮前，世子不能稱王，只能以監國身份來攝政。

前述尚寧王曾被薩摩藩擄去，兩年後釋還，此事明朝亦有所聞，並憐恤「其國殘破已甚」，乃改為「十年一貢」[31]。至泰昌元年（一六二〇），尚寧王薨，本即遣使請封，但明光宗即位不到一年便駕崩，復由熹宗即位。所以琉球待到天啟三年（一六二三），才差蔡堅等在朝貢時請封。有關琉球在此期間一再請封之事，《明史》和《明實錄》均有簡單記述[32]。而琉球幸存下來的《歷代寶案》抄本，則有詳細記錄。《歷代寶案》保存了很多明清的原始資料，特別是禮部，福建布政使司等知照琉球國的咨文，清廷頒給琉球國的詔書、敕諭等，都可補現藏檔案的不足[33]。下面就引用《歷代寶案》來分析再三請封的因由。

天啟三年上表請封：「琉球國中山王世子尚豐為請封王爵以效愚忠，以昭盛典事。照得泰昌元年玖月拾玖，痛我先君辭世薨逝，念予小子，嫡嗣承祧，然侯服有度，不敢僭稱，基業求存，合先請襲，瞻彼海國波區，不膺冊封重命，撮土安能砥柱於中流？荒服藩臣，不奉天子褒綸，惴躬奚得安瀾於絕域？況祖封昭烈，宜當亟循，題襲舊章，較著例無違越稽遲，經差奏請，去後未蒙渙汗。天啟叁年叁月。」[34]

天啟五年（一六二五），琉球國以冊封使尚未至，尚豐仍以「中山王世子」自稱，遣正議大夫鄭俊等入貢具奏，懇請福建巡撫乞請朝廷早日冊封錫爵。但綸音仍杳。天啟六年（一六二六），情急的尚豐，又遣正議大夫蔡廷等齎咨捧表請封，除了複述前曾請封外，更再度叩請：「伏望皇上俯照臣祖事例，蚤賜皮弁冠服恩榮，庶一彈波區，延綿萬載，而億代藩疆累歷重光矣。臣尚豐無任激切，翹首待命之至。」但熹宗仍沒有降旨。翌年，尚豐第四次遣使請封，並致送咨文給禮部，大膽地催促：「伏望皇上，俯照臣祖事例，蚤賜皮弁冠服……」但結果仍然未見頒旨。[35]

從《歷代寶案》的上表、行咨文來看，尚豐再三請封，希望早日獲得冊封，否則名不正、言不順，不敢僭稱為王，足見冊封之重要。而此時，不正是薩摩藩已開始管轄琉球王國嗎？但尚寧王的世子尚豐，還是認為明朝的冊封高於一切，才有再三再四的請封。然則何以明廷不按舊例，接了請封即頒旨冊封呢？原來明廷擔心尚寧王曾被擒，他薨逝後，繼位人是否確為尚寧王世子，導致冊封遲疑未決。為解決此問題，乃敕諭福建等處承宣布政司，着琉球交來全國人民的具結，始作考慮。咨文載：「……嫡長承襲，應否有無詐冒，取具合國人員無礙耳結回覆前來，以憑定奪等因」[36]。尚豐不敢不從，馬上遵辦，並送福建巡撫會同巡按御史查勘，確實無礙：「又況取有琉球國中山王府三法司等官吳鶴齡、孟貴仁、毛泰運等印結，為請封事，宣誠實執結……朝野臣屬參名畫號確實具結，事於國體國法，罔敢妄冒等因」[37]。據此，朝議才「相應准封」。

只是好事多磨。尚豐第五次請封，已是崇禎二年（一六二九）。思宗准封，頒下敕諭：「皇帝敕諭琉球國王世子尚豐，得奏爾父尚寧于泰昌元年九月十九日薨逝，爾為世子，理宜承襲，特遣戶科右給事中杜三策、行人司司正楊掄，封爾為琉球國中山王，嗣理國政」[38]。但結果冊封使杜三策和副使楊掄因種種原因，至崇禎六年（一六三三）始抵琉球，為尚豐冊封。

尚寧王薨逝，尚豐由一六二二年開始向明廷請封，不下五次，還要打破舊例，宣誠具結，歷經十二載，至一六三四年始獲襲封王位。其間，尚豐一直不敢僭稱，俟冊封後，才以琉球國中山王身份號令全國。由此可知，中國的冊封是何等重要，在宗藩、從屬的關係上，無疑起着一種巨大的政治力量。而歷代的琉球王，對天朝都是極其恭順尊崇，所以他們在受封後，一定懇求天使留贈聖旨，以作為國寶般珍藏。如尚豐的謝表所言：「豐同百官拜舞，北向叩頭謝恩外，隨請於天使懇晉詔敕為鎮國寶，蒙天使鑒其誠切，依聽許晉。[39]」可惜，這些鎮國之寶——聖旨，很多都毀於第二次世界大戰的戰火中。

四　謹奉正朔、遵用大清年號

中國的封建王朝，改朝換代，天子即位，頒新曆法，是為正朔。在中華帝國的冊封體制下，受封諸國，向中華帝國稱臣，尊為天朝，成為中國帝國宗藩體制之一員，謹奉天朝正朔，遵用中華皇帝的年號。

如明太祖洪武五年（一三七二），遣使楊載，齎詔往琉球，告以改元即位，囑來朝入貢：「朕為臣民推戴，即皇帝位，定有天下之號曰大明，建元洪武。是用遣使外邦，播告朕意，使者所至，稱臣入貢。惟爾琉球在中國東南，遠處海外，未及報知，茲特遣使往諭，爾其知之」[40]。琉球中山王察度即遣弟隨楊載入朝，貢方物，太祖大喜，「賜大統曆及文綺、紗羅有差」[41]。這就是琉球奉明朝正朔之始。其後的天子世襲登極，例頒即位詔以告天下。如光宗登位頒泰昌即位詔：「其以明年為泰昌元年，大赦天下，與民更始，所有合於事直，開列於後……四方稱臣奉朔，進貢來賓者……」[42]。又崇禎帝即位後，冊封尚豐為琉球王。尚豐感恩呈謝表：「豐同百官拜舞，北向叩頭謝恩外……竊惟豐遠處海東，托居荒島，奉一統正朔，荷累朝之深恩。」[43]

洎清代，琉球國仍來朝請封、奉正朔。清朝新帝即位，亦頒正朔，廣告天下。如世宗雍正元年（一七二三），有福建等處承宣布政司向琉球國頒正朔事：

> 欽惟我皇上奄有四海，統御萬方……案准欽天監頒曆貳前來，隨委照磨官督造去後，茲工告竣，合於頒發。欽遵所有貴國擬合備文頒告，為此備咨貴王府，希將頒到大清雍正元年分正朔曆書，欽遵查照，頒布臣民，庶海國山川共凜一王之正朔……須至咨者，計咨送綾書曆二十本。右咨琉球國中山王尚。雍正元年貳月初肆日。[44]

迨十六世紀，西方進入大航海時代，頻頻東航尋找殖民機會，琉球國也在他們的注視中，很多航海地圖均已標示出琉球的地理位置。一八四四至一八四七年，英國和法國相繼向琉球叩門，要求通商、傳教和給予船隻補給。琉球國一面好言婉拒；一面向清廷稟報，言詞篤懇，極盡忠誠。茲摘錄如下：

> 琉球國中山王尚為咨明事，照得道光二十四年三月十一日，有海船壹隻，來到敝國那霸洋面停泊，隨請委員訪來歷。言語不通，內有通事壹名，係中國人。據（稱）係佛朗西國第一號戰船，其總兵嘞爾口路璞朗，船上共有二百三十人，自廣東起程，來買糧食，併買木材修補……本總兵為與貴國和好，奉令而來。余不能久住於此，數月之後，必有大總兵都督大船，或各戰船到來，宣示……本爵意謂敝國蕞爾蜃疆，土瘦地薄，物產不多，金銀無出，不能廣與他國交通，若結好佛國，往來貿易，洵恐煩累頻繁，遂招顛覆之憂，且使他國人上陸淹留，素係國家嚴禁，即飭具文固辭，但該總兵不肯聽從，于拾玖日強留執事壹名，通事壹名，開船回去。[45]

接着，留下來的英法通事以言詞來恐嚇琉球，力勸早日通交：

> 佛國戰船自西東來，花費無限，若深知其意，得萬全之計，則有吉無凶，否則禍福難料。近聞西土各國有議曰：凡天下不與吾西土通好者，伐之！[46]

琉球王經過議商後，仍然固辭。咨文續報：

> 本爵意謂：敝國僻處海隅，叨蒙皇上覆載之恩，世膺王爵，代供職貢，國泰民安，永享太平，

若乃交通佛國，為其保護，不但失臣子忠順之忱，更負天朝存恤之恩。且察兩人之言，雖云阻（助？）人謀，實在圖己之利，不可苟馬（焉？）從之，墜其陰謀，即令固辭。[47]

最後，琉球王再輸誠表忠，感謝教化，但仍擔心西國的滋擾：

本爵意謂：敝國在明洪武年間，荷賜閩人三十六姓，教以孔孟之道，至聖朝定鼎，文教覃敷，斯文丕振，沐化益厚，慕學漸深，設建文廟，崇儒重道，均向鄒魯之風。凡國中所行政務，亦遵中朝定制，不敢異軌。若今學天主教，則上負天朝黜異端，以崇正學之至意；下開海國惑邪說而昧良心之弊竇，即令固辭……竊查該佛國人等，無故入境，初欲結好貿易，以求格外保護，後要傳天主教，所稱言辭反覆靡常，不可測度。至於日後若有大總兵到國，不知如何騷擾哉？……茲值進貢之便，合先咨明……右咨福建等處承宣布政使司，道光貳拾肆年捌月初肆日。[48]

錄引此文的目的，是可以考察到作為清朝藩屬的琉球國，在遇到外來國家的威嚇時，馬上向其宗主國告稟，而這宗主國就是大清，並引述他們的政制是：「凡國中所行政務，亦遵中朝定制，不敢異軌」，而使用的年號，亦是大清正朔的「道光」。

向清朝告稟使用大清年號，可能會被說成是理所當然之事，但接着下來是美國遠東艦隊叩關通商，連日本也驚懼起來，開放門戶，簽訂了《日美和親條約》[49]。與此同時，美國也成功令琉球國共同簽訂《琉美修好條約》。跟着下來的一八五五和一八五九年，也先後和法國、荷蘭簽了類似的條約。而琉球與這些國家簽訂的條約，其年號都是謹奉大清正朔，再次以事實表明他們是歸附於清朝，否則他們何以不使用日本的安正年號。以下就抄錄《琉美修好條約》的引首部分，以供參考：

合眾國全權欽差大臣兼水師提督被理以洋書漢書立字
琉球國中山府總理大臣尚宏勳
布政大夫馬良才　應遵執據
紀年一千八百五十四年七月十一日
咸豐四年六月十七日在那霸公館立[50]

五　結論

以上簡要地敘述了中琉和日琉的關係，現在就來分析、考察日本在吞併琉球前，搬出西洋國際法的所謂「實力管轄領有論」是否成理？

張啟雄先生根據大久保利通的自述做了翻譯：「公法云：雖有荒野之地，其國若非實地領之，且未於其地設立政黨，現又未於其地獲利，則不得認其為有領有權及主權者。」張氏再概括大久保的說話，指「實力管轄領有論」表現在「領有地、理其政、徵其稅者，才有其主權」[51]。既然有此說法，儘管中華帝國的封貢關係中，其「華夷分治」有其獨特的一面，仍就其「領有地、理其政、徵其稅」來作辨析。

一　領其地

中國雖然有：「普天之下，莫非王土」之語，但懷柔遐方，講文修德，僅受其職貢，並無出兵領有琉球國土。

日本雖由薩摩出兵征服琉球，但對外並沒有公開宣稱已征服琉球，而且行政權和外交權還在琉球王及其官僚手中，所以不能稱得上「領其地」。日本真正領其地的，只能說琉球北面被割佔的五島——與論島、沖永良部島、德之島、奄美大島和喜界島。

二　理其政

中國奉行「華夷分治」，並沒有插手琉球的政務，但比任何都更為重要的政制——確立一國之君，是由中國來冊封。上文提到天啟至崇禎年間，尚豐五次請求冊封，還要提交三司具結、朝野臣屬簽名畫號，才遣使冊封，其權威性之高，蓋過任何管治體制。確立一國之君之後，才能號令百官治理國家，其重要性可知。而且經過中國的教化，琉球「崇儒重道」，「凡國中所行政務，亦遵中朝定制，不敢異軌」。這就是無為而治的毋須理其政而又能治之。

薩摩征服琉球後，雖然頒行十五條裁制令，主要是行為、操守法規，其中第一條影響至大，就是：「非奉薩藩令，不得與中國往來」[52]。但原來薩摩和琉球都非常渴望發展朝貢貿易，所以這條裁制令，根本沒有約束力。至於派到琉球駐守的「在番奉行」和監察員「大和橫目」，在平日也許可以發一些官威，但當中國的天使——冊封使來駕，就會出現很多異常的遷動，簡直就是政治笑話。

上文提到薩摩藩征服琉球，其中最大的目的，就是從中琉的朝貢貿易中攫取巨大利益。但薩摩藩對中國也如琉球般一樣的敬畏，為免被中國識破他們在琉球的欺壓行為，便作出一系列指引來隱瞞。如不推行日本制度；不令穿倭服；一切典籍、紀錄、報告，均諱言薩藩侵琉後的日琉新關係。每當天使駕臨冊封，就更緊張地安排：所有日本官員如「在番奉行」、「大和橫目」及其部屬，非妥善偽裝混入者，一律遷居琉球東海岸偏僻之地，以遠離中國人活動之西海岸；取締一切日文招貼、招牌。[53]

須知這樣的偽裝、逃避、隱瞞往往長達半年以上。因為冊封使等待季候風的吹送，至少也需六個月。美國人喬治克爾（George H. Kerr）也說：「一旦中國使節及商人來琉，首里、那霸等區所有日本人及足以引起注意之事物，一律撤至僻遠地區。至於琉人，亦不得講日語……此類偽裝，竟延續二百五十年之久。[54]」這樣偷偷摸摸的見了天使便要躲藏，還能大聲說：「理其政」嗎？中國派出的欽差冊封使，冊封新君，堂而皇之地彰顯管治的權威！這樣一比較，高下立見，「理其政」的實力，就在中國。

三　徵其稅

中國沒有從琉球收取賦稅，更談不上壓榨，但有規定朝貢，琉球亦會貢上方物，這可視為貢稅之一種。當然，以天朝自居的中國，會以倍數來回贈，但重要的不是收了多少稅，而是一種宗藩的從屬關係。何況中國是以讓利之心來扶助弱國，從來沒有希冀琉球的一分一毫。正因如此，便能令琉球乃至四鄰皆誠心歸順來朝。

薩藩對琉球，確是橫徵暴斂，收取了大量賦稅，令琉球全國一貧如洗，民不聊生，因此惟有苦忍，毫無歸順之意。

總結以上三點：一、領其地。中國沒有，也不會做琉球的侵佔者。日本雖然說有派員監管琉球，但始終領而不有，是空談。所以領其地，中日都互交了白卷。二、理其政。從確立、指名一國之君，到冊封使到琉球，光明正大地行使至高無上的冊封大權，所謂駐琉的「在番奉行」等要覓地躲藏，日本若還堅持說有效理其政，就真是有點失禮人前了。三、徵其稅。日本確是狂暴徵稅，這裏不再辯說。綜合三點，中日兩方似是扯平，但中國掌握了最高的冊立國君權，更兼取得人心，再加上琉球奉明、清正朔，在外交上，仍向中國告稟，在簽訂國際合約上，使用的是大清咸豐年號，在在顯示出中國對琉球的管治權威，儘管日本拿出「實力管轄領有論」來，也不能改變中國對琉球的管治地位。

歷史上中國對待藩屬國家，懷遠施仁，不掠奪土地資源，冊封之後，施以「華夷分治」，不干涉關與國內政，這種講求王道的仁義精神，不用興師動兵，即令屬國俯首稱臣，套用現代的用詞來比喻，就是「軟實力」之功。正是有着這種懷遠深仁、崇儒重道的傳統，今天新興的中國，大可跟世界各國一起去重溫、回顧這段歷史。

註釋

1 該專題演講會會由香港的中國國情研習促進會主辦。

2 張啟雄：〈「中華世界帝國」與琉球王國的地位——中西國際秩序原理的衝突〉，《第三屆中琉歷史關係國際學術會議論文集》，台北：中琉文化經濟協會出版，一九九一年，頁四一九至四六九。

3 參見張廷玉著《明史》，卷三二三《列傳外國四》，頁八三六二。北京：中華書局，一九八二年。《明史》作三十六戶，但更多記述作三十六姓。如《明神宗實錄》、《久米村系家譜》、周煌《琉球國志》等。

4 參見謝必震著《關於明賜琉球閩人三十六姓的若干問題》，《第三屆中琉歷史關係國際學術會議論文集》，台北：中琉文化經濟協會出版，一九九一年，頁一〇〇〇，引《明實錄》：「賜閩人三十六姓，知書者授大夫長史，以為貢謝之司。」

5 同註4引書，頁一〇〇一。

6 同註3引書，頁八三六三。

7 同註6。

8 同註3引書，頁八三六二。

9 同註3引書，頁八三六三。

10 同註3引書，頁八三六四。

11 同註3引書，頁八三六四。

12 參見清徐葆光著《中山傳信錄》。

13 參見莊吉發著〈故宮檔案與清初中琉關係史研究〉，收入在《第二屆中琉歷史關係國際學術會議論文集》，台北：中琉文化經濟協會，一九九〇年，頁二〇，引《清聖祖仁皇帝實錄》。

14 參見陳奇祿著〈明清中琉關係的歷史意義〉，收入在《第一屆中琉歷史關係國際學術會議論文集》，台北：中琉文化經濟協會，一九八八年，頁一七至一八。

15 參見陳龍貴、周維強主編《順風相送——院藏清代海洋史料特展》，頁一五三，台北：國立故宮博物院，二〇一三年，引《大清聖祖仁皇帝聖訓》卷五十八《柔遠人二》。

16 同註15引書，頁一六五，〈福建巡撫張師誠奏〉。

17 同註15引書，頁一五二，〈暫護福建巡撫伊轍布奏〉。

18 同註15引書，頁一五一，〈閩浙總督蘇昌、福建巡撫定長奏〉。

19 同註15引書，頁一四六，〈冊封琉球正使齊鯤、副使費錫章奏〉。

20 參見楊仲揆著《琉球古今談》，台北：商務印書館，一九九〇年，頁七八；又詳見本書第六章。

21 同註20引書，頁四六至四八；又同註3引書，頁八三六九。

22 同註20引書，頁四五；又詳見本書第三章。

23 同註3引書，頁八三六九。

24 參見楊仲揆著《中國．琉球．釣魚台》，香港：友聯研究所，一九七二年，頁四七。

25 同註20引書，頁五二；又同註24引書，頁四九。

26 從天朝欽派來的使節被尊稱為「天使」。

27 日本史學界稱之為「奈良的鷺鶿」，筆者則認為稱作「鹿兒島鷺鶿」似更為貼切。

28 參見喜舍場朝賢著《琉球見聞錄》，東京東汀遺著刊行會，一九五二，頁六。

29 這五十萬兩美其名有十萬兩是撫卹琉球民遇害者；另四十萬兩是承讓日本在台灣修橋築路、建設房舍之費，參見《日本歷史（十五）近代（二）》，東京：岩波書店，一九六二年，頁二三六。

30 參見張啟雄著〈何如璋的琉案外交〉，收入在《第一屆中琉歷史關係國際學術會議論文集》，台北：中琉文化經濟協會，一九八八年，頁五七六。

31 同註3引書，頁八三六九。

32 同註3引書，頁八三六九至八三七〇，又《明實錄．熹宗實錄》。

33 參見莊吉發著〈從故宮博物院現藏檔案看《歷代寶案》的史料價值〉，收入在《第三屆中琉歷史關係國際學術會議論文集》，台北：中琉文化經濟協會，一九九一年，頁一七九至二二八。

34 參見沖繩縣立圖書館史料編集室編《歷代寶校訂本》第一冊，沖繩縣教育委員會出版，一九九二年，頁五九二。

35 同註34引書，頁六〇八。

36 參見徐玉虎著《明代琉球王國對外關係之研究》，台灣：學生書局，一九八二年，頁三九。

37 同註36引書，頁四〇。

38 同註37。

39 同註36引書，頁四一。

40 同註36引書，頁九。

41 同註3引書《明史》，頁八三六一。

42 同註36引書，頁三六，引《歷代寶案》第一集卷一《泰昌即位詔》。

43 同註36引書，頁四一。

44 同註36引書，頁二九五，引《歷代寶案》第二集卷二十二。

45 同註36引書，頁三〇四，引《歷代寶案》之《別集．咈嘆情狀》。

46 同註45。

47 同註36引書，頁三〇四，引《歷代寶案》之《別集．咈嘆情狀》。

48 同註36引書，頁三〇五，引《歷代寶案》之《別集．咈嘆情狀》。

49 參見黃天著〈《滿清紀事》、《日本日記》的逆輸入和增田涉的有關研究〉，收入在《歷史上的中國出版與東亞文化交流》，上海：百家出版社，二〇一〇年，頁一五九。

50 參見《條約》照片，該條約現藏日本外務省外交史料館。

51 同註2引文〈「中華世界帝國」與琉球王國的地位——中西國際秩序原理的衝突〉，頁四五二。

52 同註20引書《琉球古今談》，頁四七。

53 同註20引書《琉球古今談》，頁六四。又喜舍場賢著《琉球見聞錄》，東京東汀遺著刊行會，一九五二年，頁八九。

54 同註20引書《琉球古今談》，頁六四。

後記

釣魚島主權之爭，肇於上世紀七十年代。當時我雖是一名中學生，但亦十分留意時事，關心全球華人的保釣運動。及長，以鑽研中日關係史為己業，對釣魚島主權問題，雖非主攻，也斷斷續續的研究了多年，然一直沒有發表過文章，迨近年日本改變了對釣魚島的策略——不再暫時擱置，還要用買賣的形式將釣魚島變成所謂的日本國有化，挑起了事端。這時，我才首度開腔，在大學授課加講釣魚島問題，又撰文反駁谷內正太郎（刊於二〇一三年二月一日《澳門日報》）。去年（二〇一三年）六月廿六日，中國國情研習促進會邀請我在香港城市大學演講，題為「釣魚島之爭從何說起」。因反應尚佳，頗獲好評，更有鼓勵將資料整理，撰寫成書出版。於是便不揣下愚，翻出藏書，打開筆記，挑燈疾書（我依然一筆一畫的作手寫稿），每至黎明，連戰三百日，數易其稿，終成是編——釣魚島歸屬尋源之一《琉球沖繩交替考》。作為姊妹編的《釣魚島主權論考》，現正接續趕寫中。

一書得成，當非易事，而一眾友好的支持，教我銘心！國情會會長伍翠瑤博士和何京文大律師、林振敏、彭詢元、李樹輝、曹孟泰等先生的多番鼓動，讓我有機會作了連場演講，促使我下決心寫成此書，謹致深謝。與此同時，也衷心感謝侯明常務副總編輯對我書稿的肯定，爽然答應出版。而趙江和陳德峰二君，為本書的編輯、設計做了很多工作，謹此致謝。

在撰寫期間，荷蒙蕭滋、高孝湛二公關注，時將搜集得來的資料見示，其扶掖後輩之心令人感幸！此外，有幸得到陳愛倫、羅逸豪分擔我白天的工作，讓我多了時間撰著，謹表謝忱。

家兄黃燦光博士和小女清揚，為我追查外文資料，並做了翻譯；小兒與飛在後期加入白天的工作團隊，減輕了我在這方面的壓力，令我既感念又欣慰！

最後，當然要感謝內子寶珍。三十年來她照顧好我的起居飲食，讓我得以精神奕奕地工作，專心鑽研學問。在撰著本書時，她又是協助謄抄，又是陪同出外考察，也夠疲累的！平素疏於言謝，今天在此謹鞠躬禮謝。

甲午重陽於燈下

【再版追記】本書於二〇一四年十一月中旬面世，瞬受各方垂注，銷途不俗，僅兩個月，就傳來再版之聲。與此同時，更被《亞洲週刊》甄錄為二〇一四年度十大好書之一，喜訊頻傳，令人鼓舞，以一本厚甸甸的學術著作，能有此殊榮，亦可謂「吾道不孤」，在此也要感謝讀者的愛戴。

稍有遺憾者，就是前輩藍真先生未及看到拙著梓行。他生前對此書的出版十分關心，常來電鼓勵，今愧恨之餘，遙向藍天揮手，報上佳音，以博一粲！

琉球國、沖繩縣大事年表

紀年	琉球國	大事記
一三一四（元延祐元年）	三山鼎立	琉球的按司相互兼併，這個時期出現北山王、中山王和南山王鼎立。
一三六八（明洪武元年）	三山鼎立	朱元璋滅元，平定群雄，建立大明。
一三七二（明洪武五年）	三山鼎立	明太祖遣使楊載往琉球招諭，中山王察度向明進貢。
一三八〇（明洪武十三年）	三山鼎立	南山王承察度遣使向明進貢。
一三八三（明洪武十六年）	三山鼎立	年初，中山王、南山王並遣使入貢，詔賜二王鍍金銀印。年底，北山王怕尼芝遣使向明進貢。
一八九二（明洪武廿五年）	三山鼎立	中山、南山二王遣官生入明留學。
一三九六（明洪武廿九年）	三山鼎立	在這一年或稍前，明太祖詔賜閩人三十六姓往助琉球。
一四〇四（明永樂二年）	三山鼎立	派冊封使時中至琉球，冊封中山王武寧、南山王汪應祖。
一四〇六（明永樂四年）	尚思紹	尚巴志滅中山武寧王，擁其父思紹登位，建立第一尚氏王朝。
一四一五（明永樂十三年）	尚思紹	派冊封使陳季芳至琉球，冊封南山王他魯每。
一四一六（明永樂十四年）	尚思紹	尚巴志滅北山國。
一四二〇（明永樂十八年）	尚思紹	派船往暹羅國通交。
一四二二（明永樂二十年）	尚巴志	尚巴志繼父位。
一四二五（明洪熙元年）	尚巴志	派冊封使柴山至琉球，冊封尚巴志。
一四二九（明宣德四年）	尚巴志	尚巴志滅南山國，琉球三山歸一。
一四三二（明宣德七年）	尚巴志	遣使向明進貢，獲賜海舟。又派船至暹羅、朝鮮通交。
一四三八（明正統三年）	尚巴志	琉球派船至暹羅及爪哇。

紀年	琉球國	大事記
一四三九（明正統四年）	尚巴志	福建設琉球館。尚巴志逝，在位十八年。
一四四三（明正統八年）	尚忠	冊封使俞忭至琉球，冊封尚忠。
一四四七（明正統十二年）	尚思達	冊封使陳傅至琉球，冊封尚思達。
一四五二（明景泰三年）	尚金福	冊封使陳謨至琉球，冊封尚金福。
一四五三（明景泰四年）	尚金福	尚金福死，其弟布里與世子志魯爭位，首里城焚毀。
一四五六（明景泰七年）	尚泰久	一四五四年尚巴志第七子被擁立為王。是年冊封使李秉彝至琉球，冊封尚泰久。琉球船至滿剌加通交。
一四五八（明天順二年）	尚泰久	鑄造萬國津梁鐘懸於首里城正殿。
一四六三（明天順七年）	尚德	一四六〇年尚泰久死，傳子尚德。是年冊封使潘榮至琉球，冊封尚德。
一四六六（明成化二年）	尚德	遠征鬼界島凱旋歸。
一四六九（明成化五年）	尚德	明將柔遠驛（琉球館）移置福州。尚德死。
一四七〇（明成化六年）	尚圓	尚圓登位，開創第二尚氏王朝。
一四七二（明年化八年）	尚圓	冊封使官榮至琉球，冊封尚圓。續派船至暹羅、滿剌加通交。
一四七七（明成化十三年）	尚真	一四七六年尚圓逝，尚真在其叔父宣威繼位六個月後，將位回讓給他。首里城建歡會門、久慶門。
一四七九（明成化十五年）	尚真	冊封使董旻至琉球，冊封尚真。
一五〇〇（明弘治十三年）	尚真	八重山生亂，派中山大將率軍平定。
一五〇七（明正德二年）	尚真	明准琉球由二年一貢改為一年一貢。

紀年	琉球國	大事記
一五一三（明正德八年）	尚真	派船遠航至爪哇、蘇門答臘，並首航至巽他。
一五二二（明嘉靖一年）	尚真	明頒令二年一貢。
一五二六（明嘉靖五年）	尚真	尚真逝，在位五十年。
一五三四（明嘉靖十三年）	尚清	冊封使陳侃至琉球，冊封尚清。其後，陳侃著《使琉球錄》。
一五三七（明嘉靖十六年）	尚清	北征奄美大島。
一五六二（明嘉靖四十一年）	尚元	尚清於一五五五年逝去。是年，冊封使郭汝霖至琉球，冊封尚元。其後，郭汝霖著《使琉球錄》。
一五七一（明隆慶五年）	尚元	揮軍征服奄美大島。
一五七九（明萬曆七年）	尚永	尚元於一五七二年逝去，是年，蕭崇業冊封使至琉球，冊封尚永，後著有《使琉球錄》。首里門初懸「守禮之邦」匾額。
一五八八（明萬曆十六年）	尚永	尚永逝去。豐臣秀吉命薩摩藩島津氏招諭琉球。
一五九一（明萬曆十九年）	尚寧	豐臣秀吉出兵朝鮮，命薩摩藩島津氏令琉球一同出兵，為世子尚寧所婉拒。
一五九三（明萬曆廿一年）	尚寧	提交食糧與薩藩，島津義久續令繳付。
一五九八（明萬曆廿六年）	尚寧	尚寧雖曾遣使奉表請封，明以倭氛未息而推延。是年八月，豐臣秀吉病死。
一六〇六（明萬曆卅四年）	尚寧	冊封使夏子陽至琉球，冊封尚寧，其後著有《使琉球錄》。薩藩島津家久請示征伐琉球，德川家康允准。
一六〇九（明萬曆卅七年）	尚寧	薩藩島津派三千軍乘船南下，攻陷琉球，擄尚寧王並鄭迵等大臣回薩摩。
一六一〇（明萬曆卅八年）	尚寧	島津氏迫尚寧及其重臣簽下降書並接受十五條制裁令，然後釋還，獨三司官司鄭迵，拒簽降書被殺。薩藩並強佔琉球北五島。

紀年	琉球國	大事記
一六一二（明萬曆四十年）	尚寧	薩摩藩禁止琉球人日本化。
一六二三（明天啟三年）	尚豐	尚寧於一六二〇年逝去。尚豐即位，並於是年進貢請封。
一六三一（明崇禎四年）	尚豐	薩摩在琉球設「在番奉行」。
一六三三（明崇禎六年）	尚豐	冊封使杜三策至琉球，冊封尚豐。明允二年一貢，每貢可由兩艘貢船組成。其後杜三策從客胡靖撰《杜天使冊封琉球真記奇觀》。
一六四〇（明崇禎十三年）	尚豐	入明進貢。尚豐王逝去，世子尚賢繼位。
一六四四（清順治元年）	尚賢	明為清所滅，仍遣使奉貢。琉球開始在沿海設烽火台。
一六五〇（清順治七年）	尚質	尚賢於一六四七年逝去，由尚豐四子尚質繼位。羽地朝秀著《中山世鑑》。
一六六三（清康熙二年）	尚質	冊封使張學禮至琉球，冊封尚質，其後成《使琉球記》和《中山紀略》。
一六八三（清康熙廿二年）	尚貞	尚質於一六六八年逝去，長子尚貞繼位。冊封使汪楫至琉球，冊封尚貞，其後著《中山沿革志》和《使琉球雜錄》。
一六九七（清康熙卅六年）	尚貞	蔡鐸等着手編《歷代寶案》；蔡鐸編著《中山世譜》。
一七〇九（清康熙四十八年）	尚貞	己丑年大饑饉，三千一百九十九人死，首里城失火。十一月，尚貞王逝，在位四十一年。
一七一八（清康熙五十七年）	尚敬	明倫堂在久米村創建。
一七一九（明康熙五十八年）	尚敬	冊封使海寶、副使徐葆光至琉球，冊封尚敬。徐葆光周諮博采，與程順則等琉球人反覆審定〈琉球三十六島圖〉。
一七二一（清康熙六十年）	尚敬	徐葆光著《中山傳信錄》並梓行。
一七二四（清雍正二年）	尚敬	蔡溫修訂《中山世譜》。

紀年	琉球國	大事記
一七二七（清雍正五年）	尚敬	全琉球耕地產量九萬四千石，需向薩藩納貢一萬一千九百石。
一七五一（清乾隆十六年）	尚敬	尚敬王逝，在位三十九年。
一七五六（清乾隆廿一年）	尚穆	冊封使全魁、副使周煌使琉球，途至久米島遇險，經修理後始抵那霸，冊封尚穆。
一七五七（清乾隆廿二年）	尚穆	周煌歸而著《琉球國志略》。
一七七二（清乾隆卅七年）	尚穆	疫病流行，死亡人數四千五百六十餘人。
一七八五（清乾隆五十年）	尚穆	江戶學者林子平繪製成《琉球三省並三十六島之圖》。
一七九四（清乾隆五十九年）	尚穆	尚穆王逝，在位四十三年。
一八〇〇（清嘉慶五年）	尚溫	冊封使趙文楷、副使李鼎元至琉球，冊封尚溫，其後，李鼎元著《使琉球記》。
一八〇八（清嘉慶十三年）	尚灝	尚溫於一八〇二年逝去，其子尚成四歲即位，於翌年死去，由尚溫弟尚灝登位，向清請封。是年，冊封使齊鯤至琉球，冊封尚灝，其後著《續琉球國志略》。
一八一六（清嘉慶廿一年）	尚灝	英國艦長巴士路·荷露 (Basil Hall) 率軍艦亞賽斯號 (Alceste) 與萊拉號 (Lyra) 訪琉球，其後著成《高麗、琉球航行記》，詳述琉球人的和善。該書在歐美暢銷三十年。
一八三八（清道光十八年）	尚育	尚灝於一八三四年逝，長子尚育繼位。冊封使林鴻年至琉球，冊封尚育。
一七四二（清道光五十年）	尚育	維持兩年一貢，續派船向中國進貢。鴉片戰爭中國戰敗，清與英國簽訂《南京條約》。
一八四五（清道光廿五年）	尚育	英國船和法國船先後至琉球。
一八五三（清咸豐三年）	尚泰	美國培理率美國遠東艦隊至琉球，直訪首里城，提出締約修好。

紀年	琉球國	大事記
一八五四（清咸豐四年）	尚泰	培理再率美國遠東艦隊至那霸，七月締結《琉球美國修好條約》（琉球使用咸豐年號）。
一八五五（清咸豐五年）	尚泰	法國艦隊至琉球，並簽訂《琉球法國修好條約》（琉球使用咸豐年號）。
一八五九（清咸豐九年）	尚泰	荷蘭船至琉球，簽訂《琉球荷蘭修好條約》（琉球使用咸豐年號）。
一八六六（清同治五年）	尚泰	尚育王於一八四七年逝去，時尚泰年僅四歲，未能親政。一八六四年才向清請封。是年冊封使趙新至琉球，冊封尚泰，後著有《續琉球國志略》。
一八六八（清同治七年）	尚泰	日本江戶幕府倒台，明治維新。
一八七一（清同治十年）	尚泰	琉球宮古島納貢船漂流至台灣，有五十四人遭牡丹社原住民殺害，生還者輾轉送到福州。
一八七二（清同治十一年）	尚泰	日本強令琉球派慶賀使到東京，明治政府單方面廢尚泰王為琉球藩，並歸外務省管轄。
一八七四（清同治十三年）	尚泰	日本藉詞保護琉球島民，出兵台灣，向番社問罪，其後，日本大久保利通到北京談判，清承認日本「保民義舉」，日本從台撤兵。琉球續向中國朝貢。日本改由內務省管轄琉球。
一八七五（清光緒元年）	尚泰	日派內務大丞松田道之琉球處分官到那霸，傳令禁止向中國請封和朝貢，改奉明治年號等。琉球懇請保留向中國朝貢、請封舊制。
一八七六（清光緒二年）	尚泰	琉球陳情使在東京呈書懇請批准繼續向清朝請封、進貢被拒。松田在那霸禁進貢船出航。琉球派幸地親方（向德宏）為密使，率蔡大鼎、林世功等前赴福州。
一八七七（清光緒三年）	尚泰	向德宏在福州控訴日本阻貢，強令琉球斷絕交往。總理衙門命即將出發的駐日公使何如璋辦理球案。何如璋在神戶接見琉球特使，聽其泣訴琉球被日本制壓之情。

紀年	琉球國	大事記
一八七八（清光緒四年）	尚泰	何如璋就日本對琉球的阻貢和壓制向日本提出照會抗議。
一八七九（清光緒五年）	尚泰	松田道之率熊本分遣隊及警隊五百餘人至那霸，下達「廢藩置縣令」，尚泰王須退位上京，琉球改編為日本的沖繩縣，首任縣令鍋島直彬五月到任。尚泰至東京，拜謁明治天皇，羈住東京。向德宏獲悉琉球被吞滅，奔赴天津乞師。恭親王、李鴻章邀請來華的美國卸任總統格蘭特訪日時，斡旋球案。格蘭特在日晤見明治天皇及伊藤博文等官員，做斡旋工作。琉球士族反日拒不合作。
一八八〇（清光緒六年）	-	琉球陳情使毛精長、蔡大鼎、林世功在北京跪門乞師，最後，林世功自盡死諫。清與日就球案在北京舉行會談。清願意讓利換取琉球復國；日方堅拒三分琉球，僅承認二分琉球案。結果談判破裂。
一八八一（清光緒七年）	-	毛精長、蔡大鼎續在北京向總理衙門乞師。
一八八二（清光緒八年）	-	為求復國，琉球士族舊官潛往中國，加入陳情請願乞師行列。
一八八四（清光緒十年）	-	日放尚泰王回國省親，以緩和局勢。向德宏等上稟左宗棠，請求出師救琉球。
一八八五（清光緒十一年）	-	向德宏等續向左宗棠、李鴻章上稟乞師。
一八九一（清光緒十七年）	-	向德宏在中國齎志而終。
一八九四（清光緒二十年）	-	中日爆發甲午戰爭。清廷初則主和避戰，後則匆忙上陣，欠缺部署，將領又多貪生怕死，遂節節敗退。

紀年	琉球國	大事記
一八九五（清光緒廿一年）	-	日本以戰事勝券在握，時機成熟，即於一月非法將附屬於中國台灣的釣魚島列嶼劃入沖繩縣管轄，（翌年編入八重山郡）。四月，清廷求和，與日簽訂《馬關條約》，清賠償二萬萬兩，並割讓台灣、澎湖與日本。
一八九八（清光緒廿四年）	-	日本徵兵令在沖繩縣施行。
一八九九（清光緒廿五年）	-	首批沖繩人移民到夏威夷。
一九〇一（清光緒廿七年）	-	八月十九日，末代琉球王尚泰在東京病逝，終年五十九歲，歸葬首里玉陵，琉球國第二尚王朝告終。
一九一一（清宣統三年）	-	是年沖繩縣人口五十三萬九百五十七人。中國辛亥革命成功，推翻清朝，結束帝制。

紀年	大事記
一九二〇年	尚泰王長子尚典逝，終年五十六歲。是年沖繩人口五十七萬一千五百七十二人。
一九三二年	日本政府將非法佔有的釣魚島列嶼（日稱尖閣諸島）中的釣魚島（日稱魚釣島）、黃尾嶼（日稱久場島），南小島、北小島共四島，賣了給古賀善次。
一九三七年	七月，日本藉盧溝橋事件全面侵華。
一九四一年	日偷襲珍珠港，向英美宣戰。沖繩縣人亦被徵召入伍。
一九四三年	中、美、英三國首腦在開羅舉行會談，並發佈《開羅宣言》，聲明要使日本將竊取於中國領土歸還中國；而日本以武力或貪慾所攫取之土地，亦務將日本驅逐出境。就琉球問題，蔣介石回答羅斯福，是希望中美接受國聯委託合管。
一九四四年	美軍部署搶奪沖繩島，沖繩疏散學童，「對馬丸」被美軍魚雷擊沉，一千四百多人死亡。十月十日，美空軍狂轟那霸，全市九成房舍被毀，遇難市民三百三十人。
一九四五年	美軍發動搶灘戰，先取座間味島、慶良間島和渡嘉敷島，日守軍在敗陣時，強令村民集體自殺，造成慘劇。沖繩守軍和縣政府令青年學生參加防衛隊，女學員入陸軍醫院當看護。四月，美軍發動總攻，狂轟猛炸，噴火焚殺。六月底，奪取了沖繩島。是役沖繩軍民死亡人數高達十八萬，若以沖繩縣人計（包括參加防衛隊的青年），有約十二萬人遇害，佔當時人口的四分之一。美軍進而轟炸日本本島。七月，發出《波茨坦宣言》，促日本無條件投降，除重申執行《開羅宣言》外，還定出日本主權限於本州、北海道、九州、四國。其後向廣島和長崎投放原子彈，日本終宣告投降。美國軍管沖繩，收容救濟縣民，並舉行選舉，讓婦女亦享有選舉權。
一九四六年	聯合國軍司令部（GHQ）宣佈北緯三十度以南的南西諸島跟日本分離。美軍成立了民政府，而沖繩基地司令部則改稱為琉球司令部。已移民南美、北美、夏威夷的沖繩縣人，發起救助運動，籌款募集物資送回沖繩縣。
一九四七年	美軍計劃長期以沖繩島為基地，沖繩人參與基地的建設和服務工作。沖繩的民主同盟、人民黨、社會黨等政黨相繼成立。十月十八日，中國國民政府行政院長張群表明：「在對日講和之際，會提出要將琉球諸島歸還中國。」

紀年	大事記
一九四九年	美國軍政府解散沖繩議會，改設任命制的民政議會。中華人民共和國成立。
一九五〇年	沖繩群島政府成立，美國的琉球軍政府易名為「琉球列島美國民政府」。朝鮮半島戰事勃發，中國支援朝鮮參戰。美國利用沖繩作為支援朝鮮戰爭的後援基地。美國開始籌備對日講和會議和條約的起草。
一九五一年	在美國民政府授意下，成立「琉球臨時中央政府」。九月，美國主導的「舊金山對日講和會議」召開，並簽署了《對日講和條約》，美國在《條約》的第三條訂明他們是「聯合國惟一委託管理琉球的國家」。中華人民共和國未被邀請參加會議，周恩來總理兼外交部長就此發出聲明，嚴正指出不承認該《舊金山和約》。美國和日本又簽訂了《安保條約》。
一九五二年	美國民政府管控下的「琉球政府」成立，並任命比嘉秀平為首任行政主席。
一九五四年	美民政府指「人民黨就是共產黨」。人民黨總書記瀨長龜次郎被控窩藏逃犯，由軍事法庭判刑兩年。
一九五五年	民眾爭取解決軍用地問題。女童由美子被美軍姦殺，事件引起全琉球關注。
一九五六年	瀨長龜次郎出獄，萬人歡迎。瀨長即參加那霸市長選舉並勝出。瀨長被稱為「紅色市長」，美國不表信任，即凍結市政府的銀行戶口，又策動商界拒與瀨長合作。
一九五七年	在美民政府鼓動下，市議會通過對市長的不信任議案，瀨長即宣佈解散議會。議席重選後，反市長的議席反而減少不到三分二，不信任案難以通過。美民政府更改法規，使簡單多數即可通過不信任案，又增加曾犯重罪者不可出任市長。最終瀨長不得不下台。
一九五九年	軍用地問題美民政府拿出「土地二法」來緩和局勢。二法是提高租用價，每年付租和五年檢討一次租值。美戰鬥機墜落宮森小學，釀成十七學童死亡、二百多人受傷的大慘劇。
一九六〇年	「沖繩縣祖國復歸協議會」宣告成立，美國總統艾森豪威爾訪琉，遇到青年學生請願示威。日美簽訂新《安保條約》。

紀年	大事記
一九六一年	伊江島美軍射擊練習場少年被射殺。六萬人參加祖國復歸縣民大會，美軍機墜落具志川民家，二死四重傷。
一九六五年	美B52型轟炸機開始使用沖繩基地作升降地轟炸越共，沖繩人民強烈反對，並要求沖繩從軍事基地的重壓中解放出來。戰後首位日本首相——佐藤榮作訪問琉球，誓言定要沖繩復歸。
一九六七年	美民政府為鉗制琉球教師為首的民眾運動，授意立法院制定「教公二法」。二萬民眾包圍立法院，既令會議流會，亦使議員無法離去。行政主席松岡政保電民政府，請派直升機解困，被答以「那是內政問題，你們自己解決。」由此暴露出美民政府的管治力量。最終「教公二法」成為廢案。佐藤首相訪美，《美日共同聲明》談到：會繼續為沖繩的歸還舉行會談。
一九六八年	美不顧民眾反對，將B52型轟炸機常駐嘉手納基地。其後發生B52機墜落事故，居民發起「縣民保命共鬥會」，要求撤去B52型機的常駐，並阻止核動力潛艇泊港。而基地勞工亦發起集體請假的變相罷工，造成壓力。美民政府讓步，首次舉行民選琉球政府行政主席，由屋良朝苗當選。日美兩國同意組成「日美琉諮問委員會」。
一九六九年	「縣民保命共鬥會」發動總罷工，令美國管治更為困難。美日開始談判歸還沖繩的問題。美國的要價是沖繩軍事基地的持久使用，並可部署核武。佐滕榮作設下的底線是沖繩無核武。雙方會談展開。十一月，佐滕訪美，與尼克松總統達成協議，發表《美日聯合聲明》，美國同意於一九七二年把沖繩的施政權交與日本。佐藤回國，聲稱談判取得沖繩無償歸還。但實情是有秘密交易，事後查悉當年使用各種補償的名目，日本向美國支付了六億八千多萬美元的龐大金額。另外還另訂《密約》，由佐藤派出密使若泉敬和美方基辛格談判，日本同意在非常時期容許美國在沖繩部署核武。
一九七〇年	佐藤內閣繼續否認與美國有秘密協議。沖繩的罷工未完全解決。四月，琉球政府在「尖閣諸島」（日方的稱謂，即釣魚島列嶼）立領土標石。其後，日本政府表示「尖閣諸島」是沖繩的領域，與琉球行政府見解相同。中國《人民日報》先後於五月十八日、十二月四日、十二月二十九日發表評論文章，強調釣魚島列嶼是中國的領土，不容分割。台灣的《中國時報》、《中央日報》、《自立晚報》等亦發表了捍衛釣魚島的文章。留美的台灣學生和香港學生在美國七大城市舉行保衛釣魚台大遊行。十二月，胡差市發生反美暴動。

紀年	大事記
一九七一年	日、美籌備沖繩的交接事宜。對沖繩島行將復歸，有集會慶祝，但罷工、集會抗議之聲更大，所提出的訴求是：撤基地、棄安保的完全復歸；更激進的是：將美國侵略亞洲的政策粉碎。因即將交接，沖繩經濟混亂，尤其美元急跌，令手持美元的沖繩人大為恐慌，最後由日本政府擔保，固定沖繩美金的兌率，並作出補償。中國和台灣、香港的報章繼續評論釣魚島的主權。中國外交部更於十二月三十日發出關於釣魚島主權的聲明。留美的台灣學生繼續進行「保釣運動」。
一九七二年	五月四日，日本發出包括「尖閣諸島」的防空識別圈。五月十五日，美國在未經聯合國授權，將琉球的施政權交與日本，更連同中國的釣魚島列嶼，也私下交付了日本。日本在東京和沖繩同時舉行沖繩的移交和回歸儀式。逾萬民眾在市中心與儀公園舉行「復歸抗議縣民大會」。琉球在戰後由美國管治廿七年，重回日本手上，再編為沖繩縣。六月，屋良朝苗當選為縣知事。中國續對釣魚島發出主權的聲明，並由常駐聯合國代表黃華致函聯合國秘書長，重申反對美國把釣魚島列嶼交付日本。
一九七三年	沖繩回歸後物價高漲。美軍基地問題叢生，續有性犯罪、殺人、軍車撞人等嚴重事故，矛盾加深。
一九七五年	金武村濱田海岸續有兩名中學女生被美兵施暴。沖繩國際海洋博覽會開幕，皇太子夫婦到沖繩，在姬百合塔前被投擲燃燒瓶，未有受傷。是年物價指數與回歸前一年比漲近倍。
一九八一年	美前高官承認在日軍事基地部署有核武。沖繩臨時縣議會提出「堅持非核三原則及解消疑慮」的意見書。
一九九三年	琉球國尚王朝的遺族尚裕（尚泰王的曾孫）將尚家所繼承的文化遺產送贈那霸市。
一九九五年	尚家又將古文書贈與那霸市。九月四日又發生美兵強暴少女事件。十月二十一日，沖繩島八萬五千人齊集宜野灣市海濱公園舉行聲討大會，並提出縮小軍事基地。大田昌秀知事在大會上作了強硬的發言。由於美軍用地強制手續須由大田知事代表簽署，但大田憤怒之下拒簽。村山首相指令不了地方，便提交法庭訟裁。據調查，支持大田拒簽的縣民有百分之七十五。

紀年	大事記
一九九六年	三月高等法院以《日美安保條約》規定日本需提供軍用基地為由，「公益」大於「財產權」判國家勝訴。沖繩縣向最高法院上訴，大田親至法庭辯論。最高法院同意基地需要強化，維持原狀。橋本首相為緩和局勢，親到沖繩與大田會談，提出對沖繩作出補償，是為「基地和振興之策」，並答應考慮搬遷普天間基地。十二月，日美特別行動委員會的報告是搬遷普天間至名護市邊野古沖。
一九九七年	為履行提供基地給美軍的義務，國會參眾兩院大比數通過「特措法改正案」，即基地優先。但對普天間搬遷往名護市建海上基地，該市公投過半數反對，市長比嘉鐵也辭職。國家與地方（沖繩）仍呈對立。
二〇〇〇年	二次大戰的沖繩島爭奪戰令全島幾乎無一建築物是完整。戰後，似為沖繩（琉球）人民撫平傷痛，一個個地將琉球王國的古建築復元。沖繩歸還日本後，復元建造更加快且多。至一九九〇年代才剛剛落成，便馬上申遺，二〇〇〇年即成功獲批，其被登錄為世界文化遺產的包括了「琉球王國的王城遺址及相關遺蹟」。七月，G8峰會在沖繩舉行，晚宴設在首里城。克林頓總統發言感謝沖繩的美軍基地對遠東的安全作出了貢獻，因而強調其重要性。但這些說話，令沖繩人大失所望，造成二萬七千人拉着手包圍了嘉手納基地。
二〇〇五年	戰時座間味島隊長梅澤裕、和渡嘉敷島隊長赤松嘉次的親弟，興訟控告諾貝爾文學獎作家大江健三郎和岩波書店的出版物，誣指他們強制村民集體自殺，要求賠償名譽損失。案件在大阪開審。
二〇〇六年	因為有「沖繩集體自決冤案訴訟」，文部科學省在審定二〇〇六年度教科書時，對一直成為通說的「強制集體自盡」，提出刪除「軍令」的用語，引來法庭外的另一場論爭，認為案件尚待裁決，不能就此推翻成說。
二〇〇七年	九月二十九日，沖繩縣十一萬民眾在那霸集會，要求文部科學省撤回「審定意見」。成為沖繩回歸後最大的一場群眾運動。
二〇〇八年	三月，大阪地方法院判梅澤、赤松敗訴。十月大阪高等法院維持一審判決。大江健三郎對訴訟發表感言。
二〇〇九年	普天間基地仍未落實搬遷，此時鳩山首相表示可以考慮搬離沖繩縣，但不久鳩山就告倒台。十二月，當年佐藤首相和尼克松在歸還沖繩時簽有《密約》，但為日本歷代內閣一直否認，三十年後，佐藤二子信二將《密約》公開。

紀年	大事記
二〇一二年	沖繩回歸四十年，但美軍基地仍然佔有二百三十二平方公里，是全日本美軍基地的百分之七十四。為此，在五月十五日的回歸日，十萬三千人集會，反基地，特別要求將有「最危險基地」之稱的普天間基地撤離沖繩縣，這亦得到縣知事、縣的議會、四十一市町村長和議會全部通過支持，明顯是與國策對立。
二〇一三年	五月十五日是琉球再回歸日本而成沖繩縣的紀念日，龍谷大學教授松島泰勝和沖繩國際大學副教授友知政樹等約一百人，組成「琉球民族獨立綜合研究學會」，聲言先從學術研究，舉行研討會，發表論文，進而尋求民族自決是否可行。

九畫

十畫

十一畫

十二畫

十四畫

十五畫以上

史事索引

十七畫

十八畫以上

十三畫

十四畫

十五畫

十六畫

十畫

十一畫

十二畫

八畫

九畫

六畫

七畫

人名索引

三畫

四畫

五畫

索引

責任編輯　趙　江
書籍設計　陳德峰

書　　名　琉球沖繩交替考——釣魚島歸屬尋源之一
著　　者　黃　天
出　　版　三聯書店（香港）有限公司
香港北角英皇道四九九號北角工業大廈二十樓
Joint Publishing (H.K.) Co., Ltd.
20/F., North Point Industrial Building,
499 King's Road, North Point, Hong Kong
香港發行　香港聯合書刊物流有限公司
香港新界大埔汀麗路三十六號三字樓
印　　刷　陽光印刷製本廠
香港柴灣安業街三號六字樓
版　　次　二〇一四年十一月香港第一版第一次印刷
二〇一五年三月香港第一版第二次印刷
規　　格　十六開（170 × 220 mm）五一〇面
國際書號　ISBN 978-962-04-3611-6